SISTEMA E ESTRUTURA NO DIREITO

SISTEMA E ESTRUTURA NO DIREITO
Volume 2
O século XX

Mario G. Losano

Tradução
LUCA LAMBERTI

Revisão da tradução
CARLO ALBERTO DASTOLI

Esta obra foi publicada originalmente em italiano com o título
SISTEMA E STRUTTURA NEL DIRITTO
VOL. II IL NOVECENTO
por Giuffrè Editore.
Copyright © 2002, Dott. A. Giuffrè Editore, S.p.A. Milão.
Copyright © 2010, Editora WMF Martins Fontes Ltda.,
São Paulo, para a presente edição.

1ª edição 2010
2ª tiragem 2021

Tradução
LUCA LAMBERTI

Revisão da tradução
Carlo Alberto Dastoli
Acompanhamento editorial
Luzia Aparecida dos Santos
Preparação do original
Renato da Rocha Carlos
Revisões
Ana Maria de O. M. Barbosa
Maria Regina Ribeiro Machado
Produção gráfica
Geraldo Alves
Paginação
Studio 3 Desenvolvimento Editorial
Capa
Marcos Lisboa

Dados Internacionais de Catalogação na Publicação (CIP)
(Câmara Brasileira do Livro, SP, Brasil)

Losano, Mario G.
Sistema e estrutura no direito, volume 2 : o Século XX / Mario G. Losano ; tradução Luca Lamberti ; revisão da tradução Carlos Alberto Dastoli. – São Paulo : Editora WMF Martins Fontes, 2010.

Título original: Sistema e struttura nel diritto, vol.II : il novecento.
ISBN 978-85-7827-064-3

1. Direito – Filosofia 2. Direito – Teoria I. Título.

09-00702   CDU-340.11

Índices para catálogo sistemático:
1. Direito : Teoria   340.11
2. Teoria geral do direito   340.11

Todos os direitos desta edição reservados à
Editora WMF Martins Fontes Ltda.
Rua Prof. Laerte Ramos de Carvalho, 133 01325-030 São Paulo SP Brasil
Tel. (11) 3293-8150 e-mail: info@wmfmartinsfontes.com.br
http://www.wmfmartinsfontes.com.br

ÍNDICE

Plano da obra.. XIII
Nota explicativa... XV
Prefácio do autor.. XVII
Introdução – A noção de sistema na bifurcação entre teoria e prática XXIX

I. Do sistema jurídico externo ao sistema jurídico interno 1

PARTE I
O APOGEU DO SISTEMA CLÁSSICO
NA TEORIA PURA DO DIREITO

II. A função sistemática da norma fundamental..... 51
III. A validade como elemento unificador no sistema de Kelsen.. 97

PARTE II
DO SISTEMA PARA DIZER AO
SISTEMA PARA FAZER

IV. A dúvida sobre a razão.. 135
V. A era dos totalitarismos: o sistema já não suporta.. 185

VI. Depois da Segunda Guerra Mundial: novos tempos, novos valores 243
VII. Uma solução de compromisso: o sistema móvel de Wilburg 269
VIII. Do sistema para conhecer o direito ao sistema para aplicá-lo: o sistema aberto de Canaris 311

SUMÁRIO

Plano da obra... XIII
Nota explicativa.. XV
Prefácio do autor.. XVII
Introdução – A noção de sistema na bifurcação entre teoria e prática XXIX

I. Do sistema jurídico externo ao sistema jurídico interno... 1
   1. A noção de sistema externo e de sistema interno.. 2
   2. Os pressupostos de um sistema jurídico interno.. 6
      a) *A sistematicidade intrínseca do dado jurídico* . 6
      b) *O sistema interno como discurso não sobre a ciência, mas sobre o objeto da ciência*....... 8
      c) *O caráter específico do nexo* 9
   3. Estrutura presente e estrutura ausente........ 11
   4. Em busca do sistema dentro das coisas 17
   5. O sistema interno como "sistema do desenvolvimento"... 18
   6. O sistema interno como "sistema científico" . 21
   7. Os vários positivismos e o positivismo jurídico.. 25
      a) *O positivismo sociológico ou clássico*........... 28
      b) *O positivismo lógico*................................... 30
      c) *O positivismo jurídico*................................ 33

8. O neokantismo e o direito............................ 34
9. O sistema interno nos juristas 38
   a) *O sistema interno como exigência não realizada*... 39
   b) *Primeiras tentativas de sistema jurídico interno*... 41
   c) *A teoria kelseniana como arquétipo de sistema jurídico interno*................................... 45

PARTE I
O APOGEU DO SISTEMA CLÁSSICO NA TEORIA PURA DO DIREITO

II. A função sistemática da norma fundamental. 51
1. O sistema jurídico na teoria pura do direito.. 52
2. A definição de norma jurídica em Hans Kelsen... 55
3. A norma jurídica como sentido objetivo e subjetivo de um dever ser............................ 58
4. A norma jurídica e a proposição jurídica 61
5. Critérios para uma análise da norma fundamental... 63
6. A estrutura hierárquica do ordenamento jurídico... 65
7. A norma fundamental e a revolução........... 67
8. Para uma crítica interna ao pensamento kelsiniano... 73
9. Duas críticas externas à concepção da norma fundamental 75
   a) *Uma concepção "essencialmente conteudista" da norma fundamental*............................ 75
   b) *O dever ser,"ser divino, infinito e eterno"?*.. 79
10. Em que sentido a norma fundamental é "norma"?... 84
11. Os limites juspositivistas da norma fundamental.. 87
12. A norma fundamental é parte do direito ou da ciência do direito 91

III. A validade como elemento unificador no sistema de Kelsen 97
1. A relação entre a norma fundamental e a validade 98
2. A função da eficácia na estrutura da validade. 100
3. As possíveis relações entre ser e dever ser.. 103
4. O que é a validade em Kelsen 106
5. O inapreensível deve ser 109
6. O dever ser: do neokantismo ao sistema kelsiano 112
7. O dever ser na teoria pura do direito 117
8. A "Górgona do poder" e a neutralidade do sistema jurídico interno 120
9. A coerência intra-sistemática como valor ... 125
10. A insuficiência das teorias jurídicas e sua continuação 128

PARTE II
DO SISTEMA PARA DIZER AO SISTEMA PARA FAZER

IV. A dúvida sobre a razão 135
1. O final do século XIX: do espírito à matéria.. 136
2. O final do século XIX: da razão à vontade.. 140
3. A aplicação do direito entre a racionalidade e o voluntarismo: os realismos jurídicos 142
4. A caminho do direito livre: utilitarismo e marxismo 147
5. Para além de Jhering: entre construção sistemática e avaliação dos interesses 150
6. A novas idéias: Movimento do Direito Livre . 158
7. A secessão: a jurisprudência dos interesses.. 164
8. O jusliberalismo hoje: padrões, usos alternativos e estudos críticos do direito 168
9. Os argumentos jusliberistas de Ehrlich contra o sistema 171

V. A era dos totalitarismos: o sistema já não suporta 185
1. Da crise dos impérios aos totalitarismos e à Guerra Fria: uma continuidade incômoda.. 186
2. O sistema jurídico, da forma ao conteúdo da norma 190
3. Os princípios do direito nacional-socialista. 193
   a) *O racismo*.. 194
   b) *O autoritarismo* 199
4. Do direito livre ao esvaziamento das leis anteriores ao nacional-socialismo................ 207
5. A visão situacional de Schmitt: "pensar por ordenamentos concretos" 211
6. O neo-hegelianismo de Larenz: os "conceitos gerais concretos" 218
   a) *O Estado em Larenz e em Hegel*.................. 220
   b) *Como funciona a noção do typus em Larenz*. 227
7. O positivismo jurídico e o nacional-socialismo 233
   a) *Mas o positivismo desarmou realmente os juízes alemães*... 235
   b) *O retorno ao jusnaturalismo como instrumento para o renascimento* 239

VI. Depois da Segunda Guerra Mundial: novos tempos, novos valores 243
1. O direito entre sistema e valor...................... 244
2. A jurisprudência dos valores e as críticas à jurisprudência dos interesses 248
3. Uma jurisprudência dos valores sem sair da lei: Westermann.. 253
4. Uma jurisprudência dos valores *praeter legem*, mas *intra ius*: Larenz............................. 255
5. Uma jurisprudência dos valores ínsitos na sociedade: Esser.. 258
6. A outra face do direito: tópica, argumentação, retórica.. 261

VII. Uma solução de compromisso: o sistema móvel de Wilburg.................... 269
1. A formação de Walter Wilburg............... 270
   Como nasce o sistema móvel
2. A inadequação do direito civil austríaco..... 271
3. Do *typus* neo-hegeliano ao sistema móvel. 274
4. Uma fonte italiana do sistema móvel......... 278
   O que é o sistema móvel
5. A meio caminho entre a eqüidade e o positivismo legislativo............................. 281
6. A noção de sistema móvel........................ 286
7. Como funciona o sistema móvel de Wilburg. 287
8. Uma aplicação global do sistema móvel: Bydlinski.. 291
   O âmbito de aplicação do sistema móvel
9. O dualismo do ordenamento jurídico......... 295
10. A certeza do direito e a liberdade do juiz ... 299
11. O campo de aplicação do sistema móvel.... 302
12. O sistema móvel e a teoria tópica.............. 307

VIII. Do sistema para conhecer o direito ao sistema para aplicá-lo: o sistema aberto de Canaris ... 311
1. As fontes da noção de sistema em Canaris. 312
2. A noção de sistema aberto em Canaris....... 317
3. As críticas dos outros sistemas a partir da noção de sistema aberto............................. 321
4. Os princípios como nível supremo do sistema aberto.. 326
5. A proximidade entre sistema móvel e sistema aberto.. 333
6. O sistema aberto: uma fonte metapositiva do direito?.. 336
7. A fortuna do sistema aberto de Canaris..... 339
8. O sistema aberto e a teoria tópica.............. 342

Índice remissivo... 351
Índice onomástico.. 365

PLANO DA OBRA

Volume 1: DAS ORIGENS À ESCOLA HISTÓRICA
Introdução – A elegante esperança
PARTE I – HISTÓRIA SEMÂNTICA DO TERMO "SISTEMA"
  I. O termo "sistema" e sua história
  II. A afirmação do termo "sistema" na cultura européia
  III. A difusão da noção de sistema
  IV. A gênese de uma teoria do sistema externo
  V. O apogeu da teoria do sistema externo
  VI. Os sistemas filosóficos e os sistemas jurídicos universais
  VII. O espírito anti-sistemático dos iluministas franceses
PARTE II – O SISTEMA JURÍDICO EXTERNO
  VIII. Problemas preliminares
  IX. A delimitação para baixo de uma teoria do sistema externo
  X. Para uma teoria geral do sistema externo
  XI. Tipologias preliminares a uma teoria do sistema jurídico externo
  XII. A passagem da dogmática à construção jurídica
  XIII. A construção jurídica
  XIV. A construção negada no direito romano: Jhering
  XV. O sistema no direito público: Gerber
  XVI. A delimitação para o alto de uma teoria do sistema externo

Volume 2: O SÉCULO XX
Introdução – *A noção de sistema na bifurcação entre teoria e prática*
  I. Do sistema jurídico externo ao sistema jurídico interno
PARTE I – O APOGEU DO SISTEMA CLÁSSICO NA TEORIA PURA DO DIREITO
  II. A função sistemática da norma fundamental
  III. A validade como elemento unidificador no sistema de Kelsen
PARTE II – DO SISTEMA PARA DIZER AO SISTEMA PARA FAZER
  IV. A dúvida sobre a razão
  V. A era dos totalitarismos: o sistema já não suporta
  VI. Depois da Segunda Guerra Mundial: novos tempos, novos valores
  VII. Uma solução de compromisso: o sistema móvel de Wilburg
  VIII. Do sistema para conhecer o direito ao sistema para aplicá-lo: o sistema aberto de Canaris

Volume 3: DO SÉCULO XX À PÓS-MODERNIDADE
Introdução – *Da modernidade à pós-modernidade:* per obscura ad obscuriora?
  I. Os sistemas cibernéticos do direito
  II. Estruturalismo e direito
  III. *Natura facit saltus*: do ser do simples ao devir do complexo
  IV. O sistema autopoiético do direito

NOTA EXPLICATIVA

A presente obra consta de três volumes. O *Plano da obra*, na p. XIII, elenca os capítulos dos três volumes, permitindo identificar numa rápida visão em qual volume é tratado um tema específico.

Cada volume inicia com uma *Introdução*, que evidencia o fio do discurso que une cada um dos capítulos do livro. Além disso, no início de cada capítulo um breve sumário indica seus pontos essenciais e suas conexões com os demais capítulos. Tanto a Introdução quanto os sumários contêm afirmações sintéticas, que serão demonstradas e documentadas no interior de cada capítulo. Essas formulações quase aforísticas não substituem o texto, mas remetem a seus temas essenciais. São, portanto, simplificações preliminares, úteis para posteriormente colher, na leitura, os elementos fundamentais de continuidade, freqüentemente deixados em segundo plano pelos dados históricos e pelas considerações teóricas.

A orientação no interior de cada volume é facilitada também pelos índices. Na abertura, o *Índice* elenca apenas os capítulos do volume; o *Sumário* relaciona também os parágrafos de que se compõem os capítulos. Ao final do volume, o *Índice remissivo* e o *Índice onomástico* oferecem indicações detalhadas para remontar a cada uma das partes do texto.

PREFÁCIO DO AUTOR AO SEGUNDO VOLUME DA EDIÇÃO BRASILEIRA*

O século XX pode até ter sido breve, como escreve Hobsbawm, mas certamente foi um século intenso demais. Por esse motivo, além de sua proximidade de nós, todo o segundo volume é dedicado a ele. Gostaria de chamar a atenção do leitor brasileiro para três pontos (a teoria do direito de Hans Kelsen, o direito alternativo e, por fim, a concepção do direito própria das ditaduras européias), oferecendo assim um mínimo de atualização bibliográfica ao presente volume.

* * *

A teoria jurídica de Kelsen, sem dúvida a mais debatida do século XX, é abordada neste volume de um único ponto de vista: o da construção do "sistema", tanto interno (sistema do direito positivo, cujas normas jurídicas são unificadas pelo "dever ser" através da estrutura em graus, *Stufenbau*) como externo (sistema da ciência do direito, cujas proposições jurídicas descritivas das normas jurídicas são unificadas por regras lógicas). Toda a evolução da doutrina pura do direito e de alguns de seus aspectos específicos – temas não tratados no atual volume – é ilustrada em meus ensaios

---

* Os três prefácios desta obra em três volumes foram traduzidos para o português pela profa. Marcela Varejão, do Programa de Pós-Graduação em Ciências Jurídicas da Universidade Federal da Paraíba.

reunidos em livro escrito há alguns anos[1]. Mas precisamente pela importância da doutrina kelseniana, desde 2002, ano da publicação na Itália deste segundo volume, até hoje, continuaram a surgir diferentes tipos de estudos sobre o pensamento de Kelsen. Assim, pode ser útil voltar a atenção para alguns deles.

Inicialmente, publicou-se na Alemanha o primeiro volume da *opera omnia* de Kelsen[2], que colocará à disposição dos estudiosos todos os escritos do jurista de Praga, até os menores, cujo acesso é hoje quase impossível. Um dos primeiros frutos desse empreendimento foi a publicação de dois escritos autobiográficos e inéditos de Kelsen[3], cuja vida havia sido objeto, até o momento, apenas da biografia de Métall[4], bem como de alguns escritos relativos a momentos específicos, como por exemplo suas relações em Genebra com o exilado italiano Umberto Campagnolo, esclarecedoras para a concepção kelseniana do direito internacional[5]. O uru-

---

1. Mario G. Losano, *Forma e realtà in Kelsen*, Comunità, Milano, 1981, 229 pp.; uma versão ampliada foi publicada na Colômbia: *Teoría pura del derecho. Evolución y puntos cruciales*. Traducción de Jorge Guerrero R., Temis, Bogotá, 1992, XVI-267 pp.

2. Mario G. Losano, *Verso la pubblicazione dell'opera omnia di Hans Kelsen*, "Materiali per una storia della cultura giuridica", 2006, n. 2, pp. 547-55. O primeiro volume já foi publicado: *Hans Kelsen Werke*. Band I: *Veröffentlichte Schriften 1905-1910 und Selbstzeugnisse*. Herausgegeben von Matthias Jestaedt in Kooperation mit dem Hans Kelsen-Institut, Mohr Siebeck, Tübingen, 2007, X-719 pp. Espera-se a publicação do segundo volume ao final de 2008.

3. Hans Kelsen, *Scritti autobiografici*. Traduzione e cura di Mario G. Losano, Diabasis, Reggio Emilia, 2008, 147 pp. (com 15 fotografias fora do texto); o original alemão está esgotado: *Hans Kelsen in Selbstzeugnis*. Sonderpublikation anlässlich des 125. Geburtstages von Hans Kelsen am 11. Oktober 2006. Herausgegeben von Matthias Jestaedt in Kooperation mit dem Hans Kelsen-Institut, Mohr Siebeck, Tübingen, 2006, X-127 pp. É à luz dessas páginas autobiográficas que deve ser revisto meu escrito – substancialmente exato nas suas linhas gerais – *Hans Kelsen: una biografía cultural mínima*, "Derechos y Libertades. Revista del Instituto Bartolomé de Las Casas" (Madrid), Época II, enero 2006, n. 14, pp. 113-27.

4. Rudolf Aladár Métall, *Hans Kelsen. Leben und Werk*, Deuticke, Wien, 1969, 220 pp.

5. Hans Kelsen – Umberto Campagnolo, *Direito internacional e Estato soberano*. Organizador Mario G. Losano. Com un texto inédito de Hans Kelsen

guaio Oscar Sarlo reconstruiu a viagem que Hans Kelsen fez à América do Sul em 1949, acompanhada por uma polêmica com o argentino Carlos Cossio[6]. Além disso, as cartas que Kelsen me enviara, indicando-me algumas modificações a serem efetuadas na tradução italiana da segunda edição da *Reine Rechtslehre* de 1960, publicada na Itália em 1966, estão agora reunidas num escrito que esclarece a última versão autêntica daquela obra fundamental[7].

As principais obras de Kelsen foram traduzidas para o português. Talvez seja necessário um esclarecimento sobre sua principal obra de teoria jurídica, intitulada *Reine Rechtslehre*, que conheceu uma edição em 1934 e uma *editio maior* (e definitiva) em 1960. A edição de 1934 é considerada pelo próprio Kelsen a primeira edição de sua obra; porém, na tradução brasileira, ela é apresentada como "apenas um resumo, escrito em alemão pelo próprio Kelsen, em 1933, versando sobre alguns temas não tratados em sua obra mais ampla, a *Allgemeine Staatslehre*", publicada em 1925. Não sei em que dados se fundamenta essa atribuição, com a qual, portanto, não posso compartilhar[8].

---

e um ensaio de Norberto Bobbio. Tradução de Marcela Varejão, Martins Fontes, São Paulo, 2002, XV-209 pp.; meu ensaio introdutivo, em especial, descreve as relações entre Kelsen e os juristas italianos: *Presenças italianas em Kelsen*, pp. 1-76. Uma síntese da polêmica entre os dois estudiosos foi publicada no Uruguai: Mario G. Losano, *Kelsen y Campagnolo: una controversia de Derecho Internacional entre la Paz y la Guerra*, "Revista de la Facultad de Derecho" (Universidad de la República, Montevideo), 21, enero/diciembre 2002, pp. 209-24.

6. Oscar Sarlo, *La gira sudamericana de Hans Kelsen en 1949. El "Frente Sur" de la teoría pura*, in Gregorio Peces-Barba – Javier de Lucas (org.), *El Derecho en Red. Estudios en Homenaje al Profesor Mario G. Losano*, Dykinson, Madrid, 2006, pp. 951-75.

7. *Con esattezza kelseniana. Precisazioni sulla Dottrina pura del diritto nelle lettere di Kelsen a Losano*. A cura di Nicoletta Bersier Ladavac, Giuffrè, Milano, 2003, XIV-98 pp.

8. Hans Kelsen, *Teoria pura do direito. Versão condensada pelo próprio autor*. 5.ª edição revista da tradução de J. Cretella Jr. e Agnes Cretella, Editora Revista dos Tribunais, São Paulo, p. 18. Deveriam ser revistos nessa tradução alguns dados biográficos de Kelsen (à luz da autobiografia citada na nota 3) e discutidas as opiniões de que a *Reine Rechtslehre* e a *Allgemeine Staatslehre* seriam "obras despretensiosas, sem referências bibliográficas no texto e no rodapé,

No presente livro não faltam também algumas críticas de minha parte à teoria kelseniana. Contudo, no seu conjunto, essa teoria parece-me amplamente aceitável como *descrição geral dos ordenamentos jurídicos positivos da Europa continental do século XX*: portanto, a doutrina pura do direito como teoria geral (mas não exclusiva) do direito. O espanhol Luis Martínez Roldán lança algumas dúvidas sobre esse meu posicionamento, perguntando precisamente se é possível criticar uma doutrina, e depois aceitá-la[9]. O problema se apresenta em termos menos absolutos e essa pergunta deveria ser reformulada: é possível criticar *em parte* uma doutrina e, depois, aceitá-la *na parte não criticada*?

Reitero que "uma teoria não é uma crença", porque "uma teoria científica, na minha opinião, vive e sobrevive por ajustes e correções sucessivas. Não oferece um sistema de certezas ineludíveis, mas um conjunto de explicações plausíveis e historicamente condicionadas. O mundo das ciências sociais e das naturais está repleto de teorias que passam de um estudioso a outro ou de uma geração a outra com acréscimos e mutilações, num trabalho com lima que faz com que, depois de séculos, da doutrina originária reste pouco mais que a lembrança"[10]. Por isso afirmei que a teoria kelseniana deve ser enriquecida com uma visão funcional do direito: mas, insisto, enriquecida, e não substituída[11]. Aliás, esse caminho

---

sem pretensões polêmicas" (p. 19), enquanto o estilo das duas edições da *Reine Rechtslehre*, segundo os tradutores, seria "direto, profundo, criativo, mas prolixo, con períodos longos, às vezes obscuros, com pontuação arbitrária, ocorrendo inadequado emprego do ponto-e-vírgula, dos dois-pontos, do travessão, devendo ser lido sem pressa e interpretado a todo instante" (p. 20).

9. Luis Martínez Roldán, *Mario G. Losano y la extraña defensa de la Teoría pura*, "Rivista internazionale di filosofia del diritto", 2007, n. 2, pp. 343-78; originariamente em Gregorio Peces-Barba – Javier de Lucas (org.), *El Derecho en Red. Estudios en Homenaje al Profesor Mario G. Losano*, Dykinson, Madrid, 2006, pp. 817-38.

10. O texto de Roldán é seguido por um comentário de minha autoria: *Si può accettare solo in parte la teoria di Kelsen? Dialogo con Luis Martínez Roldán*, "Rivista internazionale di filosofia del diritto", 2007, n. 2, pp. 379-397.

11. Mario G. Losano, *Modelos teóricos, inclusive na prática: da pirâmide à rede. Novos paradigmas nas relações entre direitos nacionais e normativas supraes-*

já havia sido indicado por Norberto Bobbio[12] e era a conseqüência natural de minhas pesquisas sobre Rudolf von Jhering, que se seguiram às de Kelsen[13].

* * *

A crise econômica e social subseqüente à Primeira Guerra Mundial também influenciou a teoria do direito: os juristas não mais refletiam sobre como transformar as normas jurídicas em sistema (atitude mental própria de quem vive numa sociedade estável), mas sobre como adaptar o sistema jurídico às rápidas mudanças sociais (atitude mental própria de quem vive numa sociedade instável). No centro da atenção estava, portanto, não mais a norma geral, mas a individual; não mais a lei, mas a sentença; não mais o sistema, mas a lacuna. A crise do sistema político fundado na divisão dos poderes fazia a função criativa do juiz ultrapassar os limites que a separavam do âmbito do poder legislativo. Por esse motivo, boa parte deste segundo volume é dedicada à crise da noção de sistema própria do século XIX, já ilustrada no primeiro volume.

O leitor brasileiro encontrará neste segundo volume – sobretudo nas páginas dedicadas à jurisprudência dos interesses e ao movimento do direito livre – as raízes de um fenômeno que ele viveu em primeira pessoa: o surgimento de um

---

tatais,"Revista do Instituto dos Advogados de São Paulo", Nova Série, VIII, julho-dezembro 2005, n. 16, pp. 264-84. O original alemão dessa lectio doctoralis, proferida por ocasião do meu doutorado honoris causa recebido na Universidade de Hannover, está em: <www.jura.uni-hannover.de/jubilaeum/vortrag_losano.pdf>, além de ter sido publicado em"Rechtstheorie", 38, 2007, n. 1, pp. 1-24. O texto italiano está na"Rivista Internazionale di Filosofia del Diritto", 2005, n. 3, pp. 403-30.

12. Mario G. Losano, Prefazione, em Norberto Bobbio, Dalla struttura alla funzione. Nuovi studi di teoria del diritto, Laterza, Roma – Bari, 2007, pp. V-XVII; Mario G. Losano, Norberto Bobbio e il positivismo giuridico, Giornata Lincea in Ricordo di Norberto Bobbio. Atti dei Convegni Lincei, n. 226, Bardi Editore, Roma, 2006, pp. 55-78.

13. Mario G. Losano, La teoria giuridica al bivio tra sistema e funzione, em Carteggio Jhering-Gerber (1849-1872). A cura di Mario G. Losano, Giuffrè, Milano, 1977, pp. XVII-LXVII.

"uso alternativo do direito", ou de um "direito alternativo" propriamente dito. De fato, quando o direito é excessivamente estático com relação a uma sociedade muito movimentada, o jurista tende a resolver os casos que lhe são apresentados recorrendo a normas não necessariamente presentes no direito positivo. Para o jurista alternativo, o direito já não é o de Kelsen, que é apenas aquele promulgado pelo Estado: "o direito achado na rua" de Boaventura Santos não mereceria para Kelsen o nome de "direito", mesmo sendo um dos ordenamentos normativos que podem estar presentes ao mesmo tempo numa sociedade.

O capítulo IV limita-se a mencionar a linha de desenvolvimento que do "segundo" Jhering (ou seja, aquele não sistemático, mas sociologizante) passa aos juristas propensos a uma "jurisprudência dos interesses" ou aos mais radicais *Freirechtler*, os "juristas livres" que debatiam até que ponto seria possível uma interpretação *praeter* ou *contra legem*. Esse método criativo do direito retorna – muitas vezes sem se dar conta de suas raízes históricas – na inquieta sociedade européia do "Maio de 68" e, dali, passa à América Latina, onde tem vida mais longa que na Europa. Um aprofundamento maior dessa história do não-sistema jurídico está contido em meu escrito dedicado expressamente ao direito alternativo[14]. Além disso, minha análise da sociedade brasileira, e em especial do Movimento Sem Terra, procura explicar (sobretudo para os europeus) a origem e o fundamento social das sentenças brasileiras "alternativas"[15].

---

14. Mario G. Losano, *La legge e la zappa: origini e sviluppi del diritto alternativo in Europa e in Sudamerica*, "Materiali per una storia della cultura giuridica", vol. XXX, Il Mulino, Bologna, 2000, pp. 109-51; trad. esp.: *La ley y la azada: orígenes y desarrollo del derecho alternativo en Europa y en Sudamérica*, "Derechos y Libertades. Revista del Instituto Bartolomé de Las Casas", V, enero-junio 2000, n. 8, pp. 275-324; no Brasil, esse texto em espanhol foi republicado em Amilton Bueno de Carvalho – Salo de Carvalho (org.), *Direito alternativo brasileiro e pensamento jurídico europeu*, Lumen Juris, Rio de Janeiro, 2004, pp. 55-122.

15. Mario G. Losano, *Función social de la propiedad y latifundios ocupados. Los Sin Tierra de Brasil*, Dykinson, Madrid, 2006, 224 pp.; a edição italiana foi revista em alguns pontos: *Il Movimento Sem Terra del Brasile. Funzione sociale della proprietà e latifondi occupati*, Diabasis, Reggio Emilia, 2007, 280 pp.

PREFÁCIO DO AUTOR

Conversando com estudantes (e não apenas com estudantes brasileiros), constatei uma espécie de involuntário estrabismo ideológico: em geral, quando o jurista se distancia do direito positivo para apelar a um direito alternativo, pressupõe tacitamente que os valores ou os princípios de referência do direito alternativo são democráticos, progressistas, em suma, "de esquerda". Os princípios gerais oferecem-lhe a possibilidade de se libertar do direito positivo: porém, o que se ganha em flexibilidade perde-se em certeza. Por isso, atenção!: os princípios gerais também podem ser antiparlamentares, conservadores, em suma, "de direita". A certeza do direito positivo burguês pode ser substituída pela flexibilidade do direito revolucionário: mas a revolução também pode ser de direita. Os "juristas livres" não haviam pensado nessa possibilidade e, ao final, depararam com Hitler dentro de casa.

* * *

O leitor brasileiro poderia perguntar-se se o fato de ter tratado amplamente, no capítulo V, do direito na Alemanha nacional-socialista, sem falar, contudo, do direito na Itália fascista, é decorrente de um excesso de "amor pela pátria" por parte do autor destas páginas. O fato de não ser assim exige uma explicação; esta será acompanhada de poucas indicações bibliográficas, devido à enorme quantidade de literatura publicada sobre o assunto, tanto durante as ditaduras européias como depois delas: para focalizar melhor o problema, indicarei algumas obras do pós-guerra[16], acom-

---

16. Alessandro Somma, *I giuristi e l'asse culturale Roma-Berlino. Economia e politica nel diritto fascista e nazionalsocialista*, Klostermann, Frankfurt a. M., 2005, XVI-791 pp.; Christian Joerges – Navraj Singh Ghaleigh (eds.), *Darker Legacies of Law in Europe. The Shadow of National Socialism and Fascism over Europe and its Legal Traditions*, Hart, Oxford, 2003, XVI-416 pp. (em particular, os ensaios de Pier Giuseppe Monateri e de Alessandro Somma). Um quadro geral é oferecido pelos doze ensaios da importante pesquisa promovida pelo "Max-Planck-Institut für europäische Rechtsgeschichte" de Frankfurt: Aldo Mazzacane (ed.), *Diritto economia e istituzioni nell'Italia fascista* (*Das Europa der Diktatur – Wirtschaftskontrolle und Recht*, Bd. 2), Nomos, Baden-Baden, 2002, 338 pp. (o ensaio de abertura reexamina criticamente o problema da existência

panhadas de algumas obras de autores significativos da época das ditaduras.

Antes de mais nada, é preciso lembrar que nos movemos no plano da teoria geral do direito e que, portanto, levamos em conta apenas as características *formais* dos ordenamentos. Por esse motivo – no volume em que comparei os ordenamentos jurídicos mundiais, ou seja, os "grandes sistemas" no sentido atécnico do termo[17] – omiti, na primeira edição italiana de 1978, a exposição do direito da União Soviética e das democracias populares, por se tratar de direitos tão codificados quanto os direitos do outro lado da Europa ocidental. O que mudava em relação aos códigos da Europa ocidental era o conteúdo, não a forma: o código civil soviético não previa a propriedade privada dos meios de produção, mas ainda assim era um código nascido da secular história européia das codificações, cujas raízes, através da mediação dos pandectistas do século XIX, remontam ao direito romano clássico.

A atitude em relação ao direito romano é radicalmente diferente nos dois regimes ditatoriais. O programa do partido nacional-socialista tomava posição contra o direito romano (ver capítulo V, 3), porque a história do direito alemão caracteriza-se pela contraposição entre o direito romano (importado, estrangeiro, feudal) e o direito germânico (popular, autóctone, libertário). O nacional-socialismo construiu para si mesmo o mito étnico dos germanos, assim como o fascismo construiu para si o mito étnico da romanidade[18].

---

da "cultura fascista", negada por Bobbio: Aldo Mazzacane, *La cultura giuridica del fascismo: una questione aperta*). Ver ainda Carlo Ghisalberti, *La codificazione del diritto in Italia 1865-1942*, Laterza, Bari, 1985, XII-300 pp.; Claudio Schwarzenberg, *Diritto e giustizia dell'Italia fascista*, Mursia, Milano, 1977, 310 pp.

17. Mario G. Losano, *Os grandes sistemas jurídicos. Introdução aos sistemas jurídicos europeus e extra-europeus*. Tradução de Marcela Varejão, Martins Fontes, São Paulo, 2007, LVII-677 pp. Na terceira edição, traduzida no Brasil, foi representada a trajetória do direito russo, soviético e, agora, de novo russo: pp. 151-211.

18. Um grande romanista alemão confrontou essas duas concepções do direito romano: Paul Koschacker, *Deutschland, Italien und das römische Recht*, "Deutsches Recht", 1938, pp. 183 s.

No presente volume, pode-se ver como o nacional-socialismo recusou com extremo radicalismo as restrições (a certeza, portanto) do direito positivo, para substituí-las pela flexibilidade, levada até o extremo arbítrio, através da remissão à vontade do Führer, encarnação e intérprete do espírito do povo (*Volk*) alemão. Aquele espírito "popular" possuía uma conotação tão acentuadamente racista, que a acepção nacional-socialista daquele termo – *völkisch* – hoje deixou de ser usada na língua alemã, salvo nos discursos de história política.

O fascismo, ao contrário, apresenta-se como herdeiro do mito de Roma: e um dos maiores orgulhos do classicismo romano é exatamente o direito. Daí deriva o posicionamento do Duce não apenas como fundador do Império, herdeiro do domínio mediterrâneo de Roma, mas também como legislador, herdeiro da codificação de Justiniano. Para ilustrar a diferença entre as duas ditaduras é verdadeiramente exemplar o problema dos seus códigos civis.

O nacional-socialismo – promotor do automóvel do povo (*Volkswagen*) e do aparelho de rádio para o povo (*Volksempfänger*) – pensou também num código civil para o povo (*Volksgesetzbuch*)[19], quer dizer, num código civil inspirado no nacional-socialismo, que substituísse o velho BGB. A tarefa foi confiada à "Akademie für Deutsches Recht" de Munique, a instituição nacional-socialista que reunia os juristas alemães. O primeiro dos oito livros planejados foi concluído em 1942, mas dois anos depois, com o fechamento da Academia, os trabalhos foram suspensos.

O "código civil para o povo" nunca entrou em vigor. Desse modo, ao velho código civil (BGB), que incorporava todo o trabalho da pandectística do século XIX e que passou a vigorar em 1º de janeiro de 1900, coube a sorte de reger inicialmente o Império alemão, depois a socialista Repúbli-

---

19. Michael Stolleis, *Volksgesetzbuch*, em *Handwörterbuch zur deutschen Rechtsgeschichte*, vol. 5 (1998), col. 990-92; Gustav Boemer, *Die Idee de Deutschen Volksgesetzbuches*, "Jahrbuch der Akademie für Deutsches Recht", 1939-1940, pp. 32-45.

ca de Weimar e por fim – ao mesmo tempo – a Alemanha Federal liberal-democrática e a República Democrática Alemã comunista.

A codificação fascista, por sua vez, aceitou a tradição pandectista e romana *do ponto de vista formal*, acrescentando-lhe os conteúdos que o regime fascista considerava úteis e praticando depois as necessárias extensões e correções, sobretudo com o recurso, como na Alemanha, aos princípios gerais[20]. Mas também os discursos do ministro da Justiça, Dino Grandi (1895-1988), sublinham essa continuidade entre a tradição romana e a revolução fascista[21].

O regime fundara um "Instituto de estudos romanos", ao qual, entre outras coisas, havia confiado a tarefa de "alta divulgação científica", para que "a idéia de Roma penetre cada vez mais na mente e no coração do povo italiano". A difusão desses livros era confiada à organização fascista do tempo livre (a abrangente "Opera Nazionale Dopolavoro"). A série se abria com uma obra sobre *O Império Romano*, prosseguia com um ensaio do grande romanista Salvatore Riccobono sobre *O direito romano e a civilização*, e enfim fechava-se o círculo ao reunir o presente fascista ao passado imperial com o volume *Roma, da guerra mundial ao novo Império*. Entre os autores figurava também o ministro da Cultura, Bottai, demonstrando

---

20. Arrigo Solmi, *I cosiddetti "principi generali" del diritto fascista*, "Lo Stato", 1940, pp. 97-116; Alfonso Sermonti, *Sui principi generali dell'ordinamento giuridico fascista*, "Lo Stato", 1940, pp. 263-96. De modo mais geral, Arrigo Solmi, *L'idea fascista del nuovo codice civile*, Società Editrice del Foro Italiano, Roma, 1940, 190 pp. (resenha de Aldo Buffa, "Lo Stato", 1940, pp. 141 s.); Carlo Costamagna, *Fascismo e codici*, "Lo Stato", 1940, pp. 49-60; Lea Meriggi, *Faschismus und Recht*, De Gruyter, Berlin – Leipzig, 1934, 73 pp. (conferência proferida na sessão plenária da "Akademie für Deutsches Recht" em 29 de janeiro de 1934).

21. Dino Grandi, *Tradizione e rivoluzione nei codici mussoliniani. Discorso pronunziato in occasione del rapporto tenuto dal Duce alle commissioni per la riforma dei Codici il 31 gennaio 1940*, Tipografia delle Mantellate, Roma, 1940, 14 pp.; *Diritto romano-fascista e germano-nazista di fronte alla rivoluzione del XX secolo. Discorso pronunciato nell'aula magna dell'Università di Monaco al Convegno dei giuristi germanici del 22 novembre 1940*, Tipografia della Camera dei Fasci e delle Corporazioni, Roma, 1940, 11 pp.

a importância atribuída pelo regime a essa forma de propaganda cultural: e seu escrito remete à tradição romana o mais significativo texto fascista no âmbito do direito econômico, a *Carta del lavoro*, com suas "corporações"[22].

O resultado foi que os principais códigos fascistas gozaram de longa vida, assim como o velho BGB alemão: a organização *formal* suportava bem as intervenções *substanciais* em partes específicas, para adaptá-las a outras condições políticas, mesmo da época pós-fascista. Nasceram assim os códigos penais e de processo penal de 1930: aquele código penal, discutido durante cinco anos e conhecido como "Código Rocco", devido ao nome do ministro da Justiça que o promoveu, Alfredo Rocco (1875-1935), ainda hoje vigora na Itália[23]; o código de processo penal, após a modificação de 1955, permaneceu em vigor até 1990. O código civil foi aprovado em 1942: em plena Segunda Guerra Mundial, quando o fascismo já estava em crise. Esse código civil também permanece em vigor até hoje.

* * *

A Segunda Guerra Mundial dera um gigantesco impulso às ciências, sobretudo para a fabricação da bomba atômica. No estudo do sistema jurídico, a ruptura bélica divide o século XX na metade: na primeira metade, destroça-se a noção oitocentista de sistema, enquanto na segunda as ciências biológicas e físicas elaboram uma nova concepção de sistema. Portanto, as novas teorias do sistema não têm mais origens humanistas, e sim científicas: elas serão depois importadas para as ciências humanas, mas não sem dúvidas e críticas. Por isso, no terceiro e último volume veremos como a cibernética influenciou a visão sistêmica dos

---

22. Giuseppe Bottai, *Dalla corporazione romana alla corporazione fascista*, Istituto di Studi Romani, Roma, 1939, 102 pp.
23. Paolo Ungari, *Alfredo Rocco e l'ideologia giuridica del fascismo*, Morcelliana, Brescia, 1963, 136 pp.; Pierre Garraud et al., *Il codice Rocco e le recenti codificazioni penali. Saggi critici*, Istituto di Studi Legislativi, Roma, 1931, 214 pp.

juristas, como entre seus devedores também se encontra o primeiro Niklas Luhmann e como a antropologia influenciou o estruturalismo jurídico. Ali se passa, portanto, à história do presente.

MARIO G. LOSANO
Milão, agosto de 2008

INTRODUÇÃO
A noção de sistema na bifurcação entre teoria e prática

Estas primeiras páginas evidenciam as linhas evolutivas do pensamento sistemático no direito do século XX. Visto que tal direito foi sendo modelado numa época de sucessivas tragédias, o texto refletirá, de modo detalhado, as contínuas mudanças de perspectiva e as repentinas mudanças de rota. Agora, ao contrário, para melhor seguir o fio do discurso como um todo, são antes de tudo enucleadas as idéias centrais que regem a evolução do pensamento sistemático no século XX, e logo depois se indicam os pontos essenciais de cada capítulo, iluminando assim a mais específica concatenação de um capítulo com outro. Enfim, no início de cada capítulo, um breve sumário ajudará de forma mais precisa a retomar o fio do discurso com referência ao tema do próprio capítulo.

O século XX em parte continua e em parte desvirtua a visão sistemática do direito que tomara forma no século XIX. Como exemplo dessa continuidade, o presente volume se detém na teoria pura do direito de Hans Kelsen: ela é a mais relevante teoria jurídica do século XX, mas está solidamente ancorada no pensamento do século anterior. Sua construção sistemática representa o ponto culminante de uma visão do direito destinada a sofrer os golpes de malho de um trágico século.

Para dedicar-se à construção de um sistema, é provavelmente necessário viver numa época de paz social, real ou imposta. Mas o século XX não conheceu a paz. Ora, como observava o juiz Holmes, é muito diferente fazer teoria do direito numa situação de tranqüilidade e fazê-la numa situação de conflito. "It is one thing to utter an happy frase from a protected cloister; another to think under fire – to think for action upon which great interest depends."[1] Numa época em que o legislador parecia sempre estar em atraso em relação a uma sociedade em ansiosa evolução, as preocupações relativas ao melhor modo de aplicar o direito (ou seja, de fazer justiça) prevaleciam sobre as relativas ao melhor modo de expô-lo ou ensiná-lo. À teoria do direito, o século XX já não pedia um instrumento para organizar um aglomerado de normas: pedia ajuda para decidir casos concretos. Sob a pressão dessa exigência, a noção de sistema se transforma: de *sistema para dizer* em *sistema para fazer*. Essa é a radical diferença entre os sistemas oitocentistas e os do século XX. À luz dessa fratura é necessário ler cada uma das fases do pensamento jurídico descritas neste volume. Pensamento jurídico que continua com freqüência a ser chamado de "sistemático", porque a tradição conotou positivamente esse termo: desde as origens, a sistematicidade de uma exposição coincidia com sua cientificidade. Na verdade, da leitura resultará claro que o sistema oitocentista "para dizer" (aquele externo, didático, clássico, válido para todas as matérias) é completamente diferente do sistema novecentista "para fazer" (que é interno ao direito, pertence apenas ao próprio direito, instrumento não para o conhecimento, mas para a aplicação do direito).

Ao passar do século XIX para o XX (e, portanto, do primeiro ao segundo volume desta pesquisa), é preciso ter em mente que os sistemas tradicionais e os modernos não são caracterizados por semelhanças, mas por oposições. O *sistema oitocentista clássico* tem como objeto a estrutura do di-

---

1. Oliver W. Holmes, *"The Test is Battle": George Otis Shattuck, 1897,* in Max Lerner, *The Mind and Faith of Justice Holmes. His Speeches, Essays, Letters and Judicial Opinions,* Halcyon House, Garden City (N.Y.) 1943, p. 39.

INTRODUÇÃO XXXI

reito; move-se no âmbito da teoria do direito; o centro de seu interesse é a completude; serve ao conhecimento do direito. O sistema *novecentista* tem como objeto a função do direito; move-se no âmbito do direito positivo; o centro de seu interesse é a lacuna; serve à aplicação do direito.

É lícito perguntar-se se ainda convém designar com o mesmo termo "sistema" dois objetos de tal forma diversos: todavia, esse é o uso que se constata entre os juristas e que está amplamente documentado no presente volume.

A noção de sistema sofreu um salto ainda mais radical por volta do final do século XX. Ao passar do sistema para *dizer* ao sistema para *fazer* (ou seja, para fazer sentenças), passou-se da filosofia ao direito positivo, mas continuou-se dentro do terreno próprio do jurista. Com a segunda metade do século XX, ao contrário, importam-se para dentro do direito os conceitos de sistema e estrutura que deram bons frutos em outras disciplinas, sobretudo nas físico-naturalistas. O jurista aventura-se, portanto, em territórios que não são mais seus. Falar de cibernética, de estruturalismo e de teoria geral dos sistemas aplicada ao direito implica uma abordagem e também uma técnica expositiva diversa daquela até aqui seguida: por isso, toda a matéria está reunida no terceiro volume, que conclui nossa pesquisa.

O fio do discurso deste segundo volume se une às noções fundamentais sobre o sistema adquiridas no primeiro volume. Todavia, enquanto este último se encerrara com uma análise do sistema jurídico externo (típico do século XIX), no presente volume a atenção se concentra no sistema jurídico interno: de fato, o novo século é caracterizado pela busca de um sistema próprio exclusivamente do direito.

No *primeiro capítulo*, a referência ao volume de Eco, *A estrutura ausente*, permite unir o debate sobre a estrutura interna ou externa ao objeto estudado (próprio da cultura clássica e, portanto, originariamente tratado no primeiro volume) a teorias mais atuais, como o estruturalismo, que serão analisadas no terceiro volume. Uma vez que no presente volume o exemplo de sistema jurídico interno examinado em detalhe é o proposto por Hans Kelsen, e visto que Kelsen é um positivista jurídico, são preliminarmente esclarecidas também três possíveis acepções do termo "positivismo", para evitar equívocos durante a leitura sucessiva.

A primeira parte do volume consta de dois capítulos sobre a teoria pura do direito de Kelsen: a ele a concepção sistemática oitocentista chega através de Jellinek, por sua vez aluno de Gerber, o grande amigo de Jhering, que transferira ao direito público a concepção sistemática que o "primeiro" Jhering concebera para o direito privado. O *segundo capítulo* examina a discutida concepção da norma fundamental como ápice da pirâmide das normas e, portanto, como elemento estruturador de todo o sistema kelseniano. A norma fundamental foi objeto de numerosas críticas, e o capítulo se encerra propondo submeter a teoria kelseniana inicialmente a uma crítica interna, ou seja, a uma verificação da própria coerência intrínseca; somente depois da crítica interna será cientificamente correto passar a uma crítica externa, que recuse um ou mais axiomas iniciais aceitos por Kelsen.

O *terceiro capítulo* analisa a noção de validade do direito que deriva da norma fundamental e que, para Kelsen, coincide com a existência do direito. Aqui se constata que a teoria pura deve em parte negar seus pressupostos. De fato, essa teoria pretenderia construir uma teoria jurídica excluindo o mundo real; ou seja, pretenderia explicar o direito apenas com o direito. Mas exatamente para definir a validade das normas não pode prescindir da exigência de que a norma seja também em certa medida eficaz. Porém, a eficácia é um dado da realidade, e não um elemento normativo. Chega-se aqui ao ponto crucial dessa teoria formal do direito: a relação entre a validade do ordenamento jurídico e o poder político, a cabeça da Górgona que Hans Kelsen vê erigir-se por trás do ordenamento jurídico. A teoria pura do direito pretende explicar o direito unicamente por meio do direito e, portanto, recusa fundar sua validade sobre o dado da realidade que é o poder. Disso resulta uma

INTRODUÇÃO

construção teórica convincente, mas não exaustiva: de fato, ela explica a estrutura do direito já existente, mas não sua origem, nem sua função.

Com o refinado sistema de Kelsen, encerra-se o exame da concepção clássica do sistema jurídico, entendido como sistema interno do direito. A segunda parte do livro é dedicada às críticas dirigidas já desde o final do século XIX à concepção sistemática do direito. O *quarto capítulo* repercorre a história do pensamento jurídico antiformalista, partindo do "segundo" Jhering, que abandonou a concepção sistemática e pôs o interesse a ser tutelado como centro do direito. Nele inspiraram-se o Movimento do Direito Livre e a jurisprudência dos interesses, que se propuseram fornecer ao juiz novos instrumentos para aplicar as normas e, eventualmente, para liberar-se do vínculo às normas mesmas. O chefe dos jusliberistas, Hermann Kantorowicz, vê no volume de Jhering, *O escopo no direito* (1877),"a estrela polar de toda interpretação verdadeiramente jurídica"[2]. Nesse capítulo não está, portanto, no centro da atenção a construção sistemática em vista do conhecimento, mas a interpretação da norma em vista da aplicação do direito positivo.

Os partidários do Movimento de origem jheringhiana eram freqüentemente, em política, partidários do socialismo. Conheceram assim um breve sucesso durante a república de Weimar, mas foram aniquilados pelo nacional-socialismo, a cujas teorias é dedicado o *quinto capítulo*. A partir de 1933, o direito alemão foi regido por uma concepção totalitária, fundada nos princípios do racismo e do autoritarismo e elaborada por juristas de grande valor intelectual, como Carl Schmitt e Karl Larenz. Enquanto o fascismo italiano encontrou o modo de conviver com as tradicionais correntes jurídicas, dobrando-as às próprias exigências quando se fazia necessário, o nacional-socialismo adversou radi-

---

2."*Zweck im Recht*, diesen Leitstern aller warhaft juristischen Auslegung": Hermann Kantorowicz, *Jherings Bekehrung*, "Deutsche Richterzeitung", 1914, col. 84 s.

calmente o direito e terminou por criar um espaço juridicamente vazio, em que os juízes não deviam remeter-se às normas, mas sim à vontade do Führer e ao programa do partido único. O ideal do direito livre encontrava, assim, uma aplicação invertida: o juiz era liberado da sujeição à norma, para ser submetido à do partido. Por sua vez, os juízes alemães estavam prontos para adequar-se à nova situação porque nunca haviam aceitado o socialismo weimariano.

Com o declínio do nacional-socialismo e, com ele, das doutrinas totalitárias do direito, os juristas alemães voltaram às concepções pré-bélicas, ou seja, à jurisprudência dos interesses, enriquecendo-a, contudo, também com uma menção aos valores que sustentavam aqueles interesses. A esse retorno é dedicado o *sexto capítulo*. A jurisprudência dos valores procurou de várias formas conciliar a certeza do direito – sentida como um valor irrenunciável depois dos arbítrios do totalitarismo – com a flexibilidade necessária para decidir segundo a eqüidade os casos-limite. Os três capítulos finais mostram como não era rejeitada nem a tradicional construção sistemática do direito, nem a interpretação lógica da norma, mas como se pretendia acrescentar a ela uma menção a princípios não expressamente formulados pelo legislador. A tradição jurídica fornecia os meios para resolver a maioria dos casos, ao passo que a menção aos princípios oferecia ao juiz o instrumento para resolver, de forma equânime, o caso-limite. É sobre a descoberta e sobre o uso desses princípios que se fundam tanto o sistema móvel de Wilburg, descrito no *sétimo capítulo*, quanto o sistema aberto de Canaris, descrito no *oitavo capítulo*.

Ao lado dessas teorias sistemáticas, mas setoriais, afirmara-se também uma concepção retórica (ou argumentativa, ou tópica) do direito, segundo a qual o direito não é um raciocínio lógico, mas um discurso argumentativo: ou seja, é uma técnica retórica que pretende convencer, não demonstrar. Entre a tópica de Viehweg (cf. *infra*, cap. VI, 6), o sistema móvel (cf. *infra*, cap. VII, 13) e o sistema aberto (cf. *infra*, cap. VIII, 8) existem assonâncias e ligações que nem sempre os interessados aceitam.

INTRODUÇÃO XXXV

Essas três teorias estão reciprocamente ligadas por uma relação não hierárquica, mas paritética; ou seja, podem ser pensadas como se estivessem organizadas segundo uma estrutura não piramidal, mas circular. Os instrumentos que elas colocam à disposição do jurista são, efetivamente, diversos, mas complementares: a tópica permite extrair o caso específico do magma de cada problema concreto e remetê-lo a algumas idéias compartilhadas pela maioria (os *tópoi*); o sistema aberto de Canaris consolida essas primeiras especificações com um vínculo aos valores (os princípios extraídos do direito positivo); o sistema móvel de Wilburg propõe também, em alguns setores específicos do direito, uma formulação explícita desses princípios que possa ser feita própria pelo legislador e transformada assim em direito positivo. Por sua vez, os princípios ancorados no direito positivo poderão ser modificados ou enriquecidos num processo interativo análogo, em que será novamente a tópica a oferecer o ponto de partida.

O segundo volume chega, portanto, à conclusão de que no século XX o pensamento sistemático tradicional conserva sua validade na aplicação do direito à maioria dos casos concretos, claramente subsumíveis nas normas estatuídas pelo legislador; porém, a ele se une uma referência a princípios não formulados pelo legislador (ou seja, a valores) que ajuda a resolver os casos-limite.

Essa ampliação do ângulo de visual parece típica de todas as ciências do século XX: no terceiro volume, ver-se-á, de fato, como também as ciências físico-naturais, depois de terem conseguido esclarecer os fenômenos mais freqüentes e macroscópicos, tendiam a deslocar seu interesse aos fenômenos marginais e excepcionais. Também o direito será influenciado por essa mudança de paradigma. Dela nascerão teorias jurídicas extremamente complexas, às quais é dedicado o terceiro volume.

Capítulo I
Do sistema jurídico externo ao sistema jurídico interno

Pontos de intersecção e desenvolvimentos do discurso. O século XX herda da filosofia clássica alemã e da teologia o conceito de sistema externo. Tal conceito é uma técnica didática ou expositiva que permite colocar ordem nos dados caóticos da realidade. Já com Aristóteles, porém, fora colocado o problema de estabelecer se a ordem está na mente do observador (que a utiliza para ordenar a realidade caótica) ou se está dentro da própria realidade, de forma que ao observador cabe apenas a tarefa de trazê-la à luz. Com o século XX, afirma-se a pesquisa sobre o sistema interno, aqui exemplificado pelas teorias do filósofo Adolf Trendelenburg e do jurista Gustav Radbruch.

O exemplo mais bem-sucedido de sistema interno é o de Hans Kelsen, um dos maiores representantes do positivismo jurídico. Os próximos dois capítulos são dedicados ao exame crítico de sua doutrina. Aqui, para evitar possíveis equívocos, distinguem-se inicialmente três positivismos: o positivismo sociológico de Auguste Comte; o positivismo lógico do Círculo de Viena e, enfim, o positivismo jurídico que encontra expressão também na teoria pura do direito de Kelsen (e que não gostaria de considerar um "parente espúrio" do positivismo clássico: Fassò, vol. 3, p. 214). Os três positivismos têm em comum a recusa de tudo o que não é verificável com a experimentação ou demonstrável com a lógica ou com a matemática: ou seja, são movimentos antimetafísicos que exprimem uma crença na razão, influenciados pelo desenvolvimento científico dos anos entremeados nos séculos XIX e XX. Ao lado deles, o idealismo refloresce na escola neokantiana. A teoria de Kelsen deita suas raízes tanto no positivismo jurídico quanto no neokantismo. Com esses instrumentos, Kelsen leva a termo a construção de um sistema interno do direito que constitui o mais rigoroso sistema jurídico formulado em linguagem natural. Distinguindo claramente a ciência do direito do próprio direito, que dela é objeto, Kelsen oferece seja um sistema externo do direito (isto é, uma sua descrição sistemática), seja um sistema interno do direito, em que identifica no dever ser (*Sollen*) o específico nexo unificador das normas de um ordenamento positivo. Com a teoria pura do direito, conclui-se a pesquisa oitocentista sobre o sistema jurídico interno: depois disso, ou serão construídos sistemas axiomatizados (ou seja, lógico-formais) do direito, ou tentar-se-ão descobrir novas formas de sistema interno do direito.

1. A noção de sistema externo e de sistema interno

O sistema pode ser o ponto de chegada ou o ponto de partida da atividade do estudioso e, em particular, do jurista. O sistema como ponto de chegada é uma construção intelectual que coloca ordem numa realidade caótica; é uma rede cognoscitiva que se superpõe ao seu objeto: é o *terminus ad quem*, ou seja, o fim a que tende a atividade do estudioso; é um *sistema externo* ao objeto estudado. Ao contrário, o sistema como ponto de partida é uma estrutura ínsita no objeto estudado; a tarefa do estudioso consiste em descobri-la e em descrevê-la; o sistema é o *terminus a quo*, o ponto de partida da atividade de pesquisa; o sistema é um *sistema interno* ao objeto estudado.

Iniciando agora uma investigação sobre o sistema interno do direito, devem ser mencionadas algumas enunciações do meu primeiro livro sobre o sistema[1], dedicado ao sistema jurídico externo, ou seja, à estrutura como produto da atividade do jurista. É necessário, de fato, estabelecer os pontos de contato e os pontos de divergência entre essas duas diversas concepções da atividade do jurista.

---

1. Mario G. Losano, *Sistema e struttura nel diritto*, vol. I: *Dalle origini alla Scuola Storica*, Giappichelli, Torino, 1968, XXXII-313 pp.; sua 2.ª edição constitui o vol. 1 da presente obra.

No plano filosófico, o debate sobre a ordem interna ou externa ao objeto estudado pode ser iniciado com Aristóteles (cf. *infra*, 3). No plano histórico e com referência ao direito, a passagem de uma para outra concepção pode ser reduzida a uma evolução razoavelmente linear. Por séculos, trabalhou-se para criar sistemas externos ao direito, sem todavia manter claramente distinto o plano conceitual da ciência sobre um certo objeto daquele do objeto de uma certa ciência. Tem-se uma prova dessa confusão no exame de cada uma das teorias, nas quais os autores oscilam entre uma consideração interna e uma externa do direito. Em concomitância com a afirmação de teorias filosóficas de tipo idealístico-metafísico, aquela que era uma elaboração teórica do jurista foi considerada um elemento inerente à realidade. Em outros termos, considerou-se que a ordem introduzida pelo jurista no material legislativo fosse somente a descoberta de estruturas já presentes na própria realidade jurídica: o sistema estaria, assim, dentro do direito positivo, e não fora dele.

Como conseqüência dessa reviravolta, a tarefa do jurista deixou de ser limitada à confecção de esquemas expositivos dotados de finalidades práticas, estendendo-se a âmbitos mais criativos. Visto que o sistema não era o ponto de chegada, mas o ponto de partida da atividade do jurista, este último – explorando a natureza intrinsecamente sistemática do direito – podia resolver problemas importantes, como os das antinomias ou das lacunas no ordenamento jurídico. Efetivamente, dizer que um ordenamento é coerente e completo exige que se conceba como dada *a priori* a sistematicidade do direito, da qual se faz derivar determinadas conseqüências com relação a determinadas normas, enquanto partes integrantes do sistema. Nesse sentido, a pesquisa estrutural é o *terminus a quo*, o ponto de partida da atividade do jurista.

Essa sintética linha evolutiva é apenas uma das possíveis explicações dos motivos que animam o trabalho sistemático dos juristas. Ela é, efetivamente, condicionada pelos pressupostos filosófico-ideológicos de quem escreve: uma pessoa com uma visão de mundo radicalmente diversa poderia, portanto, fornecer uma explicação completamente diferente.

Dessa forma, por exemplo, quem se remete ao mito nacional-socialista de uma originária vida em comum, contraposta à vida individual própria da época moderna, tende a explicar o recurso à noção de sistema de modo diverso do aqui proposto. Quando o indivíduo vivia em comunidade de extensão diversa (família, centúria, *Sippe*, tribo), era copartícipe do espírito da comunidade: todas as suas ações conforme tal espírito eram ações corretas do ponto de vista jurídico, ao passo que qualquer ação sua contrária era punida pela comunidade. Existindo no espírito da comunidade, o direito não tinha a necessidade de ser enclausurado num sistema. Quando, contudo, por várias razões históricas, as comunidades se dissolvem, o indivíduo se encontra sozinho diante do poder repressivo do Estado. Já não existe a voz interior, o espírito da comunidade, que o faz imediatamente compreender se age de modo lícito ou ilícito. Para garantir um conhecimento completo das normas que o circundam, o indivíduo deduz a noção de sistema da filosofia: a primeira função do sistema é, portanto, dar certeza ao indivíduo isolado[2].

Voltando mais ainda no tempo e remontando às origens da moderna noção de sistema, pode-se dizer que a teologia sistemática se afirmou com as guerras de religião dos séculos XVI-XVII, para dar certezas às comunidades dos fiéis, abaladas pelos violentos contrastes de opinião, dos quais se originavam conflitos civis e guerras[3].

---

2. Franz W. Jerusalem, *Kritik der Rechtswissenschaft*, Verlag Joseph Knecht-Carolusdruckerei, Frankfurt am Main, 1948, pp. 123 ss. O contraste entre o ano de publicação e a ideologia inspiradora da obra é apenas aparente: o autor adverte que "o manuscrito estava pronto para impressão no início de 1945" (p. 6). Sobre as relações entre nacional-socialismo e pensamento jurídico, cf. *infra*, cap. V.

3. Erwin Fallbusch, *Konfessionalismus*, em *Evangelisches Kirchenlexikon*, Vandehoeck & Ruprecht, Göttingen, 1958, col. 880-4. Sobre as origens do sistema,

DO SISTEMA JURÍDICO EXTERNO AO INTERNO

O presente escrito, todavia, se propõe examinar não tanto o *motivo* pelo qual ocorreu a incorporação do sistema no direito, mas sobretudo o *modo* pelo qual tal incorporação ocorreu.

A precedente exposição sintética do modo como da indiferenciada e mais antiga noção de sistema se passou às noções de sistema externo e interno é apenas um itinerário ideal através da evolução do pensamento jurídico e uma referência à reconstrução histórica exposta no primeiro volume desta obra. De fato, na realidade, não se encontra no estado puro nem o sistema jurídico externo (encontram-se apenas *vários* sistemas jurídicos externos, em que a reconstrução lógica se arroga também uma qualificação especificamente jurídica, ao passo que lhe caberia uma exclusivamente lógica), nem o sistema jurídico interno (como será visto nos capítulos seguintes, também a mais rigorosa exposição do sistema jurídico interno freqüentemente não diz com clareza se se está tratando do sistema referente ao direito positivo, ou daquele da ciência que descreve tal direito).

Esse itinerário ideal permite, porém, ver com uma certa clareza o vínculo genético entre as duas diversas noções de sistema. Isso confirma ulteriormente a observação já enunciada no volume anterior[4], segundo a qual é lícito – no caso de uma análise do direito – unir sob a mesma denominação de sistema o sistema jurídico interno e o sistema jurídico externo. Deve-se, todavia, ter presente que no século XX a evolução das teorias jurídicas levou a usar o termo "sistema" para designar aparatos conceituais muito distantes uns dos outros.

---

cf. também Jan Schröder, *Die ersten juristischen "Systematiker". Ordnungsvorstellungen in der Philosophie und Rechtswissenschaft des 16. Jahrhunderts*, em Maximiliane Kriechbaum (Hrsg.), *Festschrift für Sten Gagnér zum 3. März 1996*, Aktiv, Ebelsbach, 1996, pp. 111-50.

4. Cf. vol. 1, cap. VIII; já em Losano, *Sistema e struttura nel diritto*, 1968, cit., pp. 113 ss.

2. Os pressupostos de um sistema jurídico interno

Ao empreender a construção de um setor do direito ou de todo o direito, o jurista pressupõe tacitamente uma série de características do material jurídico: pressupõe que o material jurídico seja caótico e que possa, por isso, assumir qualquer organização a ele imposta pelo jurista; pressupõe, portanto, operar no nível não do direito positivo, mas da ciência do direito; disso deriva, enfim, que o jurista pressuponha um nexo de caráter lógico entre as várias partes de seu sistema científico-jurídico[5]: é esse o sistema externo do direito. Analogamente, o jurista que considera a estrutura do direito não mais o fim, mas o ponto de partida da própria atividade, move-se a partir de pressupostos dos quais muitas vezes não está consciente, mas que são radicalmente diversos dos examinados no caso do sistema externo. Neles é necessário agora deter-se.

a) A sistematicidade intrínseca do dado jurídico

O jurista que enfrenta o direito positivo com a convicção de que em seu interior exista uma ordem, uma estrutura, ou seja, um sistema, opera não como pedreiro que combina, segundo um plano, os tijolos amontoados, mas como um arqueólogo, que com os confusos fragmentos desenterrados deve reconstruir um arco ou uma fachada preexistente. O fragmento isolado do edifício, neste último caso, não tem mais um valor autônomo, mas adquire sentido e importância pela sua inserção em um plano preexistente, desta vez, na própria realidade (que o arqueólogo deve apenas "repensar"). À parte as metáforas, na concepção do sistema jurídico interno cada uma das normas jurídicas tem um significado enquanto parte de uma certa estrutura, isto é, de

---

[5]. Cf. vol. 1, cap. VIII, 2; já em Losano, *Sistema e struttura nel diritto*, 1968, cit., pp. 117 ss.

um certo sistema de relações entre uma norma e outra. Tais relações têm, contudo, um caráter puramente formal: de fato, os juristas para os quais a estrutura é o ponto de partida da atividade têm freqüentemente uma formação filosófica de tipo idealístico, segundo a qual uma idéia primigênia está presente em cada fragmento da realidade; para eles, portanto, é sistema o que reduz toda uma disciplina a um único princípio. Isso não é certamente possível se se consideram os multiformes *conteúdos* das normas jurídicas; é inevitável, portanto, dirigir-se apenas ao *aspecto formal* do direito.

Limitado assim o campo da própria investigação, esses juristas não procuram explicar o *motivo* pelo qual o direito deve ser em si mesmo sistemático; uma alusão a uma entidade metafísica é muitas vezes insuficiente para considerar resolvido o problema. Toda a atenção se concentra, ao invés, no *modo* pelo qual se realiza concretamente a sistematicidade do direito. Todavia, visto que nos limitamos ao lado formal, muda radicalmente a problemática em relação à examinada a respeito do sistema externo. Na análise do sistema interno surgem, por exemplo, os problemas da lacuna (se é ou não abstratamente possível), da validade de cada uma das normas (como é realizada e em que consiste), das relações entre esse sistema realmente existente no direito e a realidade que circunda o direito, e assim por diante. Um típico problema dos juristas que se ocupam do sistema externo era, por exemplo, a colocação da noção de posse no sistema dos direitos reais. Ao contrário, o jurista que se ocupa do sistema interno encontra-se na impossibilidade de enfrentar problemas desse gênero. Isso depende do caráter fictício da sistematicidade interna do direito positivo: na realidade, este último é tão pouco sistemático que – para poder individuar uma estrutura da qual partir – os defensores do sistema jurídico interno devem reduzir o direito a seus elementos constitutivos mais abstratos, que porém não fazem parte do direito positivo. Mas com isso estou antecipando o que será retomado amplamente a seguir.

*b) O sistema interno como discurso não sobre
a ciência, mas sobre o objeto da ciência*

Se se considera que na realidade, ou seja, em determinado ordenamento jurídico, preexista uma ordem (descoberta, e não criada, pelo jurista), é claro que objeto do discurso científico já não é a ciência que descreve aquele ordenamento, mas o próprio ordenamento. Mais precisamente, a ciência de determinada matéria consiste no estudo da estrutura intrínseca da matéria mesma globalmente considerada, e não na criação de um esquema expositivo no qual incluir, segundo um plano unitário, os fragmentos de que consta a própria matéria.

A estrutura ínsita no objeto estudado gera um discurso científico que não se superpõe ao objeto como uma rede de meridianos e paralelos, mas que procura colher sua íntima natureza. Daqui surge uma radical diferença em relação ao discurso sobre a estrutura entendida como sistema interno: enquanto este último é um discurso conduzido segundo cânones válidos para todas as ciências, o outro pretende ter validade apenas com relação à disciplina à qual se refere. Efetivamente, a sistematicidade interna de uma matéria depende do que essa matéria é: um sistema de normas jurídicas é intrinsecamente diferente de um sistema de cristais ou de um sistema de relações parentais.

Um reflexo específico dessa constatação geral será exposto, ao menos em grandes linhas, a propósito dos programas para a elaboração eletrônica[6]: aqueles para a obtenção da informação são sistemas externos globais (valem para todos os dados, compreendidos *também* os jurídicos), ao passo que a automação de um específico procedimento regulado pelo direito é um possível sistema interno daquele conjunto de normas, *e daquele somente*.

Dada essa diversidade de fundo, a exposição do sistema jurídico externo e a do sistema jurídico interno não po-

---
6. Cf. vol. 3, cap. I, 6, a: texto seguinte à nota 111.

dem seguir o mesmo esquema expositivo porque nem todas as partes da primeira encontram uma correspondência na segunda. Visto que o sistema externo se adapta a qualquer disciplina, independentemente do objeto que ela descreva, o precedente volume contém, antes de tudo, uma *teoria geral do sistema externo*. Tal teoria é válida para todas as ciências, porque fixa os cânones lógicos que devem ser respeitados por uma exposição que queira apresentar-se como científica: coerência, completude, independência e necessidade dos axiomas[7]. A teoria do sistema *jurídico* externo não é senão a aplicação a uma matéria específica – o direito – dos critérios gerais assim identificados.

Mas o que foi dito para o sistema externo como sistema expositivo já não vale quando se fala do sistema interno. Neste último, objeto de estudo é a estrutura de cada matéria, ou seja, o exame dos nexos próprios de determinada matéria. Essa direção de investigação torna, assim, impossível a elaboração de uma teoria geral do sistema interno, porque é possível tratar apenas o sistema interno de determinada disciplina: em nosso caso específico, poderemos enunciar uma teoria do sistema jurídico externo.

c) O caráter específico do nexo

Foi dito que a estrutura é o conjunto das relações que conectam vários elementos em unidade sistemática. O sistema externo tem como objeto a ordenada exposição de determinada matéria; portanto, a teoria geral do sistema externo ocupa-se dos nexos lógicos que ligam as proposições de que consta a exposição. O sistema interno, ao contrário, tem como objeto a própria matéria, não sua exposição; portanto, a teoria do sistema interno se ocupa dos nexos *específicos* entre as partes constituintes de determinada

---

7. Cf. vol. 1, cap. X; já em Losano, *Sistema e struttura nel diritto*, 1968, cit., pp. 139 ss.

matéria. Em nosso caso, ocupa-se do nexo específico que conecta as normas jurídicas entre si. Mas que tipo de nexo seria esse? Para responder a essa pergunta, é necessário identificar um elemento que seja exclusivamente próprio do direito e que, ao mesmo tempo, permeie todo o ordenamento jurídico, unindo cada uma de suas partes; isto é, um elemento que seja exclusivo daquele conjunto, mas geral para aquele conjunto; um elemento que explique *apenas* o direito, mas *todo* o direito.

Não é possível examinar aqui todas as teorias jurídicas, para ver como nelas se configura a noção de sistema jurídico interno. Uma clara visão dos limites da concepção do sistema interno pode derivar não tanto do exame de numerosas teorias, que apresentam um variado grau de mistura entre enunciação do sistema interno e construção do sistema externo, quanto sobretudo da análise aprofundada da teoria que tende a apresentar-se como a teoria do sistema jurídico interno *par excellence*: a teoria pura do direito de Hans Kelsen, à qual são dedicados os dois próximos capítulos.

Para Bobbio, a teoria pura do direito é a teoria estrutural por excelência[8]. Sua "conversão" ao kelsenismo ocorreu o mais tardar em 1949 e exerceu uma duradoura influência sobre as concepções do direito e da democracia. Em 1996, muito tempo depois de deixar o pensamento kelseniano pela filosofia da política, ele recorda assim seu débito para com esse autor: "Devo a Kelsen o fato de ter tido acesso sem esforço a um sistema acabado de conceitos-chave para a compreensão realista (não ideologizada) do direito distinto da sua base social e dos valores que a cada vez o inspiram."[9]

---

8. Cf. vol. 3, cap. II, 7, b.
9. Norberto Bobbio, *De senectute e altri scritti autobiografici*, Einaudi, Torino, 1996, p. 87."Minha'conversão', se posso assim chamá-la, ao kelsenianismo, que estará presente em grande parte da minha vida"pode ser feita remontar a 1949, escreve Bobbio, porque num artigo publicado naquele ano"tomei a defesa da teoria pura do direito contra um juízo depreciativo"de Carnelutti (p. 124).

3. Estrutura presente e estrutura ausente

A presença ou a ausência de uma ordem, de um sistema, de uma estrutura dentro das coisas é um dos debates eternos das ciências, assim como eterna é a necessidade de conhecer e de colocar ordem nos conhecimentos. Duas imagens podem resumir os termos do problema. Se o sistema ou a estrutura está presente no objeto, o pesquisador deve atuar como um anatomista e descobrir a ossatura que lhe é escondida pela carne. Se, ao contrário, a realidade é um conjunto desordenado, o pesquisador deve inventar um sistema ou uma estrutura com a qual descrevê-la de modo ordenado, mnemônico, didático. A realidade desordenada pode ser pensada como um maço de cartas: é utilizado para jogar *bridge*, mas depois pode ser misturado, e então serve para jogar *skat*. O maço real de cartas é caótico, mas é ordenado pelas regras do jogo que estão na cabeça do jogador. Passemos das metáforas à terminologia filosófica: se a realidade é estruturada, a ordem (a estrutura, o sistema) é um dado ontológico; se, ao contrário, a realidade não é estruturada, a ordem (a estrutura, o sistema) é um dado epistemológico.

À pergunta: "Mas, então, nas coisas a ordem (a estrutura, o sistema) existe ou não existe?", pode-se, portanto, responder sim e não. Umberto Eco dedicou à resposta negativa um de seus livros mais célebres, por isso intitulou-o *A estrutura ausente*[10]. A estrutura está ausente das coisas estudadas e está presente na mente do estudioso. Fazendo referência a alguns pontos nodais desse livro, pode-se repropor uma sintética história desse debate infinito, no sentido também de *interminável* (*non-mai-finibile*).

O conceito de estrutura externa ou interna (ou seja, como elemento epistemológico ou ontológico) é formulado com precisão já em Aristóteles, "o pai da reflexão estrutu-

---

10. Umberto Eco, *La struttura assente. Introduzione alla ricerca semiologica*, Bompiani, Milano, 1968, 431 pp.

ral". Na *Física* e na *Metafísica* define a *morfé* como a forma externa do objeto. O *eîdos* – que é a idéia, a estrutura racional – se compõe com a matéria, dando lugar ao "sínolo", à substância e, portanto, à *ousìa*. Para Aristóteles, porém, a separação entre idéia e matéria (ou seja, sistema de relações internas da coisa, e a própria coisa) não é clara: o arquiteto não tem uma idéia (*eîdos*) da casa a ser projetada, mas uma *pròte ousìa*: "Já em embrião – comenta Eco –, a forma não pode aparecer separada da coisa da qual é forma. Existe, portanto, em Aristóteles uma clara oscilação entre modelo estrutural (ossatura inteligível) e objeto estruturado: a mesma oscilação que encontraremos presente em todo discurso sobre as estruturas."[11] Em sua obra, Eco se ocupa das duas oscilações próprias da noção de estrutura: aquela entre aspecto concreto e aspecto abstrato (ou seja, entre indivíduo e universal) e aquela entre aspecto ontológico e aspecto epistemológico. Deter-nos-emos apenas nesta última, indispensável para compreender melhor a noção de sistema externo e interno também no direito.

Um dos mais rigorosos lingüistas estruturalistas indica como esse debate, iniciado com Aristóteles, prosseguiu também na Idade Média: "É preciso compreender por *lingüística estrutural* um conjunto de pesquisas que se apóiam numa *hipótese* segundo a qual é *cientificamente legítimo* descrever a linguagem como se fosse uma estrutura." Portanto, a lingüística estrutural tem, para Hjelmslev, um "caráter hipotético", no sentido de que o lingüista hipotiza a existência de uma estrutura nos fenômenos lingüísticos: a estrutura é uma hipótese de trabalho, não uma realidade. Assim, a hipótese estrutural é aceita se dá bons resultados científicos, mas não é um método nem exclusivo, nem definitivo: "Toda descrição científica pressupõe que o objeto da descri-

---

11. Eco, *La struttura assente*, cit., pp. 256-8; o parágrafo é intitulado *La lezione di Aristotele: una teoria della struttura come forma concreta e come modello formale*. A pp. 254 são recordados alguns precursores do pensamento estrutural, com a sábia advertência de que essa "caça ao estruturalista" *ante litteram* poderia tornar-se "um jogo de sociedade".

ção seja concebido como uma estrutura (e, portanto, analisado segundo um método estrutural que permita reconhecer as relações entre as partes que o constituem) ou como fazendo parte de uma estrutura (e, portanto, *sintetizado* com outros objetos com os quais mantém relações que tornam possível estabelecer e reconhecer um objeto mais amplo, do qual esses objetos, com o objeto considerado, são partes)."Em resumo, o lingüista está diante da"escolha fatal entre uma descrição estruturalista e uma descrição nãocientífica, que se reduz a pura enumeração": cabe, pois, a ele escolher o método de trabalho. "Objetar-se-á, talvez, que, se assim o é – conclui Hjelmslev –, a adoção de um método estrutural não é imposta pelo objeto da pesquisa, mas que tal adoção é escolhida arbitrariamente pelo pesquisador. Chega-se, portanto, novamente ao antigo problema, debatido na Idade Média, de saber se as noções (conceitos ou classes) feitas emergir na análise são resultantes da mesma natureza do objeto (*realismo*) ou se resultam do método (*nominalismo*). Tal problema é evidentemente de ordem epistemológica."[12]

Essa provisoriedade da estrutura como grade externa é mencionada por vários estruturalistas, de Chomsky a Starobinski. Um texto deste último – que se refere à crítica literária – poderia, segundo Eco, constituir a formulação definitiva da estrutura como sistema externo, ou seja, como auxílio epistemológico."As estruturas – escreve Starobinski – não são nem coisas inertes, nem objetos estáveis. Elas emergem de uma relação instaurada entre o observador e o objeto; despertam em resposta a uma pergunta preliminar, e será em função dessa pergunta dirigida às obras que será estabelecida a ordem de preferência de seus elementos. É em contato com minha interrogação que as estruturas se

---

12. Louis Hjelmslev, *Essais Linguistiques*, Nordisk Sprog- og Kulturforlag, Copenhague, 1959, p. 101; cit. por Eco, *La struttura assente*, cit., p. 286, que traduz o adjetivo *structuraliste* por "estrutural": uma pedrinha a mais para o mosaico das oscilações entre "estrutural" e "estruturalista": cf. vol. 3, cap. IX, 1 e, para o direito, 8.

manifestam e se tornam sensíveis, em um texto desde muito fixado na página de um livro. Os diversos tipos de leitura escolhem e extraem estruturas 'preferenciais'. [...] Nota-se bem cedo que uma mesma obra, dependendo da pergunta colocada, permitirá extrair várias estruturas igualmente aceitáveis, ou ainda que essa obra será definida como uma *parte* no âmbito de sistemas mais vastos que, superando-a, englobam-na. Aqui já não é o estruturalismo quem decide: ao contrário, a análise estrutural poderá apenas ser a conseqüência de uma decisão preliminar, que fixe a escala e o interesse pela pesquisa. Sem dúvida, a aspiração à totalidade levar-nos-á a coordenar os resultados dessas diversas leituras, a tratá-las como os elementos de uma *grande estrutura* que seria o significado global, o sentido exaustivo. Tudo induz a crer que essa *grande estrutura* constitui um termo que não se deixa apreender, senão assimptoticamente."[13]

Por trás da estrutura como hipótese de trabalho começa a delinear-se uma *grande estrutura*, índice da geral "oscilação entre estrutura como *instrumento operativo* e estrutura como *realidade ontológica*". De fato, continua Eco, "se a estrutura é um instrumento que *fabrico* para determinar, de um ponto de vista, modos de aproximação a alguns aspectos do objeto, o trecho de Starobinski conclui nossa pesquisa. Mas... e se ela for uma realidade ontológica que *descubro* como definitiva e imutável?"[14].

A pergunta surge inevitavelmente, até porque na mente do estudioso a distinção entre os dois tipos de estrutura é muito menos clara do que na teoria. Se o método estruturalista é uma hipótese, fica difícil imaginar que quem o pratica não esteja convicto (ainda que apenas inconscientemente) de que a estrutura *existe*: colocamo-nos à procura

---

13. Starobinski, SeC, p. XX, cit. por Eco, *La struttura assente*, cit., p. 283. Também Chomsky sublinha o caráter provisório da pesquisa estrutural: p. 287, nota 63.
14. Eco, *La struttura assente*, cit., p. 284. A esse tema Eco dedica o capítulo *Seconda oscillazione: realtà ontologica o modello operativo?*, pp. 285-302.

de uma coisa que, ao menos como hipótese de trabalho, supõe-se que possa existir. Se a estrutura não está na coisa, talvez preexista na mente do pesquisador. A noção de provisoriedade da estrutura vem depois, como prudência epistemológica. É no fundo o que se pergunta Eco a propósito dos mecanismos universais aos quais chega Lévi-Strauss: são "uma armadilha que espera fatalmente por Lévi-Strauss ao final de cada discurso", ou "é o projeto que orienta desde o início cada um dos seus discursos"?[15].

Lévi-Strauss é efetivamente analisado como caso típico da passagem da estrutura objetiva ao modelo operativo[16]. O antropólogo observa dados que existem na natureza e, entre eles, não encontra a estrutura: "elle se situe au delà". Essas experiências não podem ser organizadas porque a realidade as oferece segundo um critério desconhecido para o antropólogo; por isso ele as reordena em modelos que pode manipular: "A mente do pesquisador que se deixou modelar pela experiência – continua Eco – torna-se teatro de *operações mentais* que transformam a experiência em modelo, tornando possíveis outras operações mentais."[17] A estrutura tem, portanto, uma coesão interna, que permite descobrir semelhanças entre sistemas diversos. Mas para confrontar sistemas diversos é preciso ter em mente um *sistema dos sistemas*: se a língua se articula segundo um código lingüístico e a parentela segundo um código parental, e assim por diante, para poder compará-los é necessário aquilo que Eco (não Lévi-Strauss) chama de metacódigo, um Ur-código.

---

15. Eco, *La struttura assente*, cit., p. 291.
16. Eco, *La struttura assente*, cit., pp. 288-302. Texto exemplar a propósito é, para Eco, o discurso de Lévi-Strauss no Collège de France: *Elogio dell'antropologia*, "Aut Aut", 1965, n. 88, pp. 7-41. O número inteiro é dedicado a Lévi-Strauss, com uma *Bibliografia generale degli scritti di e su Claude Lévi-Strauss* di Paolo Caruso, pp. 76-88; também em inglês: *The Scope of Anthropology*, "Current Anthropology", 1966, pp. 112-23. Nesse volume, Lévi-Strauss descreve a parábola do estruturalismo ontológico ao metodológico.
17. Eco, *La struttura assente*, cit., p. 289.

Assim, na obra de Lévi-Strauss, gradualmente toma forma um metacódigo, um pensamento objetivo que a tudo dirige, até a chegada do hóspede inesperado: o espírito humano[18].

A passagem da estrutura externa, como grade cognoscitiva, à estrutura interna, como ossatura objetivamente existente, é resumida com clareza por Eco: "O problema que se põe imediatamente a Lévi-Strauss é o seguinte: essas regras (as dos códigos e as dos metacódigos) são 'universais'? E se o são, como será compreendida essa 'universalidade' delas? No sentido de que se trata de regras que, uma vez propostas, parecem úteis para explicar diversos fenômenos, ou no sentido de que são realidades escondidas em cada um dos fenômenos estudados? No âmbito do texto em exame, a resposta de Lévi-Strauss está incorporada do máximo rigor operativo: tais estruturas são universais no sentido de que a tarefa do antropólogo é exatamente elaborar transformações cada vez mais complexas nas quais explicar com os mesmos modelos os fenômenos mais disformes (reduzindo, digamos, a um único modelo a sociedade primitiva e a sociedade contemporânea); mas tal operação é uma operação de laboratório, uma construção da inteligência investigativa: à falta de uma *verdade de fato*, teremos uma *verdade de razão*."[19]

Porém, o antropólogo descobre esses elementos constantes porque existe algo de "comum a todos os homens"[20], porque, como diz Mauss, os homens se comunicam por símbolos, mas têm esses símbolos e podem comunicar por-

---

18. "Ainda não nos demos conta o suficiente de que a língua e a cultura são duas modalidades paralelas de uma atividade mais fundamental: aludo, aqui, àquele hóspede presente entre nós, embora ninguém jamais tenha sonhado em convidá-lo para as nossas discussões: o espírito humano": Lévi-Strauss, *Antropologia strutturale*, pp. 77 s., cit. por Eco, *La struttura assente*, cit., p. 295.

19. Eco, *La struttura assente*, cit., p. 290. O texto a que Eco se refere (nota 66) é de Lévi-Strauss, *Elogio dell'antropologia*, cit., p. 69.

20. Lévi-Strauss, *Elogio dell'antropologia*, cit., pp. 73 s.

que, na base, trazem dentro de si os mesmos "instintos". Com isso, passa-se de uma concepção operativa para uma concepção substancial da noção de estrutura: pressupõe-se, de fato, que *exista* um *universal* que garante o funcionamento e, ao final, a existência do modelo mental.

Ainda que os problemas do estruturalismo não estejam decerto exauridos[21], essas observações deverão ter contribuído para esclarecer as noções de "externo" e de "interno" no pensamento sistemático. Sobre o estruturalismo jurídico, retornará, entretanto, com mais amplitude o vol. 3, cap. II.

4. Em busca do sistema dentro das coisas

Os juristas oscilam constantemente (ainda que em medida diferente) entre essas duas diversas noções de sistema. Os filósofos, ao contrário, se deram conta da ambigüidade da noção de sistema e procuraram nela distinguir conceitualmente vários tipos, alcançando resultados que influíram também sobre a ciência jurídica.

A obra de Christian Wolff (1679-1754) introduziu a distinção entre pseudo-sistema e sistema autêntico. O primeiro seria um sistema genérico, elaborado com fins práticos ou didáticos, que consiste em reunir elementos que apresentam características comuns; o segundo teria um caráter mais meditado, isto é, permitiria indicar não apenas o supremo princípio ordenador do sistema, mas também demonstrar por que este último é capaz de cumprir tal função[22]. A elaboração da noção de sistema – iniciada com Wolff

---

21. Eco, *La struttura assente*, cit., p. 291: "O fato de que algo permita a *esse* modelo funcionar, dele explicando a razão, não exclui que esse mesmo algo permita o funcionamento também de outros (e diversíssimos) modelos; se, ao invés, o algo tem a mesma forma do modelo, então o modelo proposto exaure a realidade descrita e já não é necessário tentar outras abordagens."

22. Cf. vol. 1, cap. IV, 3; já em Losano, *Sistema e struttura nel diritto*, 1968, cit., pp. 62 ss.

e continuada pela escola idealista alemã – penetrou no direito através da obra da Escola Histórica do Direito e encontrou uma tal acolhida no âmbito dos juristas, que sua influência é até hoje perceptível.

Talvez tenha sido precisamente o sucesso da noção de sistema a impedir uma maior avaliação crítica da distinção e das definições wolffianas. As exposições jurídicas falaram de sistemas e construíram sistemas, mas muitas vezes o sistema teorizado não correspondia ao realizado.

Todavia, a elaboração de teorias jurídicas que tentam esclarecer o sistema interno do direito é apenas um aspecto do renovado interesse pelo sistema interno em geral. A mais consciente elaboração das duas noções de sistema é reconduzível a dois estudiosos, nos quais o interesse filosófico não está separado do jurídico: Friedrich Adolf Trendelenburg (1844-1924) e Gustav Radbruch (1878-1949).

5. O sistema interno como "sistema do desenvolvimento"

Visto que "o espírito tende a uma unidade da totalidade do conhecimento", Trendelenburg afirma que "o sistema constitui essa grande unidade"[23]. Para esclarecer essa noção fundamental, Trendelenburg introduz a distinção entre sistema interno e externo, denominados respectivamente "sistema da classificação" (*System der Anordnung*) e "sistema do desenvolvimento" (*System der Entwicklung*). Ambos os sistemas têm a propriedade de reduzir à unidade uma multiplicidade de noções; mas isso ocorre de diversos modos. No sistema da classificação, procede-se por partições ou distinções, de forma que esse tipo de sistema é submetido à "senhoria de um princípio classificatório": com fundamento nesse princípio, de fato, os dados são coordenados segundo

---

23. [Friedrich] Adolf Trendelenburg, *Logische Untersuchungen*. Dritte vermehrte Auflage, Hirzel, Leipzig, 1870, vol. II, p. 446.

suas características comuns[24]. Nessa descrição do sistema externo reaparecem com extrema concisão os princípios que já haviam sido encontrados na exposição de Christian Wolff ou de Immanuel Kant. Um verdadeiro passo adiante é realizado, ao invés, com a descrição do sistema interno, que Trendelenburg chama "sistema do desenvolvimento".

O sistema do desenvolvimento se rege sobre a "viva produção de um princípio". As partes do sistema, portanto, já não estão conexas entre si por características externas, mas por um preciso nexo interno: a reconduzibilidade a um único fundamento. Ao critério de classificação, próprio do sistema externo, substitui-se, assim, um critério de bem mais difícil determinação: o do "método genético". Com base neste último, o fundamento de uma disciplina gera cada uma de suas partes, que assim resultam internamente conexas entre si.

As duas noções de sistema não são, porém, contrapostas uma à outra por Trendelenburg: o sistema da classificação é antes considerado o primeiro passo na direção do sistema do desenvolvimento. Somente este último, porém, é o "sistema por excelência".

Retornando ao que foi exposto a propósito da teoria construcionista de Rudolf von Jhering (1818-92)[25], fica fácil compreender como a concepção de Trendelenburg influiu seja sobre a fase construtivista de Jhering (concepção gené-

---

24. Es "werden fertige Substanzen nach ihrer Verwandschaft zusammengestellt": Trendelenburg, *Logische Untersuchungen*, cit., *ibid*.

25. Sobre a noção de sistema em Jhering, cf. vol. 1, cap. XIV; já em Losano, *Sistema e struttura nel diritto*, 1968, cit., pp. 228-45 e em Mario G. Losano, *Dichtung und Wahrheit in Jherings Konstruktionslehre*, em: *Jherings Erbe*. Göttinger Symposion zum 150. Wiederkehr des Geburtstags von Rudolph von Jhering. Herausgegeben von Franz Wieacker und Christian Wollschläger, Vandenhoeck & Ruprecht, Göttingen, 1970, pp. 142-54; retomado também em Mario G. Losano, *Studien zu Jhering und Gerber*, Münchener Universitätsschriften, Band 55/2, Verlag Rolf Gremer, Ebelsbach, 1984, pp. 114-29. Sobre as duas fases do pensamento jheringuiano, cf. a literatura citada em Losano, *Studien zu Jhering und Gerber*, cit., pp. 130-49. Sobre a modernidade de Jhering cf. vol. 3, cap. IV, 7, nota 258.

tica do sistema), seja sobre sua passagem a uma análise finalística do direito, porque a concepção de um sistema do desenvolvimento exige que se estabeleça em que direção evolui o sistema. No prefácio a *O fim do direito*, Rudolf von Jhering se refere expressamente às teorias de Trendelenburg[26]. Por outro lado, essa passagem do sistema à teleologia estava já implícita em alguns trechos de Trendelenburg sobre o sistema, nos quais recorre a imagem do sistema como organismo.

Tem-se a impressão de que as duas noções de sistema, em um primeiro momento conceitualmente distintas, acabem por confundir-se quando da aplicação prática. Por um lado, existe efetivamente uma superestimação do sistema do desenvolvimento, ao qual Trendelenburg atribui um valor universal quase místico[27]. Por outro lado, no entanto, ao traduzir-se na prática essa sublime noção, acaba-se por cair numa discussão de tipo classificatório, como ocorre nas últimas páginas do capítulo dedicado por Trendelenburg ao sistema.

Assim, mais uma vez retorna-se a quanto já corretamente enunciado por Kant e modernamente reformulado por Starobinski: o sistema é um limite ao qual se tende, embora inalcançável. Conseqüentemente, os autores que introduzem – mesmo com nomes diferentes – a distinção entre sistema interno e sistema externo acabam muitas vezes por teorizar o primeiro e realizar o segundo.

---

26. Rudolf von Jhering, *Lo scopo nel diritto*. Organizado por Mario G. Losano, Einaudi, Torino, 1972, p. 6. O título original da obra de Jhering é *Der Zweck im Recht*; o segundo volume das *Logische Untersuchungen* de Trendelenburg inicia com três capítulos dedicados ao escopo (*Der Zweck; Der Zweck und der Wille; Die realen Kategorien aus dem Zweck*), que constituem uma verdadeira monografia sobre o assunto: 166 pp.

27. Típico a esse propósito é o seguinte trecho: "Confessamos que aquilo que nós, homens, chamamos de 'sistema' provém apenas de um pedacinho do mundo e é pensado em função da terra (ou seja, talvez apenas em função de um fragmento do esplêndido sol incandescente, projetado no espaço infinito); mas nós sentimos que nele se manifesta com caráter de necessariedade um traço que é mais forte do que o homem e que supera o homem com toda sua condicionalidade", Trendelenburg, *Logische Untersuchungen*, cit., vol. II, p. 452.

6. O sistema interno como "sistema científico"

A terminologia de Trendelenburg (e a elaboração da noção de sistema própria dos lógicos alemães do final do século XIX) encontra-se em Gustav Radbruch. Seguindo uma tradição já consolidada, ele enfrenta o argumento distinguindo apenas dois tipos de sistema, que relega, porém, ao âmbito do sistema externo: de fato, ele sustenta que os sistemas dedutivos e os classificatórios "são ambos métodos não da pesquisa, mas da descrição"[28].

A concepção originária de Radbruch é influenciada pela terminologia de Trendelenburg, mas ele a utiliza com um significado diverso. Radbruch abre a própria exposição com estas palavras: "A dedução sistemática é um sistema de juízos e um sistema de desenvolvimento (*System der Entwicklung*) [...]. A classificação sistemática é um sistema de conceitos e um sistema de classificação (*System der Anordnung*)."[29] Nessa obra juvenil de Radbruch, os dois tipos de sistema elaborados por Trendelenburg estão, assim, referidos apenas ao sistema interno, ao passo que o texto de Trendelenburg, como foi visto, parece conter uma contraposição mais nítida entre os dois.

O próprio Radbruch, porém, advertia sobre a insuficiência da fundamentação e sobre a necessidade de individuar também o sistema interno do direito. Já dois anos depois da publicação do seu escrito sobre o conceito de ação, ele formulava as próprias dúvidas sobre a fecundidade científica da distinção proposta, que a ele parecia limitar excessivamente o campo da pesquisa. Ao fazer a resenha de uma série de publicações filosófico-jurídicas, Radbruch realizava uma autocrítica nos termos seguintes: "Ele [ou seja, Radbruch] pergunta-se se o sistema jurídico era uma classifica-

---

28. Gustav Radbruch, *Der Handlungsbegriff in seiner Bedeutung für das Strafrechtssystem. Zugleich ein Beitrag zur Lehre von der rechtswissenschaftlichen Systematik*, Guttentag, Berlin, 1904, p. 10. Sobre Radbruch retornar-se-á mais vezes no cap. IV, 5-7.

29. Radbruch, *Der Handlungsbegriff*, cit., p. 9.

ção ou uma dedução, pressupondo que fosse um dos dois (isto é, um sistema no sentido da lógica), sem levar em conta que, ao lado dos sistemas no sentido da lógica, existem aqueles no sentido da ética; que, ao lado dos sistemas teóricos, existem também os práticos; que, ao lado dos sistemas cujas partes estão unidas pelos nexos formais de supraordenação e subordinação, ou de causa e efeito, existem outros cujas partes estão ligadas entre si pela relação material de meio e fim. Mas o sistema jurídico não deveria ser propriamente um sistema deste último tipo?"[30]

Essa frase antecipa a problemática que Radbruch retomará apenas um quarto de século depois. Com efeito, a elaboração definitiva do pensamento de Radbruch sobre a noção de sistema está contida num breve artigo de 1930. Da tradicional bipartição, passa-se aqui a uma pentapartição; esta última absorve em si a bipartição enunciada em 1903, uma vez que as primeiras duas classes de sistemas, referindo-se à consideração lógico-formal da realidade, coincidem com a distinção originariamente proposta por Gustav Radbruch. Estas primeiras duas classes se referem àquela que Radbruch chama de "lógica do pensamento" e parecem corresponder à noção de sistema externo:

1. a *dedução sistemática*, que procede silogisticamente; dela tem-se um exemplo na ética de Espinosa;

2. a *classificação sistemática*, que procede do conceito de gênero ao de espécie mediante a individuação de características cada vez mais específicas; dela é um exemplo a sistemática de Lineu.

Ao lado da lógica do pensamento, existe, porém, segundo Radbruch, uma "Logik der Sache", uma "lógica das coisas"[31]; portanto, aos sistemas lógico-formais se faz acom-

---

30. Gustav Radbruch, *Literaturbericht. Rechtsphilosophie*, "Zeitschrift für die gesamte Strafrechtswissenschaft", XXV, 1905, p. 256.

31. Traduzo "Logik der Sache" por "lógica das coisas" porque nesse tipo de expressões o italiano corrente usa o plural; por isso traduzirei também "Natur der Sache" por "natureza das coisas", mesmo que algumas vezes se encontrem

panhar uma sistemática lógico-objetiva (*sachlogische Systematik*) "que divide a coisa mesma em forma e matéria, em categoria e material"[32].

Parece aqui delinear-se a noção de sistema interno, que é, porém, ulteriormente subdividida em mais tipos de sistema (ou de sistemáticas: em Radbruch, os dois termos são sinônimos):

3. a *sistemática categorial*, que no interior da matéria mesma distingue a substância da forma; um exemplo dela são as várias *Críticas* kantianas;

4. a *sistemática teleológica*, que procura identificar uma ordem nas coisas, indicando meios e fins; Radbruch aduz como exemplo o sistema do penalista Franz von Liszt (1851-1919) e observa que esse tipo de sistema é heterogêneo em relação aos três anteriores (que são os três lógicos, ainda que sua lógica possa referir-se ao pensamento ou à coisa).

É, enfim, possível que estes últimos dois tipos de sistema sejam expostos de modo simplificado, para facilitar sua compreensão ou a aprendizagem. Chega-se, assim, à última classe da partição radbruchiana:

5. a *sistemática didática*, que "se contrapõe à sistemática científica com a tarefa de tornar perspícuo o sistema que não o é"; e, ao fazer isso, "deve sacrificar uma parte do rigor da construção para esclarecer a estrutura do pensamento"[33].

Tal partição dos sistemas não parece convencer muito nem mesmo seu autor, que logo depois de tê-la enunciado remete-a à tradicional contraposição de apenas dois tipos de sistemas: externo e interno. Efetivamente, como foi visto no trecho ora citado, o sistema didático é contraposto ao sistema científico. Deste último, porém, não se encontra nenhuma definição na tipologia enunciada por Radbruch;

---

traduções italianas que, imitando o alemão, usam o singular: "natureza da coisa". [O mesmo se diga para a língua portuguesa. (N. da T.)]

32. Gustav Radbruch, *Zur Systematik der Verbrechenslehre*, em *Beiträge zur Strafrechtswissenschaft*. Festgabe für Reinhard von Frank. Herausgegeben von August Hegler, J. C. B. Mohr (Paul Siebeck), Tübingen, 1930, p. 157.

33. Radbruch, *Zur Systematik der Verbrechenslehre*, cit., p. 159.

tal sistema constitui, na realidade, uma designação total das primeiras quatro categorias.

Isso é confirmado por uma ulterior assertiva, que funda com extrema clareza a contraposição entre sistema externo (para Radbruch, didático) e sistema interno (para Radbruch, científico): "Enquanto o sistema didático é apenas um modo de descrever (*Darstellungsform*), os sistemas científicos têm valor cognoscitivo: apenas com eles atinge-se e demonstra-se a unitariedade e a coerência de um âmbito do pensamento e da realidade (as quais são o escopo de toda ciência), e apenas neles se compreende, no seu verdadeiro significado, cada parte no âmbito do todo."[34] Pareceríamos, portanto, estar de volta às origens wolffianas da teoria do sistema, se uma ulterior afirmação de Radbruch não colocasse em crise todo o edifício.

No trecho imediatamente sucessivo, de fato, ele afirma que um sistema pode apresentar contemporaneamente as características de mais categorias. Tal assertiva seria ainda aceitável se estendida apenas às quatro classes dos sistemas científicos; ela se torna, ao contrário, problemática se referida também aos sistemas didáticos acima contrapostos aos científicos. Um sistema poderia ser "contemporaneamente classificatório e categorial, ou seja, dedutivo e teleológico, e em ambos os casos poderia apresentar-se na forma de um sistema didático"[35]. O único modo para explicar a aparente contradição é, a meu juízo, ver neste segundo trecho não mais uma enunciação teórica (como na anterior partição), mas uma constatação do modo pelo qual, de fato, apresentam-se os vários sistemas.

Em conclusão, também Radbruch termina por retornar à bipartição tradicional entre sistema externo e sistema interno, que nele recebem o nome de sistema didático e sistema científico. Este último, porém, é apresentado como subdividido em quatro subclasses, que permitem melhor

---

34. Radbruch, *Zur Systematik der Verbrechenslehre*, cit., *ibid.*
35. Radbruch, *Zur Systematik der Verbrechenslehre*, cit., *ibid.*

compreender a multiplicidade dos numerosos sistemas existentes nas várias disciplinas.

É, porém, necessário acrescentar que essa é uma reconstrução minha do pensamento radbruchiano, o qual, nas páginas do seu autor, apresenta-se de forma mais hesitante. Uma prova da escassa perspicuidade da exposição de Radbruch encontra-se também nos autores que se remetem à sua concepção de sistema: de Radbruch eles sempre citam a noção de "sistema didático", nunca porém as outras. Citar as quatro restantes concepções significaria, de fato, atribuir àquela tipologia radbruchiana uma força de convicção que ela na realidade não possui; por outro lado, o escrito de Radbruch oferece recursos textuais excessivamente frágeis, que não permitem elaborar também uma mais articulada noção de "sistema científico".

7. Os vários positivismos e o positivismo jurídico

Na ciência jurídica do século XX, o pensamento sistemático mais rigoroso é o do positivismo jurídico, e sua formulação mais completa é a teoria pura do direito. Antes de dedicar a essa teoria os próximos dois capítulos, deve ser recordado que o pensamento sistemático (isto é, racional) alcançou seu ápice e iniciou seu declínio nos anos em que, na filosofia, afirmavam-se as filosofias irracionalistas e, na política, os regimes totalitários. O fato de que em 1933 os nacional-socialistas tenham tomado o poder na Alemanha e de que em 1934 tenha sido publicada – obviamente, não na Alemanha – a primeira edição da *Teoria pura do direito* é uma epifania no sentido joyciano do termo.

Visto que, naqueles anos de conflitos também tremendos, as fronteiras entre as idéias eram freqüentemente incertas e concepções opostas terminavam às vezes por entrelaçar-se em determinadas situações, é oportuno esclarecer logo alguns conceitos que voltarão mais vezes nas próximas páginas.

Nas primeiras décadas do século XX, os valores tradicionais foram colocados em crise também por posicionamentos ligados, por variadas razões e intensidades, ao pensamento irracional entendido em sua acepção mais vasta. Ora, o irracionalismo forte leva a asserir valores novos que se superpõem aos tradicionais: é o que ocorre com o fascismo e com o nacional-socialismo. O irracionalismo fraco limita-se, ao contrário, a negar a racionalidade dos valores, ou seja, das normas éticas antigas e novas: os valores são emoções, e não objeto de conhecimento científico. Dessa forma fraca de irracionalismo deriva o relativismo em relação aos valores que caracteriza tanto a democracia liberal quanto o positivismo jurídico[36].

A democracia liberal se funda propriamente sobre o relativismo dos valores: a minoria pode tornar-se maioria, e vice-versa, apenas se ambas estão de acordo sobre o fato de que os valores que inspiram uma ou outra não sejam absolutos, mas relativos. Exatamente a menção ao relativismo faz de Kelsen um rigoroso defensor da democracia parlamentar. O drama da democracia inicia quando um componente social se apresenta como depositário de valores absolutos: deve a democracia manter o compromisso com seus princípios (com risco de sucumbir e de abrir caminho a um totalitarismo ou a uma teocracia), ou deve ser uma democracia combativa e reprimir os componentes antidemocráticos? E, neste último caso, até que ponto pode chegar uma democracia combativa sem perder as conotações de democracia liberal e parlamentar?

Kelsen é um representante tanto do positivismo jurídico quanto da democracia liberal. Mas entre positivismo e democracia nem sempre existe uma correspondência biunívoca, porque o termo "positivo" tem uma pluralidade de

---

36. O termo "relativismo" deriva de *relatio*: não contam as coisas em si, mas as relações que intercorrem entre as coisas. O relativismo coincide com o positivismo clássico na recusa dos valores como fundamento do pensamento científico, mas os aceita como elementos da vida social; de fato, os valores podem ter origem individual (Weber), coletiva, ou histórica: Helmut Coing, *Grundzüge der Rechtsphilosophie*, De Gruyter, Berlin, 1993, pp. 78 ss.

significados. Em particular, o jurista se encontra em dificuldade porque na sua disciplina o termo aparece já no direito romano, como *ius positivum* contraposto ao *ius divinum, naturale, gentium* etc. O termo retorna, depois, nos canonistas franceses do século XII e "parece tornar-se de uso geral em Bolonha somente depois de 1210"[37]. Aqui, *positivum* deriva de *ponere*, no sentido de colocar ou estatuir: com efeito, a ciência jurídica distingue um direito estatuído pela autoridade de direitos provenientes de outras fontes.

A situação se complica ulteriormente se se procura estabelecer quais são os outros antônimos de "positivo". Na linguagem corrente, o contrário de "positivo" é "negativo". Na linguagem culta, é às vezes *naturalis* e às vezes *idealis*: no primeiro caso, positivo é aquilo que é posto, estabelecido por uma autoridade, ao passo que natural é aquilo que se conhece por experiência: os dois contrários, *positivo* e *natural*, exprimem a contraposição entre autoridade e empirismo. No segundo caso, positivo é o que existe na realidade, e seu contrário então é o que existe no mundo das idéias, o que é ideal: os dois contrários, *positivo* e *ideal*, exprimem a contraposição entre natureza e cultura.

Todavia, essas referências à autoridade, à realidade e à idéia, ainda que possam esclarecer em abstrato o conceito de positivismo, são de escassa ajuda na compreensão de cada texto, seja porque nem sempre um autor usa o termo "positivismo" num único sentido, seja porque nem sempre o leitor tem em mente o mesmo positivismo do qual fala o texto que está lendo[38]. A isso se acrescente que os vários

---

37. Sten Gagnér, *Studien zur Ideengeschichte der Gesetzgebung*, Almqvist & Wiksell, Stockholm – Uppsala – Göteborg, 1960, p. 213. Esse importante volume reconstrói a afirmação em âmbito europeu da idéia de legislação no século XIII. A história da legislação está entrelaçada com a do sistema, pois a legislação e o sistema foram produzidos pela razão humana, à diferença do costume, que é um dado histórico que se desenvolve "organicamente".

38. Sobre os possíveis significados do termo "positivo", ver Jürgen Blühdorn – Joachim Ritter (Hrsg.), *Positivismus im 19. Jahrhundert. Beiträge zu seiner geschichtlichen und systematischen Bedeutung*, Klostermann, Frankfurt a. M., 1971, 201 pp., em especial Joachim Ritter, *Einführung*, pp. 11-4; Kempski, pp. 14-37.

positivismos não jurídicos influenciam ainda as teorias jurídicas, que por essa via reclamam também elas a qualificação de "positivas" ou "positivistas"[39].

Na tentativa de afastar essas incertezas antes de enfrentar um clássico do positivismo jurídico como Kelsen, convém distinguir três positivismos: o positivismo sociológico ou clássico, o positivismo lógico e o positivismo jurídico. A base comum entre eles é a recusa da metafísica (e, portanto, dos valores), substituída pela referência à experiência sensorial e à demonstração lógico-matemática: esses são considerados os únicos fundamentos do conhecimento científico. Assim, todo positivismo rejeita como metafísico, ou irracional, ou ideológico, e por isso mesmo como não-científico, tudo o que não pode ser reproduzido por via experimental ou demonstrado com um cálculo lógico-matemático. À parte essas características comuns muito gerais, os três positivismos apresentam diferenças profundas.

a) O positivismo sociológico ou clássico

O positivismo clássico deve sua difusão e seu nome ao *Curso de filosofia positiva*[40] de Auguste Comte (1798-1857). A fortuna dessa doutrina contribuiu para fazer dela também um modelo de organização social e política que, no século XIX, conheceu, na América do Sul, uma afirmação concreta comparável apenas à do marxismo na Europa e na Ásia. Mas essa fortuna contribuiu também para enrijecer o positivismo em formas místicas – a religião da humanidade – que corriam o risco de reconduzi-lo exatamente para o terreno da metafísica que ele combatia de forma tão áspera.

---

39. Dietrich Tripp, *Der Einfluß des naturwissenschftlichen, philosophischen und historischen Positivismus auf die deutsche Rechtslehre im 19. Jahrhundert*, Dunkker & Humblot, Berlin, 1983, 301 pp.; minha resenha em: "Zeitschrift für neuere Rechtsgeschichte", 1986, pp. 87 ss. Essa dissertação de Marburgo é inspirada na "realistische Ontologie" e na "Reale Rechtslehre" de Ernst Wolf.

40. Auguste Comte, *Cours de philosophie positive*, Rouen Frères (Bachelier), Paris, 1830-42, 6 vols.

Segundo o positivismo comtiano, depois da fase religiosa e da metafísica, o conhecimento culmina na fase positiva, que introduz nas ciências sociais uma precisão análoga à matemática e das ciências naturais. A ciência exata da sociedade é a sociologia, na qual é dissolvido também o direito.

Nos estudos jurídicos, esses princípios positivistas perturbam a concepção tradicional do direito. Antes de tudo, para o positivismo clássico existe apenas a realidade; os únicos elementos abstratos admitidos são as leis da matemática e da lógica, porque permitem demonstrações rigorosas, vinculantes para todos e repetíveis como as experiências físico-naturais. Do direito, podem, por isso, ser objeto de conhecimento científico apenas os fatos externos: não a norma, mas o comportamento do juiz ou do legislador. A filosofia do direito se dissolve, assim, na sociologia do direito. Na Itália, o positivismo se afirmou particularmente na criminologia e no direito penal[41].

Essas premissas positivistas transferem também os valores – fundamento da moral – e os juízos de valor para a esfera do irracional, ou seja, do não cientificamente cognoscível. Isso significa que algo não "é" bom ou mau, mas é (emotivamente) considerado bom ou mau por uma pessoa ou por um grupo social. Todavia, o fato de que não se possa cientificamente afirmar que um certo comportamento seja mau não significa que ele seja, por isso mesmo, "bom": ambos são juízos "cognoscitivamente ilegítimos"[42]. Uma

---

41. Filippo Barbano, *Sociologia e positivismo in Italia: 1850-1910. Un capitolo di sociologia storica*, em Filippo Barbano – Giorgio Mola, *Sociologia e scienze sociali in Italia 1861-1890. Introduzioni critiche e repertorio bibliografico*, Angeli, Milano, 1985, pp. 7-73.

42. Theodor Geiger, *Ideologie und Wahrheit. Eine soziologische Kritik des Denkens*, Humboldt-Verlag, Stuttgart – Wien, 1953, pp. 62-3. Cf. Sven Eliaeson, *Geiger, the Uppsala School of Value-Nihilism and Weber. An Encounter between Continental Sociology and Nordic Philosophy. A Lost Link*, em Urs Fazis – Jachen C. Nett (Hrsg.), *Gesellschaftstheorie und Normentheorie. Symposium zum Gedenken an Theodor Geiger (1891-1952)*, [Social Strategies Publishers,] Basel, 1993, pp. 225-34.

conseqüência do positivismo é, portanto, o relativismo em relação aos valores: isso não significa indiferença diante dos valores, mas apenas impossibilidade de demonstrar cientificamente que é "bom" o valor com que nos identificamos, ou que é "mau" o valor de nossos adversários.

b) O positivismo lógico

Nas primeiras décadas do século XX, alguns estudiosos vienenses retomaram com métodos diversos o programa antimetafísico comtiano. Esses neopositivistas reuniram-se entre 1920 e 1930 no Círculo de Viena. Tratava-se de um grupo de filósofos que cultivava a herança positivista unindo-se sobretudo ao empirismo de Ernst Mach[43] e ao rigor demonstrativo da lógica matemática e à análise da linguagem[44]. A esse Círculo – ponto de referência ideal, mais do

---

43. A ligação entre a obra de Mach e as mais recentes teorias cognoscitivas (cf. vol. 3, cap. III) resulta claro da leitura de sua obra *Die Analyse der Empfindungen und das Verhältnis des Physischen zum Psychischen*, Wissenschaftliche Buchgesellschaft, Darmstadt, 1987, XXXII-323 pp. (reimpressão da edição de 1922).

44. O manifesto do Círculo de Viena foi publicado anônimo em 1929: *Wissenschaftliche Weltauffassung. Der Wiener Kreis.* "Ele [o manifesto] foi redigido provavelmente por Otto Neurath, por Rudolf Carnap e por Hans Hahn, com a colaboração de Herbert Feigl e de Friedrich Waismann, tudo sob a direção de Neurath": Otto Neurath, *Gesammelte philosophische und methodologische Schriften*, Hölder – Pichler – Tempsky, Wien, 1981, p. XVI do prefácio de Rudolf Haller e Heiner Rutte; o manifesto está reproduzido às pp. 299-336 do volume acima citado.

Sobre esse Círculo – dito, às vezes, o segundo, para distingui-lo do primeiro Wiener Kreis, de 1908-12 –, ver a exaustiva monografia de Friedrich Stadler, *Studien zum Wiener Kreis. Ursprung, Entwicklung und Wirkung des Logischen Empirismus*, Suhrkamp, Frankfurt a. M., 1997, 1035 pp. Ainda: Rudolf Haller, *Neopositivismus. Eine historische Einführung in die Philosophie des Wiener Kreises*, Wissenschaftliche Buchgesellschaft, Darmstadt, 1993, 312 pp.; Viktor Kraft, *Der Wiener Kreis. Der Ursprung des Neopositivismus. Ein Kapitel der jüngsten Philosophiegeschichte*, Springer, Wien, 1950, V-179 pp. (a 2.ª edição de 1997 foi reimpressa pelo editor Springer, Wien – New York, 1997, 202 pp.); David Bell – Wilhelm Vossenkuhl (Hrsg.), *Wissen und Subjektivität. Der Wiener Kreis und die Philosophie des XX. Jahrhunderts*, Akademie, Berlin, 1992, 288 pp.

que escola verdadeira e própria – pertenceram, entre outros, Rudolf Carnap (1891-1970), Otto Neurath (1882-1945)[45] e Moritz Schlick (1882-1936), sucessor de Mach na cátedra vienense.
A análise da linguagem está no centro das análises do Círculo de Viena. Purificada a língua das proposições metafísicas destituídas de sentido, abre-se o caminho à criação de uma linguagem científica capaz de superar a diferença entre as "duas culturas" e, por isso, unificar as ciências da natureza com as da cultura. Esse é o pensamento que permeia *Der logische Aufbau der Welt*, publicado por Carnap em 1928, e que Neurath incansavelmente promove[46]. Logo Car-

---

45. Neurath aplicou as teorias neopositivistas às ciências sociais (*Sozialbehaviorismus*) em suas obras *Lebengestaltung und Klassenkampf*, Laubsche, Berlin, 1928, 152 pp.; *Empirische Soziologie. Der wissenschaftliche Gehalt der Geschichte und Nationalökonomie*, Springer, Berlin, 1931, 151 pp.; *Foundations of Social Sciences*, University of Chicago Press, Chicago, 1944, III-51 pp. Hoje, uma ampla escolha de suas obras está contida nos três volumes organizados por Rudolf Haller para a editora Hölder-Pichler-Tempsky de Viena: Otto Neurath, *Gesammelte philosophische und methodologische Schriften*, vol. 1 (com Robin Kinross), 1981, XVI-528 pp.; vol. 2 (com Heiner Rutte), VIII-[529]-1033; *Gesammelte bildpädagogische Schriften*, vol. 3 (com Robin Kinross), XXIII-674 pp.

Para a pesquisa sobre o sistema, são de especial interesse os seguintes escritos de Neurath: *Zur Klassifikation von Hypothesensystemen*, "Jahrbuch der Philosophischen Gesellschaft an der Universität zu Wien", 1914-15; e os escritos sobre a unidade da ciência: *Zur Enzyklopädie der Einheitswissenschaft. Vorträge von Otto Neurath* [u. a.]. Dritter internationaler Kongress für die Einheit der Wissenschaft. Enzyklopädiekonferenz (Paris, 1937), van Stockum & Zoon, Den Haag, 1938, 44 pp.; *Einheitswissenschaft*. Schriften herausgegeben von Otto Neurath in Verband mit Rudolf Carnap, Hans Hahn und Jorgen Jorgensen, desde 1933. Cf. também Paul Neurath, *Otto Neurath und die Einheit von Wissenschaft und Gesellschaft*, Böhlau, Wien – Köln – Weimar, 1994, 431 pp.; Thomas Uebel, *Vernunftkritik und Wissenschaft. Otto Neurath und der erste Wiener Kreis*, Springer, Wien, 2000, XVI-432 pp.; enfim, Elisabeth Nemeth, *Otto Neurath und der Wiener Kreis. Revolutionäre Wissenschaftlichkeit als politischer Anspruch*, Campus, Frankfurt a. M., 1981, 213 pp.

46. A figura de Neurath é relevante não apenas para todo o Círculo de Viena (no qual Popper considerava-o "the strongest personality"), mas também e particularmente para as ciências sociais. Todavia, às teorias de Neurath foi dedicada pouca atenção, seja pela heterogeneidade de sua produção literária, seja pelo exílio de 1934 na Holanda e pela repentina morte em 1945 em Oxford, que contribuíram para fazer empalidecer a recordação de sua pessoa.

nap se afastou dessa concepção, ao passo que o Círculo de Viena sofria a influência cada vez maior da lógica matemática de Gottlob Frege (1848-1925) e do pensamento de Ludwig Wittgenstein (1889-1951) e de Bertrand Russell (1872-1970).

Antes da Segunda Guerra Mundial, as perturbações na Europa e, em particular, na Áustria obrigaram Neurath a emigrar para a Califórnia e Schlick a emigrar para Oxford. Por essa via, o neopositivismo influenciou diretamente também a filosofia analítica da linguagem anglo-americana, que por sua vez conheceu uma vivaz recepção na Europa na filosofia jurídica contemporânea. Também essa via levou a uma crescente recepção das lógicas formais na filosofia do direito, em particular por parte da corrente conhecida como filosofia analítica do direito[47].

A partir de 1970, a teoria da ciência proposta pelo Círculo de Viena encontrou acolhida entre os filósofos do direito interessados em construir uma teoria que tivesse como objeto a globalidade do fenômeno jurídico. É suficiente lembrar aqui aquela "Escola Munsteriana de Teoria Jurídica, colocada para além do positivismo legislativo e jurídico e nascida do debate sobre a teoria da ciência própria do positivismo, cujo pensamento se dirigiu e se dirige não apenas à positividade do direito vigente, mas também à realidade social do direito e do Estado". O positivismo dessa escola se inspira "num positivismo científico, que não deve ser confundido com o positivismo legislativo ou jurídico"[48].

---

47. Anna Pintore – Mario Jori (eds.), *Law and Language: The Italian Analytical School*, Deborah Charles Publications, Liverpool, 1997, 437 pp.

48. Ver o escrito de habilitação do chefe da "Escola Munsteriana de Teoria Jurídica" (Münstersche Schule der Rechtstheorie): Werner Krawietz, *Juristische Entscheidung und wissenschaftliche Erkenntnis. Eine Untersuchung zum Verhältnis von dogmatischer Rechtswissenschaft und rechtswissenschaftlicher Grundlagenforschung*, Springer, Wien – New York, 1978, XXI-316 pp.; as citações mencionadas no texto estão a pp. XIII e XI.

c) O positivismo jurídico

A herança do positivismo clássico sobre a teoria do direito no século XIX se manifesta no difuso desconhecimento de um direito natural e na recusa em incluir juízos de valor no raciocínio jurídico[49]. Nessa separação dos elementos metafísicos, a herança do positivismo filosófico confluía na da Escola Histórica do direito.

Essa visão do mundo gerou o positivismo jurídico, doutrina dominante na jurisprudência da primeira metade do século XX. Nele, as exigências antimetafísicas do positivismo clássico convivem com a predileção pelos instrumentos formais de análise, em contraposição ao empirismo do primeiro positivismo. Essa união explica a aparente contradição de um positivismo (se bem que jurídico) caracterizado por um vigoroso formalismo.

Os princípios fundamentais comuns aos positivismos jurídicos do século XIX são pelo menos dois: *a*) somente o direito positivo é direito: o direito deve ser produzido pela autoridade constituída de acordo com certos procedimentos, segundo um "procedimento externamente reconhecível", e essa "forma jurídica" é tão essencial quanto seu conteúdo[50];

---

49. Para uma orientação inicial dentro da imensa literatura: Norberto Bobbio, *Giusnaturalismo e positivismo giuridico*, Comunità, Milano, 1965, 241 pp.; Ernst-Joachim Lampe, *Grenzen des Rechtspositivismus. Eine rechtsanthropologische Untersuchung*, Duncker & Humblot, Berlin, 1988, 227 pp.; Walter Ott, *Der Rechtspositivismus. Kritische Würdigung auf der Grundlage eines juristischen Pragmatismus*. Zweite, überarbeitete und erweiterte Auflage, Duncker & Humblot, Berlin, 1992, 282 pp. (2.ª ed.; 1.ª ed., 1978); enfim, com referência à situação alemã, Ulderico Pomarici, *Oltre il positivismo giuridico. Hermann Heller e il dibattito sulla costituzione weimariana*, Prismi, Napoli, 1989, 262 pp.

50. A expressão *äußerlich erkennbarer Vorgang* ("procedimento externamente reconhecível") é extraída da obra de Karl Bergbohm (1849-1927), considerado o representante clássico do positivismo jurídico: "condição indispensável" (*unerläßliche Bedingung*) para uma norma jurídica é "que ela tenha adquirido, além do essencial conteúdo normativo, a igualmente essencial forma jurídica. E isso pode ter ocorrido apenas de um modo: a qualidade de norma lhe é atribuída por um poder dotado da competência para emanar direito

b) o direito assim posto deve ser incondicionadamente obedecido: o único modo juridicamente admissível para exprimir o próprio dissenso é atuar para uma reforma legislativa das normas em contraste com os próprios valores; os valores são, de fato, elementos subjetivos e irracionais. Mas a norma formalmente em vigor deve ser aplicada, mesmo que desaprovada, até quando não seja substituída por outra.

A esses dois princípios pode-se acrescentar um terceiro, que caracteriza a forma mais rigorosa de positivismo, a que podemos atribuir também o de Kelsen: de fato, *c*) o positivismo mais extremo vincula o jurista unicamente à interpretação literal ou lógica da norma: interpretações que se refiram de algum modo aos valores são inadmissíveis porque não científicas. Essa posição se coloca, assim, no extremo oposto do Movimento do Direito Livre (cf. *infra*, cap. IV, 6) e da jurisprudência dos valores (cf. *infra*, cap. VI), mas encontra prestigiosos críticos também em autores mais moderados: a propósito também da teoria kelseniana, Santi Romano observa que a concepção da norma como regra imperativa foi "exasperada até as extremas conseqüências"[51].

8. O neokantismo e o direito

O esclarecimento dos vários significados de "positivismo" ajuda a deslindar uma aparente dificuldade: a filosofia neokantiana foi uma reação ao pensamento positivista, mas

---

mediante um procedimento externamente reconhecível que, enquanto tal, existe historicamente e constitui a fonte formal da norma em questão". Em ausência dessa característica formal, encontramo-nos diante de "um direito não histórico ou não positivo, ou de um direito natural" (*ein ungeschichtliches oder nichtpositives oder Naturrecht*), ou seja, diante de algo que "do ponto de vista jurídico não é absolutamente direito" (*juristisch gar kein Recht ist*): Karl Bergbohm, *Jurisprudenz und Rechtsphilosophie. Kritische Abhandlungen*, Auvermann, Glashütten im Taunus, 1973, XVI-566 pp.; aqui citado do volume 1, o único publicado, p. 549; essa é a reimpressão fac-similar da edição original, Leipzig, 1892.

51. Santi Romano, *L'ordinamento giuridico. Studi sul concetto, le fonti e i caratteri del diritto*. Parte prima, Mariotti, Pisa, 1917, p. 6.

a teoria pura do direito* de Kelsen apresenta-se como uma teoria positivista e neokantiana. Na verdade, não existe contradição: Kelsen constrói uma teoria inspirada no positivismo jurídico, ao passo que os neokantianos reagem ao positivismo clássico (e possuem, ao invés, algumas relações com os positivistas lógicos do Círculo de Viena).

No mundo do pensamento, as inovações raramente cancelam o antigo, mas, muitas vezes, a ele se superpõem, de forma que a reação a um movimento de pensamento assinala o retorno às idéias contra as quais o próprio movimento reagira. Assim ocorreu na reação ao pensamento positivista entre o final do século XIX e o início do século XX. Descrevendo como as novas ciências do século XX se tinham feito acompanhar da tradição sistemática, Coing em 1956 observava: "Assim como no século XVI, o velho está ao lado do novo: o pensamento sistemático do século XIX, os pontos de vista da escola sociológica e as experiências da ciência do direito."[52]

Aos positivistas se contrapuseram os que consideravam possível uma existência não só material, mas também espiritual[53]. Estes últimos estavam convencidos de que as tentativas positivistas de aplicar os métodos das ciências naturais também às ciências sociais tinham sido "vãs porque inadequadas ao objeto" ao qual se queria aplicá-las[54]. Sobre esse assunto retornará o cap. VI.

---

* Em italiano, Mario Losano traduz *Reine Rechtslehre*, título do livro mais famoso de Kelsen, como *dottrina pura del diritto* (doutrina pura do direito), porque, em alemão, *Lehre* significa "doutrina", derivando do verbo *lehren*, ensinar. Já os tradutores de Kelsen para o português escolheram à época das primeiras traduções kelsenianas a expressão "teoria pura do direito". Mantivemos aqui esta última denominação, para facilitar o uso do leitor de língua portuguesa. [N. da T.]

52. Helmut Coing, *Geschichte und Bedeutung des Systemgedankens in der Rechtswissenschaft. Rede beim Antritt des Rektorats*, Vittorio Klostermann, Frankfurt a. M., [1956], p. 40.

53. Nikolai Hartmann, *Das Problem des geistigen Seins. Untersuchung zur Grundlegung der Geschichtsphilosophie und der Geisteswissenschaften*, De Gruyter, Berlin, 1933, XIV-482 pp., especialmente pp. 406 ss.

54. Helmut Coing, *Grundzüge der Rechtsphilosophie*, De Gruyter, Berlin, 1993, p. 62.

Em especial, na Alemanha a reação ao empirismo positivista se manifestou com o retorno às estruturas racionais *a priori* próprias do pensamento kantiano. Esse renascimento kantiano tomou forma nas duas escolas do neokantismo, a de Heidelberg (dita também badense ou sulocidental) e a de Marburgo. O neokantismo exerceu uma forte influência na filosofia do direito, também porque ele foi a filosofia dominante nas universidades alemãs entre a metade do século XIX e o início do século XX. Em seguida, o neokantismo foi eliminado pelo existencialismo e pela fenomenologia e, enfim, com os anos 1930, pela proibição de citar autores judeus e pela destruição também física dos livros escritos pelos neokantianos judeus. Não obstante sua retomada a partir dos anos 1980, o neokantismo apresenta hoje um interesse predominantemente histórico.

A Escola de Marburgo influiu na doutrina do direito justo (*richtig*) de Rudolf Stammler (1856-1938), que segundo Coing se apresenta como uma teoria formal do direito, mas na realidade reintroduz valores absolutos na ciência jurídica[55]. Efetivamente, ao expor os casos em que o legislador remete às partes "decidir qual seja a solução *justa* numa certa situação", Stammler evoca as fórmulas do tipo "boa-fé, eqüidade, bons costumes" etc.: estas últimas indicam que "deve ser escolhida a norma jurídica que fornece a *decisão fundada sobre princípios*". A tais fórmulas se atribui um conteúdo que muda de ordenamento em ordenamento e de caso a caso, ao passo que, ao contrário, sua referência ao valor é constante em cada caso e em cada ordenamento. Stammler sintetiza assim sua doutrina do direito justo: "Segundo nossa doutrina, o direito *justo* é um direito condicionado materialmente, imperfeito, mutável e – do ponto de vista do conteúdo – justo apenas *objetivamente*. Mas as várias e mutáveis aplicações da concepção *da justeza de um di-*

---

55. Uma "formale Rechtslehre" com "absolute Wertbegriffe": Coing, *Grundzüge der Rechtsphilosophie*, cit., p. 71.

reito resultariam incompreensíveis se *a idéia absolutamente válida do direito* não fosse capaz de oferecer um sólido ponto de referência para todos os casos específicos historicamente condicionados."[56]

Mas é, sem dúvida, por meio da teoria pura do direito que o neokantismo continua hoje a viver entre os filósofos do direito, tanto que uma recente reconstrução histórico-filosófica da parábola do neokantismo, querendo identificar quanto deste último sobrevive ao final do século XX, concentra-se na influência que o neokantiano Hermann Cohen (1831-1918) exerceu sobre Kelsen[57].

O contato direto entre Kelsen e o neokantismo ocorreu no início dos anos 1920, quando ele esteve em Heidelberg e escutou Georg Jellinek, que possuía estritos contatos com os neokantianos daquela universidade. Em 1923, no prefácio à segunda edição de seus *Hauptprobleme der Staatsrechtslehre*, Kelsen traçou um quadro de suas fontes e, a propósito de Cohen, afirmou ter conhecido as obras principais apenas depois da redação da primeira edição daquela obra: mas exatamente esse atraso tornava para Kelsen ainda mais surpreendente o paralelismo entre seu pensamento e o de Cohen. Ambos se esforçavam para depurar as próprias disciplinas do psicologismo e, portanto, concordavam

---

56. Stammler expõe por extenso esses argumentos sobretudo nos parágrafos 94 e no 127; os trechos citados no texto estão em Stammler, *Lehrbuch der Rechtsphilosophie*, cit., p. 13 e nota 1. Transformei em grifos meus, em itálico, os termos de Stammler em espaçamento maior.

57. Manfred Pascher, *Einführung in den Neukantianismus. Kontext, Grundpositionen, praktische Philosophie*, Fink, München, 1997, pp. 151-73; bibliografia sobre o neokantismo em geral às pp. 175-80; cf. também Stanley L. Paulson, *Kelsen and the Marburg School: Reconstructive and Historical Perspectives*, em Werner Krawietz – Neil MacCormick – Georg Henrik von Wright, *Prescriptive Formality and Normative Rationality in Modern Legal Systems. Festschrift for Robert S. Summers*, Duncker & Humblot, Berlin, 1994, pp. 481-94; Stanley L. Paulson, *Zur neukantianischen Dimension der Reinen Rechtslehre. Vorwort zur Kelsen-Sander-Auseinandersetzung*, em Paulson (Hrsg.), *Die Rolle des Neukantianismus in der Reinen Rechtslehre. Eine Debatte zwischen Sander und Kelsen*, Scientia, Aalen, 1988, pp. 7-26, com amplas referências bibliográficas.

em definir como ficção a diferença entre pessoa física e pessoa jurídica. Mas sobre Kelsen influiu sobretudo o "método transcendental" de Cohen e, em particular, a concepção relativista dos princípios *a priori*, típica do neokantismo de Marburgo.

O aporte mais relevante do neokantismo à teoria pura do direito é a teoria da "norma fundamental". Ela é a construção "que deve permitir interpretar os atos concretizados em conformidade com o ordenamento jurídico como unidade sistemática de um sistema jurídico [...]. A norma fundamental constitui a *unidade* do sistema jurídico, naturalmente apenas do ponto de vista *formal*"; portanto, "a teoria da norma fundamental é o elemento especificamente neokantiano na doutrina de Kelsen"[58]. Foi assim identificada a raiz filosófica do elemento característico da construção sistemática de Kelsen; com o próximo capítulo, passar-se-á para o âmbito interno do sistema kelseniano e será examinada qual função, ali, cumpre a norma fundamental.

9. O sistema interno nos juristas

A elaboração filosófica da noção de sistema interno se acompanha e se entrelaça com análogas exigências e formulações dos maiores juristas, a partir dos últimos seguidores da Escola Histórica do direito. Sendo difícil, se não impossível, estabelecer se houve e qual foi a influência das elaborações filosóficas acima examinadas (e das obras às quais elas se referem) sobre cada jurista, talvez seja preferível traçar um mapa da noção de sistema interno, sacrificando, mais uma vez, a completude da exposição em nome da clareza da linha evolutiva que se procura individuar.

---

58. Pascher, *Einführung in den Neukantianismus*, cit., p. 169.

DO SISTEMA JURÍDICO EXTERNO AO INTERNO

a) O sistema interno como exigência não realizada

Um primeiro grupo de autores do século XIX, ainda ligado ao tradicional sistema externo elaborado pela corrente de pensamento que vai de Heise a Savigny, enuncia a necessidade de ir mais a fundo no estudo do nexo que une as várias partes do sistema, mas depois dessa enunciação de princípios retorna ao esquema expositivo tradicional.

A crise do sistema externo proposto pela Escola Histórica reflete-se em duas tentativas de evasão. Por um lado, existe a abjura de Rudolf von Jhering, que teorizou um sistema em certos aspectos interno ao direito, mas depois percebeu a impossibilidade de realizá-lo e preferiu por isso passar a um ramo de pesquisa completamente diverso[59]. Por outro lado, existe o rigor sistemático de Friedrich Georg Puchta, que – mesmo tentando ir além do sistema externo da Escola Histórica – não pôde evitar de levá-lo às extremas conseqüências.

Um trecho de suas *Pandectas* testemunha efetivamente que também Puchta atravessara uma crise análoga à de Jhering, mas preferira superá-la retornando à tradição, antes que com ela romper. Nas primeiras páginas de seu manual, ele sublinha como os progressos da pesquisa histórico-jurídica não foram acompanhados por paralelos progressos da pesquisa sistemático-jurídica: "O sistema não manteve o passo com a história do direito romano, que teve um grande desenvolvimento em relação aos tempos anteriores. Superaram-se os limites do puro direito romano apenas para amontoar material em cima de material, no qual se introduziu uma ordem que nasce não tanto do espírito da coisa mesma, mas é muito mais predisposta à cômoda possibilidade de encontrar cada artigo individualmente contido naquele vasto depósito, quando se tem ne-

---

59. Cf. vol. 1, cap. XIV; já em Losano, *Sistema e struttura nel diritto*, 1968, cit., pp. 228-45.

cessidade."⁶⁰ O próprio Puchta, porém, não elabora ulteriormente a noção de sistema nascente"do espírito da própria coisa". Sua exposição das Pandectas é, antes, um modelo exemplar de sistema jurídico externo.

Num plano mais vasto, também Heinrich Otto Lehmann coloca-se o problema de encontrar um critério interno para construir um sistema de todas as ciências, no qual colocar também a ciência do direito. Quando foi nomeado reitor em Marburgo, seu discurso culminou com a invocação: "Um princípio de classificação não subjetivo, mas objetivo!" Esse deveria levar à elaboração de "uma sistemática do conteúdo do saber humano"[61].

Visto que para Lehmann "pode existir apenas uma sistemática adequada ao caso (*zutreffende Systematik*)"[62], em todas as ciências – e, portanto, também no direito – deveria ser encontrável um princípio interno que permita sua organização no único sistema possível. Esse critério fica, porém, em estado de enunciação, e a exposição de Lehmann não se diferencia substancialmente das numerosas propostas de sistematizar todas as ciências num *corpus* unitário, do qual é rica a literatura científica e filosófica[63].

O exame da noção de sistema nas obras do pandectista Alois Brinz (1820-87), do neo-hegeliano Julius Binder

---

60. Friedrich Georg Puchta, *Pandekten*. Zwölfte Auflage [...], Johann Ambrosius Barth, Leipzig, 1877, p. 15. É nesse contexto que Puchta propõe paradoxalmente adotar a ordem alfabética como "sistema" para a exposição das *Pandectas*.

61. Heinrich Otto Lehmann, *Die Systematik der Wissenschaften und die Stellung der Jurisprudenz*. Rede gehalten bei der Übernahme des Rektorates der Universität Marburg am 17. Oktober 1897, Elwert'sche Verlagsbuchhandlung, Marburg, 1897, p. 9. Seu *Rechtsbegriff und Rechtssystem*, Besser, Berlin, 1895, V-77 pp. é extraído do terceiro volume de Otto Stobbe, *Handbuch des deutschen Privatrechts*. Neu bearbeitet von Heinrich Otto Lehmann, Besser, Berlin, 1893, 3 vols. (3.ª edição).

62. Lehmann, *Die Systematik der Wissenschaften und die Stellung der Jurisprudenz*, cit., p. 11.

63. Sobre a literatura que se ocupa desses problemas, cf. *Die Klassifikation der Wissenschaften als philosophisches Problem*. Herausgegeben von Rudolf Rochhausen, Deutscher Verlag der Wissenschaften, Berlin, 1968, 158 pp.

(1870-1939) e do já recordado Franz von Liszt conduz a resultados análogos. A exigência de um sistema jurídico diverso daquele dos antecessores é expressa de forma apenas incidental e indireta, que não pode, portanto, conduzir a um salto qualitativo na noção de sistema, mas apenas à substituição de um sistema externo tradicional por outro sistema externo, diverso por configuração, mas não por natureza.

b) Primeiras tentativas de sistema jurídico interno

Em alguns autores, porém, o sistema interno é algo mais do que um desejo logo esquecido. Na segunda metade do século XIX, existe já alguma tentativa, embora embrionária, de construir um sistema interno do direito, ou de um ramo seu. As primeiras tentativas podem ser reconduzidas ao romanista Christian Friedrich Mühlenbruch e a August Wilhelm Heffter; todavia, uma formulação menos incerta dessa mudança de orientação encontra-se na obra do processualista Georg Wilhelm Wetzell.

Tentando conscientemente diferenciar-se dos sistemas anteriores, Wetzell reprova aos anteriores juristas "não terem tido nenhum escopo superior além da fácil representação da matéria e da sua aprendizagem, de modo que se deixam guiar apenas por preocupações externas, como quando – tal qual faz a maioria – distinguem as premissas e o *iter* do processo, repartindo depois cada argumento, subdividido em títulos, sob essas duas rubricas principais". É essa a noção de sistema externo aplicada à ciência do direito processual civil[64]: Wetzell quer afastar-se dela para ir em busca do sistema interno. Em sua opinião, de fato, "a subsistência de uma conexão interna entre as regras processuais derivadas das várias fontes do direito foi consciente ou incons-

---

64. Georg Wilhelm Wetzell, *System des ordentlichen Civilprocesses*. Dritte verbesserte und vermehrte Auflage, Tauchnitz, Leipzig, 1878, p. 35. As edições anteriores dessa obra remontam a 1854 e 1864.

cientemente pressuposta por todos os que se ocuparam do processo. Mais difícil tarefa é, contudo, provar esse nexo e reconduzi-lo a um simples princípio"⁶⁵.

Essa noção de sistema interno é por Wetzell, expressamente, reconduzida à elaboração que dela se fazia na época. Examinando o trecho em que ele contrapõe a pesquisa do sistema interno à tradicional classificação didática, sua terminologia é semelhante à de Trendelenburg: "Chegou-se evidentemente a ter uma idéia mais clara do sistema (que não exclui, mas, antes, inclui aqueles fins práticos); percebemos que o que conta é individuar, nas fontes, os germes do desenvolvimento (*Bildungskeime*), seu crescimento e sua ramificação, construindo assim institutos processualísticos onde antes conheciam-se apenas agregados de normas positivas (*fertige Rechtssätze*). E efetivamente assim encontrou-se o método que, aplicado ao processo inteiro, conduz ao verdadeiro sistema."⁶⁶

Não é evidentemente o caso de examinar qual aspecto assume, em concreto, o "verdadeiro sistema" do processo civil proposto por Wetzell, porque ele ainda está estreitamente ligado a problemas de conteúdo das normas jurídicas positivas. É, ao contrário, importante ver como, dessas primeiras tentativas, a teoria do sistema jurídico interno assume um caráter cada vez mais formal.

Dois anos depois da primeira edição do manual de Wetzell nascia Rudolf Stammler. Uma de suas obras maduras estava destinada a dar uma grande contribuição à realização de um sistema jurídico interno. Enquanto o discurso sobre o sistema desenvolvido pelo processualista é, porém, marginal (e é mencionado como testemunho mais de uma exigência difusa do que de uma elaboração exaustiva), o jurista de Alsfeld elabora em 1911 um discurso moderno sobre o sistema jurídico interno⁶⁷.

---

65. Wetzell, *System*, cit., *ibid*.
66. Wetzell, *System*, cit., *ibid*.
67. Rudolf Stammler, *Theorie der Rechtswissenschaft*, Buchhandlung des Waisenhauses, Halle an der Saale, 1911, VII-851 pp. Sobre Stammler e a cons-

A importância da teoria de Stammler sobre o sistema deriva do fato de que, pela primeira vez, no contexto de uma elaborada teoria jurídico-filosófica, demonstra-se que um sistema específico do direito e válido para cada direito pode ser somente um sistema formal do direito, qual seja, um sistema que prescinda dos conteúdos concretos das normas positivas. Todas as teorias anteriores do sistema jurídico nunca haviam chegado a conceber e realizar essa separação, que, ao contrário, Stammler realiza com racionabilidade à luz da filosofia kantiana. Sua teoria pura do direito (não confundir com a de Kelsen) quer exatamente indicar o que existe de válido em geral no direito; ou seja, pretende individuar os elementos jurídicos que podem valer para cada ordenamento jurídico, independentemente de seu conteúdo.

"O sistema é uma unidade exaustivamente estruturada"[68]: essa fórmula identifica aquelas que, para Stammler, são as três características do sistema jurídico: a *unidade* (que deriva do fato de que cada parte da totalidade está dirigida a um mesmo fim); a *estruturação* (*Gliederung*, ou seja,"a possibilidade de repartir a multiforme matéria de modo que se indique metodicamente um certo lugar para cada parte")[69]; a *completude* (ou seja, o sistema deve ser construído"de modo que receba todas as possibilidades imagináveis")[70]. Stammler se refere aqui explicitamente ao trecho de Kant (no qual se pode indicar um primeiro embrião de sistema interno na alusão – porém não desenvolvida – ao crescimento *per intussusceptionem*[71]) e declara que um sistema pode crescer *somente* a partir do interior. Sobre essa base, ele empreende a construção de seu sistema jurídico.

---

trução jurídica, cf. Giorgio Lazzaro, *Storia e teoria della costruzione giuridica*, Giappichelli, Torino, 1965, pp. 53-61.
68. Stammler, *Theorie der Rechtswissenschaft*, cit., p. 364.
69. Stammler, *Theorie der Rechtswissenschaft*, cit., p. 365.
70. Stammler, *Theorie der Rechtswissenschaft*, cit., *ibid*.
71. Cf. vol. V, cap. V, 3; já em Losano, *Sistema e struttura nel diritto*, 1968, cit., p. 89.

Embora possa variar o material jurídico sobre o qual atua, "o método do procedimento, no qual a sistematização deve ser concebida em sentido eminentemente formal, deve ser sempre um e somente um: isso, de fato, não significa outra coisa senão ordenar um certo conteúdo jurídico em sua qualidade de querer jurídico, qualidade que, mesmo condicionada, é necessária e invariavelmente a mesma"[72]. Tal sistema não deve, todavia, ser compreendido como a classificação definitiva de certos dados; um sistema é correto "se *em sua condição particular* completa as condições estáveis e imutáveis da sistematização jurídica"[73].

Identificada a natureza puramente formal do sistema jurídico e o caráter interno da sua lei de crescimento, Rudolf Stammler não realiza senão um primeiro passo na direção desse sistema interno. É sintomático, de fato, que ele se limite a intitular como "As partições puras do direito" (*Die reinen Einteilungen des Rechts*) as páginas que descrevem os elementos formais e imutáveis do direito: direito pessoal e real; geral e especial; objetivo e subjetivo; material e formal. Mais uma vez, a influência da noção tradicional de sistema levou o autor de uma avançada teoria sistemática a limitar-se a uma simples classificação dos institutos do direito positivo.

Em 1911 era publicado não apenas o volume de Stammler, mas também outra obra filosófica, com a qual conseguira a habilitação para a docência um jovem estudioso, nascido em Praga e vienense por adoção: os *Hauptprobleme der Staatsrechtslehre* de Hans Kelsen (1881-1973). Também esse autor se refere ao neokantismo; também sua doutrina se apresenta como uma teoria pura do direito; também para ele o problema do sistema é puramente formal. É, todavia, somente com o ano de 1960 que ele oferece uma representação completa e definitiva de sua noção do sistema jurídico. Ela procura responder aos quesitos que Stammler dei-

---

72. Stammler, *Theorie der Rechtswissenschaft*, cit., p. 415.
73. Stammler, *Theorie der Rechtswissenschaft*, cit., p. 416.

xara em aberto: em que consiste o crescimento interno do direito? Em que consiste sua completude? Será, portanto, sobre esse autor e sobre suas obras mais recentes que se concentrará a análise dos dois capítulos seguintes.

c) *A teoria kelseniana como arquétipo de sistema jurídico interno*

A obra de Hans Kelsen retorna continuamente com argumentos novos sobre os problemas dos quais originariamente partiu sua pesquisa. A evolução da teoria pura permanece, assim, contida dentro de limites bem precisos, e a soma das modificações não se transforma nunca numa inversão de rota. Por isso, escolhido o pensamento kelseniano como o exemplo mais típico da tentativa de individuar um sistema interno ao direito, será suficiente examinar a *summa* desse pensamento, publicada em 1960[74].

Remeter-me-ei aos outros escritos de Hans Kelsen somente na medida em que isso será necessário para esclarecer seu pensamento mais recente, sem todavia pretender oferecer uma análise completa dos escritos kelsenianos: dado seu número, uma pesquisa filologicamente correta e completa superaria necessariamente as dimensões de um volume[75].

---

74. Hans Kelsen, *Reine Rechtslehre*. Mit einem Anhang: *Das Problem der Gerechtigkeit*. Zweite, vollständig neubearbeitete und erweiterte Auflage, Franz Deuticke, Wien, 1960, XII-534 pp. O texto italiano utilizado na presente pesquisa é: *La dottrina pura del diritto*. Saggio introduttivo e traduzione di Mario G. Losano, Einaudi, Torino, 1966, CIII-418 pp. Essa tradução será de agora em diante citada da seguinte forma: Kelsen, *La dottrina pura del diritto*.

75. Sobre os escritos kelsenianos, ver a já clássica biografia kelseniana: Rudolf Aladár Métall, *Hans Kelsen. Leben und Werk*, Franz Deuticke, Wien, 1969, 220 pp., cuja bibliografia elenca 604 escritos de Hans Kelsen. A bibliografia atualizada dos escritos e das traduções kelsenianas está em Robert Walter, *Hans Kelsen. Ein Leben im Dienste der Wissenschaft*, Manz, Wien, 1985, pp. 27-97 (bibliografia sistemática, pp. 27-51; bibliografia cronológica, pp. 53-97). Ela está atualizada por dois escritos: Michael Schmidt, *Nachtrag zur chronolo-*

Em sua obra capital, Hans Kelsen fala repetidas vezes de "sistema de normas"[76], com referência ao direito positivo objeto da ciência jurídica. A diferença em relação aos tradicionais sistemas jurídicos externos é claramente enunciada no início do capítulo intitulado "O ordenamento jurídico": "Um 'ordenamento' é um sistema de normas cuja unidade se funda sobre o fato de que todas as normas têm o mesmo fundamento para as respectivas validades; e o fundamento da validade, num ordenamento normativo [...], é uma norma fundamental, da qual se deduz a validade de todas as normas do ordenamento. Cada uma das normas é uma norma jurídica enquanto pertence a um certo ordenamento jurídico; e pertence a um certo ordenamento jurídico se sua validade repousa na norma fundamental desse ordenamento."[77]

Esse trecho não deixa dúvidas: Hans Kelsen considera que todo o material jurídico positivo, presente numa certa sociedade, numa certa época de seu desenvolvimento histórico, é organizado num sistema unitário. Em outros termos, Hans Kelsen assere que existe uma ordem, um sistema no interior do material jurídico positivo. A análise a ser realizada nas próximas páginas consistirá, antes de tudo, em ver sobre quais argumentos está fundada essa tese kelseniana e, por fim, qual estrutura assume o direito positivo segundo o modelo kelseniano.

Será possível esclarecer essa estrutura se forem ulteriormente explicados os vários conceitos contidos na definição de ordenamento jurídico acima citada:

1. o sistema é constituído de *normas jurídicas*: apenas tendo esclarecido sua natureza (restando no interior da teoria kelseniana) será possível compreender como elas são unitariamente concatenadas em sistema;

---

gischen Bibliographie der Werke Kelsens, em: Robert Walter (Hrsg.), *Schwerpunkte der Reinen Rechtslehre*, Manz, Wien, 1992, pp. 157-72; Christian M. Piska, *Nachtrag zur chronologischen Bibliographie der Werke Kelsens*, em: Robert Walter – Clemens Jabloner (Hrsg.), *Hans Kelsens Wege sozialphilosophischer Forschung*, Manz, Wien, 1997, pp. 143-65.

76. Kelsen, *La dottrina pura del diritto*, cit., pp. 13, 42, 219.
77. Kelsen, *La dottrina pura del diritto*, cit., p. 42.

2. a origem da concatenação é a *norma fundamental*, sobre a qual se funda a validade de cada norma jurídica: norma fundamental e validade, portanto, deverão ser objeto de uma análise específica;

3. no decorrer dessa análise, por-se-á o problema do *"dever ser"* (*Sollen*), do qual tanto se fala no texto kelseniano: com isso, alcançar-se-á o limite último da teoria pura do direito;

4. enfim, Hans Kelsen *distingue claramente o direito positivo da ciência do direito*: será necessário, portanto, verificar qual relação existe entre o sistema das normas jurídicas (a saber, o sistema existente dentro da realidade do direito) e o sistema das proposições jurídicas (a saber, o sistema criado pela ciência do direito para descrever o direito positivo).

Ao final dessas quatro análises setoriais, será possível realizar uma avaliação integral da tentativa kelseniana de individuar um sistema jurídico interno ao direito. Sublinho aqui a desejada ambigüidade do termo "direito", que comumente designa tanto o direito positivo quanto a ciência jurídica: como será visto, a construção kelseniana não é capaz de identificar nitidamente a linha de separação entre o sistema ínsito no primeiro e o sistema elaborado pela segunda, porque põe a norma fundamental na origem da validade do direito positivo. Do ponto de vista da teoria do sistema jurídico, isso significa que um elemento do sistema externo torna-se o fundamento do sistema interno: em si, um evento sem ulteriores conseqüências. Já do ponto de vista da teoria pura do direito, as conseqüências são graves, porque um elemento da ciência jurídica é posto como fundamento da validade do ordenamento positivo. Mas a ciência descreve, ao passo que o ordenamento prescreve; a ciência faz parte do mundo do ser, ao passo que o ordenamento faz parte do mundo do dever ser; e para Kelsen, seguidor do pensamento neokantiano, entre esses dois mundos não deve existir nenhum ponto de contato, como será visto no próximo capítulo (1, n. 4). Se isso se verificar, estará ameaçada a coerência interna da teoria inteira.

PARTE I
O apogeu do sistema clássico na teoria pura do direito

Capítulo II
A função sistemática da norma fundamental

Pontos de intersecção e desenvolvimentos do discurso. A teoria de Hans Kelsen está fundada em dois pressupostos: no *dualismo neokantiano* entre ser (mundo da natureza, *Sein*) e dever ser (mundo normativo, *Sollen*), segundo o qual a realidade e o direito são duas esferas claramente separadas; no *positivismo jurídico*, segundo o qual são direito apenas as normas de direito positivo, ou seja, aquelas postas, estatuídas pelo Estado. Com essas normas, Kelsen pretende construir uma teoria exclusivamente normativa, depurada de qualquer influência do mundo real: a teoria pura do direito. Nela, a validade do direito positivo é explicada mediante uma estrutura piramidal (a graus, hierárquica), na qual as normas de nível inferior recebem sua validade das superiores. A norma positiva mais elevada é a constituição, que recebe sua validade da *norma fundamental*: e esse é o elemento mais controvertido da doutrina inteira. Kelsen a define, de fato, como "uma norma não posta, mas pressuposta"; como expressão de um ato de vontade fictício; como pressuposto lógico-transcendental do sistema inteiro. Confrontando a definição kelseniana de norma jurídica com a norma fundamental, nota-se que esta última *não* é uma norma no sentido definido por Kelsen. Ela é, todavia, indispensável para respeitar os pressupostos metodológicos kelsenianos: construir um sistema jurídico que derive de um único princípio; e construir tal sistema sem sair do âmbito jurídico, explicando o direito apenas com o direito. Disso resulta um sistema que explica de modo rigoroso a estrutura unitária do direito positivo, mas não a origem, nem a função dessa sua unitariedade.

Visto que a norma fundamental é a fonte da validade de todas as normas do ordenamento jurídico positivo, este capítulo se concentra nos problemas intra-sistemáticos postos pela norma fundamental; o próximo capítulo procurará explicar em que consiste a validade das normas no sistema kelseniano. Os dois capítulos oferecem, assim, um quadro unitário do sistema kelseniano e de seus pontos criticáveis.

1. O sistema jurídico na teoria pura do direito

A construção do sistema jurídico, que chegou ao seu apogeu com a pandectística alemã do século XIX, estava originariamente ligada ao direito privado: foi Karl Friedrich von Gerber (1823-91) que transferiu para o direito público a noção de sistema que seu grande amigo Jhering havia inicialmente aperfeiçoado e depois abandonado[1]. Gerber manteve-se, porém, fiel à técnica "construcionística", mesmo depois da passagem de Jhering à teoria finalística do direito, e a transmitiu aos publicistas. Por meio de seu aluno Paul Laband (1838-1918), a concepção sistemática do direito chegou até Kelsen.

A teoria pura do direito de Kelsen é a mais exaustiva descrição do sistema jurídico realizada em linguagem natural e pode ser considerada o ponto de chegada da concepção sistemática do século XX. Visto que a de Kelsen foi provavelmente a teoria mais influente do século XX, o presente trabalho dedica-lhe dois capítulos. As críticas neles expostas explicam por que, depois de Kelsen, a teoria do direito expe-

---

1. Cf. vol. 1, cap. XVI; já em Mario G. Losano, *Der Begriff "System" bei Gerber*, em: *Objektivierung des Rechtsdenkens. Gedächtnisschrift für Ilmar Tammelo.* Herausgegeben von Werner Krawietz, Theo Mayer-Maly, Ota Weinberger, Duncker & Humblot, Berlin 1984, pp. 647-65; também em Mario G. Losano, *Studien zu Jhering und Gerber*, Gremer, Ebelsbach, 1984, pp. 130-49. Sobre as relações entre Jhering e Gerber, cf. *Der Briefwechsel zwischen Jhering und Gerber*, Münchener Universitätsschriften, Band 55/1, Gremer, Ebelsbach, 1984, XXII-693 pp.

rimentou vias de tal forma diversas, como as descritas na terceira parte deste volume.

Dada a difusão da doutrina kelseniana, é oportuno limitar sua descrição a poucas menções: elas oferecerão a quem ainda não as conhece (e recordarão a quem já as conhece) os aspectos salientes da teoria pura do direito[2]. A doutrina de Kelsen pode ser resumida em seis pontos, presentes em todas as fases de seu pensamento.

1. A visão do mundo de Kelsen é *dualista*. O mundo está dividido em ser e dever ser, e entre os dois não existe nenhuma relação, segundo a escola neokantiana a que Kelsen se remete. Os termos "monismo" e "dualismo" na teoria kelseniana sofrem oscilações dependendo do contexto em que são utilizados: Kelsen é monista na teoria da justiça e na do direito internacional[3].

2. Todas as ciências visam construir em *unidade* o próprio objeto. É esse o típico postulado do pensamento sistemático, que tende a reconduzir a um único princípio a inteira construção de uma disciplina. Esse princípio pode ser considerado um sinal da influência exercida sobre Kelsen pelo Círculo de Viena e, em particular, por Otto von Neurath (cf. *supra*, cap. I, 7, b).

3. A ciência do direito descreve um objeto colocado no mundo do *dever ser*: portanto, o estudo do direito deve, programaticamente, excluir qualquer elemento proveniente do mundo do ser, ou seja, deve ser "puro". A ciência do direito descreve, portanto, de modo unitário exclusivamente um

---

2. Uma exposição mais extensa das idéias expostas neste capítulo e no seguinte e os relativos suportes textuais encontram-se em Mario G. Losano, *Forma e realtà in Kelsen*, Comunità, Milano, 1981, 229 pp., atualizado por aquela que pode ser considerada a 2.ª edição (que, porém, não existe em italiano): Mario G. Losano, *Teoría pura del derecho. Evolución y puntos cruciales*. Tradución de Jorge Guerrero, Temis, Bogotá, 1992, XVI-267 pp.

3. Ulteriores esclarecimentos sobre esses termos e, em geral, sobre o direito internacional na doutrina kelseniana estão em Mario G. Losano, *Pace, guerra e diritto internazionale: una controversia fra Kelsen e Campagnolo*, "Materiali per una storia della cultura giuridica", vol. XXXI, 2001, n. 1, pp. 111-30.

objeto colocado no mundo do *Sollen*, do dever ser. A teoria pura se apresenta, por isso, como uma construção unitária que dá conta de *todo* o mundo do direito, mas *somente* do mundo do direito.

4. O direito é unitário porque todo o ordenamento deriva de uma *única norma fundamental*. Tal norma fundamental não é uma norma estatuída (ou posta) pelo legislador, mas imaginada por quem examina o ordenamento; é uma norma pressuposta, mas não posta, e, como tal, é uma norma não conforme à definição kelseniana de norma. Obviamente, ela está no centro de infinitas discussões. Isso não exime, todavia, que a norma fundamental seja a arquitrave da teoria pura do direito, porque somente ela atribui unidade ao ordenamento jurídico. A esse fundamento do sistema jurídico kelseniano é dedicado por inteiro o presente capítulo.

5. Obedece-se ao direito porque ele é válido; e sua *validade* depende do fato de a norma fundamental transmitir o dever ser a todas as normas de nível mais baixo. Percorrendo a pirâmide do sistema kelseniano de baixo para cima, a sentença do juiz é válida se se remete a uma lei válida. A lei é válida se se remete a uma norma constitucional válida. A constituição é válida se a norma fundamental – que está fora do direito positivo – declara que essa constituição deve ser obedecida. Visto que para Kelsen a validade de uma norma de qualquer nível coincide com sua existência, o sistema kelseniano inteiro existe graças à norma fundamental: aceita a noção de norma fundamental, o sistema inteiro descreve, admiravelmente, a estrutura do direito moderno ocidental; rejeitada a noção de norma fundamental, cai o sistema kelseniano inteiro. A noção de validade é, portanto, um adesivo essencial do sistema kelseniano, e a ele é dedicado todo o capítulo III.

6. Visto que o direito interno e o direito internacional fazem parte do mundo do direito, a ciência jurídica não pode considerá-los dois elementos paritéticos, ou seja, pa-

ralelos, como muitas vezes ocorre na doutrina internacionalista tradicional. Se fossem dois ordenamentos distintos e paritéticos, cada um deles derivaria de uma sua norma fundamental: teríamos então duas normas fundamentais, dois ordenamentos jurídicos e duas ciências jurídicas. Semelhante dualidade estaria, porém, em contraste com o postulado da unidade da ciência. Esse postulado exige a existência de uma única norma fundamental, da qual derivam tanto o direito interno quanto o direito internacional; e de ambos se ocupa uma única ciência jurídica. No interior da pirâmide descendente de uma única norma fundamental, o direito interno e o direito internacional nunca poderão ser paritéticos: um deverá ser superior ao outro. Aqui repousa o verdadeiro problema: qual dos dois deve ser considerado superior? Para Kelsen, a posição proeminente cabe ao direito internacional: nos anos do totalitarismo, ele se alinhava, assim, a favor do pacifismo e do federalismo[4].

Tendo presente esse esquema essencial, pode-se agora passar à análise de cada um dos elementos nele concisamente evocados.

2. A definição de norma jurídica em Hans Kelsen

Para entender de que modo está concatenada cada uma das normas jurídicas na teoria pura do direito, é necessário esclarecer inicialmente o que entende Hans Kelsen quando fala de "norma jurídica". Ele a define assim: "Ao falar de 'norma' se quer dizer que alguma coisa deve ser ou aconte-

---

[4]. Na impossibilidade de tratar aqui o problema do direito internacional no sistema kelseniano, remeto a dois textos: Hans Kelsen, *Les rapports de système entre le droit interne et le droit international public*, Hachette, Paris, 1927, pp. 231-331 (Académie de droit international, Recueil des Cours, 1926, IV, Tome 14 de la Collection); Hans Kelsen – Umberto Campagnolo, *Diritto internazionale e Stato sovrano*. Com um texto inédito de Hans Kelsen e um ensaio de Norberto Bobbio, Giuffrè, Milano, 1999, XI-402 pp.

cer, em particular que um homem *deve* (*soll*) comportar-se de um certo modo."[5]

Já na primeira definição de norma jurídica, surge assim o termo "dever ser" ou *Sollen*, pelo próprio Kelsen considerado indefinível. Visto que a norma jurídica é "o sentido específico de um ato intencionalmente dirigido ao comportamento de outrem"[6], deduz-se que esse ato humano de vontade tem como "sentido" um "dever ser", um *Sollen*. A formulação kelseniana não explica o que significam precisamente as palavras "um ato tem como sentido um dever ser", porque provavelmente ele entende a expressão "sentido de um ato" na acepção geralmente vaga presente também na linguagem ordinária[7].

Para ter uma confirmação dessa conjectura, pense-se no cuidado com que Hans Kelsen explica como, no mesmo contexto, seu uso do termo "dever ser" se afasta da linguagem comum: em sentido filosófico, de fato, existiria um *Sollen* não somente quando existe uma prescrição, mas também quando existe uma autorização e uma permissão: estas últimas duas expressões estão formuladas em alemão, não mediante o verbo *sollen*, mas, respectivamente, mediante *können* e *dürfen*.

Seria, portanto, inútil buscar no texto kelseniano uma rigorosa definição da expressão "ato que tem como sentido um dever ser". É preciso contentar-se em constatar que essa assertiva serve para fundar outra: se o dever ser é o sentido de um ato humano, entre o dever ser e esse ato existe uma relação como entre o todo e a parte, de forma que não é possível identificar o dever ser com o ato humano; em outros termos, não é possível identificar a norma jurídica com

---

5. Hans Kelsen, *La dottrina pura del diritto*, Einaudi, Torino, 1966, p. 13.
6. Kelsen, *La dottrina pura del diritto*, cit., p. 14.
7. "Sentido" traduz o alemão *Sinn*. O caráter genérico desse termo está bem ilustrado por Niccolò Tommaseo: "Seja como for, o *sentido* da palavra compreende todas as idéias por ela suscitadas; o *significado*, as idéias principais e mais imediatas" (*Nuovo dizionario dei sinonimi della lingua italiana*, Gabriele Sarracino, Napoli, 1858, s.v. *Significato, Senso*, 4563).

O APOGEU DO SISTEMA CLÁSSICO

a vontade de um certo sujeito. Ou seja, todo o edifício conceitual parece pré-constituído para afirmar a nítida separação entre o mundo jurídico regido pelo dever ser (mundo do qual faz parte a norma jurídica) e o mundo real regido pelo ser (mundo do qual faz parte o ato humano de vontade). Essa separação é o reflexo, na ciência jurídica, da dicotomia neokantiana entre ser e dever ser, entre *Sein* e *Sollen*.

Resta, porém, explicar, a essa altura, como se pode afirmar que, dados dois elementos inconciliáveis, um seja "o sentido" do outro. Dando-se conta da possibilidade dessa crítica, na segunda edição da *Teoria pura do direito*, Kelsen procurou demonstrar que ser e dever ser não se limitam a estar "lado a lado, sem nenhuma relação"[8], mas que têm, ao contrário, alguma relação. A meu juízo, porém, mais do que uma explicação, trata-se de uma paráfrase da mesma concepção do autor, formulada em termos mais específicos, mas igualmente não demonstrada. Por exemplo, para Kelsen, "o comportamento que é e o comportamento que é devido não são idênticos; porém, o comportamento devido é semelhante ao comportamento que é, salvo o fato (*modus*) de que um é, ao passo que o outro é devido"[9].

Essa, porém, não é uma explicação, mas apenas a reformulação do problema. De fato, a explicação deveria nos dizer não que os dois comportamentos são similares, mas sim, por exemplo, com base em quais elementos são similares. Nem tampouco é útil explicar que o termo "comportamento devido" tem dois significados: devido segundo a norma[10] e efetivamente realizado em conformidade com a norma. Parece um caso específico de distinção entre comportamento potencial e comportamento atual; com isso, nada foi dito de específico sobre o dever ser, porque o próprio raciocínio kelseniano poderia proficuamente ser refe-

---

8. Kelsen, *La dottrina pura del diritto*, cit., pp. 14 s.
9. Kelsen, *La dottrina pura del diritto*, cit., p. 15.
10. "E é devido, ainda que não existente": Kelsen, *La dottrina pura del diritto*, cit., p. 15.

rido a um comportamento pensado e a um comportamento efetivo.

Em conclusão, a definição kelseniana de norma jurídica consta de um termo por definição indefinível ("dever ser") e de uma genérica locução indefinida ("ter o sentido de"), a qual exprime de modo por si mesmo não claro, nem por Kelsen esclarecido, uma problemática relação de convergência entre dois elementos divergentes: ser e dever ser.

3. A norma jurídica como sentido objetivo e subjetivo de um dever ser

Essa não-definição da norma jurídica constitui a base para uma distinção também ela enunciada, mas não explicada: para que exista uma norma jurídica, afirma Kelsen, é necessário que o ato humano de vontade tenha não apenas subjetivamente, mas *também* objetivamente o sentido de um dever ser.

Não é difícil imaginar um ato humano que tenha apenas subjetivamente o sentido de um dever ser: é o caso da ordem do bandido para entregar-lhe o dinheiro. Um análogo pedido do funcionário do fisco apresentar-se-ia *também* com o caráter objetivo de dever ser. Por quê? Porque o pedido do funcionário se fundamenta numa série de disposições legislativas, reconduzíveis à constituição vigente em um determinado Estado. Mas com isso o problema está somente deslocado: resta explicar por que se reconhece àquela constituição a capacidade de atribuir o caráter objetivo de dever ser às normas jurídicas emanadas em conformidade com ela; em outros termos, resta explicar por que é necessário obedecer àquela constituição. A explicação de Hans Kelsen, mais uma vez, é uma reformulação do problema: "o ato constituinte tem sentido normativo não apenas subjetivamente, mas também objetivamente, porque se pressupõe que devemos nos comportar assim como prescreve o constituinte"[11]. Essa explicação parece remeter à psicologia, que como ciência do ser não deveria ser aduzida como prova numa ciência jurídica fundada tão-somente no dever ser.

O pressuposto último da validade de todo o ordenamento jurídico é a norma fundamental, a qual – como será visto melhor a seguir –, mesmo estando na origem do inteiro ordenamento jurídico, não se submete a suas regras.

Assim, o único elemento ainda claro da definição kelseniana de norma jurídica se ofusca com névoas metafísicas: de fato, todos somos capazes de explicar aproximadamente o que é um ato de vontade, mas não estamos mais muito seguros quando devemos explicar o que é um ato de vontade cujo sentido, tanto subjetivo quanto objetivo, seja um dever ser.

Por um lado, não se vê por que, para a existência de uma norma jurídica, é exigido um ato de vontade cujo sentido é *também* subjetivamente um dever ser. Pense-se no caso de um deputado de um partido que vota a favor de uma lei – por ele julgada injusta – apenas por causa da disciplina de partido, esperando, todavia, que a oposição consiga impedir sua aprovação: aqui, o elemento subjetivo está ausente, mas o dever ser se realiza objetivamente (e, diria, apenas objetivamente) por meio do mecanismo legislativo. O caso adquire maior relevância se, num governo de coalizão, imagina-se que um dos partidos da maioria deva votar a favor de uma lei malvista, para evitar uma crise governativa.

Não vale, aqui, evocar a máxima "mesmo forçado, quis": essa ficção jurídica indica que o ato apresenta exteriormente todos os requisitos de um ato de vontade, mas que a formação de tal vontade está viciada. No nosso exemplo, é evidente que, do ponto de vista subjetivo, aquele determinado deputado não quer aquela lei; o procedimento legislativo, contudo, ignora esses seus problemas humanos e atribui valor objetivo à manifestação externa de vontade,

---

11. Kelsen, *La dottrina pura del diritto*, cit., p. 17.

fingindo que a esta corresponde uma efetiva vontade interna do indivíduo. Tecnicamente, não é possível fazer de outra forma, se não queremos transformar as sessões parlamentares em sessões psicanalíticas.

O problema de atribuir um sentido objetivo ao sentido subjetivo de um ato de volição cria dificuldades também no que diz respeito a lacunas no ordenamento jurídico. Kelsen considera que, no direito positivo, existam lacunas apenas no caso em que o ato de vontade não tenha "sentido normativo": "Se o sentido é outro (por exemplo, *se se trata de lei na qual se enuncia uma teoria* ou se até mesmo não existe nenhum sentido, como quando a lei contém palavras sem sentido ou disposições inconciliáveis umas com as outras), não existe nenhum sentido subjetivo que se possa interpretar como sentido objetivo; [...] a saber, não existe um ato cujo sentido subjetivo seja suscetível de ser legitimado pela norma fundamental."[12]

O primeiro exemplo aduzido por Kelsen suscita não poucas dúvidas. Se se nega o "sentido normativo" (qual seja, o caráter de volição com relação a terceiros) das normas com as quais se enunciam teorias, dever-se-ia considerar não válida uma série de normas jurídicas que o próprio Hans Kelsen considera válida: por exemplo, muitas normas contidas nos textos constitucionais são declarações de princípios inspiradas por uma doutrina política.

Por outro lado, a teoria pura do direito não explica de que modo um dever ser torna-se o sentido objetivo de um ato de vontade. O recurso à norma fundamental não é uma explicação, mas a recusa de qualquer explicação: efetivamente, remetido de um grau a outro do ordenamento jurídico, o problema é cada vez mais afastado do núcleo central do direito positivo; antes, é levado às margens de tal ordenamento e, enfim, para fora dele, reunindo-o a uma norma que Hans Kelsen mesmo denomina não mais jurídica, mas fundamental. A essa altura, o postulado da pureza –

---

12. Kelsen, *La dottrina pura del diritto*, cit., p. 234.

segundo o qual a ciência jurídica deve ocupar-se apenas do direito positivo – tornaria não apenas possível como metodologicamente necessário *não* ocupar-se desse problema fundamental, mas não jurídico.

Pode-se agora completar o comentário à definição kelseniana de norma jurídica. Como foi visto, existe um termo indefinível ("dever ser"), uma locução indefinida ("ter o sentido de") e uma convergente divergência entre ser e dever ser, à qual se acrescenta agora um novo elemento: depois de ter especificado que o sentido do ato de vontade pode ser um dever ser tanto no sentido subjetivo quanto no sentido objetivo, e depois de ter declarado que juridicamente relevante é o ato de vontade que tem como sentido objetivo um dever ser, o "dever ser em sentido objetivo" é assumido naquele que Jhering chama o Céu dos conceitos jurídicos.

4. A norma jurídica e a proposição jurídica

O leitor da *Teoria pura do direito*, a essa altura, pergunta-se por que Hans Kelsen quis enfrentar os inextricáveis emaranhados da subjetividade e da objetividade do dever ser, que não permitem uma definição satisfatória da noção de norma jurídica, mas até mesmo geram novos e insolúveis problemas, aqui analisados nas páginas sobre o dever ser. Na realidade, a teoria kelseniana da norma jurídica não é em si clara, mas permite a seu autor introduzir já entre os elementos de base do ordenamento jurídico uma distinção que permeia toda a teoria pura do direito e que constitui a razão mesma de sua existência: a distinção entre direito positivo e ciência do direito, como aspecto da mais geral distinção entre mundo do dever ser e mundo do ser.

Partindo dessa posição dualista, Kelsen esclarece o caráter inadequado do uso sinonímico dos termos "norma jurídica" (*Rechtsnorm*) e "proposição jurídica" (*Rechtssatz*). Antes de Kelsen, a doutrina alemã usava indiferentemente um e outro termo para designar seja a norma de direito positivo, seja a descrição de tal norma feita pelo jurista. O próprio Kelsen, em sua primeira obra de teoria pura, não sentiu a necessidade de distinguir esses dois tipos de proposições e intitulou o volume *Hauptprobleme der Staatsrechtslehre entwikelt aus der Lehre vom Rechtssatz*. Hoje, aquele *Rechtssatz* (ao pé da letra, "proposição jurídica") seria certamente substituído por um *Rechtsnorm* ("norma jurídica"), porque em sua obra de 1911 Kelsen pretendia referir-se à norma de direito positivo, não à descrição dela realizada pelo jurista. A ambigüidade retorna, todavia, com os jusliberistas, que usam *Rechtssatz* para indicar tanto os princípios abstratos do direito quanto a norma jurídica[13].

O contato com o ambiente jurídico dos Estados Unidos levou Kelsen a dar-se conta da necessidade de distinguir também terminologicamente esses dois conceitos, para sublinhar com a máxima clareza a distinção entre o plano descritivo da ciência e o plano normativo do direito positivo. Assim é que entra em cena o termo *rule of law*, que indica a descrição científica de uma norma jurídica[14].

Com a *Reine Rechtslehre* de 1960, a distinção entre plano descritivo da ciência e plano prescritivo do direito apa-

---

13. A ambigüidade de *Rechtssatz* se encontra no uso dos jusliberistas e, em particular, em Ehrlich: eles contrapõem o uso dos *princípios* do direito ao uso da *norma* de direito positivo, mas exprimem tanto os princípios quanto a norma com o termo *Rechtssatz*. De fato, em alemão *Satz* significa também princípio: por exemplo, *der Satz vom zureichenden Grunde* é "o princípio da razão suficiente"; *der Satz des Euklid* é "o teorema de Euclides". Portanto, *Rechtssatz* pode indicar tanto o princípio jurídico quanto a norma jurídica: para uma correta compreensão é necessário confiar-se ao contexto. Sobre esse problema em Ehrlich, cf. *infra*, cap. IV, 9, notas 74 e 76.

14. Hans Kelsen, *General Theory of Law and State*. Traduzione di Anders Wedberg, Harvard University Press, Cambridge (Mass.), 1945, p. 45. Não sou capaz de dizer qual é o termo alemão contido no original (até o momento inédito) que serviu de base para essa tradução inglesa. A distinção entre os termos *Rechtsnorm, Rechtssatz, Sollnorm* e *Sollsatz* aparece com toda clareza na *Reine Rechtslehre* de 1960. Cf. a *Avvertenza terminologica*, prefácio à tradução italiana de *La dottrina pura del diritto*, cit. pp. XCVIII s., s. v. *Soll-Norm* e *Soll-Satz* (também em Losano, *Forma e realtà in Kelsen*, cit., p. 221).

rece já consolidada: "A proposição jurídica, em particular, não é um imperativo: é um juízo, ou seja, uma assertiva concernente a um objeto que se propõe conhecer [...]. O jurista que descreve cientificamente o direito não se identifica com a autoridade jurídica que estatui a norma. A proposição jurídica permanece uma descrição objetiva, mas não se torna prescrição."[15]

Sobre os problemas da descritividade e da prescritividade retornarei em seguida. Concluindo o exame da teoria kelseniana da norma jurídica, alcançamos uma clara visão da contraposição entre ser e dever ser, bem como entre descrição e prescrição, no nível dos elementos constituintes do ordenamento jurídico, ou seja, das normas jurídicas, enquanto distintas das proposições jurídicas. Do sistema das proposições já nos ocupamos ao tratar do sistema externo do direito[16]. Ao invés, parece que dos textos kelsenianos não se consegue extrair uma definição satisfatória de norma jurídica.

Deveria, assim, ser provado que o enfrentamento direto do problema da norma jurídica em Kelsen não leva muito longe. Na tentativa de esclarecer sua teoria do sistema jurídico interno, pode-se chegar, talvez, a algum resultado mais encorajante examinando não tanto a norma jurídica em si, quanto a relação entre cada uma das normas. Por isso, nas próximas páginas, será tratado o problema da norma fundamental (da qual derivam todas as normas de um ordenamento jurídico) e o problema do dever ser (que constitui o elemento unificador do ordenamento jurídico inteiro).

5. Critérios para uma análise da norma fundamental

Com a norma fundamental se enfrenta o ponto central, mas também o mais discutível e discutido da teoria

---

15. Kelsen, *La dottrina pura del diritto*, cit., p. 98.
16. Cf. *supra*, cap. I e, mais extensamente, vol. 1, cap. VIII; já em Losano, *Sistema e struttura nel diritto*, cit., pp. 113-209.

kelseniana. Nesta pesquisa, chegou-se a falar dela em conexão com o problema do sistema jurídico interno: portanto, apenas nesta perspectiva é que será discutido o problema. Este capítulo, além disso, não estuda monograficamente a norma fundamental kelseniana, mas examina, antes, a intersecção entre o problema da norma fundamental e o problema do sistema jurídico interno. Dada essa metodologia, considero legítimo não tentar nem mesmo examinar seja a literatura sobre a norma fundamental em Kelsen, seja todos os escritos nos quais Kelsen se ocupa da norma fundamental.

Mais uma vez, atenho-me à clássica segunda edição da *Teoria pura do direito*. Nela, Kelsen fala da norma fundamental na parte dedicada à norma jurídica, para explicar como esta última é produzida; na parte dedicada ao ordenamento jurídico, para explicar o que o torna propriamente um ordenamento, ou seja, um sistema; enfim, no capítulo dedicado à *Dinâmica do direito*, para analisar os principais problemas colocados por esse particularíssimo tipo de norma. Sobretudo a este último capítulo kelseniano será dedicada uma análise aprofundada.

Antes de aprofundar esse exame crítico, é preciso esclarecer o que Kelsen entende quando fala de sistemas normativos estáticos e dinâmicos.

É estático o sistema de normas em que uma norma pressuposta como fundamental fornece o fundamento tanto do conteúdo quanto da validade; "é dinâmico, ao contrário, o sistema de normas que se fundamenta numa norma fundamental", a qual "fornece apenas o fundamento da validade, mas não o conteúdo da validade das normas que nela encontram fundamento"[17].

É a esse último tipo de sistema normativo que se dedica a teoria pura do direito e, conseqüentemente, também a presente análise.

---

17. Kelsen, *La dottrina pura del diritto*, cit., p. 220.

6. A estrutura hierárquica do ordenamento jurídico

Aceito o princípio segundo o qual da norma fundamental de um certo ordenamento jurídico não se pode deduzir o conteúdo de cada uma das normas jurídicas, mas apenas sua validade, é preciso ver como se estrutura um ordenamento jurídico segundo a concepção kelseniana. De uma ampla citação emerge o modelo kelseniano de sistema jurídico interno, concebido como um conjunto de normas jurídicas de vários níveis, unificadas por um nexo de delegação de validade.

"Quando um homem priva coativamente outro da vida, causando-lhe a morte por enforcamento – escreve Kelsen –, é preciso esclarecer por que esse ato é um ato jurídico, a execução de uma pena, e não um homicídio. Tal ato pode ser interpretado como ato jurídico, e precisamente como execução de uma pena (e não como homicídio) apenas se ele se fundamenta numa norma jurídica, e precisamente numa norma jurídica individual, isto é, quando é estatuído como devido por uma norma que se apresenta como sentença judiciária. A essa altura, coloca-se a questão de quais são as condições em que é possível tal interpretação, por que no caso em questão trata-se de sentença judiciária, por que tem vigor a norma individual assim estatuída, por que é uma norma jurídica válida e por que, assim, deve ser aplicada. A resposta a esses quesitos é que essa norma individual foi colocada em atuação aplicando a lei penal, que contém uma norma geral com base na qual, em presença de condições existentes no caso em questão, deve ser cominada a pena de morte. Querendo conhecer o fundamento dessa lei penal, a resposta soa assim:'A lei penal está em vigor porque foi decidida pela assembléia legislativa, a qual está autorizada por uma norma da constituição do Estado a produzir normas gerais.'

"Se se quer, pois, conhecer o fundamento da validade da constituição estatal, sobre a qual repousa a validade de todas as normas jurídicas gerais e a validade das normas individuais produzidas com base nessas normas gerais, ou seja, se se quer conhecer o fundamento da validade das normas que regulam a produção de normas gerais, determinando de qual órgão e com qual procedimento devem ser produzidas normas gerais, chega-se provavelmente a uma constituição estatal anterior, ou seja, funda-se a validade da constituição estatal no fato de que ela foi produzida em conformidade com as prescrições de uma constituição anterior, modificando a constituição mesma segundo as regras nela contidas, ou seja, em conformidade com uma norma positiva, estatuída pela autoridade jurídica, até uma constituição que é historicamente a primeira, não mais estatuída segundo aquelas regras e cuja autoridade, portanto, não pode ser reconduzida a uma norma positiva, estatuída por uma autoridade jurídica: uma constituição que entrou em vigor de modo revolucionário, infringindo uma constituição anteriormente existente [...]."[18]

Esse longo excerto exime de qualquer ulterior exegese o sistema interno do direito proposto por Kelsen: ali se vê com clareza um mecanismo perfeitamente funcionante e inteiramente baseado na delegação formal da validade de um grau a outro do ordenamento jurídico. Esse modelo de sistema jurídico interno evoca a imagem de uma pirâmide normativa, da qual são satisfatoriamente explicados as faces, a base e os ângulos, mas não o vértice. Para além da metáfora, essa concepção kelseniana parece explicar bem todo o mundo jurídico existente, mas menos bem o momento de sua origem[19].

De fato, o problema não resolvido dessa construção kelseniana não é a transmissão, mas a origem da validade; e a origem da validade é a norma fundamental. Sobre a na-

---

18. Kelsen, *La dottrina pura del diritto*, cit., pp. 224 ss.
19. Era essa, aliás, uma aceitável crítica que os estudiosos marxistas dirigiam aos juristas burgueses: visto que estes últimos isolam o direito das outras disciplinas, e sobretudo da história, sua teoria jurídica acaba por apresentar-se como a teoria de algo – o direito – postulado como existente desde sempre e para sempre.

tureza desta última, o próprio Kelsen teve notáveis oscilações. Por motivos de brevidade, limitar-me-ei às posteriores a 1960, ano de publicação da segunda edição da *Reine Rechtslehre*.

7. A norma fundamental e a revolução

Característica dos escritos kelsenianos é a tendência a serem coerentes até a autodestruição. Isso vale também para o longo excerto examinado no parágrafo anterior. De fato, exemplificando *in concreto* as várias passagens de um grau a outro de um ordenamento jurídico, Hans Kelsen traduz em termos *concretos* também o postulado *teórico* que é a norma fundamental e assere que a constituição historicamente primeira é considerada válida não porque estatuída por uma autoridade jurídica, mas porque "entrou em vigor de modo revolucionário". Isso, porém, equivale a dizer que a origem do direito é metajurídica. Mais uma vez, reaparece a Górgona do poder evocada por Kelsen (cf. *infra*, cap. III, 8). A meu juízo, não haveria nada de mal em admiti-lo, afirmando-se depois – em conformidade com as premissas juspositivistas aceitas por Kelsen – que a ciência jurídica não explica a origem do direito, mas apenas sua estrutura. A ciência jurídica sairia dali empobrecida, mas alcançaria uma coerência metodológica mais profunda.

Kelsen, ao invés, não pretende caminhar nessa via e tenta explicar o direito mediante o direito, como exige a pureza metodológica por ele propugnada. Ele mesmo reconhece implicitamente que a origem da validade do direito está no mundo real, não no jurídico; ou seja, no mundo do ser, não no do dever ser. Por outro lado, considera necessário que uma ciência jurídica reconduza a uma única fonte a validade de cada uma das normas; ver-se-á, pois, por quais motivos ele considera isso necessário. Dessas contrastantes exigências nasce a necessidade de transformar em elemento jurídico um elemento real, ou seja, de apresentar como dever ser, como *Sollen*, aquilo que por definição do próprio Kelsen é inconciliável com o *Sollen*, isto é, um *Sein*.

Hans Kelsen está consciente do limite que a aceitação da concepção juspositivista põe à sua pesquisa. Após ilustrar os vários graus do ordenamento no excerto já integralmente mencionado, ele afirma que:"[...] ao procurar o fundamento de uma constituição que seja historicamente a primeira [...], a resposta – *se se renuncia a reconduzir a validade da constituição (e das normas produzidas em conformidade com esta última) a uma norma estatuída por uma autoridade metajurídica, como Deus ou a natureza* – pode ser apenas esta: a validade da constituição, a convicção de que ela é uma norma vinculante, deve ser pressuposta [...]"[20].

A proposição incidental é iluminante: a teoria kelseniana da norma fundamental existe até onde não se aceita uma explicação de tipo jusnaturalista. O que, expresso em outros termos, significa que a teoria da norma fundamental é necessária ao tipo de ciência jurídica que se apresenta com a exigência de depurar o direito de todo elemento estranho e que, assim, deve explicar todo o direito apenas mediante o direito.

Uma observação é todavia possível: a menção às imaginadas autoridades metajurídicas não exaure o campo das possibilidades que se colocam como alternativa à explicação da validade do direito fornecida pela norma fundamental. Essas outras possibilidades foram evocadas pelo próprio Kelsen, quando aludiu à constituição de origem revolucionária. Nesse último caso, Kelsen precisa admitir que a validade do direito tem origem em eventos extrajurídicos.

Um fato demonstra que o conteúdo da alusão à origem revolucionária de uma constituição não deve ser subestimado. Em 1965, juntamente com outras modificações a serem inseridas no texto italiano da *Teoria pura do direito*[21],

---

20. Kelsen, *La dottrina pura del diritto*, cit., p. 225; grifos meus.
21. As correções de Kelsen estão incluídas na edição italiana de 1966; sua formulação em alemão é reportada no artigo de Ruth Erne, *Eine letzte authentische Revision der Reinen Rechtslehre*, em Werner Krawietz – Helmut Schelsky

O APOGEU DO SISTEMA CLÁSSICO

Kelsen me comunicou uma nova formulação do trecho em exame, que hoje, na tradução italiana, soa assim: "se se renuncia a reconduzir a validade da constituição (e das normas produzidas em conformidade com esta última) a uma norma estatuída por *uma autoridade metajurídica efetivamente existente* ou considerada efetivamente existente, como Deus ou a natureza". Por "autoridade metajurídica efetivamente existente" Kelsen designa os fenômenos sociais extrajurídicos em que tem origem um certo tipo de direito: por exemplo, a revolução bem-sucedida.

A revolução coloca graves problemas teóricos para Kelsen, que se vê obrigado a enfrentar com instrumentos jurídicos uma realidade que não é jurídica: toda revolução, antes mesmo que determinação de novo direito, é antes de tudo destruição do velho direito, porque toda revolução, antes de ser exercício de poder, é tomada de poder. Todavia, Kelsen propõe-se estudar apenas o que é jurídico, portanto enfrenta também a revolução sob este ângulo visual: "Revolução em sentido lato, compreensivo também do golpe de Estado, é toda modificação constitucional ilegítima, ou seja, executada não conforme às disposições da constituição, ou seja, a substituição de uma constituição por outra."[22]

Esse evento jurídico – que é evidentemente um dos aspectos (e nem mesmo está entre os mais relevantes) da atividade revolucionária – provoca uma sublevação também na teoria jurídica porque, "com a entrada em vigor da nova constituição, muda a norma fundamental"[23].

Kelsen não diz aqui por que isso ocorre; em outro lugar, ao explicar por que se aceita uma norma fundamental, refere-se a um argumento de fato, ou seja, à observação em-

---

(Hrsg.), *Rechtssystem und gesellschaftliche Basis bei Hans Kelsen*, Duncker & Humblot, Berlin, 1984, pp. 35-62 ("Rechtstheorie", Beiheft 5). Também os trechos sobre a norma fundamental a pp. 18 e 229 s. da *Dottrina pura del diritto*, cit., devem ser considerados modificados mesmo sem a explícita correção do autor.

22. Kelsen, *La dottrina pura del diritto*, cit., p. 236.
23. Kelsen, *La dottrina pura del diritto*, cit., pp. 236 s.

pírica de que *efetivamente* os juristas se comportam assim. Mas também a esse respeito as suas enunciações não são, pois, claríssimas: a norma fundamental é explicada como uma "norma pressuposta inconscientemente" ou "conscientemente" pelos juristas.

Julgaria não errôneo reformular a exposição de Hans Kelsen nos seguintes termos: quando uma revolução é bem-sucedida, gera-se uma situação política tal, que se torna concretamente necessária a aplicação das normas jurídicas estatuídas de modo revolucionário; portanto, o elemento extrajurídico da tomada de poder constitui uma das condições fundamentais para uma nova aplicação do direito. Dessa situação modificada deriva um novo sentido também para a aplicação de velhas normas, originárias do anterior ordenamento jurídico, agora revolucionariamente superado.

É evidente que esse discurso político não poderia ser inserido numa obra de teoria pura do direito; todavia, a meu ver, essa objeção é aceitável se referida à terminologia do discurso, não porém à sua substância. De fato, a tentativa de exprimir juridicamente o que não é jurídico resolve-se sempre num mascaramento da realidade com termos jurídicos. O próprio Kelsen pode apenas constatar a realidade de fato em que se fundamenta o direito revolucionário, limitando-se, todavia – por respeito à sua ideologia juspositivista –, a enunciá-la em termos jurídicos: "Segundo a norma fundamental de um ordenamento jurídico estatal, o governo legítimo do Estado é o governo efetivo que, com base numa constituição, estatui eficazes normas gerais e individuais."[24] Portanto, se os revolucionários conseguem levar a melhor, sua ideologia fornecerá ao jurista a nova norma fundamental; caso contrário, serão processados por alta traição, com base na antiga constituição que não conseguiram ab-rogar.

Tais situações externas ao ordenamento jurídico penetram no seu interior mediante o princípio da efetividade. É,

---

24. Kelsen, *La dottrina pura del diritto*, cit., p. 237.

porém, sintomático que Hans Kelsen, mesmo sendo tão preciso ao definir os termos dos quais faz uso, não forneça uma definição do princípio da efetividade, limitando-se a exemplificá-lo. Isso não ocorre por acaso: explicar o princípio da efetividade significa mais uma vez sair do direito positivo e enfrentar os temas políticos, econômicos e filosóficos que a teoria pura do direito pretende evitar.

O resultado é que a teoria pura do direito, quando enfrenta assuntos em que a realidade incide sobre o direito, não diz algo de errado, mas algo de marginal: se a revolução é bem-sucedida, passa a existir uma nova constituição e "muda a norma fundamental"[25]; se a revolução não tem sucesso, tudo continua como antes, porque "não existiria motivo para pressupor uma nova norma fundamental em lugar da antiga"[26]. Mas uma revolução não é apenas isso; ou melhor, é apenas isso se concebida como "procedimento para produzir novo direito"[27]. Porém quem conceberia uma revolução dessa forma? Não decerto os que a fazem, visto que a eles importa mudar a realidade, não o direito.

Esse empobrecimento da noção de revolução está, assim, a um passo da falsificação: a teoria pura do direito, ao impor a si mesma levar em consideração apenas o elemento jurídico, colhe somente um setor dos problemas estudados; e às vezes, como neste caso, o setor colhido é pouco relevante.

Referida à teoria da norma fundamental, essa digressão sobre a revolução demonstra que, enquanto a enunciação teórica da função da norma fundamental pode ser justificada por motivos de coerência intra-sistemática, sua aplicação a problemas concretos se revela maquinosa e inadequada. Os artifícios verbais podem atribuir uma falaciosa coloração jurídica à realidade social, mas não transformar em jurídico o que não o é.

---

25. Kelsen, *La dottrina pura del diritto*, cit., p. 236.
26. Kelsen, *La dottrina pura del diritto*, cit., p. 238.
27. Kelsen, *La dottrina pura del diritto*, cit., p. 238.

Enfim, para concluir a digressão sobre a revolução com uma ulterior digressão sobre o estruturalismo, deve ser sublinhado que – em relação ao pensamento revolucionário – existe uma profunda diferença entre a abordagem jurídica e a especulativa. Kelsen, como jurista, pode com razão afirmar que "revolução [...] é qualquer modificação constitucional ilegítima, ou seja, executada não em conformidade com as disposições da constituição"[28]. Sob um diverso ponto de vista, porém, Umberto Eco pode, com análoga razão, afirmar que esse modo de proceder é "historicamente risível".

Ao examinar a teoria de Lévi-Strauss, Eco constata que, às vezes, seu estruturalismo parece possuir "certas estruturas preestabelecidas e preexistentes" e usá-las como termos de comparação para julgar os novos tipos de comunicação que nascem em oposição aos modelos existentes. "Seria como julgar a legalidade de um gesto revolucionário – prossegue Eco –, que se opõe a uma dada constituição, apelando à constituição negada; formalmente, o procedimento é perfeito (e de fato é aplicado), mas historicamente é risível." De fato, o procedimento formalmente perfeito do ponto de vista jurídico resulta inaceitável para a reflexão filosófica: "Da investigação científica se requer normalmente a individuação de um parâmetro mais vasto que permita colocar em relação recíproca a constituição negada e o ato revolucionário negador. Mas toda pesquisa é sempre impedida quando se identifica o momento negado com a 'natureza imutável das coisas'."

O direito deve estabelecer qual das duas constituições é válida, ao passo que o conhecimento filosófico deseja compreender como podem ser possíveis duas concepções constitucionais opostas. Portanto, o método jurídico deve comparar o novo a um arquétipo, e propor uma decisão; já um método estruturalista – se quer "descobrir as ortogonais intemporais" sob "o devir histórico" – "deve esperar os movimentos da história para neles verificar se as estruturas

---

28. Kelsen, *La dottrina pura del diritto*, cit., p. 236.

que o método colocou podem explicar também o que está acontecendo de novo". Em outras palavras, não se pode negar "direito de vida a modalidades comunicativas somente porque elas se estruturam em direções não previstas pela teoria – uma teoria elaborada antes que tais modalidades tomassem forma"[29].

A observação de Eco contém *in nuce* a proposta de uma teoria estruturalista das constituições, que é um caso específico das teorias estruturalistas do direito das quais tratará o capítulo II do terceiro volume. Aqui, importava sublinhar em primeiro lugar as dificuldades que uma teoria *pura* do direito encontra ao tratar problemas conexos com o mundo real e, em segundo lugar, indicar como um método não-jurídico enfrenta tais problemas segundo uma perspectiva completamente diversa: diversidade que deveria nos resguardar da excessiva e desembaraçada transferência de metodologias de um campo do saber a outro, como, ao contrário, ocorre com freqüência nas teorias contemporâneas do direito ilustradas no terceiro volume.

8. Para uma crítica interna ao pensamento kelseniano

Retornando ao excerto da *Teoria pura do direito* modificado por Kelsen na edição italiana, nota-se que, na nova redação, o trecho limita ulteriormente a aplicabilidade da norma fundamental: a isso se recorre quando não se pretende dar uma explicação, nem jusnaturalista nem histórico-sociológica, do fenômeno jurídico. Se se levasse em conta essa afirmativa kelseniana – que prova, aliás, a honestidade intelectual do filósofo de Praga –, provavelmente muitas críticas a tal discutível concepção kelseniana teriam sido formuladas de modo diverso ou não teriam sido nunca for-

---
29. Umberto Eco, *La struttura assente. Introduzione alla ricerca semiologica*, Bompiani, Milano, 1968, pp. 312 ss., no parágrafo *Strutture generative*; as citações estão a pp. 315.

muladas. De fato, Kelsen não ignora as outras possíveis explicações da origem da validade jurídica: ele *deseja* ignorá-las. Dar-se conta desse posicionamento intelectual impõe uma direção precisa à crítica das teorias kelsenianas. Poder-se-á discutir se é um bem ou um mal ignorar qualquer explicação extrajurídica da validade do direito; todavia, é claramente improdutivo opor explicações diversas à teoria kelseniana, como se esse autor precisasse ser doutrinado sobre a existência e sobre os méritos de outras direções de pesquisa. A meu ver, a análise da teoria de Kelsen deve mirar explicar certas escolhas intelectuais suas. A enunciação de explicações diferentes da sua poderá ter lugar somente após ter-se evidenciado que as premissas extrajurídicas a partir das quais ele se move são menos adequadas do que outras para explicar a realidade jurídica.

À luz dessas considerações gerais, muitas críticas à norma fundamental parecem mal elaboradas desde o início. O sistema jurídico interno elaborado por Hans Kelsen é comparável a certas estátuas que representam o rio Nilo antes que fossem descobertas suas nascentes: um corpo harmonioso e hercúleo culminava numa cabeça coberta por um pano. Seria necessário retirar o pano para descobrir a face que existe por baixo dele, e não substituir a face desconhecida por uma que, subjetivamente, considere-se mais adequada para completar o conjunto. Em outras palavras, é metodologicamente correto submeter a teoria pura do direito a uma crítica interna, que avalie a coerência de cada uma de suas partes. As críticas externas, ao contrário, se fundamentam, em última análise, num juízo de valor: a doutrina proposta substitui a de Kelsen, porque é considerada melhor. Assim fazendo, contudo, não se descobrem as incoerências internas da doutrina criticada e, portanto, não se justifica seu abandono em favor de outra, considerada melhor.

Os temas aqui antecipados poderão ser retomados após o exame dos pontos cruciais da teoria pura do direito (cf. *infra*, cap. III, 9, 10). Antes de continuar em nossa crítica interna, todavia, pode ser interessante examinar duas críticas externas à noção de norma fundamental.

9. Duas críticas externas à concepção da norma fundamental

Seria inútil reproduzir aqui todas as disputas sobre a norma fundamental devidas à recíproca incompreensão, ou melhor, à incomunicabilidade científica. Servirão como exemplo as discussões entre Hans Kelsen e dois juristas que se ocuparam da norma fundamental a trinta anos de distância um do outro: Karl Engisch, em 1935, e Albert Vonlanthen, em 1965.

*a) Uma concepção "essencialmente conteudista"
da norma fundamental*

Seguindo o pensamento de Rudolf Stammler e de Philipp Heck, segundo o qual quem aplica uma norma de um ordenamento aplica todo o ordenamento, Karl Engisch inaugurou em 1935 suas aulas em Heidelberg com um discurso sobre a unidade do ordenamento jurídico, fundamento de boa parte da sua especulação futura[30]. Naquele ano, o pensamento de Kelsen já havia atingido sua forma substancialmente definitiva com a primeira edição da *Reine Rechtslehre*. A análise dessa doutrina e, em particular, da norma fundamental era, portanto, uma passagem obrigatória para o discurso de Engisch.

Nas primeiras páginas, Engisch delimita o objeto de sua pesquisa. Inicialmente, por "unidade do ordenamento jurídico" ele entende o conjunto das normas que o constituem, e não o sistema de proposições científicas que o descrevem[31]. Ademais, para Engisch "o ordenamento jurídico consiste em proposições normativas"[32]. Mas são proposições normativas

---

30. Karl Engisch, *Die Einheit der Rechtsordnung*. Mit einem Geleitwort zum Neudruck von Arthur Kaufmann, Wissenschaftliche Buchgesellschaft, Darmstadt, 1987, VI-94 pp.
31. Engisch, *Die Einheit der Rechtsordnung*, cit., p. 3.
32. Engisch, *Die Einheit der Rechtsordnung*, cit., p. 6. Essa delimitação lhe permitia também não ocupar-se das teorias que, sobretudo na Alemanha na-

apenas as leis em sentido formal, ou também as sentenças e os atos normativos do Executivo? A tradição austríaca respondia ao quesito (já em 1894, com Bierling, mas sobretudo com Merkl, ao qual se remete também Kelsen) com a concepção da construção em graus do ordenamento (*Stufenbau*). Engisch reconhece a essa concepção a capacidade de unificar "até um certo ponto" o mundo jurídico: "Essa unidade se torna particularmente perceptível graças à unicidade do vértice no qual culmina o sistema jurídico inteiro, ou melhor, do qual depende todo o sistema jurídico."[33]

No todo, portanto, a posição de Engisch parece muito próxima da de Kelsen. Uma significativa diferença é, porém, devida ao fato de Engisch não querer ficar preso ao âmbito puramente formal, o hábitat do positivismo jurídico[34]. Os dois juristas definem, assim, de modo profundamente diverso, a norma fundamental; e conseqüentemente suas concepções, mesmo partindo de pontos de referência comuns, acabam por divergir radicalmente.

Para Engisch, de fato, a norma fundamental é "uma regra que legitima as máximas instâncias criadoras do direito" (e nisso ele coincide com Kelsen), mas é também uma norma que pode determinar o conteúdo das normas de grau inferior (e aqui dele diverge): por exemplo, o conteúdo da sentença é, para Engisch, determinado pela norma geral e abstrata de direito material aplicada ao caso concreto[35]. Engisch mesmo sintetiza sua posição com a frase: "concebemos a norma fundamental de modo essencialmente conteudista"[36]. Isso significa que, para Engisch, "uma dada

---

cional-socialista daqueles anos, propunham uma hierarquia dos ordenamentos concretos: explícita é a referência a *Über die drei Arten des rechtswissenschaftlichen Denkens* de Carl Schmitt, publicado em 1934 na série "Schriften der Akademie für deutsches Recht": cf. *infra*, cap. V, 5.

33. "Bis zu einem gewissen Grade": Engisch, *Die Einheit der Rechtsordnung*, cit., p. 11.

34. "Wenn wir nicht im Formalen stecken wollen": Engisch, *Die Einheit der Rechtsordnung*, cit., ibid.

35. Engisch, *Die Einheit der Rechtsordnung*, cit., p. 11, nota 3.

36. "[Wir] nehmen die Grundnorm durchaus inhaltlich": Engisch, *Die Einheit der Rechtsordnung*, cit., p. 12, nota 1.

O APOGEU DO SISTEMA CLÁSSICO

constituição pode conter muito mais do que apenas as regras para a estatuição do direito"; além disso, também as partes da constituição que se referem à estatuição do direito muitas vezes contêm um ulterior esclarecimento do que está prescrito pela norma fundamental; enfim, essas regras de produção do direito podem ser modificadas sem que com isso a norma fundamental mude.

Em poucas frases, Engisch indica tanto a própria posição no tocante à teoria pura do direito quanto a própria concepção da norma fundamental: "Assim como não adiro em geral à teoria pura do direito, mesmo reconhecendo uma certa legitimação e um certo significado à norma fundamental, também não adiro (como resulta do que eu disse até aqui) a uma interpretação puramente 'lógico-jurídica' da norma fundamental. Todo *Sollen* é, para mim, em última análise, um dever ser que vive no mundo do ser, ou seja, *ein seiendes Sollen*. As normas fundamentais deitam suas raízes no direito consuetudinário ou nas revoluções ou nos acordos. É nos processos históricos que elas adquirem o reconhecimento dos consociados, que é o extremo fundamento da validade de todo direito."[37] Por isso, não é possível um ulterior regresso além da norma fundamental. Sobre essas asserções é que se dirigirá, como veremos, a crítica de Kelsen.

Todavia, Engisch não pára aqui. Contra a concepção da norma fundamental, ele formula três ordens de críticas, que podem ser aqui apenas mencionadas: 1. existem sentenças transitadas em julgado, mas produzidas de modo não conforme à lei[38]; 2. em caso de contraste entre direito formal e direito material, podem existir normas individuais fundadas sobre uma violação que não foi cometida[39]; 3. se se admite que possam existir várias normas fundamentais[40], co-

---

37. Engisch, *Die Einheit der Rechtsordnung*, cit., p. 12, nota 1.
38. Engisch, *Die Einheit der Rechtsordnung*, cit., p. 13. Provavelmente Engisch se refere às sentenças inspiradas no "direito livre": cf. *infra*, cap. IV, 6, 7.
39. Engisch, *Die Einheit der Rechtsordnung*, cit., p. 16.
40. Essa pluralidade de normas fundamentais – não admitida por Kelsen – pode ser diacrônica (no caso da revolução) ou sincrônica (no caso do di-

loca-se o problema da mudança do ordenamento jurídico quando da mudança da norma fundamental[41].

Tais argumentos chamados "externos", unidos a outros "internos", permitem a Engisch concluir que a unidade do ordenamento jurídico "não está completamente realizada", de forma que "nela descobrem-se contradições, diante das quais se põe o quesito: são a ciência ou também a prática jurídica capazes de eliminá-las?"[42]. Aqui, Engisch enfrenta o tema central do seu trabalho, que, como sublinhava Kaufmann, "é a primeira pesquisa fundamental sobre o problema das contradições entre normas"[43], ao passo que suas observações sobre a norma fundamental estão contidas nas primeiras páginas da sua aula inaugural. É a elas que se dirige a crítica de Kelsen, e, portanto, é nelas que é necessário concentrar-se.

Ao tratar da controvertida norma fundamental (e fazendo uma exceção ao parcimonioso uso das notas típico da *Teoria pura do direito* de 1960), Kelsen dedica uma ampla nota às críticas de Engisch. Se para Engisch a norma fundamental é uma norma positiva, mas não coincidente com a constituição em sentido formal, então ela coincide com a constituição material. Mas "que a constituição (em sentido material) seja o fundamento jurídico-positivo do procedimento produtivo do direito [...] é uma obviedade que não necessita de uma teoria da norma fundamental para ser sustentada"[44]. Aquilo que Kelsen quer encontrar não é o fundamento da produção das normas, mas o fundamento

---

reito internacional). A unicidade da norma fundamental tem importantes conseqüências na colocação do direito internacional no sistema kelseniano: cf. *supra*, nota 4. Amplas referências à doutrina internacionalista também italiana estão em Gustav Adolf Waltz, *Die Ursprungsnorm im System des Staats- und Völkerrechts*, "Archiv des öffentlichen Rechts", XIX, 1930, pp. 1-60.

41. Engisch, *Die Einheit der Rechtsordnung*, cit., p. 18.
42. Engisch, *Die Einheit der Rechtsordnung*, cit., p. 42.
43. Arthur Kaufmann, *Geleitwort*, em Engisch, *Die Einheit der Rechtsordnung*, cit., p. V.
44. Hans Kelsen, *Reine Rechtslehre*, Deuticke, Wien, 1960, p. 207, nota; *La dottrina pura del diritto*, cit., p. 229, nota.

da validade das normas. Ou seja, a teoria de Kelsen realiza um ulterior passo para trás em relação à de Engisch: quer chegar à norma que está na origem da validade de todas as outras, mas que não deduz sua validade de nenhuma outra. A tomada de distância da teoria de Engisch está contida nas últimas linhas da nota: "O problema que a teoria pura do direito procura resolver com a teoria da norma fundamental surge apenas quando nos perguntamos qual é o fundamento da validade da constituição em vigor. A norma que constitui esse fundamento da validade não pode ser uma norma *posta* (ou seja, estatuída), mas apenas uma norma *pressuposta*. A quem fecha os olhos diante da necessidade teórica de responder a essa pergunta, é precluído também o caráter 'lógico-jurídico' da norma fundamental da doutrina pura do direito."[45]

Entre um Engisch que concebe a norma fundamental de modo "essencialmente conteudista" e um Kelsen que, em 1960, menciona tal norma sob o título *A norma fundamental como pressuposto lógico-transcendental*, era inevitável que o contraste se tornasse insanável e que os pontos de contato terminassem por resultar mais aparentes do que reais. Os dois juristas falavam de duas coisas diferentes.

b) O dever ser, "ser divino, infinito e eterno"?

No escrito de Albert Vonlanthen sobre a norma jurídica em Kelsen, um capítulo de uma dezena de páginas é inteiramente dedicado ao problema da norma fundamental; dele se ocupa inteiramente a confutação kelseniana[46].

O modo pelo qual Vonlanthen delineia a discussão revela já uma espécie de incompatibilidade intelectual com

---

45. Kelsen, *La dottrina pura del diritto*, cit., *ibid.*; grifos meus.
46. Albert Vonlanthen, *Zur Hans Kelsens Auschauung über die Rechtsnorm*, Duncker und Humblot, Berlin, 1965, pp. 30-40. A resposta está em Hans Kelsen, *Rechtswissenschaft oder Rechtstheologie?*,"Österreichische Zeitschrift für öffentiches Recht", 1966, pp. 233-55; sobre a norma fundamental, pp. 241-4.

Kelsen: "Na problemática ínsita na norma fundamental kelseniana não existe somente o problema capital da origem do poder estatal e jurídico, mas também aquele, igualmente espinhoso, do fundamento da sua legítima atribuição a certas pessoas."[47] À luz de quanto procurei evidenciar nas páginas anteriores, pode-se já imaginar o que Kelsen responderia: o problema da origem efetiva do poder estatal não constitui o objeto de uma teoria pura do direito; ou seja, "é um problema histórico-sociológico, não jurídico-teórico"[48]. Na teoria kelseniana, a norma fundamental tem somente a tarefa de transformar um querer de subjetivo em objetivo; ou seja, de dizer (sem explicar seus motivos contingentes) que "é preciso comportar-se da forma prescrita pela constituição".

Entre Kelsen e Vonlanthen a divergência de visões sobre a norma fundamental é, portanto, total; todavia, sendo Vonlanthen aquele que critica as noções de Kelsen, é forçoso admitir que, sobre aquele fundamento, não é possível apresentar uma crítica fidedigna da teoria kelseniana. Dessa errada perspectiva deriva também uma série de imprecisões terminológicas, em si escassamente relevantes, mas úteis para indicar uma incompreensão de fundo da doutrina kelseniana. Por exemplo, quando Vonlanthen fala de "relação de causa e efeito"[49] entre norma fundamental e constituição vigente, diz algo de compreensível, mas ao mesmo tempo de inconciliável com a teoria pura do direito: para esta última, de fato, as relações entre causa e efeito existem apenas no mundo da natureza, mas não no mundo do direito.

Essa tendência antipositivista chega ao seu ápice quando Vonlanthen oferece uma caracterização global da norma fundamental: "Prosseguindo mais em profundidade sobre a problemática da norma fundamental kelseniana, encontra-

---

47. Vonlanthen, *Zu Hans Kelsens Anschauung*, cit., p. 33.
48. Kelsen, *La dottrina pura del diritto*, cit., p. 242.
49. Vonlanthen, *Zu Hans Kelsens Anschauung*, cit., p. 33.

se algo de primigênio (*urgründig*), que decerto os defensores da teoria pura do direito não tinham sequer sonhado: a um certo ponto do sistema por eles adotado, existe uma fratura no pensamento deles, porque não quiseram aproximar-se de setores extrajurídicos, como se fosse possível simplesmente trancar o próprio espírito no invólucro jurídico."[50]

Essa observação de Vonlanthen é uma típica crítica externa: mais uma vez, a preconceituosa leitura do texto kelseniano gera mal-entendidos que esterilizam essas críticas. De fato, Vonlanthen sustenta que é possível entender a fundo a norma fundamental somente se se admite que ela está fundada sobre um "ser (*Sein*) divino, infinito e eterno"[51]. É suficiente aqui relembrar o trecho, já comentado amplamente, no qual Kelsen diz expressamente que a teoria da norma fundamental é necessária na ciência jurídica que, tendo decidido partir de pressupostos juspositivistas, renunciou com isso a explicar o direito em termos histórico-sociológicos ou religioso-metafísicos. Em conclusão, o jurista deve escolher conscientemente entre uma dessas possíveis elaborações metodológicas; realizada a escolha, porém, é cientificamente infecundo criticar os resultados corretamente atingidos, partindo de uma premissa diversa. Se crítica deve existir, será crítica não dos resultados alcançados com um certo método, mas do método usado para alcançar tais resultados; ou seja, no caso em exame, será crítica não da norma fundamental, mas da metodologia juspositivista. Na pesquisa teórica, em suma, conta não somente o resultado que se alcança, mas também o modo pelo qual tal resultado é alcançado.

A generalíssima tese de Kelsen é aquela segundo a qual a tarefa de toda ciência (e, portanto, também da ciência jurídica) é descrever uma certa realidade (ou seja, no nosso

---

50. Vonlanthen, *Zu Hans Kelsens Anschauung*, cit., p. 57.
51. "Am Grunde der Kelsenschen Grundnorm stösst man also auf das unendliche und ewige göttliche Sein": Vonlanthen, *Zu Hans Kelsens Anschauung*, cit., p. 58.

caso, a realidade jurídica). Nas primeiras páginas da *Teoria pura do direito* Kelsen esclarece: "A teoria pura do direito é uma teoria do direito positivo. [...]. Ela procura responder à pergunta: o que é, e como é o direito; não, porém, à pergunta: como deve ser ou como deve ser produzido o direito. É ciência do direito, não política do direito."[52]

Dessa premissa deriva que a ciência do direito faz uso de uma linguagem descritiva, ao passo que o direito faz uso de uma linguagem prescritiva. Havíamos já tratado dessa importante distinção, ao expor a distinção entre norma jurídica e proposição jurídica. Ao indicar como se chega à norma fundamental, porém, a teoria pura do direito abandona a linguagem descritiva que deveria ser-lhe própria e formula preceitos: "A norma que constitui o fundamento da validade de outra norma é uma norma superior com relação a esta última. Mas a busca do fundamento da validade de uma norma não pode prosseguir infinitamente, como a busca da causa de um efeito. Tal busca *deve* terminar com uma norma pressuposta como última e suprema. Como norma suprema, *deve* ser pressuposta, porque *não pode ser* posta por uma autoridade, cuja competência deveria repousar numa norma ainda mais elevada. Sua validade *já não pode ser* deduzida de uma norma superior, o fundamento da sua validade *já não pode ser* discutido. Tal norma, pressuposta como suprema, é definida como norma fundamental."[53]

Nesse caso (como, de resto, também em outros), a teoria pura do direito não descreve, mas prescreve; não fornece uma imagem de como o direito é, mas de como ela desejaria que fosse interpretado. Porque a busca "deve" culminar na norma fundamental? Essa é a opinião de Hans Kelsen e dos outros autores que aceitaram soluções análogas; todavia, essa solução do problema é sem dúvida um dos pontos mais controvertidos – se não mesmo o mais controvertido – de toda a teoria pura do direito.

---

52. Kelsen, *La dottrina pura del diritto*, cit., p. 8.
53. Kelsen, *La dottrina pura del diritto*, cit., pp. 218 s., grifo meu.

Kelsen adota a linguagem prescritiva quando quer fazer aceitar ao leitor certos seus pressupostos metajurídicos: ele respeita a tese da pureza ao não enunciá-los explicitamente, mas não é capaz de anular suas conseqüências. Substituir um discurso prescritivo por aquele que deveria ser um discurso descritivo revela não apenas a presença de um elemento ideológico, mas diz algo também sobre a natureza de tal elemento ideológico. Kelsen diz, efetivamente, que na busca da validade de uma norma jurídica *não se pode* regredir ao infinito, "como na busca da causa de um efeito". O fato discutível é que nem todos partem dos pressupostos positivistas de Kelsen: para muitos, a cadeia das causas e dos efeitos culmina numa Causa Primeira, da qual tudo deriva. Kelsen os acusaria de fazer teologia, e não ciência, mas isso não mudaria o dado do problema em exame: embora a teoria pura do direito se esforce para ser valorativamente imparcial, ela é necessariamente levada a tomar posição sobre certos problemas de fundo, posicionando-se, assim, a favor de uma certa concepção teórica e rejeitando as outras.

Uma das mais radicadas ilusões de Kelsen consiste em acreditar que o ser valorativamente imparcial coincida com o evitar acuradamente enunciar os pressupostos filosóficos e ideológicos de que parte a própria exposição teórica. Com isso, coloco em dúvida não tanto a boa-fé do empenho antiideológico kelseniano, mas os resultados científicos de tal posicionamento: apresentam-se como imparciais posicionamentos ideológicos, de cuja natureza, talvez, nem mesmo seu autor esteja consciente. Visto que a teoria pura do direito contém (involuntariamente) discursos ideológicos, deve ser sublinhado que a teoria da norma fundamental é o discurso cripto-ideológico de máximo relevo na construção kelseniana: a teoria da norma fundamental é, efetivamente, a arquitrave sobre a qual se rege todo o sistema dinâmico do direito proposto por Kelsen.

10. Em que sentido a norma fundamental é "norma"?

Os excertos kelsenianos até aqui examinados permitem concluir que o próprio Kelsen esclareceu (ainda que tenha permanecido sem ouvintes) as premissas extrajurídicas de sua norma fundamental. Antes de enfrentar analiticamente essas premissas, é, contudo, oportuno avaliar com atenção os problemas intra-sistemáticos suscitados pela norma fundamental. Na segunda edição da *Teoria pura do direito*, Kelsen considerava que a norma fundamental fosse não desejada, mas somente pensada: "Não sendo a norma fundamental uma norma desejada (e, em particular, não sendo desejada pela ciência jurídica), mas sendo apenas uma norma pensada, a ciência jurídica, verificando a existência da norma fundamental, não se arroga a autoridade de estatuir normas."[54]

A essa altura, é lícito perguntar-se em que medida a norma fundamental é uma norma, ou seja, em que medida defini-la "norma pensada" é conciliável com a definição de norma jurídica ilustrada anteriormente. De fato, para Hans Kelsen, a norma jurídica é um ato de vontade. A norma fundamental não é desejada, portanto não seria uma norma.

Também por outra via se chega ao mesmo resultado. Suponhamos que a norma fundamental seja efetivamente uma norma jurídica; ela deverá, então, ser estatuída (ou seja, desejada) por alguém; não, porém, pela suprema autoridade constituinte (a norma fundamental é introduzida por Kelsen na estrutura hierárquica do ordenamento jurídico precisamente para justificar a validade da norma estatuída por essa autoridade suprema), nem pela ciência do direito (que, como ciência, tem por definição função cognoscitiva, e não volitiva). Deve-se, por isso, concluir que, se se atribui à norma fundamental a qualificação de norma jurídica, com base na doutrina kelseniana não se consegue estabelecer quem a estatui. Se, ao contrário, se parte da definição de

---

54. Kelsen, *La dottrina pura del diritto*, cit., p. 230.

norma fundamental contida na segunda edição da *Teoria pura do direito*, deve-se concluir que ela não é uma norma jurídica em sentido kelseniano, porque apresenta características inconciliáveis com a definição de norma jurídica dada pelo próprio Kelsen.

Opondo-se à interpretação que Anders Wedberg oferece da norma fundamental como resumo de todas as normas positivas de um certo ordenamento jurídico[55], ele esclarece de modo exemplar a própria posição: "A norma fundamental não está contida no ordenamento jurídico positivo, pois ela não é uma norma jurídica positiva, ou seja, estatuída, mas uma norma pressuposta no pensamento jurídico"[56]; concebida desse modo, "a norma fundamental não coincide com a soma de todas as normas positivas de um ordenamento jurídico: ela é uma norma pressuposta e não estatuída com um *real* ato de vontade, *diversa das outras normas*, de cuja validade constitui o fundamento"[57]. Essas duas asserções kelsenianas resumem bem a dificuldade mais grave ínsita na teoria da norma fundamental: ela é univocamente fruto da ciência jurídica, mas, não obstante, é por Kelsen colocada como fundamento da validade do direito positivo.

Remetendo a um momento sucessivo o exame desse problema, continuemos agora o exame de algumas aporias internas à teoria da norma fundamental. Em particular, vejamos mais em profundidade essa sua inquietante característica de norma diversa das outras normas.

Essa dificuldade não passou despercebida a Kelsen, que a ela procurou remediar em um escrito de 1965, dedicado à norma jurídica. Partindo do princípio de que não pode existir norma jurídica sem uma autoridade que a estabeleça, ele

---

55. Ander Wedberg, *Some Problems in the Logical Analysis of Legal Science*, "Theoria" (Estocolmo), XVII, 1951, p. 256: "Kelsen considera que cada ordenamento jurídico contém uma única norma fundamental, em que estão contidas todas as outras normas do ordenamento jurídico."
56. Kelsen, *La dottrina pura del diritto*, cit., p. 223, nota 1.
57. Kelsen, *La dottrina pura del diritto*, cit., p. 223; grifos meus.

procura atribuir o caráter de norma jurídica à norma fundamental com um raciocínio que, a meu ver, resulta tortuoso e pouco convincente: "Posso conceber uma semelhante norma [ou seja: a norma fundamental] somente como sentido de um ato de vontade por mim *pensado juntamente a esta*. [...]. Uma norma apenas pensada é o sentido de um ato de vontade fictício, ao passo que uma norma é o sentido de um ato de vontade real. Em geral, pode-se dizer: nenhum dever ser sem um querer (mesmo fictício)."[58] Essa nova formulação testemunha tanto o esforço constante para tornar coerente a teoria pura do direito quanto a impossibilidade de explicar todo o direito apenas mediante o direito (ou melhor, a impossibilidade de explicar os pressupostos da existência do direito somente mediante o próprio direito).

Podem ser feitas duas críticas à concepção kelseniana da norma fundamental.

Em primeiro lugar, é incoerente que a teoria pura do direito, no seu conjunto, propugne a luta contra as ficções jurídicas tradicionais, quando, na verdade, introduz uma delas, a qual, ademais, não está às margens, mas no vértice de todo o edifício teórico. Seria fácil, a essa altura, objetar que a teoria pura do direito combate apenas as ficções dos outros, isto é, visa substituir as tradicionais ficções com novas ficções.

Em segundo lugar, o escrito sobre a norma jurídica de 1965 não elimina as dúvidas que, com relação à norma fundamental, derivam do contraste de base entre atividade cognoscitiva e atividade volitiva. De fato, para que exista uma norma positiva, é necessário que a vontade do órgão competente seja manifestada e, além do mais, que essa manifestação ocorra segundo certas formas previstas de modo vinculante. Por exemplo, para que exista a norma individual que é a sentença, não basta que o juiz queira – na sua mente – condenar ou absolver aquele réu; é preciso que manifeste tal vontade de uma forma bem precisa, que se chama

---

58. Hans Kelsen, *Zum Begriff der Norm*, em *Festschrift für Hans Carl Nipperdey*, Beck, München – Berlin, 1965, p. 63.

sentença judiciária. A norma jurídica, diz Kelsen, é "o sentido específico de um *ato intencionalmente dirigido* a um comportamento de outrem"[59]; isso significa que a norma é um elemento da realidade, uma vez que por "ato intencionalmente dirigido a um comportamento de outrem" pode-se entender apenas algo de real, não de pensado; ou seja, uma vontade em ato, e não em potência.

A confirmação disso é dada pelo fato de que o próprio Kelsen termina por separar definitivamente o que desejava unificar: enquanto a norma positiva é o sentido de um ato de vontade *real*, a norma fundamental apenas pensada é o sentido de um ato de vontade *fictício*. Na doutrina kelseniana, esse último termo tem um significado bem específico: em suma, recorre-se à ficção para atribuir uma existência jurídica àquilo que, no direito, não existe. Todavia, para que a norma jurídica exista, a vontade deve existir realmente; não é de grande valia imaginá-la como existente, se, pois, na realidade não existe.

Pode-se, portanto, concluir que também a tentativa de Kelsen, em 1965, de conciliar a definição da norma fundamental com a própria definição de norma jurídica não consegue unificar os dois elementos heterogêneos, mas limita-se a propor um artifício verbal para encobrir – sem infelizmente resolver – a inconciliabilidade da definição de norma fundamental com as outras partes da teoria pura do direito. A solução proposta por Kelsen, como tentei provar, consegue apenas descrever com uma certa assonância terminológica dois problemas radicalmente diversos.

11. Os limites juspositivistas da norma fundamental

O fato de Kelsen chamar de "norma" aquilo que é o pressuposto teórico para descrever unitariamente um ordenamento jurídico leva a uma concepção errônea da verda-

---

59. Kelsen, *La dottrina pura del diritto*, cit., p. 14; grifo meu.

deira natureza desse elemento da construção kelseniana. Se ele fosse chamado de "princípio fundamental", evitar-se-iam muitos equívocos, ainda que ficassem legitimadas com isso as críticas segundo as quais Kelsen apresenta como juspositivista uma construção que se revela, depois, jusnaturalista. Essa observação fora formulada com precisão por Alessandro Passerin d'Entrèves, e o espaço que Kelsen dedicou à sua confutação demonstra quanto a crítica acertou no alvo[60]. Mas por quais motivos Kelsen se esforça para demonstrar o caráter normativo de algo que não corresponde à sua definição de norma?

As concepções kelsenianas (como, de resto, as de todo jurista) são, em última análise, caracterizadas por tomadas de posição ideológicas. Kelsen julga que, para fazer verdadeira ciência, é necessário eliminá-las; visto que isso é impossível, a máxima depuração possível de uma doutrina termina por consistir em, usando de boa-fé, mantê-las em silêncio. Ora, o problema ideológico da norma fundamental foi claramente expresso por Kelsen, ainda que de forma tão neutra a ponto de passar inobservado: "A teoria da norma fundamental é apenas o resultado de uma análise do procedimento de que, desde as origens, faz uso *um conhecimento positivista do direito*."[61] Esse tipo de conhecimento consiste em descrever "o direito como é, não como

---

60. Alessandro Passerin d'Entrèves, *Natural Law. An Introduction to Legal Philosophy*, Hutchinson's University Library, London – New York, 1951, 126 pp. Para d'Entrèves, a norma fundamental é "nothing but a natural-law proposition", portanto "the ultimate test of the validity of law lies beyond law itself" (p. 108). O original inglês, traduzido por Vittorio Frosini, teve duas edições italianas: *La dottrina del diritto naturale*, Comunità, Milano, 1954, XVIII-174 pp.; 2.ª edição italiana ampliada: 1962, 191 pp. Sobre esse debate a propósito da validade e sobre a norma fundamental, cf. Losano, *Presenze italiane in Kelsen*, em: Hans Kelsen – Umberto Campagnolo, *Diritto internazionale e Stato sovrano*. Com um texto inédito de Hans Kelsen e um ensaio de Norberto Bobbio, Giuffrè, Milano, 1999, pp. 16-8 (tradução brasileira de Marcela Varejão, Mario G. Losano (org.), *Direito internacional e Estado soberano. Hans Kelsen e Umberto Campagnolo*, Martins Fontes, São Paulo, 2002, 209 pp.).
61. Kelsen, *La dottrina pura del diritto*, cit., p. 231; grifo meu.

O APOGEU DO SISTEMA CLÁSSICO

deve ser"[62]; e descrever o direito positivo significa eliminar da ciência jurídica "tudo o que não pertence ao objeto exatamente determinado como direito"[63].

Dadas essas premissas, toda explicação oferecida pela teoria pura do direito deve permanecer no âmbito do direito. Ao examinar a pirâmide das normas que constituem um ordenamento jurídico, essa doutrina ascende, de grau em grau, segundo um procedimento silogístico: a premissa maior enuncia a norma, segundo a qual é preciso obedecer a uma certa pessoa; a premissa menor enuncia o fato de que essa pessoa tenha dado uma certa ordem; a conclusão enuncia a norma segundo a qual alguém deve comportar-se de acordo com aquela ordem. O problema grave se apresenta no vértice da pirâmide.

Chegando, de fato, à constituição que é historicamente a primeira, existem duas possibilidades. A primeira consiste em enunciar na premissa maior uma norma estabelecida por uma autoridade superior à constituinte e, portanto, extrajurídica[64]; a segunda consiste em não reconhecer essa autoridade extrajurídica: "Visto que uma ciência positivista do direito considera máxima autoridade jurídica a constituição que tenha sido historicamente a primeira e não pode, portanto, sustentar que a norma segundo a qual é preciso obedecer ao ato de vontade da autoridade constituinte seja o sentido subjetivo do ato de vontade de uma instância superior à autoridade constituinte (por exemplo, Deus ou a Natureza), essa mesma ciência não pode fundar a validade dessa norma com um procedimento silogístico. Uma ciência positivista do direito pode somente verificar que essa norma, no sentido ora ilustrado, é pressuposta como norma fundamental ao atribuir um fundamento à validade objetiva das normas jurídicas e, portanto, ao inter-

---

62. Kelsen, *La dottrina pura del diritto*, cit., p. 128.
63. Kelsen, *La dottrina pura del diritto*, cit., p. 9.
64. Já foi visto que tal autoridade pode ser a autoridade revolucionária, ou seja, realmente existente, ou a autoridade divina, ou seja, considerada existente: cf. *supra*, nota 21.

pretar um ordenamento coercitivo, eficaz em suas grandes linhas, como um sistema de normas jurídicas objetivamente válidas."[65]

Essa frase contém aquilo que pode servir para compreender como Kelsen introduziu e manteve em sua teoria a tão discutida norma fundamental: aceita a concepção juspositivista, por um lado, e a concepção filosófica neokantiana, por outro, ele precisa construir um sistema unitário (de acordo com a segunda concepção) fundado tão-somente sobre o direito (de acordo com a primeira concepção). A única solução é fingir que também o silogismo de grau mais elevado é completo, introduzindo-se uma norma fictícia na premissa maior. Pouco importa, a essa altura, que a norma seja pensada (1960) ou ficticiamente desejada (1965). De fato, na primeira e na segunda enunciação o problema permanece o mesmo, ainda que formulado em termos diversos: aquela norma não é uma norma jurídica.

Justamente, Kelsen escrevia na segunda edição da *Teoria pura del diritto* que, não podendo a ciência jurídica estatuir nenhuma norma, deveria limitar-se a pensar a norma fundamental. Porém, desse fato resulta coerentemente que a norma fundamental "não prescreve que é preciso obedecer às ordens da autoridade constituinte: permanece conhecimento [...]"[66]. O fato de que uma norma descreva, e não que prescreva, é, contudo, inconciliável com a teoria pura do direito: para dar-se conta disso, basta repensar quanto foi visto pouco antes a propósito da norma jurídica.

Mas existe também outro problema: falou-se sobre o silogismo com o qual se explica a delegação da validade de grau a grau do ordenamento jurídico e notou-se que a premissa maior é normativa; a menor, descritiva, enquanto a conclusão é novamente normativa. O resultado a que Kelsen chega é que a conclusão é normativa se a premissa maior é também normativa. Mas exatamente esta é a aporia: se a

---

65. Kelsen, *La dottrina pura del diritto*, cit., p. 229.
66. Kelsen, *La dottrina pura del diritto*, cit., p. 230.

norma fundamental não prescreve, mas descreve, não é adequada para servir de premissa maior no silogismo do qual se originam todos os outros.

Por isso, no interior do sistema kelseniano, torna-se de capital importância a tentativa de demonstrar a normatividade da norma fundamental. O fato de que esse esforço de Kelsen tenha sido resolvido, a meu ver, com uma formulação em termos apenas aparentemente normativos (mas que, de fato, deixam intacto o problema) demonstra que a tentativa de realizar com extrema coerência os pressupostos de uma doutrina juspositivista acaba por levar à incoerência intra-sistemática: no nosso caso, acaba por levar Kelsen a querer explicar em chave jurídica o que não é jurídico. Por isso, também a formulação dada em 1965 à norma fundamental é apenas um mascaramento em termos normativos de uma situação de fato; mascaramento do qual continuamente transparece a facticidade do assunto tratado.

Em suma, na tentativa de eliminar qualquer explicação extrajurídica do âmbito do direito, Kelsen acaba por cair no excesso oposto, fornecendo uma explicação jurídica também para os fatos extrajurídicos.

12. A norma fundamental é parte do direito ou da ciência do direito?

Se a crítica não quer limitar-se a um juízo de valor sobre a doutrina kelseniana, propondo em seu lugar uma teoria considerada melhor, resta apenas tomar os elementos da teoria pura do direito como aquilo que são, avaliando-os em relação aos outros elementos da mesma teoria e verificando em que medida existe coerência entre todos eles. Assim procurei fazer também com a norma fundamental. Essa crítica interna ao sistema parece-me conduzir à conclusão de que a descrição da norma fundamental oferecida por Kelsen não permite utilizá-la como fundamento de validade de todo o ordenamento jurídico.

Por outro lado, se a teoria pura do direito quer ser coerente com o rigoroso positivismo jurídico que se propõe, não tem outra escolha: ou explica em termos normativos esse princípio supremo do ordenamento jurídico, ou não o explica de forma nenhuma, mas delega sua explicação à sociologia do direito, à filosofia política ou à teologia. Essa solução seria aceitável apenas se, com ela, fossem aceitas também duas conseqüências: em primeiro lugar, ligar-se-ia indissoluvelmente o mundo do direito ao da realidade social (ao passo que Kelsen pretende atingir o resultado contrário); em segundo lugar, o sistema teórico que descreve o direito não seria mais deduzido de um único princípio supremo. A teoria de Kelsen não pode aceitar essas duas conseqüências. Na base dessa escolha estão motivos não jurídico-positivos, mas filosóficos, e portanto o discurso se desloca para os pressupostos filosóficos da teoria pura do direito.

Até aqui se insistiu suficientemente sobre o caráter teórico da norma fundamental. Kelsen fala significativamente da norma fundamental como do pressuposto lógico-transcendental do direito. A assonância com a filosofia kantiana é proposital; o paralelismo com esta última, explícito: "Visto que somente pressupondo a norma fundamental é possível interpretar o sentido subjetivo do ato constituinte e dos atos estatuídos em conformidade com a constituição como seu sentido objetivo, ou seja, como normas jurídicas objetivamente válidas, a norma fundamental (assim como a define a ciência jurídica) pode ser definida como a condição lógico-transcendental dessa interpretação, se é licito aplicar por analogia um conceito da teoria kantiana do conhecimento. Assim como Kant se pergunta de que modo é possível uma interpretação livre de qualquer metafísica dos fatos percebidos por meio dos sentidos nas leis formuladas pela ciência da natureza, também a teoria pura do direito põe o quesito de como é possível uma interpretação do sentido subjetivo de determinados casos concretos (sem fazer referência a autoridades metajurídicas como Deus ou a Natureza) como sistema de normas jurídicas objetivamente válidas e descritíveis em proposições jurídicas. A esse problema da teoria do conhecimento, a teoria pura do direito assim responde: é necessário comportar-se do modo como prescreve a constituição [...] *A função da norma fundamental é dar um fundamento à validade de um ordenamento jurídico-positivo,* ou seja, de um ordenamento jurídico estatuído por atos de vontade humana e eficaz em suas grandes linhas."[67]

Pode-se, portanto, corretamente sustentar que a norma fundamental é o reflexo de uma certa concepção filosófica em uma teoria jurídica: isso significa, porém, admitir a natureza metajurídica que Kelsen procurou mascarar, mas sem sucesso. Já foi visto através de quais mediações a filosofia neokantiana chegou a Kelsen (cf. *supra,* cap. I, 8). Aqui bastará deter-se sobre um problema limitado: se a norma fundamental é um elemento da teoria do conhecimento, como pode ser o fundamento da validade do direito positivo? A primeira parte do excerto citado fala da norma fundamental como do pressuposto lógico-transcendental da interpretação em sentido objetivo de um ato de vontade objetivo: em harmonia com numerosas outras asserções da segunda edição da *Teoria pura do direito,* ela parece, portanto, ser pressuposta pela ciência jurídica, com todos os problemas que isso implica. Na segunda parte do trecho, parece já mais difícil conservar essa interpretação, porque ali se diz que a norma fundamental transforma uma série de preceitos subjetivos em normas jurídicas válidas. Mas a terceira e última parte do excerto não deixa mais dúvidas: a norma fundamental saiu do âmbito da ciência jurídica e se instalou no vértice do direito positivo, que dela recebe a própria validade. Ora, como isso é possível em uma teoria que pretende manter nitidamente separadas as proposições descritivas da ciência jurídica das prescritivas do ordenamento jurídico? Kelsen não oferece explicações a

---

67. Kelsen, *La dottrina pura del diritto,* cit., p. 227, grifo meu.

esse propósito. A polêmica com Albert Vonlanthen evidencia que não é a norma fundamental que cria o direito, como parece julgar aquele autor, mas sim o ser humano[68].

Sobre esse assunto pode-se estar de acordo. Mas existe outro problema não esclarecido: a função da norma fundamental consiste em atribuir validade jurídica à vontade expressa por certas pessoas? Ou, então, a função da norma fundamental consiste em oferecer o instrumento epistemológico para descrever um sistema de normas jurídicas válido e já existente na realidade? No primeiro caso, não se vê como um elemento da ciência jurídica possa fazer parte também da realidade jurídica: a teoria pura do direito não admite essa ubiqüidade; antes, para evitá-la, chega a construções complicadíssimas, como a do *Sollen* em sentido descritivo e em sentido prescritivo. No segundo caso, a tese da separação do direito da ciência jurídica seria respeitada, mas então a teoria pura do direito não daria nenhum esclarecimento sobre a origem da validade de um ordenamento jurídico positivo.

As obras kelsenianas enunciam uma rigorosa separação entre ciência jurídica e realidade jurídica em nível de norma jurídica e de proposição jurídica, mas depois confundem os dois planos em nível de ordenamento, ou seja, de sistema de normas jurídicas. Efetivamente, Kelsen diz que a norma fundamental é pressuposta pela ciência jurídica, mas acrescenta depois que a norma fundamental atribui validade ao ordenamento jurídico-positivo. Em todo o discurso kelseniano aflora sempre ora uma concepção, ora outra, dependendo se o discurso verte sobre a ciência jurídica, ou ainda sobre o direito positivo, que constitui seu objeto.

A essa altura, o mínimo que se pode dizer é que um princípio da ciência jurídica se infiltrou no vértice do direito positivo. Que esse elemento seja de origem não-positiva está demonstrado pelo fato (reconhecido pela mesma teoria pura do direito) de que nenhum ordenamento jurídico positivo contém uma norma fundamental.

---

68. Kelsen, *La dottrina pura del diritto*, cit., p. 243.

Ao examinar a ciência jurídica que pressupõe a norma fundamental, evidenciei, porém, como a escolha dessa solução do problema da validade pressupõe dois posicionamentos extrajurídicos (ou ideológicos em sentido lato): o primeiro consiste no juízo de valor que faz antepor uma metodologia juspositivista a todas as outras possíveis metodologias jurídicas; o segundo consiste na escolha da epistemologia neokantiana como instrumento para construir uma teoria jurídica positivista. Da união desses dois posicionamentos extrajurídicos nasce a exigência toda kantiana de dar ao sistema jurídico uma única origem, a qual, porém (em obséquio à metodologia juspositivista), deve ser uma norma jurídica: desse conúbio nasce em Kelsen a norma fundamental.

Visto que não se consegue estabelecer uma colocação unívoca da norma fundamental no direito positivo, ou na ciência jurídica, aparece ora incerta não apenas sua função intra-sistemática de fundamento da validade de cada uma das normas jurídicas positivas, mas também sua neutralidade valorativa que Hans Kelsen sublinhava com tanta freqüência. A edição alemã da *Teoria pura do direito* se encerra, de fato, com a frase: "A norma fundamental da teoria pura do direito [...] é apenas o fundamento, a condição lógico-transcendental da validade [do direito positivo] e, como tal, não tem caráter ético-político, mas epistemológico."[69]

À luz da análise até aqui desenvolvida, essa asserção exprime um desejo de Kelsen, mas não a realidade de sua doutrina. De fato, do ponto de vista cognoscitivo, a norma fundamental serve para encerrar o sistema kelseniano do direito sem sair do direito: a teoria pura – como ciência do

---

69. Hans Kelsen, *Das Problem der Gerechtigkeit*, em apêndice a *Reine Rechtslehre*, Franz Deuticke, Wien, 1960, pp. 443 s.; trad. it.: Hans Kelsen, *Il problema della giustizia*, Einaudi, Torino, 1998, p. 125; [trad. bras.: João Baptista Machado (com a introdução de Mario Losano à edição italiana): Hans Kelsen, *O problema da justiça*, Martins Fontes, São Paulo, 1993, p. 117.] [Mantive nesse trecho a tradução do original italiano, que traz significativas diferenças em relação à edição brasileira. (N. da T.)]

direito – construiu assim um perfeito sistema interno. Porém, ela se propunha descrever o ordenamento jurídico *positivo*, e este último não contém nenhuma norma fundamental: ela não é estatuída por um órgão legislativo, mas é pensada por um teórico do direito e, como tal, é fruto de uma concepção filosófica kantiana enxertada sobre um rigoroso positivismo jurídico. Assim, a norma fundamental, elaborada para manter distante todo elemento extrajurídico da cidadela da teoria pura do direito, revela-se um verdadeiro cavalo de Tróia.

Capítulo III
A validade como elemento unificador no sistema de Kelsen

Pontos de intersecção e desenvolvimentos do discurso. No vértice da pirâmide normativa kelseniana, a norma fundamental transmite às normas inferiores a validade fundada no dever ser (*Sollen*). Em Kelsen, a definição de validade é ambígua. No sentido mais próprio da teoria pura do direito, a validade é a "específica existência da norma", ou seja, seu fazer parte do ordenamento, sua inclusão na pirâmide normativa: isso se verifica quando uma norma é produzida conforme às regras prescritas pelas normas de nível superior. No sentido mais amplo, Kelsen admite que a norma, além de válida, deve ser aplicada: à validade se associa, assim, a eficácia. Mas a validade pertence ao mundo do dever ser, ao passo que a eficácia é um fato e pertence, portanto, ao mundo do ser. A teoria de Kelsen partira do pressuposto da pureza, ou seja, da exclusão de qualquer elemento natural do mundo normativo. Porém, precisa aceitar que nele ingresse também o fato da eficácia, porque de outra forma não descreveria mais o direito assim como é. Evidencia-se, portanto, uma rachadura no sistema.

Apesar disso, o ponto central da teoria é constituído pela idéia de que a validade (ou seja, a específica existência da norma) depende do dever ser "distribuído" pela norma fundamental. É, portanto, necessário examinar o que Kelsen entende por dever ser ou *Sollen*. Fundando-se sobre poucas fontes, ele indica as características do *Sollen*: este último é indefinível, indivisível e completamente separado do ser, do *Sein*. Porém, também por essa via Kelsen não pode evitar o encontro com a realidade. Quem se pergunte de que coisa a norma fundamental extrai a autoridade de tornar válidas as normas do inteiro ordenamento, encontra-se diante da "Górgona do poder", ou seja, ainda um elemento da realidade. A teoria pura do direito explica bem, portanto, a estrutura de um direito positivo, mas não sua gênese ou sua função.

Ter identificado os limites dessa grandiosa construção sistemática ajuda a compreender a importância da crítica interna (ou imanente) à teoria pura do direito como momento necessário para poder passar a teorias fundadas em axiomas diversos e mais adequados à trágica época que estava para desabar também sobre a *Austria felix* em que se formara a teoria kelseniana.

1. A relação entre a norma fundamental e a validade

Na compacta trama da teoria pura do direito, dois fios se torceram tão estreitamente, que se tornaram indestrinçáveis: a norma fundamental e a validade do direito. Desejando enfrentar um problema por vez, na análise da norma fundamental não foi notado o problema da validade do direito, porque a norma fundamental (como fundamento da validade) é logicamente anterior em relação à validade mesma.

Nesse ponto da análise do sistema jurídico interno proposto por Kelsen, é necessário perguntar-se o que se entende aqui por "validade", para a transmissão da qual em cada setor do ordenamento jurídico Kelsen introduziu a discutida teoria da norma fundamental. A resposta a essa interrogação adquire importância ainda maior em razão das críticas à norma fundamental formuladas no capítulo anterior. Será preciso verificar agora se a análise do conceito de validade confirma ou não a dificuldade de conciliar o conceito de norma fundamental com os pressupostos metodológicos da teoria pura do direito.

Dada a estrutura do discurso kelseniano, que trata do problema da norma fundamental conjuntamente com o problema da validade, é necessário retornar ao fundamental capítulo da *Teoria pura do direito* intitulado "Dinâmica do direito". Agora, porém, a atenção será concentrada nos trechos que dizem respeito à validade do direito. No decorrer da exposição, será fácil relacionar cada uma das afirmações sobre a validade ao que já foi dito sobre a norma fundamental.

Desde a primeira aproximação aos problemas da validade, encontramo-nos diretamente em contato com os pressupostos filosóficos da teoria pura do direito. Como já ocorrera no exame da teoria da norma fundamental, a essa altura evidencia-se mais uma vez a passagem da linguagem descritiva (que, segundo Kelsen, deveria ser realmente a única de uma ciência positivista) à linguagem prescritiva.

No discurso kelseniano, é preciso manter bem distinto o fato de que alguém *deva* se comportar segundo uma norma do fato de que alguém se comporte *efetivamente* como ela prescreve. O fato de que alguém deva comportar-se segundo uma norma é um problema da *validade* da norma; o fato de que alguém se comporte *efetivamente* como ela prescreve é um problema da *eficácia* da norma (cf. item 2). Hans Kelsen entende, então, por validade de uma norma jurídica o fato de que alguém deva comportar-se em conformidade com ela; mas seu discurso sofre uma brusca guinada quando ele quer explicar por que alguém deve comportar-se do modo prescrito, ou seja, por que a norma é válida. Aqui seu discurso já não explica, mas prescreve: "O fundamento da validade de uma norma *pode ser somente* a validade de outra norma."[1]

Pode-se fazer remontar essa escolha ainda mais para trás, procurando evidenciar seus motivos, perguntando-se por que a validade *pode ser apenas* fundada sobre outra validade. A resposta é um retorno ao próprio fundamento da teoria pura do direito, que pretende separar rigorosamente o direito da natureza, o *Sollen* do *Sein*: a validade deve ser explicada apenas por intermédio da validade; o direito, apenas por intermédio do direito, porque *não devem* existir relações entre *Sein* e *Sollen*. E por que *não devem* existir re-

---

1. Kelsen, *La dottrina pura del diritto*, cit., p. 217; grifo meu.

lações entre *Sein* e *Sollen*? Porque Hans Kelsen não é um monista: ou seja, porque colocou entre os fundamentos da sua doutrina o axioma neokantiano que impõe manter separado o ser do dever ser. Como já havia feito para a norma fundamental, também a propósito da validade ele deve agora respeitar esse axioma, para não destruir sua própria teoria.

Tarefa de um crítico da teoria pura do direito, como já foi dito, deve ser não a de estabelecer se é melhor ser monista em vez de dualista, ou vice-versa, mas a de verificar se a teoria pura do direito consegue ser coerente com o dualismo por ela aceito.

2. A função da eficácia na estrutura da validade

A teoria kelseniana da validade parte de uma constatação da realidade: "O fato de que uma norma referente ao comportamento de um homem 'seja válida' significa que ela é vinculante, que o homem deve comportar-se do modo previsto pela norma."[2]

Um dos problemas centrais da filosofia do direito, a essa altura, consiste em estabelecer se uma pessoa se comporta do modo prescrito porque a norma é válida, ou se a norma é válida porque a pessoa se comporta do modo prescrito. No primeiro caso, dever-se-á explicar em que consiste o fenômeno da validade; no segundo, em que consiste o fenômeno da eficácia. No primeiro caso, será necessário explicar um fenômeno do mundo jurídico; no segundo, um do mundo real. A teoria jurídica que oferece uma resposta ao primeiro quesito é uma teoria de tipo metafísico, no sentido de que procura fora da realidade o fundamento da validade jurídica; ao contrário, a teoria que oferece uma resposta ao segundo quesito é uma teoria realista, no sentido

---

2. Kelsen, *La dottrina pura del diritto*, cit., p. 217.

de determinar que na realidade as pessoas devem comportar-se como a norma prescreve.

Segundo Kelsen, as teorias do primeiro tipo (ele as designa como "idealistas") tendem a concentrar a atenção unicamente sobre a validade, excluindo a eficácia, ao passo que, ao contrário, as teorias realistas levam em consideração apenas a eficácia, desinteressando-se da validade. As teorias juspositivistas – às quais a teoria pura do direito declara pertencer – representariam uma via intermediária entre as duas, procurando conciliar a validade com a eficácia.

Essa asserção suscita algumas perplexidades. A primeira é que entre as posições metafísicas e as realistas existem vias intermediárias apenas ilusórias, razão pela qual termina-se sempre por recair em uma ou em outra posição de partida. Desenvolver com certa precisão uma argumentação desse tipo levaria, porém, o discurso aos problemas fundamentais da filosofia mesma, que aqui não é possível enfrentar.

No leitor da *Teoria pura do direito* suscita ulterior perplexidade a dificuldade de conciliar a noção kelseniana de validade com as premissas metodológicas gerais da teoria pura do direito. Kelsen afirma várias vezes não ser um monista, ou seja, não ser o fautor de uma conciliação entre ser e dever ser, entre realidade e direito, mas um dualista, ou seja, fautor de uma nítida separação entre os dois. Retorna-se, assim, ao problema aberto no capítulo anterior: visto que Hans Kelsen se pronunciou nitidamente por uma rigorosa separação entre direito e natureza, entre ser e dever ser, por que, a propósito da validade, a teoria pura do direito renuncia a realizar essa premissa metodológica?

Para encontrar uma resposta ao quesito, basta pensar em como seria configurada a aplicação rigorosa da concepção dualista à validade da norma jurídica: por um lado, existe o ordenamento jurídico com sua estrutura a graus, a qual transmite a validade, o dever ser, do nível supremo aos níveis inferiores; por outro, existe a realidade extrajurídica, que não é objeto de uma ciência positivista do direito, mas na qual se manifesta empiricamente a eficácia do direito. Para ser coerente até o fim com os próprios axiomas, a teoria pura do direito deveria, portanto, suprimir o conceito de eficácia do direito. Como elemento da realidade extrajurídica, esse conceito deveria ser deixado a outras disciplinas. Essa coerência da teoria pura do direito consigo mesma excluiria, porém, sua coerência com a realidade jurídica que ela pretende descrever: é o próprio Kelsen, efetivamente, que considera errôneas as teorias jurídicas que recusam a noção de eficácia, "pois não se pode negar que tanto um ordenamento jurídico como totalidade quanto uma única norma jurídica perdem sua validade quando cessam de ser eficazes"[3].

Esse posicionamento ambíguo tem uma dupla raiz: por um lado, a escolha do axioma metodológico segundo o qual o direito, enquanto dever ser, deve ser separado da realidade, enquanto ser; por outro, a constatação de que, no caso específico da validade do direito, essa nítida separação não encontra respaldo na realidade.

Parece, portanto, que a norma fundamental é uma condição necessária, *mas não suficiente* para a validade do direito. Em outras palavras, a validade de um ordenamento jurídico ou de uma norma jurídica seria condicionada *também* por um mínimo de eficácia, sem a qual o ordenamento ou a norma cessariam de existir. Visto que o problema das relações entre validade e eficácia do direito é "um caso particular da relação entre o dever ser (*Sollen*) da norma jurídica e o ser da realidade natural"[4], disso resulta que – ao menos no caso da validade do direito – o ser condicionaria aquele dever ser, do qual a teoria pura do direito quer mantê-lo separado. Para uma ciência jurídica que pretende atuar até o fim a separação entre o ser e o dever ser, esse resultado é metodologicamente insustentável.

---

3. Kelsen, *La dottrina pura del diritto*, cit., p. 239.
4. Kelsen, *La dottrina pura del diritto*, cit., pp. 239 s.

Por outro lado, se se respeitasse totalmente o pressuposto da separação entre ser e dever ser, a teoria pura do direito deixaria de atender a outro dos seus axiomas fundamentais, porque já não descreveria o direito assim como é, mas o direito como ela imagina que deveria ser. O dilema não admite, portanto, nenhuma solução que não comporte uma fratura intra-sistemática. A Kelsen resta apenas a liberdade de escolher qual princípio infringir: no caso da validade, ele prefere adequar sua teoria à realidade, em prejuízo da coerência interna; no caso da interpretação jurídica, prefere o contrário[5].

3. As possíveis relações entre ser e dever ser

Resumamos brevemente o caminho até aqui percorrido: respeitando certos axiomas metodológicos escolhidos pelo seu autor, a teoria pura do direito tenta explicar por que se obedece a uma norma ou a um ordenamento jurídico. No decorrer dessa explicação, constatamos que não é possível explicar o conceito de validade sem prescindir do dualismo kelseniano, ou seja, sem sair do mundo do direito para ingressar no da natureza. Ao conceito de validade

---

5. Ao tratar da interpretação jurídica, Hans Kelsen encontra a mesma dificuldade aqui ilustrada com relação à eficácia. Kelsen considera que o intérprete do direito deve limitar-se a elencar todas as possíveis interpretações de uma norma, sem porém delas escolher nenhuma: essa escolha, de fato, seria um juízo de valor que a teoria pura do direito não pode aceitar. Porém, na realidade, o jurista não elenca as possíveis interpretações, mas propõe uma interpretação bem precisa. A essa altura, para manter a própria coerência interna, a teoria pura do direito já não descreve a realidade jurídica. Enquanto no caso da eficácia Kelsen é obrigado a aceitar a realidade jurídica da eficácia mesmo a custo de introduzir uma desarmonia sistemática, no caso da interpretação ele prefere propor uma descrição da interpretação jurídica que vale apenas para a teoria pura do direito, mas não para a realidade. Os suportes textuais para esse discurso estão em Mario G. Losano, *Il problema dell'interpretazione in Hans Kelsen,*"Rivista internazionale di filosofia del diritto", XLV, 1968, n. 3-4, pp. 524-45 (também em Losano, *Forma e realtà in Kelsen*, cit., pp. 92-116).

se associa, assim, o de eficácia, isto é, um ser e um dever ser se apresentam unidos por um vínculo estreito e essencial, em total desarmonia com os axiomas metodológicos da teoria pura do direito.
Kelsen se deu conta dessa questão e tentou explicar que a conexão entre ser e dever ser não implica uma interpenetração entre os dois. Ele explica, por isso, a delegação de validade entre grau e grau do ordenamento jurídico mediante um silogismo, de cuja natureza e de cujas problemáticas já se ocupou o capítulo sobre a norma fundamental. Aceitando aqui a tese da segunda edição da *Teoria pura do direito*, mencionamos brevemente o silogismo, para depois discuti-lo em relação ao problema da validade do direito:
– Premissa maior (norma): deve-se obedecer às ordens de Deus;
– Premissa menor (proposição descritiva): Deus deu os Dez mandamentos aos homens;
– Conclusão (norma): deve-se obedecer aos Dez mandamentos.

Nesse silogismo, a premissa maior é uma proposição normativa que é *conditio per quam* da conclusão, ao passo que a premissa menor é um proposição descritiva que é *conditio sine qua non* da conclusão. Em outros termos, se Deus não tivesse efetivamente dado a Moisés o Decálogo no Sinai, seria impossível obedecer ao Decálogo; porém, ao obedecê-lo, pressupõe-se a norma que prescreve a obediência às ordens divinas. Parece assim esclarecido de que modo ser e dever ser estão conexos, ainda que distintos, na validade do ordenamento jurídico.
Mas precisamente sobre esse problema é necessário formular algumas críticas, devidas à referência a essa teoria do silogismo, quando a teoria pura do direito ilustra as relações entre validade e eficácia[6]. A teoria da delegação

---

6."A eficácia de um ordenamento jurídico não é fundamento da sua validade mais de quanto não seja o fundamento concreto da sua estatuição":

da validade por meio de silogismos sucessivos explica como ocorre a delegação da validade, mas não em que consiste a validade; ou seja, explica seu mecanismo, seu funcionamento, mas não sua natureza intrínseca. No silogismo, o ser se aproxima do dever ser na delegação da validade, não no interior da validade mesma. Consideremos a norma contida na premissa maior: ela pode transmitir validade à norma contida na premissa menor somente se ela mesma é válida. Mas nesse caso "válida" significa, como será visto, estatuída em conformidade com a constituição e em certa medida eficaz. É preciso, portanto, distinguir nitidamente dois tipos de relação entre ser e dever ser: no primeiro tipo, a validade de uma norma depende também de sua eficácia (de forma que a relação entre ser e dever ser esteja *no âmbito interno* da noção de validade); no segundo tipo, a validade assim definida é transmitida de grau em grau pelo ordenamento jurídico mediante uma série de silogismos, nos quais elementos de ser e elementos de dever ser estão estreitamente ligados (mas dessa vez a relação entre ser e dever ser é *no âmbito externo* da noção de validade). O recurso ao silogismo, em suma, não explica como se configura, no âmbito interno da validade, o problema das relações entre ser e dever ser, ou seja, entre validade e eficácia.

Já pode ser visto aqui um *curiosum* lingüístico: a validade de uma norma jurídica é definida como sua validade *e* eficácia, o que equivaleria a dizer: $a = a + b$. Se por a se entende a validade e por b a eficácia, retorna-se à minha asserção anterior, segundo a qual a única explicação coerente com a teoria pura do direito seria a negação da eficácia. De fato, a expressão algébrica acima enunciada tem sentido somente se $b = 0$.

Kelsen, *La dottrina pura del diritto*, cit., p. 241. Aqui, a eficácia é equiparada à premissa menor do silogismo ilustrado no texto. A pp. 242, a referência ao silogismo é explícita.

A essa altura, é indispensável perguntar-se o que significa "validade" no texto kelseniano. Talvez esclarecendo o uso desse termo compreender-se-á melhor a natureza ambígua do que ele designa.

4. O que é a validade em Kelsen

A posição da teoria pura do direito a respeito das relações entre validade e eficácia é sintetizada por Kelsen explorando todos os recursos da língua alemã para sublinhar que a validade e a eficácia pertencem a mundos diversos e sem relação: "Assim como a norma (que contém um dever ser *Sollnorm*), considerada como sentido do ato concreto por meio do qual é estabelecida, não coincide com esse mesmo ato, também a validade normativa (*Soll-Geltung*) de uma norma jurídica não coincide com sua eficácia concreta (*Seins-Wirksamkeit*)."[7] Todavia, esse paralelismo entre a norma jurídica e o ato de sua estatuição não se sustenta completamente: de fato, já vimos que, ao tratar da norma jurídica, Kelsen exclui expressamente qualquer relação entre a norma como dever ser e sua estatuição como ser; aqui, ao contrário, afirma expressamente que uma norma é válida apenas se tem um mínimo de eficácia.

Mais uma vez, o paralelo seria apropriado se a teoria pura do direito excluísse da própria esfera – a todo custo – toda e qualquer consideração sobre a eficácia. Aceita a eficácia como condição para a validade de uma norma jurídica, a coerência da construção parece ficar comprometida. Um exame mais atento revela que a teoria kelseniana da validade usa de forma ambígua o termo "validade".

Um primeiro significado é *"validade" como dever ser*. Por exemplo, a constante definição do termo é esta: a validade é a "específica existência do direito"[8], ou então "a específica

---

7. Kelsen, *La dottrina pura del diritto*, cit., p. 241.
8. Kelsen, *La dottrina pura del diritto*, cit., p. 243.

existência de uma norma"[9]. Nesse sentido, dizer que uma norma jurídica é válida significa dizer que é partícipe do dever ser, da normatividade: de fato, "a validade da norma é constituída por um dever ser (*Sollen*), e não por um ser"[10].

Todavia, no decorrer da exposição kelseniana, o termo "validade" recorre freqüentemente também com um segundo significado, que é aquele tradicional de *empírica estatuição legítima de uma norma*. Por exemplo, no caso em que num contrato exista discrepância entre vontade efetiva e vontade expressa por uma parte, Kelsen afirma que o ordenamento jurídico pode estabelecer "que tal discrepância não significa nada com relação à validade das normas contratualmente produzidas"[11]: ou seja, o ordenamento jurídico considera legítima a empírica estatuição daquelas normas; considera-as válidas e vinculantes para as partes. Ainda mais ligado ao uso tradicional do termo é falar da validade como do "âmbito de validade espacial" e do "âmbito de validade pessoal" de um ordenamento jurídico[12]. Identificando Estado e direito, Kelsen afirma que "o poder estatal é a validade de um efetivo ordenamento jurídico estatal"[13], o que significa que aquele poder não é um poder qualquer, mas um poder "regulado juridicamente", um poder que se fundamenta em normas legitimamente estatuídas e eficazes.

O uso de "validade" nessa acepção tradicional se encontra também na exposição kelseniana das relações entre validade e eficácia. Analisemos uma frase particularmente obscura: "Na norma fundamental, a estatuição e a eficácia são consideradas condições da validade; a eficácia no sentido que deve acompanhar a estatuição, para que tanto o ordenamento jurídico como totalidade quanto uma única norma jurídica não percam os respectivos sentidos."[14] A

---

9. Kelsen, *La dottrina pura del diritto*, cit., p. 19.
10. Kelsen, *La dottrina pura del diritto*, cit., p. 20.
11. Kelsen, *La dottrina pura del diritto*, cit., p. 290.
12. Kelsen, *La dottrina pura del diritto*, cit., p. 320.
13. Kelsen, *La dottrina pura del diritto*, cit., p. 321.
14. Kelsen, *La dottrina pura del diritto*, cit., p. 241.

validade de uma norma jurídica subjaz, assim, a duas condições: a estatuição (ou seja, a produção daquela norma em conformidade com a constituição) e a eficácia (ou seja, a concreta aplicação daquela norma). Mas o que significa, na teoria pura do direito, "estatuir uma norma"? Significa executar um ato, cujo sentido subjetivo é um dever ser (*Sollen*) elevado pela constituição vigente a sentido também objetivo; desse modo, "o caso concreto da legislação é apresentado como caso concreto produtor de direito"[15]. Ora, a estatuição do direito ocorre segundo o esquema da delegação de validade, entendida desta vez no sentido tradicional.

Aqui, tem-se a impressão de que Hans Kelsen aceitou a razoável doutrina tradicional, segundo a qual uma norma é válida (ou seja, vincula os destinatários) se foi legitimamente estatuída e se não caiu em desuso. Mas a doutrina tradicional não parte do postulado da pureza e, portanto, pode fazer derivar algo de jurídico (ou seja, a norma) de algo de natural (ou seja, sua legítima estatuição e sua eficácia). Contrariamente, na teoria pura do direito esse uso de "validade" não é aceitável porque repousa em premissas metodológicas inconciliáveis com essa mesma teoria. A fórmula kelseniana "a validade de uma norma é sua validade mais sua eficácia" tem um dúplice significado, devido ao dúplice significado de "validade"[16]. Não distinguindo os dois signi-

---

15. Kelsen, *La dottrina pura del diritto*, cit., p. 255.
16. Como já havia sido sintetizado ao final do item anterior, a formulazinha $a = a + b$ pode ser interpretada de dois modos. Segundo a interpretação tradicional, a validade (*a*) de uma norma jurídica é igual à estatuição formal (*a*) e à eficácia substancial (*b*): mas então *a* indica duas coisas diversas. É essa a formulação tradicional da validade, que funda o *Sollen* sobre o *Sein*. Por isso, a teoria pura do direito não poderia aceitá-la, mas na realidade essa formulação recorre também em Kelsen. Ao invés, com base na interpretação kelseniana em sentido estrito, o sentido específico de uma norma jurídica (*a*) depende do seu sentido específico (*a*) e da sua eficácia (*b*). Aqui, *a* indica a mesma coisa, mas exatamente por isso a formulação se choca contra o princípio da identidade. Por outro lado, essa me parece a única interpretação da fórmula que respeita o enunciado da teoria pura do direito. A única racionalização possível é aquela já mencionada: eliminar completamente a consideração so-

ficados nos quais a teoria pura do direito usa o termo "validade", chega-se a aplainar de modo fictício a fratura metodológica, devida ao fato de que a validade da qual faz uso a teoria pura do direito não é "pura", porque é um dever ser fundado num ser.

Resumindo: para a teoria pura do direito, a validade é a específica existência do direito. Sobre a natureza dessa validade, a teoria pura do direito não diz muito. Como foi visto, reafirma várias vezes que tal validade é a "existência *específica*" da norma ou do direito; a especificidade de tal existência no interior do sistema jurídico se contrapõe provavelmente ao caráter genérico da existência das normas no mundo natural. Uma indicação está contida na frase já citada: "A validade da norma é constituída por um dever ser (*Sollen*)."[17] E, visto que a teoria pura do direito não poderia levar em consideração o lado natural da validade (ou seja, a legítima estatuição e a eficácia), essa indicação poderia constituir uma coerente explicação intra-sistemática da validade.

Mas isso é, pois, uma explicação? Até esse ponto, o problema da validade não conheceu soluções, mas adiamentos: a validade em sentido kelseniano é a existência *específica* da norma jurídica; a especificidade dessa existência consiste em um dever ser. O quesito sobre a validade torna-se, então, o seguinte: o que é o dever ser, o *Sollen*? Chegou, enfim, o momento de enfrentar essa noção, que é o ponto central para a compreensão de toda a construção kelseniana.

5. O inapreensível dever ser

A visão do sistema jurídico proposta por toda a teoria pura do direito é concebida em função do dever ser: pode-

---

bre a eficácia, de modo que, posto $b = 0$, a fórmula exprima de modo clássico o princípio da identidade: $a = a$. A coerência da teoria fica salva no que se refere às relações entre ser e dever ser, mas já não descreve o direito assim como ele é, ou seja, o direito positivo: mas precisamente essa descrição tinha sido indicada como a finalidade da teoria pura do direito.

17. Kelsen, *La dottrina pura del diritto*, cit., p. 20.

se e deve-se manter distinto o direito da realidade porque esta é ser, ao passo que aquele é dever ser; a estrutura hierárquica do ordenamento jurídico é concebida como uma rede capilar para a distribuição do dever ser das normas de grau superior às de grau inferior; a norma suprema, vale dizer, a norma fundamental, é a origem desse dever ser que permeia todo o ordenamento jurídico; a validade do ordenamento jurídico é feita coincidir com o dever ser; por fim, a validade coincide com a existência seja de cada uma das normas, seja de todo o ordenamento. Portanto, tudo, na teoria pura do direito, explica-se com o dever ser; resta, porém, a ser explicado o que é o próprio dever ser.

Naturalmente, o dever ser não é uma invenção kelseniana. Ele faz parte da tradição cultural alemã, e sua elaboração teórica é objeto de uma vasta literatura e de amplos debates, que perduram até nossos dias[18]. Para esclarecer a noção kelseniana de sistema interno, todavia, não é necessário examinar por inteiro essa disputa: é suficiente ver o que dela foi recebido por Kelsen, tornando-se, assim, a base da sua teoria.

Mesmo assim delimitada, a análise dessa noção encontra, antes de tudo, um problema lingüístico geral: os verbos modais alemães (um dos quais é exatamente *sollen*) não têm uma exata correspondência nas línguas românicas. Para exprimir um comando ou um desejo muito forte – isto é, para dar o sentido de um imperativo sem recorrer ao modo imperativo –, as línguas românicas recorrem ao futuro optativo (*Heischfuturum*)*: onde, em alemão, encontra-

---

18. As idéias expostas no texto e os relativos suportes textuais se encontram de forma mais extensa em Mario G. Losano, *Per un'analisi del "Sollen" in Hans Kelsen*, "Rivista internazionale di filosofia del diritto", XLIV, 1967, n. 3, p. 547 (também em Losano, *Forma e realtà in Kelsen*, cit., pp. 69-91).

* Modo optativo: "Diz-se de ou modo verbal característico de certas línguas indo-européias (como o grego e o sânscrito), pelo qual se indica o desejo ou a vontade de que se verifique a ação ou o processo designado pelo verbo. Em português, a função optativa é preenchida pelo modo subjuntivo e, naqueles casos em que a vontade ou desejo tem ou pode tomar caráter de ordem, pelo modo imperativo" (*Dicionário Houaiss*, verbete "Optativo"). [N. da T.]

O APOGEU DO SISTEMA CLÁSSICO

mos um *Sollen*, as línguas românicas apresentam um futuro (ou também um presente). Para os nossos fins, bastará remeter à ampla monografia de um aluno de Karl Vossler, Eugen Lerch[19].

Segundo esse romanista, o futuro optativo consta de dois elementos (que, nos mais diversos contextos, se encontram também a propósito do *Sollen*):"1. uma vontade; 2. a confiança na possibilidade de realizar essa vontade"[20]. Em alguns de seus exemplos, o paralelismo entre essa pesquisa lingüística e a problemática sobre o *Sollen* conduz a encontrar formulações até mesmo kelsenianas[21].

O material sobre o qual se fundamenta a investigação lingüística de Eugen Lerch provém também da legislação. Entre os numerosos exemplos citados, está o do art. 58 do Código de Napoleão: "Toute personne qui aura trouvé un enfant nouveau-né, sera tenue de le remettre à l'officier de l'état civil [...]."[22] De particular interesse, além disso, é a tabela comparativa das traduções românicas do Decálogo: onde o alemão usa o *Sollen*, as traduções românicas usam o futuro[23].

Mas as dificuldades ínsitas no *Sollen* não dependem apenas da metalíngua em que dele falamos: de fato, tam-

---

19. Eugen Lerch, *Die Verwendung des romanischen Futurums als Ausdruck eines sittlichen Sollens*. Gekrönte Preisarbeit der Samson-Stiftung bei der Bayrischen Akademie der Wissenschaften, Leipzig, 1919, pp. VI-427.

20. Lerch, *Die Verwendung des romanischen Futurums*, cit., p. 12.

21. Lerch, *Die Verwendung des romanischen Futurums*, cit., pp. 20 s.: citando do *Émile* de Jean-Jacques Rousseau ("et si, plus parée que de coutume, elle s'entend dire:'Qu'elle est belle!, elle en rougira de dépit"), Lerch sublinha que "Rousseau não quer somente dizer 'Wenn A der Fall ist, so muss B eintreten', mas quer também dizer: 'B soll eintreten', ou seja, 'ela não deve ser orgulhosa, ela deve enrubescer'" (e aqui "deve" é *soll*).

22. Lerch, *Die Verwendung des romanischen Futurums*, cit., p. 268; vejam-se também as páginas seguintes, dedicadas a uma exegese do material legislativo.

23. Lerch, *Die Verwendung des romanischen Futurums*, cit., pp. 66-9; esse problema havia sido colocado a mim também ao traduzir as páginas da *Reine Rechtslehre* (1960), nas quais Hans Kelsen se refere ao paralelismo entre norma jurídica e mandamento: cf. *L'Avvertenza terminologica*, premessa alla traduzione italiana de *La dottrina pura del diritto*, cit. p. XCIII, s. v. *Du sollst* (também em Losano, *Forma e realtà in Kelsen*, cit., p. 215).

bém para um falante nativo alemão o *Sollen* não tem um significado unívoco. Essas oscilações da linguagem corrente terminam por repercutir-se na análise filosófica, na qual numerosos autores distinguem vários tipos de *Sollen*.

Traçando uma sumária genealogia cultural do dever ser em Kelsen, o ponto de partida é a doutrina kantiana. Nela, a distinção entre ser e dever ser serve para fundar a autonomia da razão prática em relação à razão teorética. O pensamento kantiano sobre esse problema é exaustivamente analisado numa monografia, que exime por ora de executar ulteriores pesquisas nesse setor[24].

Kelsen, todavia, não se remete diretamente a Kant: o *Sollen* chega à teoria pura do direito pela mediação dos neokantianos e, em particular, da Escola de Baden (ou Escola alemã sul-ocidental). A ela pertencem Georg Simmel, de cujo pensamento Kelsen deduz a própria concepção do dever ser. Essa relação entre os dois pensadores é de grande importância para compreender os limites do sistema interno ao direito proposto por Kelsen: de fato, após ter reconduzido cada elemento jurídico ao dever ser, Kelsen faz própria a doutrina de Simmel, segundo a qual o *Sollen* é indefinível.

6. O dever ser: do neokantismo ao sistema kelseniano

A *Introdução à ética* de Georg Simmel inicia com um capítulo inteiramente dedicado ao *Sollen*. Imaginando uma série fenomenológica que vá da representação do não-ser à realidade concreta, Simmel identifica uma série de fases intermediárias entre o ser e o não-ser: o querer, o esperar, o poder e o dever ser. Da mesma forma que a matéria compreende os estados gasoso, líquido e sólido, também uma representação pode ter diversos estados de "agregação psi-

---

24. Günter Ellscheid, *Das Problem von Sein und Sollen in der Philosophie Immanuel Kants*, Carl Heymann, Köln – Berlin – Bonn – München, 1968, 193 pp.

cológica": um desses é o *Sollen*, que se refere a representações que, mesmo já não pertencendo ao não-ser, ainda não pertencem ao ser. Para além dessa determinação *per relationem*, não seria possível ir: assim como não é possível explicar a quem não o experimentou o que é o ser ou o pensar, também é impossível explicar o *Sollen*: "Não existe nenhuma definição de Sollen"[25]. Para Simmel, o Sollen é "uma categoria que, adicionando-se ao significado objetivo da representação, confere-lhe um certo *status* com relação ao agir concreto."[26] Não é possível determiná-lo ulteriormente. A seguinte formulação de Simmel (retomada também por Kelsen nos *Hauptprobleme*[27]) constitui um limite intransponível: "O *Sollen* é um modo de pensar como o futuro ou o passado ou como o subjuntivo e o optativo."[28]

Essa categoria formal pode receber qualquer conteúdo e, portanto, "é totalmente separável de qualquer conteúdo"[29]; evidentemente, o conteúdo é indispensável para concretizar essa pura forma, mas a independência do *Sollen* do seu conteúdo é total: "Em nenhum caso, por meio da decomposição lógica do *Sollen*, pode-se explicar por que ele tem aquele determinado conteúdo, nem, por meio da decomposição lógica do conteúdo, por que este último é devido."[30] Por um lado, então, existe essa separação total do *Sollen* do seu conteúdo concreto, ou seja, do ser; por outro, porém, "não se pode negar que o *Sollen*, contrariamente à opinião de Kant, ao menos no caso dos costumes derive seu conteúdo do *Sein*"[31]. O termo "conteúdo" é aqui usado para indicar os vários comportamentos mantidos por cos-

---

25. Georg Simmel, *Einleitung in die Moralwissenschaft. Eine Kritik der ethischen Grundbegriffe*, Besser, Berlin, 1892, vol. I, p. 8.
26. Simmel, *Einleitung in die Moralwissenschaft*, cit., *ibid*.: "ihr eine bestimmte Stelle für die Praxis anweist".
27. Hans Kelsen, *Hauptprobleme der Staatsrechtslehre entwickelt aus der Lehre vom Rechtssatze*, J. C. B. Mohr, Tübingen, 1911, p. 8.
28. Simmel, *Einleitung in die Moralwissenschaft*, cit., p. 9.
29. Simmel, *Einleitung in die Moralwissenschaft*, cit., *ibid*.
30. Simmel, *Einleitung in die Moralwissenschaft*, cit., p. 54.
31. Simmel, *Einleitung in die Moralwissenschaft*, cit., p. 65.

tume em uma certa sociedade. A análise do texto de Simmel confirma essa interpretação. De fato, ele afirma que a repetição de um certo comportamento termina por adquirir uma certa *Pietät*, um certo valor afetivo "que nós violamos apenas vencendo uma resistência moral"[32].

O termo *Pietät* é excessivamente *pregnante*, e Simmel procura esclarecer o seu alcance: "Esse sentimento do dever ser (*Sollen*) de uma ação, o qual deriva da efetividade do ser (*Sein*) desta última, poderia ser definido como um processo indutivo. Assim como para um certo número de casos que têm as mesmas características deduzimos (e esperamos de forma indemonstrável) que também um novo caso com as mesmas características se desenvolva do mesmo modo, também o sentimento da igualdade das conseqüências, que deriva da igualdade da situação, entra – no que se refere ao nosso agir – naquele típico estado de tensão que chamamos *Sollen*."[33] A conclusão lógica, portanto, é que "nesses [*nos costumes*] o comportamento concreto da coletividade se torna um *Sollen* para os sujeitos individuais"[34].

Para Kelsen, essa concepção não é suficientemente radical; se existe uma relação entre *Sein* e *Sollen*, pode tratar-se apenas de uma relação psicológica, e não lógico-formal. Ora, visto que é próprio da teoria pura do direito raciocinar exclusivamente em termos lógico-formais, Kelsen pode chegar a sustentar que "o contraste entre *Sein* e *Sollen* é de natureza lógico-formal, e até quando nos ativermos a uma especulação lógico-formal, nenhuma via conduz de um a outro, e os dois mundos se enfrentam separados por um abismo intransponível"[35].

Quanto mais radical é a separação kelseniana entre *Sein* e *Sollen*, mais dialética é a concepção de Georg Simmel sobre as relações entre realidade e dever ser. Por exemplo,

---

32. Simmel, *Einleitung in die Moralwissenschaft*, cit., p. 68.
33. Simmel, *Einleitung in die Moralwissenschaft*, cit., ibid.
34. Simmel, *Einleitung in die Moralwissenschaft*, cit., p. 65.
35. Kelsen, *Hauptprobleme der Staatsrechtslehre*, cit., p. 8.

sobre o problema do conteúdo (que em Simmel, como foi visto, indica o comportamento consuetudinário) ele chega à conclusão de que o *Sollen* deduz esse conteúdo "por um lado, daquilo que é, porque ele é; por outro, daquilo que ainda não é, porque ele mesmo não é ainda"[36]. Enfim, toda a exposição deságua na problemática fórmula segundo a qual o *Sollen* "está ligado à realidade tanto quanto dela está desvinculado"[37].

Graças à distinção entre análise lógica e análise psicológica, Kelsen é capaz de expor de modo mais argumentado essa mistura entre *Sein* e *Sollen*. Quando Jellinek fala de "força normativa do fato", refere-se a um *Sollen* não-formal, mas psicológico: e para Kelsen aquele "*Sollen* é um caso específico do *Sein*". Kelsen distingue o dever ser psicológico daquele "em sentido lógico-formal", que freqüentemente são confundidos: "a mesma necessidade de delimitação psicológica faz aqui iniciar com um *Sollen* a cadeia logicamente infinita do *Sein*, e conclui lá com um *Sein* a cadeia infinita – e logicamente equivalente – do *Sollen*. É extraordinariamente significativo que se possa responder ao quesito sobre o início e sobre o fim, sobre a origem e sobre a destruição do *Sollen* somente passando do mundo do *Sollen* ao mundo do *Sein*; e que, pondo-se o mesmo quesito com relação ao *Sein*, termine-se no mundo do *Sollen*. Nisso se vê claramente que o problema da origem e da destruição do *Sein* está situado fora das considerações do *Sein* e fora do método cognoscitivo específico (que é explicativo ou causal); da mesma forma, o problema da origem ou da destruição do *Sollen* não se coloca mais no nível especulativo dirigido apenas ao *Sollen*, nem dentro do método cognoscitivo normativo"[38].

Kelsen podia afirmar que o *Sollen* inicia concretamente com um *Sein* porque ele, nos *Hauptprobleme der Staats-*

---

36. Simmel, *Einleitung in die Moralwissenschaft*, cit., p. 83.
37. Simmel, *Einleitung in die Moralwissenschaft*, cit., p. 84.
38. Kelsen, *Hauptprobleme der Staatsrechtslehre*, cit., pp. 9 s.

rechtslehre, concebe o direito como um ordenamento estático, ou seja, como uma totalidade já existente. Nas obras sucessivas, desenvolvendo uma análise do direito no seu devir, deverá aplicar radicalmente essa concepção da origem do *Sollen*, fazendo culminar a ininterrupta cadeia do *Sollen* com aquela norma fundamental, que a teoria pura do direito não pode nem quer ulteriormente explicar. Exatamente essa inexplicabilidade é a causa da acusação de jusnaturalismo por vezes dirigida à teoria pura do direito.

Embora a problemática da norma fundamental ainda seja estranha aos *Hauptprobleme der Staatsrechtslehre*, a concepção do *Sollen* ali expressa constitui sua indispensável premissa metodológica. É curioso notar que Hans Kelsen declara ter chegado à concepção dinâmica do direito por meio das obras de Adolf J. Merkl; todavia, também a obra de Georg Simmel, da qual ele extraiu muitas de suas idéias sobre o *Sollen*, contém notáveis temas para a construção de uma teoria hierárquica (ou em graus) do ordenamento jurídico.

Contudo, aqui não é importante estabelecer se existe uma relação direta entre a concatenação do *Sollen* enunciada por Simmel e a norma fundamental postulada por Kelsen; é importante sublinhar que, partindo de um rígido dualismo de *Sein* e *Sollen*, não se pode chegar a explicar a realidade, mas se consegue apenas justificar a renúncia a qualquer explicação.

Isso está muito claro também no escrito de Georg Simmel. Ele afirma, de fato, que o *Sein* não pode ser definido, mas apenas vivido e sentido:"Por isso ele não pode ser deduzido de simples conceitos, mas apenas daqueles dos quais o *Sein* tenha já de qualquer modo começado a fazer parte."[39] O mesmo vale para o *Sollen*:"O fato de que devamos (*sollen*) algo, se deve ser provado logicamente, pode ser provado apenas reconduzindo-o a outro *Sollen*, pressuposto como certo; por si mesmo, trata-se de um fato primigê-

---

39. Simmel, *Einleitung in die Moralwissenschaft*, cit., p. 12.

O APOGEU DO SISTEMA CLÁSSICO 117

nio (*Urthatsache*), para além do qual podemos colocar-nos quesitos psicológicos, mas não mais lógicos."[40] Pode-se, assim, remontar até o último *Sollen*, do qual "todos os outros deduzem a dignidade de *Sollen*, sem que este último a deduza de outra instância"[41].

Exatamente nesse excerto de Simmel encontramos claramente formulado o problema que, na doutrina kelseniana, apresenta-se todas as vezes que se discute a norma fundamental. Num sistema de *Sollen* (ou de normas em sentido kelseniano, o que é a mesma coisa), quando se chega àquele *Sollen* "que não pode, por sua vez, desvincular-se do *Sollen* mesmo, ou seja, que já não pode deduzir sua dignidade de um outro, a cadeia se interrompe e deixa-nos sem explicações para este último, exatamente como havia-nos deixado para o primeiro: *o último elemento que podemos explicar é o penúltimo*"[42].

7. O dever ser na teoria pura do direito

Como reforço da própria posição, divergente da de Simmel, Kelsen aduz também o escrito de um obscuro jurista, Arnold Kitz[43]. Tal escrito permite-lhe reafirmar a divisão absoluta entre ser e dever ser e radicalizar ulteriormente a concepção simmeliana, concebendo o dever ser como entidade indivisível.

Essa noção fundamental do pensamento kelseniano assume, assim, sua configuração definitiva desde o primeiro escrito da teoria pura do direito. Seria, portanto, inútil expor todos os passos nos quais, no decorrer de suas obras, Kelsen enuncia a total divisão entre ser e dever ser, ou ainda a

---

40. Simmel, *Einleitung in die Moralwissenschaft*, cit., *ibid.*
41. Simmel, *Einleitung in die Moralwissenschaft*, cit. p. 13.
42. Simmel, *Einleitung in die Moralwissenschaft*, cit. p. 14; grifos meus.
43. Arnold Kitz, *Sein und Sollen*. Abriss einer philosophischen Einleitung in das Sitten- und Rechtsgesetz, Hermannsche Buchhandlung (Moritz Diesterweg), Frankfurt a. M., 1864, 123 pp.

função que o dever ser cumpre em seu sistema. Para as primeiras obras kelsenianas (*Hauptprobleme der Staatsrechtslehre, Das Problem der Souveränität, Der soziologische und juristische Staatsbegriff*), esse trabalho exegético já foi realizado num polêmico ensaio de Fritz Sander, inicialmente aluno, depois adversário de Kelsen, com quem teve uma longa e violenta polêmica, interrompida apenas pela morte prematura de Sander[44]. O problema do *Sollen*, de fato, é um problema sobretudo do primeiro Kelsen; e Franz Achermann, reunindo em seu escrito de 1955 vários trechos sobre o *Sollen* extraídos de vários autores[45], na parte dedicada a Kelsen se deteve na *Allgemeine Staatslehre* de 1925. Depois dessa obra, com efeito, pode-se dizer que o dualismo entre *Sein* e *Sollen* é percebido por Hans Kelsen não mais como um problema, mas apenas como dado da teoria pura do direito.

Pode-se, portanto, concluir que uma análise das obras posteriores a 1925 não é indispensável, porque nelas bem pouco mudou em relação à originária concepção kelseniana do *Sollen*. Nem poderia ser de outra forma: uma mudança de opinião a esse respeito teria tido como conseqüência direta a revisão de todo o sistema.

Nota-se, ao invés, uma modificação no modo pelo qual Hans Kelsen trata o problema do *Sollen*: enquanto, nas primeiras obras, ele tentava definir sua essência, nas obras seguintes ele dá como certa a natureza do *Sollen* e concentra, ao invés, a atenção sobre sua função no interior do sistema. Assim, enquanto nos *Hauptprobleme der Staatsrechtslehre* são citados Georg Simmel e Arnold Kitz, na segunda edição da *Teoria pura do direito* (1960) desaparece qualquer

---

44. Fritz Sander, *Der Staat als Sollen und das Recht als Sein*, "Archiv für Rechts- und Wirtschaftsphilosophie", 1923, pp. 1-52. A reprodução fac-similar de seis artigos de Kelsen e Sander e de dois de Berhard Stark e Felix Kaufmann, conexos com essa polêmica, está em Stanley L. Paulson (Hrsg.), *Die Rolle des Neukantianismus in der Reinen Rechtslehre. Eine Debatte zwischen Sander und Kelsen*, Scientia, Aalen, 1988, 452 pp.

45. Franz Achermann, *Das Verhältnis von Sein und Sollen als ein Grundproblem des Rechts*, Keller, Winthertur, 1955, VIII-125 pp.

O APOGEU DO SISTEMA CLÁSSICO 119

menção às fontes das quais foi extraído o conceito de *Sollen*. Kelsen limita-se a dizer que o *Sollen* "é um dado imediato da nossa consciência"[46] e, referindo-se aos *Principia Ethica* de Moore[47], define-o como um "conceito simples", ou seja, um conceito não ulteriormente analisável e definível, como, por exemplo, o conceito de amarelo.

No volume sobre o problema da soberania, Kelsen tentara superar os inconvenientes suscitados pela total divisão entre *Sein* e *Sollen*, sublinhando que ambos "são formas de pensamento irredutíveis: podem, porém, ter o mesmo conteúdo. Um comportamento humano pode ser estudado como fragmento da natureza ou como conteúdo de uma norma jurídica que o prescreve. Em virtude desse substrato, é possível avaliar um comportamento concreto. De outra forma, não teria sentido afirmar que um elemento real tem ou não valor. Portanto, o conteúdo de um *Sein* pode ser confrontado com o conteúdo de um *Sollen*"[48]. Esse pensamento é retomado também na *Teoria pura do direito* de 1960: "O comportamento que a norma estatui como devido e que é o conteúdo da própria norma pode ser confrontado com o comportamento objetivo e, conseqüentemente, julgado conforme ou não conforme à norma, isto é, ao conteúdo da norma."[49]

---

46. Kelsen, *La dottrina pura del diritto*, cit., p. 14.

47. "'Good' is a simple notion just as 'yellow' is a simple notion": Georg Edward Moore, *Principia Ethica*, Cambridge University Press, Cambridge, 1960, XXVII-232 pp.; Kelsen cita a edição de 1922, pp. 7 ss. Trad. ital.: *Principia Ethica*. Prefazione di Nicola Abbagnano, Bompiani, Milano, 1964, 358 pp. Para uma visão global do *Sollen* em Kelsen, cf. Peter Schneider (Hrsg.), *Sein und Sollen im Erfahrungsbereich des Rechtes*, Steiner, Wiesbaden, 1970, 256 pp. (Beiheft dell'"Archiv für Rechts- und Sozialphilosophie" com as atas do Congresso do IVR de 1967), em particular Norberto Bobbio, *"Sein" and "Sollen" in Legal Science*, pp. 7-29; Günther Winkler, *Rechtstheorie und Erfahrungslehre. Kritische Anmerkungen zum Dilemma von Sein und Sollen in der Reinen Rechtslehre aus geistegeschichtlicher und erkenntnistheoretischer Sicht*, Springer, Wien – New York, 1990, XXI-247 pp.

48. Hans Kelsen, *Das Problem der Souveränität und die Theorie des Völkerrechts. Beitrag zu einer Reinen Rechtslehre*, J. C. B. Mohr (Paul Siebeck, Tübingen, 1920, p. 99, nota 1).

49. Kelsen, *La dottrina pura del diritto*, cit., p. 15.

Essas asserções poderiam, talvez, ser criticadas, dizendo que no exemplo adotado por Kelsen, o confronto não é entre um *Sein* e um *Sollen*, mas entre dois comportamentos qualificados por um diverso *modus*: o *Sein* para um, o *Sollen* para outro. Basta aqui, porém, sublinhar que Hans Kelsen sente às vezes a exigência de colocar um limite ao dualismo entre *Sein* e *Sollen*, mas essa conciliação parcial permanece em estado de tentativa.

Todavia, esses problemas dizem respeito mais à exposição do que à natureza do *Sollen*. Pode-se, portanto, concluir, resumindo as três características do *Sollen* segundo Kelsen: 1. a indefinibilidade; 2. a total separação do *Sein*; 3. a indivisibilidade.

Essa concepção do *Sollen* pode suscitar dúvidas[50], cujo exame, porém, é de natureza estritamente filosófica, porque se resolve numa exegese do pensamento neokantiano. Para uma correta determinação do sistema interno ao direito proposto por Kelsen; é por ora suficiente ter documentado a ambigüidade do elemento sobre o qual se funda toda a construção kelseniana. É tempo, a essa altura, de reconsiderá-la integralmente, à luz dessa visão mais detalhada do dever ser.

8. A "Górgona do poder" e a neutralidade do sistema jurídico interno

A teoria pura do direito é uma teoria estrutural do direito. Também nela, portanto, retorna aquele conflito fundamental entre estrutura e história que será examinado quando tratarmos do estruturalismo (cf. vol. 3, cap. II). Uma

---

50. Em particular, é discutível a tentativa kelseniana de distinguir um dever ser prescritivo (próprio das normas jurídicas) de um dever ser descritivo (próprio das proposições jurídicas). Desse problema me ocupei mais extensamente em meu artigo *Per un'analisi del "Sollen" in Hans Kelsen*, "Rivista internazionale di filosofia del diritto", XLIV, 1967, n. 3, pp. 562-8 (também em Losano, *Forma e realtà in Kelsen*, cit., pp. 84-7).

teoria jurídica estrutural é, portanto, a-histórica: pretende descrever o direito como ele é, mas não se interessa por sua gênese ou evolução. Em particular, ela busca as constantes estruturais do direito em sua forma, mas não em seus conteúdos. Uma teoria estrutural do direito é, portanto, também uma teoria formalista.

As críticas dirigidas ao *Sollen*, à norma fundamental, à validade e à construção hierárquica do ordenamento jurídico não são mais que um reflexo das críticas ao formalismo jurídico em geral. O próprio Kelsen se deu conta disso perfeitamente. As limitações conscientes que ele impôs ao próprio discurso, sobre as quais já nos detivemos, demonstram claramente esse problema. Mas existe um excerto em que o próprio Kelsen indica para onde conduziria a busca da validade do direito: "O problema do direito natural é o eterno problema do que está por trás do direito positivo. E quem procura uma resposta não encontra – temo – nem a verdade absoluta de uma metafísica, nem a justiça absoluta de um direito natural: *quem levanta o véu e não fecha os olhos é ofuscado pela Górgona do poder.*"[51]

Kelsen está, portanto, consciente de que o problema da origem do direito é, na verdade, um problema extrajurídico; todavia, recusa-se a enfrentá-lo e prefere construir uma teoria que contorna o problema. Para usar suas próprias palavras, "levanta o véu", mas depois fecha os olhos. Essa escolha não está fundada no direito positivo, mas é ditada por uma precisa escolha de posição filosófica.

Seria natural, a essa altura, perguntar-se por que a construção kelseniana evita, conscientemente, explicar alguns problemas centrais do direito: problemas centrais pela importância a eles atribuída por muitas outras teorias, mas situados às margens da construção sistemática de Kelsen.

51."Wer den Schleier hebt und sein Auge nicht schliesst, dem starrt das Gorgonenhaupt der Macht entgegen": Hans Kelsen, *Gleichheit vor dem Gesetz*, "Veröffentlichung del Deutschen Staatsrechtslehrer", Heft 3, Walther de Gruyter, Berlin-Leipzig, 1927, p. 55; grifo meu.

A explicação é política e psicológica ao mesmo tempo: para Kelsen, o poder que gera o direito é um fato não modificável; ou seja, o poder político que se exerce na sociedade em que o jurista vive é um poder que não é colocado em discussão. Quem aceita sem discutir o poder político existente, porém, pode ser definido como politicamente conservador: é uma qualificação que retorna para todas as teorias que visam conservar o equilíbrio de um sistema e que, portanto, em particular, retorna também para a superteoria de Luhmann (cf. vol. 3, cap. IV, 1, b).

Os ataques políticos contra a teoria pura do direito não têm decerto faltado; antes, sua freqüência e heterogeneidade são, para Kelsen, uma confirmação da exatidão de sua teoria. Também essa confirmação *ex negativo* é típica da mentalidade a-histórica de Kelsen. De fato, ele foi acusado de conservadorismo pelos progressistas, de liberalismo pelos comunistas, de comunismo pelos nazistas, e assim por diante. Assim apresentada, a disputa político-filosófica sobre a teoria pura do direito parece o argumentar inconclusivo de uma humanidade atormentada por paixões, que, porém, se rompem contra o rochedo da teoria pura do direito. Mais uma vez, essas acusações nascem em contextos históricos precisos e são, em certa medida, não contrastantes, mas suplementares.

Antes de tudo, ao definir como conservadora a teoria pura do direito, não se dá um juízo de valor, mas se diz apenas que ela é uma doutrina que não considera seu dever de modificar o ordenamento jurídico da sociedade em que nasceu. Ao constatar esse imobilismo, não se sublinha nem um aspecto positivo, nem um aspecto negativo da teoria pura: uma mudança pode, efetivamente, consistir tanto numa melhoria quanto numa piora da situação. Em outras palavras, o conservadorismo jurídico não pode ser avaliado de modo absoluto, mas somente em relação às mutáveis situações sociais em que ele se manifesta e ao posicionamento ético-político do observador.

Por exemplo, pode-se avaliar positivamente (segundo determinado ideal político) o conservadorismo que tentou preservar o ordenamento jurídico liberal dos ataques nacional-socialistas e fascistas; por outro lado, pode-se avaliar negativamente (sempre segundo determinado ideal político) o conservadorismo que tentou conservar fragmentos do ordenamento jurídico nacional-socialista ou fascista contra um progressivo fortalecimento dos ideais liberais. Quem propugna um oposto ideal político chegará a avaliações opostas. Esse tema retornará integralmente ao examinarmos a situação do direito quando do advento e, em seguida, após o final do nacional-socialismo (cf. *infra*, cap. V). Deve ser sublinhado que não são absolutamente raros os casos de normas jurídicas de inspiração ideológica que sobrevivem ao regime político que as emanou[52].

À luz dessa constatação, fica claro como Kelsen pôde ser atacado pelos nacional-socialistas, pelos liberais, pelos socialistas etc. Esses ataques, de fato, não ocorriam contemporaneamente, mas se referiam à mesma função de conservação exercida pela mesma doutrina em momentos históricos diferentes. Tinham um elemento em comum: não eram críticas imanentes, mas críticas externas à teoria pura do direito. Pediam-lhe, efetivamente, que explicasse o que ela pretendia deixar fora do seu âmbito de investigação.

O problema político da teoria pura do direito consiste exatamente neste seu polivalente conservadorismo: ela termina por poder ser aplicada a qualquer ordenamento jurídico existente e, portanto, termina implicitamente por aceitá-lo e justificá-lo. Essa perspectiva histórica, estranha à mentalidade kelseniana, explica por que a teoria pura do

---

52. Em setembro de 1998, uma polêmica sobre o *doping* no esporte italiano levou a desempoeirar a lei institutiva do Comitê Olímpico, na qual se lê: "Tarefas do Comitê Olímpico Nacional são a organização e a potencialização do esporte nacional na direção do aperfeiçoamento atlético, *com uma particular atenção à melhoria física e moral da raça*" (art. 2, Lei n. 426 de 1942, grifos meus). O que pensar de um juiz que, na hodierna Itália republicana aplicasse literalmente essa norma fascista? A resposta depende da ideologia de quem formula a avaliação: o racista dar-lhe-ia um juízo positivo; o liberal, um juízo negativo.

direito foi atacada por todas as doutrinas jurídicas nascidas de ideais revolucionários de direita ou de esquerda: para os nacional-socialistas, ela era uma doutrina que visava perpetuar o Estado liberal; para os comunistas de matriz soviética, era uma teoria que, para o passado, se prestava a conferir o crisma da legalidade também às mais atrozes disposições do direito nacional-socialista (se bem que o próprio Kelsen tivesse sido vítima dele) e, para o futuro, podia justificar outras igualmente iliberais. Mais de uma vez foi pronunciado este duro juízo: de que a teoria pura do direito não pôde ser a doutrina jurídica oficial do nazismo somente porque foi elaborada por um judeu. Essa avaliação é infundada no plano histórico e político: confutam-na a ativa fé democrática e o múltiplo exílio de Kelsen; ela, porém, não é infundada no plano teórico-jurídico: a doutrina pura do direito não leva em consideração o conteúdo de um ordenamento jurídico.

Um discurso à parte deveria ser desenvolvido sobre as acusações de "socialismo" dirigidas contra Kelsen. Estas, mais do que à estrutura da teoria pura do direito, devem ser reconduzidas à sua posição pessoal, que, nos primeiros anos da sua carreira foi próxima à dos austro-marxistas[53]. Exatamente por esse motivo, porém, convém reservar sua análise para um estudo dedicado ao homem Kelsen, e não à doutrina jurídica por ele elaborada.

Esclarecendo em que consiste o caráter conservador da teoria pura do direito, penso ter implicitamente explicado também o motivo pelo qual Kelsen evita "a Górgona do poder" e elabora, conscientemente, uma construção acéfala. De fato, partindo do pressuposto de que todo ordenamen-

---

53. Sobre as relações entre Kelsen e o marxismo, cf. Lucio Colletti, *Tramonto dell'ideologia. Le ideologie dal '68 a oggi. Dialettica e non contraddizione. Kelsen e il marxismo*, Laterza, Bari – Roma, 1981, 193 pp.; Franco Russo, *Kelsen e il marxismo. Democrazia politica o socialismo*, La Nuova Italia, Firenze, 1976, IX-195 pp.; Peter Higi, *Sein und Sollen in der marxistischen Rechtstheorie unter Berücksichtigung des marxistischen Wissenschaftsverständnisses*, Schultheiss, Zürich, 1988, XXIV-328 pp., que, porém, não inclui Kelsen na bibliografia.

to jurídico deve ser estudado como se fosse existente desde sempre e para sempre, a teoria da estrutura a graus resulta largamente aceitável. Na realidade, porém, todo ordenamento jurídico surge, se transforma e desaparece. A própria teoria pura do direito – como foi visto no parágrafo dedicado ao problema da revolução, cf. *supra*, cap. II, 6 – deve estar ciente disso, mesmo que depois evite extrair desse fato todas as conseqüências. Ela, de fato, se dá conta de que existe uma ligação entre direito e realidade, porém separa-os nitidamente e recusa dar ao direito um fundamento extrajurídico. Essa recusa é de natureza filosófica; e sobre esta se funda o caráter conservador da teoria pura do direito, a qual não contesta, mas constata; todavia, para não sair do terreno da pura constatação, ela é obrigada a não se pronunciar nem a favor nem contra a origem de determinado direito. Obviamente, existem casos em que não se pronunciar contra significa pronunciar-se a favor, mas esse é um juízo ético ou político, e não científico: diz respeito à razão prática, e não à epistemologia.

Esse silêncio sobre o vértice do sistema interno do direito põe em crise os fundamentos da teoria pura do direito. Resta, porém, perguntar se o fato de encontrar contradições internas à teoria pura do direito torna esta última totalmente destituída de valor científico. Em relação ao discurso sobre o sistema, isso equivale a perguntar se, colocado em crise o ponto central de um sistema jurídico interno, ele perde toda validade científica e deve, portanto, ser rejeitado completamente. Talvez o problema se ponha em termos mais complexos, que agora é oportuno enunciar brevemente.

9. A coerência intra-sistemática como valor

Quando uma teoria pretende explicar uma certa realidade (por exemplo, o direito), pode enfrentar seu objeto de mais de um ponto de vista, mas, não sendo possível enfrentá-lo contemporaneamente de todos os pontos de vista, o autor escolhe um que lhe parece explicar melhor o fenômeno. A escolha desse ponto de vista é, porém, influenciada também por fatores extracientíficos. Disso deriva que muitas vezes o ponto de vista escolhido não é o melhor para explicar uma certa realidade, mas representa um compromisso entre exigências muitas vezes dificilmente conciliáveis. Em particular, Kelsen pretende descrever o direito como é, mas, ao mesmo tempo, não pretende estudar sua origem extrajurídica. Da combinação dessas duas exigências nasce a teoria pura do direito, com suas qualidades e seus defeitos.

Ela visa fornecer uma explicação exclusivamente jurídica do direito positivo. Ao fornecer essa explicação, porém, a teoria pura deve enfrentar uma série de argumentos em relação aos quais é possível uma pluralidade de métodos. Por exemplo, a respeito do problema do direito subjetivo, a gama de métodos possíveis é relativamente restrita e, entre os possíveis métodos, o estritamente jurídico se situa com razão entre os mais importantes. Quando, ao contrário, se enfrenta o problema da validade do direito, a gama de métodos possíveis se estende consideravelmente e – sobretudo – a importância do método jurídico diminui em relação à de métodos diversos (por exemplo, de tipo filosófico, sociológico ou político). Nessa complexa situação, procurar manter-se fiel a um método predeterminado comporta um perigo: com base naquele único método podem ser explicados bem certos fenômenos, menos bem outros e decididamente mal outros ainda.

Em certos casos, a explicação oferecida pela teoria pura do direito é convincente e representa um efetivo progresso da ciência jurídica: pense-se nas explicações racionais propostas por Kelsen em lugar das ficções jurídicas. Todavia, é problemático ater-se a uma explicação exclusivamente jurídica quando se abandonam os fenômenos mais tipicamente jurídicos, passando-se a fenômenos a propósito dos quais é possível uma pluralidade de métodos. Basta recordar brevemente as complicações introduzidas por Kelsen para explicar o caráter normativo da norma fundamental, introduzindo uma vontade fictícia da qual ele reconhece a inexistência efetiva. Essa explicação não contribui para um melhor conhecimento do direito, mas a ele é indispensável por razões de coerência metodológica.

Porém, escolhe-se um certo posicionamento metodológico com base em critérios filosóficos ou ideológicos em sentido amplo. Tais critérios permanecem ocultos até que o método escolhido não encontre dificuldades, ou seja, até quando ele explica efetivamente os fenômenos tomados em exame. Quando, porém, a explicação se torna insuficiente, o estudioso persevera no método escolhido porque ressurgem, de forma mais premente, os motivos filosóficos que tinham em origem condicionado a escolha daquele método. Procurando conciliar as exigências científicas com as filosóficas, chega-se ao ponto em que a explicação proposta já não colhe a essência do fenômeno a ser explicado, mas dele explica apenas um aspecto marginal; todavia, o estudioso a sustenta porque só assim pode salvar a coerência interna de toda a construção.

Mas então, assim como para o sistema externo, também para o sistema jurídico interno é possível dizer que ele, em certos casos, torna-se um valor: estabelecido que certas premissas *devem* explicar certos fenômenos, não se hesita em distorcer os fenômenos, para fazê-los entrar novamente no sistema, interno ou extermo que seja. Assim, estabelecido que entre o mundo do ser e o mundo do dever ser não pode existir relação, por coerência metodológica Kelsen deve recusar tomar em consideração qualquer relação entre realidade e direito. Portanto, chegando ao vértice da pirâmide normativa e não desejando enfrentar a Górgona do poder, Kelsen deve recorrer a uma série de explicações que não esclarecem a natureza do objeto estudado: o caráter normativo da norma fundamental, a relação problemática entre validade e eficácia, a ambigüidade e a indefinibilidade do dever ser já não são explicações de fenômenos jurídicos positivos, mas justificações da teoria kelseniana diante da falta de explicação de certos fenômenos jurídicos.

O sistema jurídico interno assume, assim, o curioso caráter de construção que, originada para explicar "de dentro" uma certa realidade, corre o risco de autodestruir-se diante deste dilema: explicar até o fim a realidade, negando a própria coerência metodológica; ou salvar essa coerência, oferecendo porém uma explicação muitas vezes marginal da realidade estudada.

10. A insuficiência das teorias jurídicas e sua continuação

Tendo-se chegado, assim, a um ponto crucial na crítica ao sistema kelseniano, entendido como exemplar sistema jurídico interno, pode-se retornar à função da crítica interna ou imanente (cf. *supra*, cap. II, 8). Uma série de incongruências intra-sistemáticas demonstrou que a unitariedade do sistema e a especificidade do nexo entre cada uma de suas partes não são assim tão unívocas como deseja seu autor. Após séculos de organização do material jurídico amorfo segundo as regras lógicas do sistema externo, procurara-se o sistema no interior do próprio material jurídico. Mas, construindo sistemas, tanto externos quanto internos ao direito, chegou-se sempre a resultados apenas em parte satisfatórios. Em outras palavras, cada uma dessas teorias explicava apenas em parte a realidade jurídica.

Chegou-se, dessa forma, a uma encruzilhada. Por um lado, existe a crítica negativa, que consiste em alegrar-se com a confutação de uma certa doutrina, escrevendo um livro a esse respeito e passando, depois, à destruição de outra doutrina. Por outro lado, existe uma crítica construtiva, que visa compreender a doutrina criticada e, para usar a expressão de Croce, estabelecer o que nela está vivo e o que nela está morto. É, todavia, necessário um esclarecimento preliminar sobre os problemas da crítica imanente, ou interna, e da crítica transcendente, ou externa, a uma certa teoria: trata-se aqui de dois métodos críticos não opostos, mas complementares.

Costuma-se apresentar como cientificamente válida apenas a crítica imanente, mas tal convicção é um reflexo da concepção que identifica cientificidade e sistematicidade de uma doutrina. O crítico deveria, efetivamente, limitar-se a verificar se as passagens de um silogismo a outro da construção doutrinária estão corretas ou não. Se estão, a doutrina é inatacável; caso contrário, a doutrina é inaceitável. Para os defensores dessa concepção, a crítica transcendente não é uma atividade científica, porque coloca em discussão exatamente aquilo que, por definição, não se deve discutir: o conjunto dos axiomas dos quais parte a inteira construção. Diante dessa correção metodológica, porém, a crítica imanente apresenta ao menos um defeito: uma crítica exclusivamente interna seria votada ao imobilismo perpétuo. Para o progresso do conhecimento é indispensável passar da crítica interna à externa[54].

Nas páginas anteriores procurei aplicar esse ponto de vista menos abstrato e menos estático. Julgo, de fato, que se deva antes de tudo enfrentar a crítica imanente de uma certa doutrina, verificando se e onde existem discrepâncias lógicas. Na prática, não existem teorias jurídicas que não contenham alguma contradição interna; isso depende do fato de que o método escolhido, como já foi dito, representa um compromisso entre várias exigências, nem todas de natureza puramente científica. Ao analisar em concreto uma doutrina, a crítica imanente chegará a um ponto final, que consiste em aceitar a doutrina em exame ou refutá-la. Em relação à teoria kelseniana, considerada exemplo paradigmático do sistema jurídico interno, o procedimento seguido pode ser sintetizado nestas duas fases: antes de tudo, analisa-se a doutrina para identificar suas contradições lógicas; depois

---

54. Não é possível construir uma teoria "completamente nova" do direito: em geral, são as teorias jurídicas revolucionárias que se apresentam, por razões políticas, como completamente novas; mas não é difícil desenterrar as suas raízes históricas.

de terem sido encontradas, são coordenadas num esquema explicativo de maior amplitude, procurando explicar por que o autor incorreu naquelas contradições; pergunta-se, pois, se tais contradições comprometem a teoria inteira, ou apenas parte dela. No caso da teoria pura do direito, deve-se concluir que os axiomas kelsenianos servem para explicar bem apenas alguns problemas jurídicos: explicam bem a estrutura de um ordenamento jurídico existente e menos bem sua origem e função.

Exatamente essa última constatação, a meu ver, legitima a passagem da crítica imanente à transcendente. De fato, se uma construção tão refinada como a teoria pura do direito não consegue responder aos quesitos que o próprio Kelsen reconhece como os eternos quesitos do direito, então é cientificamente lícito propor uma modificação radical ou até mesmo uma substituição global no sistema dos axiomas. Em outros termos, terminada a crítica imanente, considero cientificamente lícito não limitar-se a constatar o caráter insatisfatório da teoria kelseniana, mas ir além, propondo uma teoria diversa que explique mais e melhor.

"Mais" e "melhor" são juízos de valor historicamente condicionados. Visto que é possível considerar preferível uma teoria do direito que leve em conta a possibilidade de subverter o ordenamento jurídico existente, será "melhor" do que a teoria do direito kelseniana uma teoria do direito que não seja conservadora, mas inovadora. Pode-se considerar que o que conta é o nascimento do direito da realidade e a incidência do direito sobre a realidade: então, deve-se concluir que uma visão unitária do mundo real e do mundo normativo (ou seja, uma doutrina, não dualista, mas monista) explica "mais" do que a doutrina kelseniana. Disso ter-se-á uma confirmação nas próximas páginas, quando as considerações teóricas desses três últimos parágrafos cederão lugar à análise das teorias jurídicas do século XX e do contexto social em que tomaram forma.

As teorias jurídicas de tipo sistemático cumpriram uma função em determinadas épocas históricas. Seu mérito maior é, sem dúvida, o de ter contruibuído de modo deter-

O APOGEU DO SISTEMA CLÁSSICO 131

minante para a codificação do direito: ainda hoje os códigos são a estrutura enfim ineliminável do pensamento e da prática jurídica da Europa continental e dos Estados que adotaram o seu modelo. Em seguida, com o passar do tempo, percebeu-se que as teorias sistemáticas não mais respondiam às exigências do mundo circunstante, mesmo que uma parte dos problemas abertos não tivessem sido discutidos até o fim e mesmo que uma parte dos pseudoproblemas não tivesse sido eliminada. Conscientemente, abandonou-se então um campo cultivado apenas em parte, para enfrentar um campo diverso.

O novo campo, porém, não era inculto, mas trazia os sinais de um trabalho anterior e de um posterior abandono. Também para ele, segundo uma imaginária arqueologia jusfilosófica, seria possível traçar uma história análoga às das teorias jurídicas de tipo sistemático. Trata-se de uma história sempre enraizada na cultura ocidental, mas ligada a concepções não racionalistas do direito, que corre paralela e se cruza com a do pensamento sistemático. Ambas são histórias da forma, e não do conteúdo do direito, portanto não podem ser mecanicamente associadas à dicotomia entre política conservadora e política inovadora: muitas vezes os juristas sistemáticos são conservadores e os assistemáticos são reformadores, mas, muitas vezes, é igualmente verdadeiro o contrário. A história do pensamento assistemático no direito é a visão da história inteira do direito de outro ponto de vista, segundo outra chave de leitura, com outros fatos e com outros protagonistas. É "uma outra história", com suas doutrinas e seus problemas.

A evolução social faz justiça sumária de doutrinas e problemas. As teorias são abandonadas não porque completamente esclarecidas – e isso seria, antes, um mérito que as tornaria irrenunciáveis –, mas porque os problemas dos quais se ocupam já não interessam. Outras teorias surgirão de suas ruínas, até que o pêndulo da história não retorne à direção anterior, suscitando problemas não iguais, mas semelhantes, suscitados por interesses não iguais, mas análogos. Tal é a questão dos problemas "eternos" do direito: sua eternidade consiste na perene incompletude e diversidade com que se apresentam, historicamente.

Uma época de relativa paz social terá interesse em meditar sobre as formas do direito que felizmente a rege: a doutrina de Kelsen deita suas raízes na grande Viena da Belle Époque, num mundo estável que se dissolve com a Primeira Guerra Mundial. Uma época de fortes tensões sociais, ao contrário, tenderá a superar um direito antigo que dificulta a renovação social ou a infringir as normas de um direito que coativamente reprime os fermentos do novo: é a época de Weimar e dos totalitarismos. Mas, para manifestar-se, nem a paz social, nem os conflitos de massa esperam respeitosamente que os juristas tenham terminado suas disputas.

PARTE II
Do sistema para dizer ao sistema para fazer

Capítulo IV
A dúvida sobre a razão

O fio do discurso. Este capítulo é indispensável para compreender os pressupostos culturais dos capítulos sobre a jurisprudência dos valores (cap. VI), sobre o sistema móvel de Wilburg (cap. VII) e sobre o sistema aberto de Canaris (cap. VIII).

A teoria de Kelsen, apesar de amadurecida nos primórdios do século XX, está ligada à tradição filosófica do idealismo kantiano e à fé na racionalidade, que se manifesta na lógica. O século XX põe em discussão tais princípios: ao idealismo, substitui-se o materialismo; à razão, a vontade. No direito, contesta-se a lógica como instrumento principal da interpretação. Ao aplicar uma norma geral ao caso concreto, a vontade do juiz é privilegiada em relação à dedução lógico-formal. Visto que sistema e lógica estão estreitamente conexos, as teorias realistas do direito rejeitam a visão sistemática: o item 9 analisa os argumentos que Eugen Ehrlich formulou em 1918 contra o sistema jurídico.

A bifurcação entre as concepções sistemáticas e as realistas remonta a Rudolf von Jhering. Defensor da teoria sistemática na primeira parte de sua vida, ele se convencera nas últimas décadas do século XIX de que a lógica já não conseguia espremer do direito romano as regras necessárias à sociedade alemã, àquela altura industrializada. Ao aplicar a norma, o juiz deveria, por isso, visar o interesse protegido pelo direito. Esse princípio foi retomado e formulado em termos radicais por Hermann Kantorowicz (1877-1940), que viu no juiz um criador do direito. Um dos temas debatidos em seu "Movimento do Direito Livre" (quer dizer, livre do vínculo com a norma) era, efetivamente, se o juiz podia interpretar também *contra legem*. A secessão em 1905 da ala moderada do

Movimento, guiada por Philipp Heck (1858-1943), é conhecida como "jurisprudência dos interesses". Porém, não obstante as polêmicas internas, as diferenças entre as duas correntes são mais de formulação que de substância. Ambas, após um efêmero sucesso na República de Weimar, foram eliminadas pelo advento do nacional-socialismo em 1933.

Referir-se ao interesse que o direito deve proteger significa remeter-se exatamente aos valores que as teorias formalistas pretendiam manter fora do direito. Mas quem determina o valor ao qual deve fazer referência o juiz? Pode-se tentar determiná-lo empiricamente: e, de fato, o Movimento do Direito Livre é considerado um precursor da sociologia do direito. Se, ao contrário, é o Estado que o determina, e se o Estado é totalitário, assiste-se à eliminação do direito, como documenta o cap. V. Na realidade, teorias formalistas e antiformalistas devem conviver: a lógica garante a certeza do direito, mas não a eqüidade no caso-limite; por outro lado, a abertura ao valor garante a eqüidade, mas não a certeza. Visto que certeza e eqüidade são ambas indispensáveis, vários autores tentaram equilibrá-las. A essas teorias do pós-guerra, após os desastres dos totalitarismos, são dedicados os capítulos VI (sobre a jurisprudência dos valores), VII (sobre o sistema móvel de Wilburg) e VIII (sobre o sistema aberto de Canaris). Essas teorias antiformalistas pós-bélicas, portanto, se conectam aos movimentos anteriores ao nacional-socialismo e, curiosamente, se autodefinem "sistemas": não sistemas para interpretar, mas sistemas para aplicar o direito. Com tais teorias, o termo "sistema" sofre, pois, uma evolução que o separa de sua história até o momento examinada.

1. O final do século XIX: do espírito à matéria

Quem abre um livro de teoria jurídica do início do século XX e o confronta com outros de poucas décadas antes tem a sensação de mover-se num outro mundo. E, efetivamente, em poucas décadas o mundo havia radicalmente mudado graças aos prodigiosos progressos científicos e ao conseqüente maciço ingresso da técnica no mundo da produção.

O avanço científico do final do século XIX ia tomando forma desde a metade desse mesmo século. Muito mais do que a química e a física, foram sobretudo as ciências biológicas que subverteram a imagem que o homem tinha de si. Com a teoria da evolução da espécie, enunciada em 1859 por Charles Darwin (1809-82), entrava em crise a visão dualista que ao animal contrapunha o ser humano, criado por Deus à sua imagem e dotado de espírito. Colocando em discussão a origem divina do universo, a evolução se contrapunha à criação, num áspero conflito destinado a compor-se apenas em 1996, com o parcial reconhecimento, por parte da Igreja católica, da teoria evolucionista. Em particular, se o homem era o último fruto de uma cadeia evolutiva toda animal, valiam também para ele os princípios sintetizados nos conceitos de *struggle for life* e de *survival of the fittest*. Mas a luta pela vida e a sobrevivência do mais apto são princípios em aberto contraste com a dócil moral cristã. Esse contraste estava nos fatos, mas não necessariamente nas intenções. Por exemplo, as teorias sobre a hereditariedade, que reforçavam ainda mais o vínculo darwinista entre o mundo humano e o mundo animal, nasceram no jardim botânico do convento em que vivia Gregor Mendel (1822-84).

Nesse contexto, era inevitável uma forte retomada do materialismo e, em particular, de doutrinas sociais passadas à história com o nome de "darwinismo social"[1]. Tal doutri-

---

1. Christoph Beck, *Sozialdarwinismus. Rassenhygiene, Zwangssterilisation und Vernichtung "lebensunwerten" Lebens. Eine Bibliographie zum Umgang mit behinderten Menschen im Dritten Reich – und heute*, Psychiatrie-Verlag, Bonn, 1995, 491 pp.; Peter E. Becker, *Sozialdarwinismus, Rassismus und völkischer Gedanke*, Thieme, Stuttgart, 1990, X-644 pp.; Jean-Marc Bernardini, *Le darwinisme social en France. Fascination et rejet d'une idéologie*, CNRS, Paris, 1997, 459 pp.; Linda L. Clark, *Social Darwinism in France*, University of Alabama Press, 1984, XI-261 pp.; Peter Dickens, *Social Darwinism. Linking Evolutionary Thought to Social Theory*, Open University, Buckingham (Pa.), 2000, 135 pp.; Mike Haukins, *Social Darwinism in European and American Thought. 1860-1945: Nature as a Model and Nature as a Threat*, Cambridge University Press, Cambridge (GB), 1997, X-344 pp.; Hannsjoachim Wolfgang Koch, *Der Sozialdarwinismus. Seine Gene-*

na influenciou também o nacional-socialismo e hoje conhece um renovado interesse por causa do debate sobre o multiculturalismo, sobre a sociobiologia e, recentemente, sobre a genética[2].

As décadas entre o final do século XIX e o início do século XX foram percorridas por correntes contrastantes: por um lado, as ciências físico-naturais continuam seu progresso, ao passo que, por outro, na filosofia, se afirmavam pensadores que contrastavam a fé cientificista do positivismo clássico. O acentuar-se de uma ou de outra corrente depende muitas vezes da formação cultural do observador. Guido Fassò sublinha a reação idealista, mesmo admitindo que "o positivismo conservasse seu ascendente", sobretudo nos ambientes "anticlericais e socialistas". Para ele é predominante a reação ao positivismo clássico de quem se remetia à metafísica, ao hegelianismo e ao kantismo, ou de quem subordinava "a validade do conhecimento à sua eficácia com a finalidade da vida e da ação, às vezes também sob formas irracionalistas"[3]. Nestas páginas, que não são uma história da filosofia, não é possível dar espaço a essas correntes, mas é importante manter aberto o canal com o pensamento científico, porque dele deriva uma série de noções que, na segunda metade do século XX, influenciarão também as teorias jurídicas: exatamente para tornar explícita essa continuidade, no próximo volume será reconstruído o pano de fundo científico da cibernética, do estruturalismo e da teoria geral dos sistemas. Mas é claro que, ao lado do pensamento científico aqui pri-

---

se und Einfluß auf das imperialistische Denken, Beck, München, 1973, 179 pp.; Richard Weikart, *Social Darwinism. Evolution in Socialist German Thought from Marx to Bernstein*, International Scholars Publications, San Francisco (Ca.), 1999, VII-257 pp.

2. Jürgen Habermas, *Die Zukunft der menschlichen Natur. Auf dem Weg zu einer liberalen Eugenetik?*, Surhrkamp, Frankfurt a.M., 2001, 125 pp.

3. Guido Fassò, *Storia della filosofia del diritto*. Volume 3: *Ottocento e Novecento*. Edizione aggiornata a cura di Carla Faralli, Laterza, Roma – Bari, 2001, p. 213.

vilegiado, agitava-se um variado mundo antipositivista que ia desde os neokantianos que inspiraram Kelsen, Stammler e Emil Lask (1875-1915)[4] até os neo-hegelianos, alguns dos quais se associaram aos totalitarismos (cf. *infra*, cap. V, 6), alcançando até os que retornaram ao tradicional jusnaturalismo católico.

Um pensador religioso enfrenta o mundo e, em particlar, o pensamento científico, de modo diverso e quase incompatível daquele de quem estuda a noção de sistema. Um universo inflamado pela exaltação do ascetismo e da vertigem da conversão permeia as cartas que o poeta Paul Claudel trocava no início do século XX com o islamista (mas fervoroso místico cristão) Louis Massignon. Certamente, o sistema tinha nascido na teologia: mas servia apenas para colocar ordem em textos indiscutíveis. "Quantas almas mortas no decorrer do último século, mais pela pena do que pela espada dos antigos tiranos! [...] Contra as argumentações de um Voltaire basta o bom senso a nos defender. Mas, quando um Loisy jura que as nossas próprias fontes são falsificadas, o pobre ignorante não sabe o que responder a esse sábio entrincheirado por trás dos seus textos. [...] Quantas concessões inúteis e escandalosas! Nós somos literatos, somos aqueles que 'sabem ler', aos quais é dirigida a ordem '*sume, lege*', a ordem de tomar a palavra nas nossas mãos e de lê-la em voz alta para a glória de Deus."[5] Outras vezes, os dois discutem "a irritante questão do infinito", mas o ponto de referência deles é Deus, e não a ciência: disso resulta, portanto, um raciocícinio que não é – nem quer ser – compatível com o da ciência[6]. Nessa comunicação, o sistema não é necessário, como escreve o próprio Claudel: "Pro-

---

4. Sobre esse autor, que não poderá ser analisado, cf. Tércio Sampaio Ferraz Jr., *Conceito de sistema no direito. Uma investigação histórica a partir da obra jusfilosófica de Emil Lask*, Editora da Universidade de São Paulo – Revista dos Tribunais, São Paulo, 1976, X-188 pp.

5. Paul Claudel – Louis Massignon, *1908-1914. Corréspondance établie et annotée par Michel Malicet*, Desclée de Brouwer, Paris, 1973, p. 66.

6. Claudel – Massignon, *1908-1914*, cit., pp. 70, 106 s.

curarei expor-lhe o meu modo de ver, não segundo uma ordem puramente dedutiva, da qual não sou capaz, mas iluminando vários pontos, um após o outro."[7]

Claudel e Massignon são autores extremos. Mas recordá-los serve para sublinhar como a presença de concepções não-racionais ou não-científicas estava viva no final do século XIX e nas primeiras décadas do século XX. Veremos em breve como tais elementos se manifestaram no mundo do direito; e será necessário recordar que a essas filosofias dos valores tornarão também os juristas após o final da guerra e após o dogmatismo doutrinário dos totalitarismos (cf. *infra*, cap. VI).

2. O final do século XIX: da razão à vontade

Contemporaneamente à negação do espírito como qualidade específica da esfera humana, caminhou também a negação da razão como fundamento típico do agir humano.

Se já Arthur Schopenhauer (1788-1860) reduzira a vida humana a cegos instintos, com Friedrich Nietzsche (1864-1900) é combate aberto contra a moral cristã, por ele definida como uma moral de escravos, exatamente por sua docilidade. À docilidade do escravo ele contrapunha a vontade de potência do super-homem[8]. Naqueles mesmos anos, também Sigmund Freud (1856-1935) chegava a negar a razão, afirmando que os impulsos do sexo e da morte guiam o agir humano.

Distanciava-se e fragmentava-se, dessa forma, um secular percurso cultural, que tivera seu centro na razão humana. Desmoronavam os valores que nela se fundamenta-

---

7. Claudel a Massignon, Praga, 24 de fevereiro de 1911; Claudel – Massignon, *1908-1914*, cit., p. 107.

8. Friedrich Nietzsche, *Zur Genealogie der Moral. Eine Streitschrift*, Leipzig, 1887; hoje está disponível a edição de Peter Pütz: Goldmann, München, 1999, 253 pp.

vam, substituídos pelas forças e impulsos que – exatamente em oposição à razão – eram definidos como irracionais. Todavia, visto que as ciências exatas continuavam a fundamentar-se em demonstrações racionais, era enfatizada com novas e fortes argumentações a ruptura profunda entre as ciências do mundo físico e as do mundo humano, entre as ciências da natureza e as da cultura[9]. O pensamento irracional se subtraía aos cânones até então costumeiros da exposição científica.

A filosofia se esvazia, porque do seu tronco se separam matérias isoladas que se tornam disciplinas autônomas, da física à ultimogênita psicologia (e psicanálise). Em paralelo com essas separações, novas teorias do direito se multiplicam e concorrem entre si, influenciadas também pelos progressos das ciências físico-naturais. A crescente especialização destas últimas levara a descobertas sensacionais, mas setoriais, de forma que delas não surgiram nem novos grandes sistemas filosóficos (comparáveis aos de Kant ou de Hegel), nem novas visões globais do direito e da sociedade (comparáveis às de Savigny e de Marx). Nasciam, ao invés, teorias do direito específicas que refletiam a crise da tradicional visão do ser humano, da sociedade civil e, portanto, também do direito.

As grandes mudanças ocorridas entre o final do século XIX e o início do século XX são reconduzíveis a duas situações revolucionárias. Em primeiro lugar, as doutrinas irracionalistas eram inimigas do sistema, porque viam nele uma manifestação típica do pensamento racionalista e científico. Em segundo lugar, também as doutrinas não sedu-

---

9. Visto que a contraposição entre as "duas culturas" já existia desde o mundo clássico greco-romano, remeto apenas a Charles P. Snow, *Le due culture*. Prefazione di Ludovico Geymonat, Feltrinelli, Milano, 1964, XIV-102 pp.; uma síntese do debate está em Siegfried Schmidt, *Zum Dogma der prinzipiellen Differenz zwischen Natur- und Geisteswissenschaft*, Vandenhoeck & Ruprecht, Göttingen, 1975, 21 pp. Com referência à ciência atual: Ilya Prigogine – Isabelle Stengers, *Dialog mit der Natur. Neue Wege naturwissenschtlichen Denkens*, Piper, München, 1981, pp. 85-107 (Kap. III: *Die zwei Kulturen*).

zidas pelas sereias do irracional deviam levar em conta o fato de que as revoluções científicas iam afirmando valores diversos dos tradicionais: darwinismo e valores cristãos, por exemplo, são em larga medida incompatíveis. À crise da racionalidade acompanhava-se, portanto, também a crise dos valores. Naturalmente, as teorias tradicionais persistiam ao lado das inovadoras. Ou melhor, as novas teorias nunca conseguiam libertar-se completamente da tradição, nem as teorias tradicionais conseguiam subtrair-se aos estímulos que inovavam o mundo circunstante. Cada teoria se encontrava, assim, lutando em mais de um fronte, num quadro cultural tão rico quanto complexo, e não raramente confuso.

3. A aplicação do direito entre racionalidade e voluntarismo: os realismos jurídicos

Tão logo o direito foi formulado em normas gerais, a decisão de cada caso – ou seja, a emanação da sentença – tornou-se um dos problemas capitais da ciência jurídica. Como passar da norma geral à sentença individual? Na aplicação de uma norma jurídica ao caso concreto, a racionalidade se manifestara no recurso a operações lógicas para deduzir a norma individual daquela geral, ou seja, para subsumir o caso concreto na norma abstrata. As leis da lógica eram sentidas como leis naturais, ou seja, como leis existentes independentemente da razão: a razão humana havia apenas descoberto essas leis, não as havendo decerto inventado. Para os juristas do século XIX, a lógica era, portanto, o instrumento principal para a interpretação de uma norma.

Por volta do final do século XIX, desenvolve-se um saber científico que, no direito, atua contra o sistema. A psicologia lembra que o agir humano não pode ser reduzido à lógica e à razão. A questão social (com o variado movimento socialista e a figura central de Marx) indica na economia a origem do direito. Afirma-se o primado da vontade, a tal ponto que, em 1930, um jurista como Isay afirmava que o direito já não era um sistema de normas, mas um conjunto das sentenças[10].

Quando a razão é substituída pela vontade, a relação entre a norma e a sentença assume um aspecto completamente diverso. A decisão do caso concreto já não depende das racionais leis da lógica, mas da vontade do juiz, a qual segue vias não necessariamente racionais. Passava-se, assim, do formalismo ao antiformalismo[11], e as normas que estabeleciam que o juiz restasse vinculado à lei eram consideradas um resíduo do racionalismo iluminista. Na realidade, afirmava-se, o juiz decidia em última análise segundo o seu convencimento, que podia também não coincidir com a *ratio* do legislador. A relação entre o legislador e o juiz resultava não apenas alterada, mas invertida: o juiz podia comportar-se como se fosse o legislador[12].

Essa visão das relações entre juiz e legislador representava uma reviravolta para o mundo europeu continental, enquanto na realidade o *judge made law* caracterizava por

---

10. Cit. em Helmut Coing, *Geschichte und Bedeutung des Systemgedankens in der Rechtswissenschaft. Rede beim Antritt des Rektorats,* Vittorio Klostermann, Frankfurt a. M. [1956], p. 39.

11. Um panorama do pensamento antiformalista está em Aristide Tanzi (a cura di), *L'antiformalismo giuridico. Un percorso antologico,* Cortina, Milano, 1999, XXXVI-412 pp.

12. Valha para todos o célebre art. 1º do código civil suíço (ZGB, 1912): "La loi régit toutes les matières auxquelles se rapportent la lettre ou l'esprit de l'une de ses dispositions. – 2. A défaut d'une disposition légale applicable, le juge prononce selon le droit coutumier et, à défaut d'une coutume, selon les règles qu'il établirait s'il avait à faire acte de législateur. – 3. Il s'inspire des solutions consacrées par la doctrine et la jurisprudence." Sobre os primeiros dez artigos (*Einleitung*) desse código, cf. Hans Reichel, *Zu den Einleitungsartikeln des Schweizerischen Zivilgesetzbuches,* em Edgar Tatarin-Tarnheyden (Hrsg.), *Festgabe für Rudolf Stammler zum 70. Geburtstage,* de Gruyter, Berlin – Leipzig, 1926, pp. 281-358. Para o confronto entre as normas que regulam a interpretação em várias legislações estrangeiras, cf. Gianmaria Ajani – Pier Giuseppe Monateri (a cura di), *Casi e materiali di diritto omparato,* Giappichelli, Torino, 2001, pp. 245-73.

séculos o Common Law. Seu fundamento não era a norma geral e abstrata, mas o precedente jurisprudencial, ao qual se acompanhava uma *equity* que levava em conta as particularidades do caso em exame (como a latina *aequitas* da qual recebia o nome), e que portanto – segundo um áureo ditado – variava de acordo com a dimensão do pé do chanceler chamado a aplicá-la.

O mais célebre representante do realismo americano foi Oliver W. Holmes (1841-1935)[13]. Para essa corrente, o direito se extrai da análise das sentenças. Graças a essa análise pode-se razoavelmente (não mais, assim, racionalmente!) estabelecer como se comportarão os juízes no futuro. "What I mean by the law", afirma Holmes, são "the prophecies of what the courts will do in fact."[14] Esse interesse pela atividade do juiz aproximou os americanos do Movimento do Direito Livre e da jurisprudência dos interesses, que em breve serão analisados. De Berkeley, Max Radin escrevia ao alemão Ernst Fuchs (cf. *infra*, 6): "Aqui seguimos com grande participação o Movimento do Direito Livre. Isso vale para mim e para quase todos os meus colegas, em especial para o meu amigo, o decano Mac Murray. Nada nos parece mais importante do que descer em campo por um método e por uma dogmática do direito cientificamente

---

13. Giovanni Bognetti, *Il pensiero filosofico giuridico nordamericano del XX° secolo. I fondatori: Holmes, Pound, Cardozo*, Istituto Editoriale Cisalpino, Milano, 1958, 200 pp.; Silvana Castignone (a cura di), *Il realismo giuridico scandinavo e americano. Antologia di scritti*, Il Mulino, Bologna, 1981, 258 pp.; Helmut Coing, *Neue Strömungen der nordamerikanischen Rechtsphilosophie*, "Archiv für Rechts- und Sozialphilosophie", 1949-50, pp. 536 ss.; Giovanni Tarello, *Il realismo giuridico americano*, Giuffrè, Milano, 1962, X-253 pp. (com o qual Lombardi não compartilha "das ocasionais (sub)-avaliações do jusliberismo alemão"): Lombardi, *Saggio sul diritto giurisprudenziale*, cit., p. 258, n. 166 e 167). Para uma bibliografia, ver o verbete de Tarello, *Realismo giuridico*, em *Novissimo Digesto Italiano*, Utet, Torino, 1967, vol. XIV, pp. 923-33.

14. Oliver W. Holmes, *The Path of Law*, 1897, em Max Lerner (ed.), *The Mind and Faith of Justice Holmes. His Speeches, Essays, Letters and Judicial Opinions*, Halcyon House, Garden City (N.Y.), 1943, p. 75; originariamente em "Harvard Law Review", 1897, pp. 457-78.

fundamentados e, ao mesmo tempo, próximos da vida. Estamos convencidos de que essa nossa aspiração poderá ser muito favorecida pelo conhecimento de seus importantes escritos."[15]

Esse interesse estava destinado a reforçar-se com a chegada aos Estados Unidos dos estudiosos alemães emigrados por causa do regime nacional-socialista, como, por exemplo, Kantorowicz (cf. *infra*, 6, texto à nota 55). Todavia, essa proximidade cultural não deve levar a identificar o *social engeneering* norte-americano com as correntes jusliberistas européias. A engenharia social procurava resolver o caso individual, em conformidade com a tradição do Common Law, ao passo que os jusliberistas europeus procuravam sempre os princípios gerais a serem aplicados a todos os casos similares[16].

A última ramificação do realismo americano na era da informática pode ser vista na jurimetria de Lee Loevinger (cf. vol. 3, cap. I, 6). Ela pretendia, exatamente, chegar a uma previsão das sentenças futuras pela memorização dos precedentes jurisprudenciais no elaborador eletrônico e pela sucessiva avaliação de tais precedentes com base numa análise probabilística. Loevinger procurava na tecnologia então mais moderna o instrumento com o qual demonstrar a exa-

---

15. Ernst Fuchs, *Gesammelte Schriften über Freirecht und Rechtsreform*. Herausgegeben von Albert S. Foulkes, Scientia, Aalen, 1970, vol. 3, p. 421. A carta de Radin é de 11 de março de 1925. Sobre as relações com o realismo americano, Lombardi escrevia: "Ainda falta uma avaliação de conjunto aprofundada" (Lombardi, *Saggio sul diritto giurisprudenziale*, cit., p. 210).

16. Franz Wieacker, *Privatrechtsgeschichte der Neuzeit. Unter besonderer Berücksichtigung der deutschen Entwicklung*, Vandenhoeck & Ruprecht, Göttingen, 1967 p. 581 (2ª ed.). Wieacker reconhece a importância do Movimento do Direito Livre, "se bem que pareça favorável a uma simples *social engineering*"; em seguida, porém, escrevia ao organizador dos escritos de Fuchs: "Para todos os casos em que se ressalva o caráter do direito como regra aplicável a todos os casos semelhantes, retiro todas as críticas de renúncia à aplicação *do direito* em favor de uma *social engineering*, freqüentemente razoável" (Fuchs, *Gesammelte Schriften über Freirecht und Rechtsreform*, cit., vol. 1, p. 15; a carta de Wieacker a Foulkes é de 14 de março de 1968).

tidão das teorias realistas. Essa tentativa estava destinada a falir, porque a programação – fundada em regras lógicas, ou seja, racionais – não era capaz de prever decisões fundadas na vontade do juiz, ou seja, um elemento irracional. Não obstante o aperfeiçoamento das técnicas de programação, a situação hoje não mudou[17].

Uma reação ao racionalismo, análoga ao realismo americano, se manifestou também com a crítica aos valores desenvolvida pelo realismo escandinavo, conhecido como Escola de Uppsala. Para o realismo escandinavo, o direito não é o conjunto das normas, mas o conjunto dos comportamentos práticos e dos condicionamentos psicológicos que derivam dos fatos; não é um sistema teórico, mas uma série de ações. Essa Escola se remete ao neopositivismo (cf. *supra*, cap. I, 7, *b*). Fundada por Axel Hägerström (1868-1939), ela considera não-científico o tradicional estudo dos conceitos jurídicos e concentra, ao invés, a própria atenção sobre os fatos, em particular sobre a sanção que induz a manter um certo comportamento[18].

Mais semelhante ao realismo americano são dois movimentos que se desenvolveram na Alemanha, na esteira do assim chamado "segundo Jhering", isto é, aquele que – abandonada a visão sistemática – via no interesse o escopo ao qual tendia o direito. Essas correntes antecederam as reviravoltas da época nacional-socialista e, portanto, constituíram o ponto de referência para algumas teorias também sistemáticas (mas em um sentido peculiar como será visto) do pós-guerra: ao "Movimento do Direito Livre" e à "jurisprudência dos interesses" são, por isso, dedicados os próximos tópicos.

---

17. Para um exame mais aprofundado da jurimetria, cf. vol. 3, cap. I, 6, a.
18. Enrico Pattaro, *Il realismo giuridico scandinavo. Axel Hägerström*, CLUEB, Bologna, 1975, 323 pp.; além disso, cf. a antologia de Silvana Castignone, já citada na nota 5.

4. A caminho do direito livre: utilitarismo e marxismo

As novidades do século XX vieram, porém, não apenas das ciências físico-naturais, mas também da economia. Para mencionar as inovações aportadas pela ciência econômica, é necessário retornar brevemente sobre os nossos passos: de fato, a tentativa de descobrir leis naturais permeou também os estudos de economia a partir do final do século XVIII. Essa busca continuou no século sucessivo e deu origem a duas Escolas destinadas a influenciar também a concepção do direito. Abria-se, assim, uma outra via que reconduzia à visão crítica do direito com a qual iniciava o século XX.

A Escola que teve origem em Karl Marx (1818-83) elaborou uma filosofia da história e da cultura de matriz hegeliana. Nela, porém, eram as condições materiais que determinavam as espirituais, e não o contrário. Disso derivou também uma corrente de pensamento jurídico aqui não analisada porque distante da concepção sistemática do direito, ainda que por um breve período pareceu possível fundir o marxismo com o estruturalismo francês (cf. vol. 3, cap. II, 4). Na realidade, as teorias marxistas do direito podem em certa medida ser remetidas às teorias sociológicas do direito, também porque muitos juristas marxistas foram influenciados diretamente pelo segundo Jhering[19].

Às obras da Escola clássica inglesa da economia[20] se remeteu o utilitarismo de Jeremy Bentham (1748-1832). Sua teoria reconduz a "two sovereign masters" todo com-

---

19. O mediador entre a pandectística alemã e a teoria soviética do direito foi o letão Pëtr Ivanovič Stučka (1865-1932): cf. Mario G. Losano, *Introduzione* a Rudolf von Jhering, *Lo scopo nel diritto*, Einaudi, Torino, 1972, pp. XLIX-LXXVII (é o item *Jhering e a teoria marxista do direito*). Para as freqüentes menções a Jhering, ver Stučka, *La funzione rivoluzionaria del diritto e dello Stato e altri saggi*. Introduzione e traduzione di Umberto Cerroni, Einaudi, Torino, 1967, XLVI-545 pp.

20. Adam Smith publicou *The Wealth of Nations* em 1776; David Ricardo, os *Principles of Political Economy and Taxation* em 1817.

portamento humano: "pain and pleasure"[21]. Também aqui é a economia que governa o agir humano, mas uma economia mais individual e pragmática do quanto pretendesse o marxismo. O utilitarismo de Bentham estava destinado a exercer uma forte influência sobre o direito, por um lado, por meio de seu aluno, John Stuart Mill (1806-73), em cuja proximidade se formou John Austin (1790-1859), que por sua vez influenciou Herbert Hart (1907-92) e o realismo americano[22]; por outro, por meio do assim chamado "segundo Jhering", cuja obra foi definida como um "deutscher Benthamismus"[23].

Por volta do final do século XIX, referindo-se ao Jhering "benthamiano", alguns significativos juristas alemães afirmaram que a atividade do juiz e do legislador não era do tipo cognoscitivo, mas voluntarista. Rejeitaram, por isso, a tradicional concepção sistemática do direito como inadequada para explicar a efetiva atividade dos juristas e, para compreender como ela se desenvolvia, passaram do estudo do sistema ao estudo da realidade social. Dessa "Escola Sociológica do Direito" ou "jurisprudência dos interesses", vieram "os impulsos decisivos para a jurisprudência moderna"[24].

---

21. Assim inicia a obra *Principles of Moral and Legislation* de Jeremy Bentham (*The Works of Jeremy Bentham*. Published under the Superintendence of His Executor John Bowring, Tait, Edinburgh 1838-43, 12 vols.; reimpressa por Russel & Russel, New York, 1962).

22. Sobre as relações entre Austin e Mill, cf. John Stuart Mill, *Autobiography*. With an Appendix [...] and a Preface by Harold Laski, Oxford University Press, London e. a., 1924, especialmente pp. 61-4 (retrato físico e intelectual de Austin), pp. 81 s., pp. 150-2 (sobre a influência de sua estada em Bonn e sobre sua visão do mundo e da Inglaterra). A 1.ª edição é de 1873; trad. al.: *Selbstbiographie*, Bonz, Stuttgart, 1874, 264 pp. Cf. além disso Helmut Coing, *Benthams Bedeutung für die Entwicklung der Interessenjurisprudenz und der allgemeinen Rechtslehre*, "Archiv für Rechts- und Sozialphilosophie", 1968, pp. 69 ss.

23. Friedrich Jodel, *Geschichte der Ethik als philosophische Wissenschaft*, Bd. 2: *Von Kant bis zur Gegenwart*, Wissenschaftliche Buchgesellschaft, Darmstadt, 1965, p. 922 (reimpressão da edição 1923-30).

24. Helmut Coing, *System, Geschichte und Interesse in der Privatrechtswissenschaft*, "Juristenzeitung", 1951, n. 15-6, p. 483; cf. também Hermann Kantorowicz, *Jherings Bekehrung*, "Deutsche Richterzeitung", VI, 1914, col. 84-7.

A crítica de Jhering à "jurisprudência dos conceitos" – ou seja, à jurisprudência sistemática de origem pandectista – foi continuada pela jurisprudência dos interesses e pelo Movimento do Direito Livre. Essas duas correntes doutrinárias se exaurem por volta da mesma época, que para ambas cai nos anos imediatamente anteriores à Segunda Guerra Mundial. Seus inícios, porém, foram distintos. Essa visão crítica do direito tradicional se manifestou ao final do século XIX como uma única corrente de pensamento, mas já em 1905 se dividiu em dois setores, diversos entre si mais pelo tom que pela substância. De fato, ambos eram caracterizados pela crítica contra o monopólio do Estado na produção do direito e pela convicção de que o juiz desenvolvia uma atividade criadora do direito[25].

O "Movimento do Direito Livre" ou "jusliberismo" pode ser reconduzido às obras de Hermann Kantorowicz (1877-1940), Ernst Fuchs (1859-1929) e Eugen Ehrlich (1862-1922). Da secessão de 1905 nasce a "jurisprudência dos interesses": nessa, o pensamento do "segundo" Jhering continua sobretudo nas obras de Philipp Heck (1858-1943) e Max Rümelin (1861-1931). Nem sempre é fácil distinguir as duas correntes: seus pensamentos fundamentais são os mesmos, suas diferenças são muitas vezes de natureza mais polêmica que conceitual e, enfim, seus autores se movem ao mesmo tempo e no mesmo espaço. A jurisprudência dos interesses pode ser considerada a ala mais moderada do Movimento do Direito Livre.

Visto que depois da Segunda Guerra Mundial a esse movimento se vincularam alguns juristas alemães que ocupam uma posição proeminente na concepção atual do

---

25. Entre as numerosas publicações sobre o tema, remeto aqui a duas dissertações que analisam o Movimento: do ponto de vista histórico, Hanskarl Kanigs, *25 Jahre Freirechtsbewegung. Zur Entwickelung eines Methodenstreits über die Rechtsanwendung,* Hermann, Berlin, 1932, VII-155 pp.; do ponto de vista filosófico, Joachim Schmidt, *Das "Prinzipielle" in der Freirechtsbewegung. Eine Studie zum Frei-Recht, seiner Methode und seiner Quelle,* Verlag Bouvier, Bonn, 1968, XII-192 pp.

sistema, as páginas seguintes oferecerão um quadro geral da evolução histórica desse movimento (item 5), ao passo que nos dois itens seguintes a exposição dessas doutrinas está limitada aos autores principais (itens 6, 7) e às críticas por eles dirigidas à jurisprudência dos conceitos, ou seja, à noção de sistema (itens 8, 9).

5. Para além de Jhering: entre construção sistemática e avaliação dos interesses

O Movimento do Direito Livre se desenvolveu num período de tempo muito breve. Surgido exatamente no fim do século XIX com a obra de Gény sobre a interpretação de 1889, o movimento atingiu seu ápice entre 1905 e 1914[26] e viveu sua fase de consolidação e de declínio entra a Primeira Guerra Mundial e o advento do nacional-socialismo no poder em 1933[27]. Depois, o movimento se dispersou, também porque muitos de seus expoentes eram socialistas, outros judeus, outros ainda as duas coisas ao mesmo tempo. Apenas depois da Segunda Guerra Mundial alguns juristas alemães retomaram e desenvolveram as idéias desse movimento[28].

No debate daqueles anos, esse pensamento realista e sociológico foi indicado com várias denominações, entre as quais a mais pertinente é sem dúvida aquela de "movimen-

---

26. Nesse período recaem os três importantes artigos de Ernst Stampe na "Deutsche Juristenzeitung" de 1905, o escrito programático de Kantorowicz de 1906 e quatro livros de Fuchs.

27. Como pontos de referência para esse período, podem ser indicados o livro de Hans Reichel, *Gesetz und Richterspruch*, de 1915; a *Juristische Logik* de Ehrlich, de 1918 (da qual se ocupa todo o item 9); a 2.ª edição, em 1919, da *Méthode*, de Gény, atualizada pelo *Épilogue*; em particular, deve ser mencionada uma tentativa de aplicar a todo o direito civil o método do movimento: Ernst Stampe, *Einführung in das bürgerliche Recht. Ein kurzes Lehrbuch nach neuem System und neuer Lehrmethode*, Erster Teil (*Einleitung. Die Gegenstände. Die Unternehmen und ihre Vermögen*), De Gruyter, Berlin – Leipzig, 1920, X-180 pp., que depois não prosseguiu. A esses textos, podem ser acrescentados numerosos escritos da Escola de Tübingen, ou jurisprudência dos interesses, até a *Begriffsbildung und Jurisprudenz*, de Heck, de 1932.

28. Cf. *infra*, cap. VI, 2 e todo o cap. VII sobre Walter Wilburg.

to", entendido como "figura intermediária entre o mundo das idéias e o mundo da ação"²⁹.

O Movimento do Direito Livre foi vigoroso sobretudo na Alemanha e na Áustria, mas teve relações com os realistas dos Estados Unidos (Cardozo, Holmes, Pound) e com a Escola Franco-Belga, na qual se distingue François Gény (1861-1959), o único grande autor não germânico dessa corrente de idéias³⁰. Na Itália, todavia, essa Escola teve pouco sucesso³¹.

---

29. Lombardi, *Saggio sul diritto giurisprudenziale*, cit., p. 229. As denominações mais utilizadas em alemão são *Freirechtsschule, Freirechtslehre, Freirechtsbewegung*, traduzidas de forma feliz por Lombardi com o termo "jusliberismo" (e "jusliberistas" são os *Freirechtler*, seus adeptos). Mas a mesma corrente de pensamento é definida também como "libre recherche scientifique" por Gény, que, além disso, traduz "freies Recht" com o termo "droit libre". O debate religioso daqueles anos se reflete na denominação "juristischer Modernismus": Fuchs dá esse título ao primeiro dos artigos publicados em 1908-09 na "Holdheims Monatsschrift für Handelsrecht und Bankwesen" e destinados a confluir no volume *Gemeinschädlichkeit* de 1909. A menção ao modernismo é claramente influenciada pela encíclica *Pascendi*, de 1908. Alfred Manigk (*Savigny und der Modernismus im Recht*, Vahlen, Berlin, 1914, 247 pp.) individua uma "soziologische Jurisprudenz", que divide em "Freirecht", "Gefühlsjurisprudenz" e "Interessenjurisprudenz". Porém, a expressão "soziologische Jurisprudenz" é combatida pelos neokantianos (e por Kantorowicz em primeiro lugar), que contrapõem as ciências normativas às descritivas, e descritiva é exatamente a sociologia; a "teleologische Jurisprudenz" se confunde com outras correntes (cf. Renato Treves, *Il metodo teleologico nella giurisprudenza e nella scienza del diritto*, "Rivista internazionale di filosofia del diritto", 1933, pp. 545-66). Enfim, o civilista francês Julien Bonnecase tenta descrever tais correntes inovadoras com o termo "romantisme", que é, porém, um anacronismo ilusório (*Science du droit et Romantisme. Le conflit des conceptions juridiques in France de 1880 à l'heure actuelle*, Cadoret – Sirey, Bordeaux – Paris, 1928, LV-745 pp.).

30. François Gény, *Méthode d'interprétation et sources en droit privé positif. Essai critique*. Précédé d'une préface de Raymond Saleilles, Chevalier-Maresque, Paris, 1889, XIII-606 pp.; cf. também uma reimpressão da 2.ª edição: Librairie Générale de Droit et Jurisprudence, Paris, 1932, vol. 1, XXV-446 pp.; vol. 2, 422 pp.; uma acurada história do movimento está no seu *Science et technique en droit privé positif. Nouvelle contribution à la critique de la méthode juridique*, Sirey, Paris, 1921-1930, 4 vols. (1.ª edição: 1913-24). A Gény se deve também a tradução em francês do código civil alemão (1904-08). Cf. Paolo Grossi (a cura di), *François Gény e la scienza giuridica del Novecento*, Giuffrè, Milano, 1991, 588 pp. ("Quaderni fiorentini per la storia del pensiero giuridico moderno", 1991, n. 20).

31. Entre os italianos, quem se ocupou do "Movimento do Direito Livre" foi Widar Cesarini-Sforza, *Il modernismo giuridico*, "Il Filangieri", 1912, pp. 373-

Para dar uma idéia clara do Movimento do Direito Livre, é oportuno remontar aos autores originários. Mas, exatamente porque se trata de um movimento, seu início e seu fim são incertos, ainda que os núcleos centrais possam ser identificados com suficiente precisão. Nessa reconstrução, é até hoje válida a proposta de Luigi Lombardi, da qual prefiro distanciar-me apenas na determinação (nele, muito ampla) dos antecessores e dos continuadores do movimento. Para os fins de uma pesquisa sobre a noção de sistema, é mais útil ater-se aos autores que podem ser reconduzidos ao Movimento do Direito Livre historicamente situado entre o final do século XIX e o início dos anos 1930[32].

Podem ser identificadas três gerações de juristas pertencentes ao Movimento do Direito Livre e à jurisprudência dos interesses.

A geração dos precursores é a dos juristas nascidos entre 1845 e 1850, que lançaram suas "verdades surpreendentes", mas não as desenvolveram[33]. São juristas ligados a uma pesquisa específica de direito histórico ou de direito positivo, no decorrer da qual abriram perspectivas de direito livre, para depois retornar ao tema central de suas investigações.

9; *id.*, *Sugli aspetti filosofici della teoria del libero-diritto*, "Rivista italiana per le scienze giuridiche", 1913, pp. 41-56. Outros títulos estão em Lombardi, *Saggio sul diritto giurisprudenziale*, cit., p. 219.

32. Entre os precursores do Movimento, além de Jhering, podem ser indicados Sylvester Jordan e Julius Hermann von Kirchmann e, depois, Oskar Bülow (1837-1907). Um quadro daqueles que os próprios jusliberistas consideravam seus antepassados encontra-se em Hermann Kantorowicz, *Aus der Vorgeschichte der Freirechtslehre*, Bensheimer, Mannheim – Berlin – Leipzig, 1925, 40 pp. (Também em *Rechtsgeschichtliche Studien*, cit., vol. 2, 1924). Escritos menores estão em Hermann Kantorowicz, *Rechtswissenschaft und Soziologie. Ausgewählte Schriften zur Wissenschaftslehre*. Herausgegeben von Thomas Würtenberger, Müller, Karlsruhe, 1962, VIII-172 pp.

33. Nessa fase preparatória, que durou até 1899, foram ativos: Sigmund Schlossman (1844-1910); Franz (Burchard Ernst Friedrich) Adickes (1846-1915); Gustav Rümelin Jr. (1848-1907) (cf. *infra*, nota 61); Eugen Huber (1849-1923; pai do código civil suíço e, portanto, do seu célebre art. 1? sobre o juiz legislador: cf. *supra*, nota 5); Josef Kohler (1849-1919); Erich Danz (1850-1914; professor na Universidade de Jena); Georg Jellinek (1851-1911); Ernst Zitelmann (1852-1923).

A primeira geração dos jusliberistas[34] foi mais sujeita à influência de Jhering e procurou afastar os juristas práticos do céu dos conceitos, para conduzi-los na direção dos interesses que animavam o mundo real. Além disso, a determinação de que coisa fosse o "direito livre" tornou-se o objeto central da atividade científica de cada um desses juristas. Essa pesquisa fora, porém, individual, porque eles não percebiam que a difusão de suas idéias estava criando um movimento.

A segunda e última geração foi a que não apenas dedicou a própria atividade à difusão das idéias do direito livre, mas que em torno delas organizou um verdadeiro movimento. Seu núcleo originário pode ser indicado no grupo reunido em volta de Kantorowicz. Em suas memórias, Radbruch recorda a origem do grupo: "Tinha conhecido Hermann Kantorowicz no seminário de von Liszt. Daí derivou o costume de uma noitada de discussão, por Hermann grandiloqüentemente batizada 'Sociedade para a doutrina da ciência jurídica'. Na realidade, era um grupinho informal de cinco jovens juristas" – além de Radbruch e Kantorowicz, havia Felix Genzmer, o juiz Wolf e Theodor Sternberg. "Nesse grupo, eram discutidas as idéias que em seguida encontrariam expressão no famoso – ou, melhor seria dizer, famigerado – panfleto intitulado *Der Kampf um die Rechtswissenschaft* [...]. Este último pretendia unificar num combativo movimento as vozes que, em constante e surpreendente aumento, sublinhavam a função criativa e não apenas declarativa da atividade do juiz; aquele opúsculo pretendia também sintetizar aquelas vozes em algum *slogan* que impressionasse, e queria dar-lhes um nome: aquele que permaneceu depois, ou seja, o nome de Movimento do Direito Livre." O famoso opúsculo de Kantorowicz foi pu-

---

34. Essa primeira fase durou de 1899 a 1904 e a ela podem ser reconduzidos os seguintes juristas: Ernst Stampe (1856-1928?); Philipp Heck (1858-1943); Ernst Fuchs (1859-1929); Max Rümelin (1861-1931; cf. *infra*, nota 55); François Gény (1861-1959); Eugen Ehrlich (1862-1922); Ludwig Spiegel (1864-1926); Rudolf Stammler (1856-1938).

blicado sob o pseudônimo de Gnaeus Flavius. Tratava-se de uma anonímia verdadeira:"O próprio editor – continua Radbruch nas suas recordações – não conhecia o nome do autor, porque eu mesmo tinha sido o intermediário entre o editor e o desconhecido autor. A anonímia se revelou um bom negócio. De fato, surgiram as conjecturas mais variadas sobre o possível autor (havia, por exemplo, quem pensasse ser de autoria de Ernst Immanuel Bekker), de modo que desceram em campo renomados juristas que nunca teriam dado um passo pelo opúsculo de um jovem autor desconhecido: juristas como Oskar Bülow, Josef Unger, Franz Klein. Para nós, esse tiro de canhoto foi naturalmente um grande triunfo."[35]

Nessa geração, a influência da análise sociológica foi sem dúvida forte, mas o movimento – filosoficamente mais aguerrido que o da primeira geração – asseriu com base no neokantismo que o jurista executa uma atividade valorativa. Esse grupo foi ativo sobretudo entre 1904 e 1914, mas continuou a atuar até o final do advento do nacional-socialismo[36].

O Movimento produziu ainda três importantes revistas. A primeira, "Recht und Wirtschaft" (fundada em 1911),

---

35. Gustav Radbruch, *Der innere Weg. Aufriß meines Lebens*, Vandenhoek & Ruprecht, Göttingen 1961, p. 71.

36. A segunda e última geração dos jusliberistas era constituída por Felix Genzmer (1878-1959); pelo juiz Wolf; Hermann Kantorowicz (1877-1940); Gustav Radbruch (1878-1949); e por outros três juízes: Max Rumpf, Lorenz Brütt, J. Stern (cf. Lombardi, *Saggio sul diritto giurisprudenziale*, cit., p. 233 e notas); Rudolf Müller-Erzbach (1874-1959), sobre o qual cf. *infra*, ao final do item 7. A esse grupo pertencem também Theodor Sternberg (1878-1950), que emigrou para Tóquio e ensinou em várias universidades japonesas e que hoje é objeto de um renovado interesse: Anna Bartels-Ishikawa, *Theodor Sternberg, einer der Begründer des Freirechts in Deutschland und Japan*, Duncker & Humblot, Berlin, 1998, 223 pp. (minha resenha em "Sociologia del diritto", XXVII, 2000, n. 2, pp. 187-90); Anna Bartels-Ishikawa (Hrsg.), *Post im Schatten des Hakenkreuzes. Das Schicksal der jüdischen Familie Sternberg in ihren Briefe von Berlin nach Tokyo in der Zeit von 1910 bis 1950*, Duncker & Humblot, Berlin, 2000, 270 pp.; Mario G. Losano, *Il diritto libero di Theodor Sternberg dalla Germania al Giappone*, "Sociologia del Diritto", 2001, n. 2, pp. 115-54.

rompeu a calma acadêmica da jurisprudência alemã: ao percorrer suas páginas, "tem-se a impressão de deslizamento, de vertigem: é verdadeiramente o tumulto do Freirecht"[37]. "Die Justiz" (1925-33) é "a revista que reagiu com maior lucidez e coragem ao nazismo, até quando lhe foi possível"[38]. O "Archiv für die civilistische Praxis", por sua vez, foi o órgão da mais moderada Escola de Tübingen (aquela da "jurisprudência dos interesses"), mas hospedou em suas páginas escritos de todas as tendências. Das três, é a única revista até o momento existente.

O Movimento se dividiu em 1905 a propósito do problema da interpretação *contra legem*. De fato, em 1905 sua admissibilidade havia sido sustentada por Stampe e suscitara imediatamente uma decidida recusa por parte de Heck[39], com o justo temor de que tais afirmações expusessem a duras críticas o Movimento inteiro. Ainda que, no fundo, a diferença entre os dois ramos do Movimento fosse menos profunda do que Heck quisesse fazer parecer, seus escritos fixaram a imagem de uma ruptura e transmitiram-na à historiografia seguinte[40].

O resultado dessa polêmica interna ao Movimento é que hoje se tende a ver essa corrente sociologizante como dividida em duas Escolas. Na realidade, a fratura indicada em muitas obras da literatura secundária é muito menos perceptível nos textos originais. Ao final, as diferenças são mais de formulação do que de substância[41]. Examinadas hoje numa

---

37. Lombardi, *Saggio sul diritto giurisprudenziale*, cit., p. 237.
38. Lombardi, *Saggio sul diritto giurisprudenziale*, cit., p. 227.
39. Ernst Stampe, "Deutsche Juristen-Zeitung", 1905, pp. 417-22; 713-9; 1017-22. A crítica de Heck está em "Deutsche Juristen-Zeitung", 1905, pp. 1140-2. Uma exaustiva pesquisa sobre o problema é o volume de Jörg Neuner, *Die Rechtsfindung contra legem*, Beck, München, 1992, 208 pp.
40. A tese da ruptura total é aceita por Wieacker e por Friedmann. Mais cauto, Max Rümelin, *Erlebte Wandlungen in Wissenschaft und Leben*. Rede gehalten bei der akademischen Preisverleihung am 6. November 1930, Mohr, Tübingen, 1930, 77 pp. (sobretudo nas pp. 39-53).
41. Uma tensão análoga se encontra também a propósito do problema fundamental da fidelidade à lei (*Gesetzestreue*: Lombardi, *Saggio sul diritto giurisprudenziale*, cit., p. 215).

perspectiva histórica, as duas correntes apresentam mais concordâncias do que discordâncias: concordam de fato nos pontos essenciais e divergem em pontos específicos. Primeiro, elas têm em comum uma base social diversa da que tradicionalmente anima o pensamento jurídico-teórico: em ambas as escolas militam juristas práticos, e não filósofos do direito. "Consideraria – escreve Lombardi – poder excluir do âmbito do movimento jusliberista [...] os filósofos do direito profissionais. Privados do aporte dos filósofos, nosso movimento apresenta o interesse todo particular de uma insurreição dos juristas militantes de todas as categorias, juízes, advogados, professores; de uma conscientização ocorrida no interior da vida jurídica, para as imprescindíveis exigências desta última, sob a pressão de exigências diretas e cotidianas."[42] Para esses juristas imersos na convulsa época weimariana, procurar harmonias sistemáticas num direito esquartejado pelos conflitos sociais parecia àquela altura uma atividade acadêmica infecunda.

Seria, porém, errôneo pensar que esse movimento – que compartilha com o tempestoso espírito de sua época a paixão pelas polêmicas, pelos manifestos e pelas secessões – produziu uma doutrina naturalista ou sociológica no sentido comtiano do termo. É efetivamente a alma filosófica neokantiana que plasma suas idéias, como especificava Radbruch em 1905:"O problema da influência dos juízos de valor sobre as sentenças pode hoje ser indicado como a questão mais candente da filosofia do direito."[43]

A forte presença do neokantismo no Movimento do Direito Livre leva Lombardi a incluir também Hans Kelsen entre os jusliberistas[44]: tese que poderia parecer brilhantemente paradoxal, mas pouco defensável, se do Kelsen pós-

---

42. Lombardi, *Saggio sul diritto giurisprudenziale*, cit., p. 211.
43. Gustav Radbruch,"Zeitschrift für die gesamte Strafrechtswissenschaft", 1905, pp. 252 s. De 1907 em diante, essa revista continha uma rubrica intitulada *Zur freirechtlichen Bewegung*.
44. Lombardi, *Saggio sul diritto giurisprudenziale*, cit., pp. 362 ss.

tumo não aflorasse uma clara reavaliação da vontade do juiz, cuja sentença é, então, liberada dos vínculos da dedução lógica da norma. Porém, tudo depende de como se traçam os limites do movimento. Se esses são identificados com base na idéia inspiradora (que é a reação contra o direito produzido exclusivamente pelo Estado), então pode-se expandir a lista, tanto dos precursores (como foi visto em Kantorowicz: cf. *supra*, nota 25) quanto dos seguidores. Se, ao invés, privilegia-se uma delimitação histórica do movimento, então ele resulta mais limitado e concentrado. Nestas páginas ative-me a este último critério.

Com o advento da República de Weimar, veio a faltar a ordem também política contra a qual lutavam os jusliberistas de ambas as correntes. Desvalorizações monetárias, danos de guerra, desemprego, legislação por decreto: a essa altura, a exegese já não bastava para aplicar as velhas normas jurídicas a um mundo tão mudado e mutável. O Movimento vencera, mas, precisamente por isso, sua vida se tornava mais difícil porque desaparecera o alvo de suas polêmicas.

É preciso, porém, compreender a dimensão dessa vitória. A socialdemocracia de Weimar aceitou os princípios jusliberistas. A nomeação de Radbruch como Ministro da Justiça surge como símbolo dessa passagem do Movimento da oposição à instituição. Das salas do poder, os jusliberistas recomendavam aos juízes interpretar as normas herdadas pelo Império levando em consideração a nova realidade socialista, inovando flexivelmente em vez de deduzir logicamente. Essa foi a vitória das idéias jusliberistas. Porém, o verniz dessa vitória se ofuscou quando, da aceitação política daqueles princípios, passou-se à sua efetiva aplicação nos tribunais. A maioria dos juízes, formados na época imperial, se opôs ao novo curso: retornar-se-á sobre essa dramática fratura analisando a passagem da república socialdemocrática à ditadura nazista (cf. *infra*, cap. V, 7, a).

Com o advento do nazismo, as idéias jusliberistas revistas e corrigidas terminaram por favorecer o desvio da administração da justiça a serviço do totalitarismo. Ao mesmo tempo, extinguiu-se totalmente a produção científica do movimento jusliberista, cada vez mais rarefeita, ainda que mais aprofundada.

6. As novas idéias: o Movimento do Direito Livre

Com o Movimento do Direito Livre a ciência jurídica dirigia sua atenção a um objeto diverso do que absorvera as melhores energias dos juristas oitocentistas. Aquele movimento já dava por adquirida a estrutura sistemática do direito, cristalizado no código civil alemão (BGB), e se colocava o problema de como aplicá-lo a uma sociedade convulsa, sem que o espírito de sistema sufocasse as exigências da premente modernidade do novo século. O movimento é, portanto, contrário ao sistema, porque este último vincula o juiz a um mundo que já não existe; entretanto, por outro lado, pressupõe a sistematicidade do direito porque é precisamente dela que pretende se distanciar.

Enquanto a atividade da ciência jurídica do século XIX consistira na construção do sistema, apertando os nós de uma rede que recolhesse todo o direito, o objetivo do movimento crítico do século XX era afrouxar tais nós. O pensamento jurídico das primeiras três décadas do novo século é caracterizado pela contraposição entre a rigidez da certeza do direito, muitas vezes sufocante, e a flexibilidade da decisão individual, muitas vezes imprevisível[45]. Tal pensamento se coloca à procura não dos nexos que unem normas diversas, mas dos interstícios entre as normas unificadas. Seu

---

45. Visto que a acusação dirigida com mais freqüência ao direito livre era a de criar insegurança, muitos jusliberistas enfrentam especificamente o tema da certeza do direito. Cf. por exemplo Rudolf Müller-Erzbach, *Wohin führt die Interessenjurisprudenz? Die rechtspolitische Bewegung im Dienste der Rechtssicherheit und des Aufbaus der Rechtswissenschaft*, Mohr, Tübingen, 1932, VIII-134 pp.; Max Rümelin, *Die Rechtssicherheit*. Rede [...] gehalten am 6. November 1924, Mohr, Tübingen, 1924, 72 pp.

discurso verte não mais sobre o sistema, mas sobre as lacunas do direito. E, se realmente se quiser evocar uma compacidade própria do ordenamento jurídico, prefere-se falar em "unidade" do direito, em vez de sistema do direito[46].

A formulação mais radical das novas exigências é devida ao jovem de 29 anos Hermann Kantorowicz, cujo escrito polêmico de 1906 – *A luta pela ciência do direito*[47] – reme-

---

46. Para o debate sobre as lacunas, cf. *infra*, cap. VI, 1; um quadro do debate sobre a unidade do ordenamento jurídico está em Manfred Baldus, *Die Einheit der Rechtsordnung*, Duncker & Humblot, Berlin, 1995, 227 pp.

47. Gnaeus Flavius, *Der Kampf um die Rechtswissenschaft*, Winter, Heidelberg, 1906, 52 pp., com uma clara alusão ao título da célebre obra de Jhering, *Kampf ums Recht*. Já dois anos depois, a obra de Kantorowicz era traduzida em italiano: *La lotta per la scienza del diritto*. Edizione italiana della tedesca riveduta dall'autore con prefazione e note del giudice Raffaele Majetti, Sandron, Milano – Palermo – Napoli, 1908, 162 pp. A obra foi reimpressa em fac-símile com um prefácio de Federico Roselli: Forni, Bologna, 1988, XXXII-162 pp.

Kantorowicz ensinou história do direito, direito penal e filosofia do direito. Suas obras metodológicas mais diretamente ligadas ao Movimento do Direito Livre e, portanto, ao debate sobre o sistema são: *Zur Lehre vom richtigen Recht*, Rothschild, Berlin, 1909, 37 pp.; *Rechtswissenschaft und Soziologie*, Mohr, Tübingen, 1911, 35 pp.; *Was ist uns Savigny?*, Heymann, Berlin, 1912, 45 pp. (da "Recht und Wirtschaft", 1911, pp. 47-54; pp. 76-9); *Volksgeist und Historische Rechtsschule*, "Historische Zeitschrift", 108, 1912, pp. 295-325; *Aus der Vorgeschichte der Freirechtslehre*, Bensheimer, Mannheim – Berlin – Leipzig, 1925, 40 pp.; *Legal Science. A Summary of its Methodology*, "Columbia Law Review", 28, 1928, pp. 679-707.

Sobre Kantorowicz: Archibald H. Campbell (ed.), *The Definition of Law*. With an Introduction of Arthur Lehmann Goodhart, Cambridge University Press, Cambridge, 1958, XXIII-112 pp.; também em italiano: *La definizione del diritto*. Prefazione di Norberto Bobbio, Giappichelli, Torino, 1962, 173 pp.; Kantorowicz, *Rechtswissenschaft und Soziologie. Ausgewählte Schriften zur Wissenschaftslehre*. Herausgegeben von Thomas Würtenberger, Müller, Karlsruhe, 1962, 172 pp.; Helmut Coing – Gerhard Immel (Hrsg.), *Hermann Kantorowicz – Rechtshistorische Schriften*, Müller, Heidelberg, 1970, XIV-468 pp. (com bibliografia de Kantorowicz); uma bibliografia completa (pp. 233-51) está também em Karlheinz Muscheler, *Relativismus und Freiheit: Ein Versuch über Hermann Kantorowicz*, Müller, Heidelberg, 1984, XI-266 pp. Do mesmo autor é a biografia *Hermann Ulrich Kantorowicz. Eine Biographie*, Duncker & Humblot, Berlin, 1984, 129 pp.; Wilhelm Alff, *Hermann Kantorowicz und sein Kritiker*, em *Materialien zum Kontinuitätsproblem der deutschen Geschichte*, Suhrkamp, Frankfurt a.M., 1976, pp. 136 ss.; Monika Frommel, *Hermann Ulrich Kantorowicz (1877-1940). Ein streitbarer Relativist*, em Kritische Justiz (Hrsg.), *Streitbare Juristen: eine andere Tradition*, Nomos, Baden-Baden, 1988, pp. 243-53.

te-se desde o título à *Luta pelo direito* jheringuiana. Nesse escrito, Kantorowicz recorda que o juiz, ao prender as lacunas, desenvolve uma função criadora do direito. Por isso, ao lado do direito formal, emanado pelo legislador, existe um direito livre, um *freies Recht*: também dessa expressão recebeu o nome o Movimento do Direito Livre.

Indubitavelmente, esse escrito juvenil continha algumas afirmações excessivamente impulsivas, mais tarde atenuadas pelo próprio Kantorowicz. Em particular, ele afirmou que – em casos especiais e como mal necessário – o juiz pode ir contra a lei. Depois cercou tal afirmação de cautelas: apenas os juízes supremos teriam a possibilidade de pronunciar-se *contra legem*; além disso, tais sentenças precisariam ser submetidas anualmente ao Parlamento. Essas cautelas marginais não bastaram, porém, para atenuar a força do choque da asserção central. Estava assim aberta a via a um equívoco destinado a acompanhar todos os escritos do Movimento do Direito Livre, acolhidos por seus adversários com a "ladainha do direito livre entendido como liberação da lei e da lógica, e [com] a fábula da soberania do juiz entendida como sujeição ao arbítrio e ao humor do juiz"[48].

A origem desse juízo negativo sobre todo o movimento parece repousar numa severa crítica de Stammler. Seu ponto de partida é o de que, num ordenamento jurídico, coexistem e se contrapõem um direito cogente e um flexível, expressão esta última que antecipa o título do feliz livro de Carbonnier sobre a sociologia do direito[49].

Aos jusliberistas, Stammler reprova o fato de não levarem em conta essa necessária coexistência, mas de terem se concentrado unicamente no direito flexível. Segundo sua crítica, os jusliberistas "do ponto de vista prático exigem que

---

48. Ernst Fuchs, *Gerechtigkeitswissenschaft*, Müller, Karlsruhe, 1965, p. 43.
49. Stammler contrapõe "cogente" (*zwingend*) a "flexível" (*nachgiebig*); essa flexibilidade retorna em Jean Carbonnier, *Flexible droit. Textes pour une sociologie du droit sans rigueur*, Pichon et Durand-Auzias, Paris, 1971, 316 pp. (2ª ed.).

nenhum preceito formulado tecnicamente como lei externa possa ter caráter cogente", ao passo que "do ponto de vista teórico aquele movimento propugna a opinião de que, na atividade judiciária, tudo seria melhor se o juiz pudesse avaliar *livremente*". Mas – pergunta Stammler – sobre o que se fundaria esse direito do juiz? Tal fundamento é encontrado "não se remetendo ao lema por uma *livre* descoberta do direito", mas remetendo-se, ao contrário, à teoria da "justeza" (*Richtigkeit*) do direito, típica do próprio Stammler[50]. O juízo negativo de Stammler envolve também a literatura sobre o jusliberismo, "aumentada numa medida que supera em muito a relevância objetiva da questão"[51]. Essas prestigiosas críticas, retomadas depois por outros autores, terminaram por condicionar a imagem do jusliberismo até nossos dias.

Após a publicação de seu polêmico escrito, Kantorowicz atenuou suas afirmações e várias vezes se opôs às críticas que atribuíam posições extremistas à sua doutrina. Tal doutrina – ele escrevia – "não é a doutrina que autoriza ou pretenderia autorizar o juiz a decidir os casos sem levar em conta a lei e a ciência, segundo sua livre avaliação ou até mesmo segundo seu arbítrio"[52]. Ele afirmava que em geral o juiz está vinculado às normas e pode recorrer ao "direito livre" apenas em presença de uma lacuna legislativa.

---

50. Rudolf Stammler, *Lehrbuch der Rechtsphilosophie*, De Gruyter, Berlin, 1928, p. 300 (3.ª ed.).

51. Stammler, *Lehrbuch der Rechtsphilosophie*, cit., p. 300, nota 7.

52. Hermann Kantorowicz, *Aus der Vorgeschichte der Freirechtslehre*, Bensheimer, Mannheim – Berlin – Leipzig, 1925, p. 4. Essa aula inaugural foi ministrada em Freiburg vinte anos depois da publicação do opúsculo polêmico que, por um lado, tornara-se o manifesto do Movimento do Direito Livre (cf. nota 40), mas, por outro, dera início ao equívoco sobre suas posições. Não parece correta a afirmação de Thomas Würtenberger segundo a qual Kantorowicz teria revisto suas posições sobre a sentença *contra legem* já na edição italiana (a já citada *Lotta per la scienza del diritto* del 1908): cf. Thomas Würtenberger, *Rechtswissenschaft und Soziologie*, cit., p. 3; Albert S. Foulkes, em Fuchs, *Gesammelte Schriften über Freirecht und Rechtsreform*, cit., vol. 1, p. 15 e nota 29.

Essa revisão é de tal forma intensa que não incorre em equívoco uma análise filosófico-jurídica do pensamento de Kantorowicz que separa ironicamente o pensamento do jovem Gnaeus Flavius daquele do Kantorowicz maduro, como se fossem duas pessoas diversas[53].

A progressiva revisão das idéias de Kantorowicz estava ligada também à progressiva destruição do Estado de direito por obra do nacional-socialismo. O direito livre corria o risco, efetivamente, de ser instrumentalizado para legitimar também a justiça política nacional-socialista. Por isso, após 1933, Kantorowicz limitou ainda mais o recurso ao direito livre, uma vez que somente o vínculo do juiz à lei podia garantir a certeza do direito[54]. Enfim, a repressão nacional-socialista o atingiu diretamente: afastado da docência, emigrou em 1933 para os Estados Unidos e depois para a Inglaterra, onde morreu em 1940. Nesta segunda parte de sua vida ele entrou em contato com o realismo americano, suscitando um debate que naqueles anos teve grande repercussão[55].

No Movimento do Direito Livre uma figura interessante – ainda que de segundo plano em relação a outras até aqui examinadas – foi Ernst Fuchs (1859-1929)[56], advogado

---

53. Joachim Schmidt, *Das "Prinzipielle" in der Freirechtsbewegung. Eine Studie zum Frei-Recht, seiner Methode und seiner Quelle*, Verlag Bouvier, Bonn, 1968, pp. 64 ss., pp. 120 ss., pp. 147 ss.
54. Hermann Kantorowicz, *Tat und Schuld*, Orell Füssli, Zürich – Leipzig, 1933, XVIII-339 pp.
55. Hermann Kantorowicz, *Some Rationalism about Realism*, "Yale Law Journal", 43, 1934, pp. 1239-53. Cf. *supra*, 3.
56. Ernst Fuchs, *Schreibjustiz und Richterkönigtum*. Ein Mahnruf zur Schul- und Justizreform, Teutonia Verlag, Leipzig, 1907, 115 pp.; *Die Gemeinschädlichkeit der konstruktiven Jurisprudenz*, Braun'schen Hofbuchdruckerei, Karlsruhe, 1909, 311 pp.; *Gerechtigkeitswissenschaft. Ausgewählte Schriften zur Freirechtslehre*. Herausgegeben von Albert S. Foulkes und Arthur Kaufmann, Müller, Karlsruhe, 1965, VII-267 pp. (com uma bibliografia dos escritos de Fuchs: pp. 261-7); *Gesammelte Schriften über Freirecht und Rechtsreform*. Herausgegeben von Albert S. Foulkes, Scientia, Aalen, 1970, vol. 1, 516 pp.; vol. 2, 409 pp.; vol. 3, 429 pp.; *Juristischer Kulturkampf*, Braun'schen Hofbuchdruckerei, Karlsruhe 1912, XI-228 pp.; *Was will die Freirechtsschule?*, Greifenverlag, Rudolfstadt/Thüringen, 1929, 63 pp.

em Karlsruhe "vehementi eloquentia exornatus"[57] e acérrimo adversário da "pandectologia", ou seja, da jurisprudência dos conceitos. Fuchs chegou aos debates de política e de filosofia do direito já com 48 anos de idade, mas deles participou com ímpeto inexaurível até o final dos seus dias. Sua experiência profissional levou-o a aplicar os princípios do direito livre também à reforma judiciária, mas seus ataques eram dirigidos sobretudo às posições teóricas tidas como erradas.

Fuchs criticava quem − não tendo ainda conseguido desvincular-se por completo da dedução lógica − procurava argumentar logicamente as próprias escolhas, fundamentadas na análise das sociedades: para ele, essa era "criptosociologia" e "jurisprudência emotiva" (*Gefühlsjurisprudenz*). Entre os juristas que não tinham realizado em profundidade a transição da pandectística ao direito livre, Fuchs indicava também Rudolf von Jhering[58].

No Movimento do Direito Livre militavam juristas socialistas ou da esquerda burguesa, entre os quais não poucos eram judeus. Com o advento do nacional-socialismo, eles tomaram o caminho do exílio, ao passo que em sua pátria a teoria deles era utilizada para desvincular os juízes do respeito à lei e para obter, assim, uma jurisprudência de partido[59].

---

57. Assim no diploma com o qual, em 1929, a Universidade de Heidelberg lhe conferiu o doutorado *honoris causa*: Fuchs, *Gerechtigkeitswissenschaft*, cit., p. 258; cf. também Hermann Kantorowicz, *An Ernst Fuchs Ehrendoktor der Heidelberger Rechtsfakultät*, "Die Justiz", IV, 1929, pp. 201 ss.

58. Ernst Fuchs, *Jhering und die Freirechtsbewegung*, "Archiv für Rechts- und Wirtschaftsphilosophie", 1918-19, pp. 10 ss. Entre os críticos de Jhering sob tal perspectiva, deve ser recordado ainda Josef Kohler.

59. Justus Wilhelm Hedemann (Hrsg.), *Kampf für ein deutsches Volksrecht. Festschrift für Richard Deinhardt*, Decker, Berlin, 1940, 130 pp. (organizado também por Roland Freisler, terrível Staatssekretär nazista); *id.*, *Die Flucht in die Generalklauseln. Eine Gefahr für Recht und Staat*, Mohr, Tübingen, 1933, VI-76 pp.; Gustav Boemer, *Grundlagen der bürgerlichen Rechtsordnung*, Mohr, Tübingen, 1950, Bd. 1, pp. 158-89; Bd. 2, Teil 1, Kap 3, 17; Foulkes, em Fuchs, *Gesammelte Schriften über Freirecht und Rechtsreform*, cit., vol. 1, pp. 22 ss.

7. A secessão: a jurisprudência dos interesses

O Movimento do Direito Livre conheceu em 1905 a secessão de importantes juristas, que de Tübingen propugnavam a jurisprudência dos interesses. A posição moderada de Philipp Heck, chefe dessa secessão, já foi lembrada a respeito da tomada de posição contra Stampe na polêmica sobre a interpretação *contra legem*.

Philipp Heck criticava na jurisprudência dos conceitos a "falácia conceitual" (*Begriffsvertäuschung*), ou seja, o considerar que se possam deduzir logicamente as normas umas das outras, quando na realidade a dedução ocorre a partir de conceitos gerais preexistentes em quem aplica o direito. Para Heck, a norma jurídica serve para resolver conflitos de interesse; mas, já que o legislador não pode prever todos os conflitos possíveis, as leis apresentam lacunas: a tarefa do juiz consiste em preenchê-las, remetendo-se à solução indicada pelo legislador para resolver conflitos análogos. Os valores aos quais o legislador recorre em casos análogos guiam, portanto, não apenas a interpretação e a decisão do juiz na solução dos conflitos de interesses não previstos pelo legislador, mas também a interpretação das normas já emanadas. Pela proeminente atenção a ser dedicada aos interesses em conflito, Heck falava de jurisprudência dos interesses: daí o nome da Escola que aludia ao seu pensamento[60]. Dela tomaram parte Eugen Ehrlich (cuja obra é analisa-

---

60. Aluno de Heinrich Brunner (1840-1915) e de Otto von Gierke (1841-1921), Philipp Heck (1858-1943) se ocupou sobretudo de história do direito e de direito civil: cf. Heinrich Schoppmeyer, *Juristische Methode als Lebensaufgabe. Leben, Werk und Wirkungsgeschichte Philipp Hecks*, Morh Siebeck, Tübingen, 2001, XX-326 pp. Seus trabalhos metodológicos mais relevantes estão reunidos em: *Das Problem der Rechtsgewinnung. Gesetzesauslegung und Interessenjurisprudenz. Begriffsbildung und Interessenjurisprudenz*. Mit einem Nachwort von Josef Esser, Gehlen, Bad Homburg v. d. Höhe, 229 pp.; *Gesetzesauslegung und Interessenjurisprudenz*, Mohr, Tübingen, 1914, VIII-319 pp.; *Begriffsbildung und Interessenjurisprudenz*, Mohr, Tübingen, 1932, VIII-228 pp.; *Interessenjurisprudenz*. Gastvorlesung, Mohr, Tübingen, 1933, 36 pp.; *Rechtserneuerung und juristische Methodenlehre*, Mohr, Tübingen, 1936, 47 pp.; *Die Interessenjurisprudenz und ihre neuen Gegner*, "Archiv für die civilistische Praxis", 1936, pp. 130-332 (tam-

da no item 9) e Max Rümelin[61], acompanhados de juristas menores[62]. Esse método interpretativo chegou até nossos dias com o nome de "jurisprudência dos valores" (*Wertungsjurisprudenz*: cf. *infra*, cap. VI, 2).

A visão do direito como um instrumento para compor conflitos reflete tanto as tensões existentes na sociedade alemã às vésperas da Primeira Guerra Mundial como o esforço legislativo que procurava resolver os conflitos, particularmente agudos naqueles anos, entre os interesses dos diversos grupos sociais.

Para Heck e os outros juristas dessa Escola, os interesses podem ser materiais ou espirituais: portanto, a jurisprudência dos interesses não se inspira no materialismo; antes, seus representantes recusam energicamente qualquer tentativa de reconduzi-los a um materialismo. Heck, em particular, concentra sua atenção mais na atividade legislativa do que na judiciária: de fato, é na atividade legislativa – so-

---

bém em forma de volume: Mohr, Tübingen, 1936). Dois desses escritos foram traduzidos em inglês logo após a Segunda Guerra Mundial: *The Formation of Concepts and the Jurisprudence of Interests* e *The Jurisprudence of Interests*, em M. Magdalena Schoch (ed.), *The Jurisprudence of Interests. Selected Writings of Max Rümelin* [e altri]. With an Introduction of Lon L. Fuller, Harvard University Press, Cambridge (Mass.), 1948, XXXII-328 pp.

61. Max Rümelin, *Erlebte Wandlungen in Wissenschaft und Leben*, Mohr, Tübingen, 1930, 77 pp.; sua bibliografia está em "Archiv für die civilistische Praxis", 1931, pp. 285-8. A bibliografia dos Rümelin exige uma certa atenção às datas: nosso Max (Friedrich Gustav von) Rümelin (1861-1931) é filho de Gustav Rümelin (1815-89), que por sua vez não deve ser confundido com o jurista Gustav Rümelin (1848-1907). Alguns títulos aumentam o risco de erro: as *Kanzlerreden* podem ser tanto do pai Gustav (Mohr, Tübingen, 1907, 509 pp.) quanto do filho Max (Mohr, Tübingen, 1920-29, 6 vols.). Também sobre o "sentido do direito" (*Rechtsgefühl*) escreveram tanto o pai quanto o filho: Max Rümelin, *Rechtsgefühl und Rechtsbewußtsein*. Rede gehalten [...] am 6. November 1925, Mohr, Tübingen, 1925, 80 pp., em cujo *incipit* Max Rümelin recorda que aquele – depois dos discursos sobre o *Zufall* (1898) e sobre a *Gerechtigkeit* (1920) – era o terceiro discurso que retomava temas já tratados pelo pai.

62. Por exemplo: Rudolf Müller-Erzbach (1874-1959), sobre o qual retornaremos em breve, e Heinrich Stoll (1891-1937), autor de *Begriff und Konstruktion in der Lehre der Interessenjurisprudenz*, em *Festgabe für Philipp Heck, Max Rümelin und Arthur Benno Schmidt*, Tübingen, 1931, que não pude consultar.

bretudo no âmbito administrativo, mais do que no privatístico – que o legislador é submetido às pressões dos grupos interessados; portanto toda norma é a tentativa de conciliar esses interesses opostos segundo o princípio do equilíbrio (*abwägen*).

É essa gênese da norma que deve ser levada em conta nas fases da interpretação e da aplicação. Inicialmente, compreende-se uma norma apenas se são compreendidos os conflitos de interesses que a geraram e dos quais ela constitui a solução proposta pelo legislador: portanto, o método principal da interpretação é o histórico, e não o sistemático. Além disso, o juiz, diante da norma, é obrigado à "obediência pensante" (*denkender Gehorsam*): a mesma obediência à qual se submete o militar. Do equilíbrio (*Abwägung*) dos interesses em conflito, o juiz extrai a norma a ser aplicada. Ele deve, portanto, saber reconhecer os princípios adotados pelo legislador e aplicá-los ao caso concreto, sem sentir-se vinculado pela letra da norma ou pela lógica da subsunção.

Ao longo das mesmas diretrizes de Heck move-se também Rudolf Müller-Erzbach (1874-1959), que, porém, pretende chegar a um "pensamento jurídico causal"[63], graças ao qual o juiz – com base numa série de princípios sociais – possa decidir o caso concreto. Müller-Erzbach estabelece para si mesmo, portanto, a tarefa de determinar tais princípios sociais. Enquanto Heck visava determinar quais princípios tinham guiado a avaliação do legislador num certo momento histórico, Müller-Erzbach visa indicar princípios típicos, dotados de validade geral.

Em sua obra, ele identifica esses elementos não apenas nos interesses, mas também nas relações de força (*Machtlage*), na confiança etc. O exame desses elementos no caso concreto permite remontar à norma a ser aplicada segundo

---

63. "*Kausales Rechtsdenken*": Rudolf Müller-Erzbach, *Rechtswissenschaft im Umbau. Ihr Vordringen zu den bestimmenden Elementen des Zusammenlebens*, Hueber, München, 1950, p. 62.

um vínculo que tem a mesma solidez daquele que une a causa e o efeito no mundo natural. A moral não está, portanto, presente na avaliação dos interesses em conflito: na visão de Müller-Erzbach, são os interesses e as forças em campo que determinam *causalmente* o equilíbrio do qual nascerá a sentença. Disso ele fornece uma série de exemplos extraídos do direito positivo, que, a meu ver, antecipam a técnica expositiva de Esser (cap. VI, 5), Wilburg (cap. VII) e Canaris (cap. VIII). Pode-se, portanto, compartilhar da conclusão de Coing: "Com sutil procedimento, Müller-Erzbach tenta deduzir a decisão da 'natureza das coisas', assim como ela se apresenta em seus elementos determinantes na análise da situação."[64]

Em Eugen Ehrlich encontra-se outra figura de primeiro plano da jurisprudência dos interesses. Sua atenção pelo aspecto social da aplicação da lei era de tal forma viva, que suas obras constituem ainda hoje um dos fundamentos da sociologia do direito. Aos seus escritos e, em especial, à sua crítica à noção de sistema será dedicado o item 9.

A jurisprudência alemã chegara, assim, a uma teoria da aplicação jurídica que não aceitava a tradicional construção sistemática do direito inteiro, mas que a substituía por uma pluralidade de pequenas construções, formadas por normas que se unem a princípios extraídos da observação da realidade social. Visto que existem muitos princípios, uma única norma pode remeter-se a mais de um princípio. Essa concepção policêntrica é um primeiro passo na direção do pensamento reticular e parece mais adequada que o sistema monolítico, nascido do pensamento linear, para levar em conta a complexa sociedade contemporânea[65].

---

64. Helmut Coing, *System, Geschichte und Interesse in der Privatrechtswissenschaft*, "Juristenzeitung", 1951, n. 15-16, p. 484.

65. A passagem do pensamento linear ao pensamento reticular no direito é evocada com referência ao sistema móvel de Wilburg: "À diferença da já lembrada imagem mecanicista do mundo, própria da física tradicional, hoje se vai progressivamente afirmando uma imagem do mundo como sistema reticular" (Viktor Steininger, *Walter Wilburg als Lehrer und Forscher in der Erinne-*

Essa limitada subsunção de normas sob uma pluralidade de princípios poderia recordar a primeira fase da jurisprudência construtiva: aquela na qual cada uma das normas é, antes de tudo, agregada em institutos jurídicos, como primeiro passo na direção de abstrações sucessivas. Essa aproximação vale, entretanto, até certo ponto. A jurisprudência dos interesses marca uma mudança radical nas tarefas que se coloca a jurisprudência: *sua atenção já não se dirige ao conhecimento, mas à aplicação do direito*. E, se o instrumento para o conhecimento é a razão, o instrumento para a aplicação do direito é a vontade. Retorna-se, assim, à mudança de paradigma que caracteriza o advento do século XX: a passagem da razão à vontade (cf. *supra*, 2 e 3).

Após a Segunda Guerra Mundial, as concepções contemporâneas do sistema herdaram da Escola Sociológica do Direito a atenção pela aplicação do direito e a busca dos princípios segundo os quais orientar essa aplicação. Essa continuidade ficará evidente examinando as teorias de Wilburg e de Canaris.

8. O jusliberismo hoje: padrões, usos alternativos e estudos críticos do direito

O jusliberismo está vivo também hoje, embora sob nomes diversos: de fato, a busca de um equilíbrio entre a certeza do direito e a flexibilidade de sua aplicação é um dos problemas eternos do direito. Aqui, em seguida, serão brevemente mencionadas as doutrinas que se remetem à noção de "padrão" e, depois, as que exortam a um uso alternativo do direito. Visto que a atividade criativa do juiz consis-

---

rung seiner unmittelbaren Schüler und das Bewegliche System im Gesamtgefüge der Wissenschaft, em Franz Bydlinski (e outros), *Das Bewegliche System im geltenden und künftigen Recht*, Springer, Wien – New York, 1986, p. 14). Sobre a relação entre pensamento causal e reticular, Steininger remete (p. 15) a Wolfgang Tischler, *Biologie der Kulturlandschaft. Eine Einführung*, Fischer, Stuttgart – New York, 1980, pp. 1-4.

te em examinar os fatos à luz de certos valores, as várias doutrinas indicam esses valores de referência como princípios gerais do direito, cláusulas gerais, tipos e assim por diante. A presença de um desses termos anuncia que o texto que o contém está separando-se, de vários modos e medidas, do positivismo jurídico e está dirigindo-se, de vários modos e medidas, para o direito jurisprudencial.

Em tempos recentes, também na Europa, sob a influência dos escritos estadunidenses (em particular, dos de Roscoe Pound[66]), essa função antiga foi descrita com um novo termo: "padrão". O juiz, diz-se, faz referência a certos padrões compartilhados pela sociedade em que vive. No Common Law, a noção de "padrão" assume, às vezes, uma extensão anormal: de fato, se o juiz "faz" o direito e se a norma é apenas a "fonte" do direito, então para o juiz americano todo o direito positivo torna-se um "padrão" de referência. A doutrina européia atual, ao contrário, tende a delimitar o âmbito desses conceitos elásticos. Nas páginas seguintes, encontrar-se-ão não poucos exemplos dessas tentativas de salvar a criatividade do juiz e, ao mesmo tempo, de garantir um mínimo de certeza do direito.

Toda doutrina não-formalista do direito oscila entre o pólo da criatividade do juiz e o pólo da certeza do direito e se diferencia das outras pela maior proximidade a um ou a outro pólo. Na França, a referência aos padrões serviu para reagir ao positivismo e à Escola da Exegese. Na Alemanha, Josef Esser se refere a Pound e propõe uma teoria argumentativa do padrão[67], ao passo que Gunther Teubner – um futuro seguidor da teoria sistêmica de Luhmann, cf. vol. 3, cap.

---

66. Roscoe Pound, *The Administrative Application of Legal Standards*, "Reports of the American Bar Association", 1919, vol. 44, pp. 445-65. Maiores indicações em Michel Paroussis, *Standards*, em Christopher Berry Gray, *The Philosophy of Law. An Encyclopedia*, Garland, New York – London, 1999, vol. 2, pp. 830-2.

67. Josef Esser, *Grundsatz und Norm in der richterlichen Fortbildung des Privatrechts. Rechtsvergleichende Beiträge zur Rechtsquellen- und Interpretationslehre*, Mohr, Tübingen, 1956, XX-394 pp.

IV, 11 – propõe uma teoria sociológica do padrão[68]. Não é aqui possível seguir as várias teorias que se ocupam de padrões: bastará levar em conta que para as doutrinas dos padrões valem quase todos os raciocínios feitos, a partir do Movimento do Direito Livre, a favor ou contra as teorias antiformalistas do direito.

Ainda que não tenha tido sucesso na prática do direito, o Movimento do Direito Livre pode ser considerado o precursor das teorias que – por volta de 1968 – pregavam um "uso alternativo" do direito ou um "direito alternativo", ou ainda um "direito crítico", bem como das teorias hoje conhecidas pelo nome de *critical legal studies*[69].

Da ala moderada do movimento, ou seja, da jurisprudência dos interesses, desenvolveram-se duas tendências do direito contemporâneo: a sociologia jurídica e a jurisprudência dos valores (*Wertungsjurisprudenz*).

O método sociológico referido à ciência jurídica faria de Ehrlich um dos fundadores da moderna sociologia do di-

---

68. Gunther Teubner, *Standards und Direktiven in Generalklauseln. Möglichkeiten und Grenzen der empirischen Sozialforschung bei der Präzisierung der Guten-Sitten-Klauseln im Privatrecht*, Athenäum, Frankfurt a. M., 1971, 131 pp. É sua dissertação em Tübingen, de 1970.

69. Uma síntese desses movimentos está em Mario G. Losano, *La legge e la zappa: origini e sviluppi del diritto alternativo in Europa e in Sudamerica*, "Materiali per una storia della cultura giuridica", 2000, pp. 109-51, ao qual remeto também para a literatura adicional (trad. al.: *Gesetz und Hacke: Ursprünge und Entwicklungen des alternativen Rechts in Europa und Südamerika*, em Richard Helmholz *et alii* (Hrsg.), *Grundlagen des Rechts. Festschrift für Peter Landau*, Schöningh, Paderborn, 2000, pp. 1023-63; trad. esp.: *La ley y la azada: orígenes y desarrollo del derecho alternativo en Europa y en Sudamérica*, "Derecho y Libertades. Revista del Instituto Bartolomé de Las Casas" (Madrid), V, giugno 2000, n. 8, pp. 275-324, retomada no Brasil em Amilton Bueno de Carvalho – Salo de Carvalho (Hrsg.), *Direito alternativo brasileiro e pensamento jurídico europeu*, Editora Lumen Juris, Rio de Janeiro, 2004, pp. 55-122). Luigi Lombardi assinalara essa proximidade antes de 1968: "Estudar com uma certa amplitude o jusliberismo em seu aspecto estrutural de movimento jurídico seria útil também para enriquecer ou corrigir a elaboração de atualíssimas iniciativas polêmicas, que muitas vezes retomam, sem sabê-lo e talvez com menor compromisso, formas de organização e assuntos próprios do jusliberismo" (Lombardi, *Saggio sul diritto giurisprudenziale*, cit., p. 228 e nota 73).

reito. Porém, a difusão de seus escritos conheceu na Alemanha grandes atrasos e dificuldades, a ponto de, com razão, ter sido definido como "uma vítima da Primeira Guerra Mundial": de fato, seus livros foram publicados apenas em parte e, no clima de crise e de derrota seguido à guerra, não receberam a atenção merecida. Bem maior foi seu sucesso no exterior: por exemplo, na obra principal do americano Julius Stone (1907-86), Ehrlich é citado mais de cem vezes[70], e em 1936 sua obra sobre a sociologia do direito foi publicada em inglês com o prefácio de Roscoe Pound.

Já foi recordado o método interpretativo fundado nos valores, que chegou até nossos dias com o nome de jurisprudência dos valores. Trata-se, porém, de estabelecer quais são os valores em que se inspira ao aplicar o direito. Não faltou quem visse nessa teoria uma reação à degeneração nacional-socialista do direito e quem dela falasse como de uma "jurisprudência dos valores ocultamente liberal"[71].

É suficiente ter mencionado aqui essas linhas de desenvolvimento, que unem as doutrinas de nossos dias ao ensino dos jusliberistas. Retornando aos anos em que tomou forma o Movimento do Direito Livre, é agora oportuno concentrar a argumentação na crítica de Ehrlich à jurisprudência dos conceitos, que é, ao mesmo tempo, também uma crítica à noção de sistema na ciência jurídica.

9. Os argumentos jusliberistas de Ehrlich contra o sistema

Uma das figuras mais relevantes na jurisprudência dos interesses, Eugen Ehrlich (1862-1922), propunha substituir a dedução lógica pela vontade do juiz na aplicação do di-

---

70. Assim Rehbinder, em Ehrlich, *Recht und Leben*, cit., p. 8.
71. "Verkappte freiheitliche Wertungsjurisprudenz": assim Albert S. Foulkes, organizador de Fuchs, *Gesammelte Schriften über Freirecht und Rechtsreform*, cit., vol. 1, p. 23.

reito[72]. Também ele foi freqüentemente mal compreendido, como se atribuísse uma completa liberdade de decisão ao juiz, desvinculando-o da lei. Seu ponto de vista, porém, era diverso. Em 1912, propondo-se resumir numa única proposição o conteúdo de sua obra principal, escrevia: "Também em nosso tempo, como em todos os tempos, o baricentro do desenvolvimento jurídico não reside nem na legislação, nem na doutrina, nem nas sentenças, mas na própria sociedade."[73] Logo, não dogmática do direito, mas sociologia do direito: de fato, para Ehrlich a primeira não tem valor científico, ao passo que é científica a sociologia do direito, porque se ocupa de "fatos" e não de "palavras".

A obra mais madura de Ehrlich, a *Lógica jurídica*, é particularmente adequada para documentar os argumentos com que os jusliberistas se contrapunham ao pensamento sistemático dos pandectistas alemães. De fato, esse autor já expusera em 1913, no volume sobre a sociologia jurídica, suas idéias sobre a gênese do direito a partir da sociedade. Em 1918, pudera, portanto, concentrar-se nos

---

72. Ehrlich teve contato direto com as teorias do sistema jurídico próprias dos pandectistas (ou seja, com a *Begriffsjurisprudenz*) porque sua formação científica foi a de um romanista. Depois de 1903, escreveu as obras que conheceriam maior sucesso: Eugen Ehrlich, *Grundlegung der Soziologie des Rechts*. Vierte Auflage, durchgesehen und herausgegeben von Manfred Rehbinder, Duncker & Humblot, Berlin, 1989, 439 pp. Essa obra conheceu três edições inalteradas (1913, 1929, 1967); a 4.ª, citada acima, foi revista no texto e nas referências bibliográficas, além de ter sido enriquecida com um índice remissivo. Trad. it.: *I fondamenti della sociologia del diritto*. A cura di Alberto Febbrajo, Giuffrè, Milano, 1976, LIV-614 pp. Ensaios não mais encontráveis (entre os quais *Freie Rechtsfindung und freie Rechtswissenschaft*, de 1903, que contribuiu para dar o nome ao Movimento do Direito Livre) estão hoje reunidos em volume: Eugen Ehrlich, *Recht und Leben. Gesammelte Schriften zur Rechtstatsachenforschung und zur Freiheitslehre*. Ausgewählt und eingeleitet von Manfred Rehbinder, Duncker & Humblot, Berlin, 1967, 252 pp. A última obra publicada por Ehrlich foi *Die juristische Logik*, Mohr, Tübingen, 1929, VII-337 pp. Essa 2.ª edição foi reimpressa em 1966 por Scientia, Aalen; a 1.ª edição é de 1918. Para um interessante confronto, cf. Eugen Ehrlich – Hans Kelsen, *Scienza giuridica e sociologia del diritto*. A cura di Agostino Carrino, ESI, Napoli, 1992, 132 pp.

73. Ehrlich, *Grundlegung der Soziologie des Rechts*, cit., p. 12.

métodos próprios do pensamento jurídico, para demonstrar como também eles nasciam da sociedade. Visto que Ehrlich desejava confutar a opinião corrente, segundo a qual "a tarefa de descobrir o direito por parte do juiz consiste, essencialmente, em deduzir logicamente a decisão do caso individual dos preceitos da lei"[74], seu livro traz como título *A lógica jurídica*: título que, porém, é necessário entender corretamente.

Hoje, após a difusão das lógicas formais nas últimas décadas do século XX, esse título seria entendido como o anúncio de uma obra de lógica (formal) para os juristas, ou seja, uma obra de lógica deôntica. Nada disso, naturalmente, está presente num historiador do direito filiado ao movimento jusliberista como Ehrlich. O volume repercorre a história do raciocínio jurídico, desde o direito romano até o início do século XX, demonstrando como as concepções sistemáticas do direito surgiram relativamente tarde e como sua história se entrelaça constantemente com a criação do direito devida ao reconhecimento das exigências sociais por meio da obra dos juízes. A lógica jurídica de Ehrlich é, portanto, paradoxalmente, o panegírico da estrutura não-lógica do direito e da origem não-lógica do direito jurisprudencial.

Essa obra, todavia, não é um escrito polêmico. Publicada nos difíceis anos que se seguiram à Primeira Guerra Mundial – quando a vida de Ehrlich se encaminhava já para o seu ocaso –, essa obra buscava fazer conviver, no interior do ordenamento jurídico, a flexibilidade do juiz e a solidez do sistema. Mesmo não atingindo esse objetivo, ela documenta historicamente o contraponto entre pensamento realista e pensamento sistemático.

Talvez a síntese entre esses dois aspectos do raciocínio jurídico tenha maturado naquela *Theorie der richterlichen*

---

74. Ehrlich, *Die juristische Logik*, cit., p. V. Nesse item, as referências são feitas não com uma nota de rodapé, mas indicando logo após a citação a página do volume.

*Rechtsfindung*⁷⁵ que, em 1922, a morte o impediu de completar, mas que já no título se apresenta como a continuação da *Lógica jurídica* (e, antes, contribui para explicar em que sentido deve ser entendido o termo "lógica" nesse contexto): lógica, portanto, entendida como uma das formas do raciocínio jurídico que ajudam o juiz na descoberta do direito.

Em sua obra de 1918 sobre a lógica jurídica, e precisamente na parte sobre os *Meios da lógica jurídica*, Ehrlich dedica um capítulo inteiro à *Construção jurídica*, retomando assim o termo caro aos pandectistas⁷⁶ e propondo-se demonstrar que não são os conceitos que produzem novas normas, mas os juristas. A tese do capítulo (e do volume inteiro) pode ser sintetizada numa frase: "Na realidade, a fecundidade da jurisprudência não está fundada na dedução, mas na contínua absorção do direito produzido pela sociedade" (p. 269). Ehrlich distingue a construção jurídica da sistemática para fins didáticos ou expositivos (ou seja, do sistema externo). Esta última é para ele "a mais importante mina de abstrações jurídicas" (p. 258). Porém, é necessário distinguir os conceitos sistemáticos dos jurídicos: "Os conceitos jurídicos se referem a relações e a conflitos de interesses (objeto de equilíbrio jurídico dos interesses e de tutela jurídica), ao passo que os conceitos sistemáticos servem apenas à exposição oral ou escrita e não descrevem relações jurídicas e conflitos de interesses de modo tão preciso a ponto de permitir sua regulamentação jurídica" (p. 259). Por exemplo, a noção de contrato é um conceito sistemático, mas é conceito jurídico cada um dos tipos de contrato,

---

75. Dessa obra resta conservado apenas um fragmento: Eugen Ehrlich, *Die richterliche Rechtsfindung auf Grund des Rechtssatzes. Vier Stücke aus dem in Vorbereitung begriffenen Werke: Theorie der richterlichen Rechtsfindung*, "Jherings Jahrbücher für die Dogmatik des bürgerlichen Rechts", 1917, pp. 1-80; agora também em Ehrlich, *Recht und Leben*, cit., pp. 203-52.

76. Cf. vol. 1, caps. de XII a XV; originariamente em Losano, *Sistema e struttura nel diritto*, 1968, cit., pp. 185-250: aquelas páginas contêm os capítulos *Il passaggio dalla dogmatica alla costruzione; La costruzione giuridica; Culto e decadenza della costruzione*.

como o mútuo, o comodato, o mandato etc. Os conceitos sistemáticos são amplos; os jurídicos, estritos: entre eles existe uma relação como aquela entre gênero e espécie. O conceito sistemático de pessoa jurídica é um gênero, ou seja, "uma abstração sistemática, que se encontra apenas nas aulas ou nos livros jurídicos, mas não na vida" (p. 259); em relação ao *genus* "pessoa jurídica", são *species* o Estado, a associação, a fundação etc. Portanto, os conceitos jurídicos são conceitos de *species*; os sistemáticos, conceitos de *genus*.

Ehrlich explica a amplitude dos conceitos de sistema didático, fazendo referência à origem desses conceitos. Quando certos interesses sociais foram considerados dignos de tutela, encontrou-se também o modo de tutelá-los juridicamente; portanto, os conceitos jurídicos são também conceitos sociais,"e sua sistemática [é] uma sistemática não apenas do ordenamento jurídico, mas também da ordem social" (p. 260). A linha de limite entre esses conceitos – e, portanto, entre a sistemática jurídica e a social – está em contínuo movimento. Por exemplo, na época de Ehrlich, os comitês promotores de eventos culturais e muitas atividades fiduciárias eram juridicamente irrelevantes, mas era previsível que cedo ou tarde seriam absorvidos na órbita do direito. O sistema didático do direito deve, portanto, ser capaz de englobar as novas aquisições, assim como o sistema de Lineu é capaz de enquadrar a planta ou o animal recém-descobertos. Essa capacidade de absorção é garantida pela amplitude dos conceitos que constituem o sistema didático, tornando-o, por um lado, adequado a descrever cada evolução do ordenamento jurídico mas, por outro, tornando-o inadequado para fundar o raciocínio do juiz que aplica o direito.

Enquanto o sistema didático é, por isso, abrangente, para o ordenamento jurídico Ehrlich fala não de completude, mas de"unidade", e dedica em outro escrito amplo espaço a esta última noção[77]. Também no jusliberista Ehrlich

---

77. Ehrlich, *Die juristische Logik*, cit., Teil I, Kap. IV: *Die Vorstellung von der Einheit des Rechts*, pp. 121-47.

retorna, porém, a nostalgia da completude. Também ele se abandona por um instante à visão do inalcançável sistema abrangente: "Toda ciência tende à completude, mas sobretudo à completude da própria sistemática; e um sistema jurídico completo seria um sistema que compreendesse todos os institutos sociais e todos os conflitos de interesses que fossem já relevantes para a legislação, para a jurisprudência ou para a doutrina, ou que pudesse sê-lo no futuro" (p. 261)[78]. Tal descrição recorda a dos sistemas jurídicos universais sonhados na esteira da filosofia clássica alemã[79]. Mas Ehrlich retorna logo com os pés no chão e com a mente voltada para uma concepção realista do direito.

A noção de sistema didático (ou seja, de sistema externo) sobre a qual nos detivemos até agora está exposta quase incidentalmente na obra de Ehrlich. De fato, é à construção jurídica que ele dedica a máxima atenção, fornecendo-lhe, antes de tudo, uma clara definição: "A construção jurídica consiste, para os fins de descoberta do direito, não em usar os conceitos aos quais se referem as avaliações dos interesses e a tutela jurídica presentes numa norma jurídica; ela consiste em abstrações desses conceitos" (p. 252). Esse processo de abstração implica tomar uma norma jurídica (*Rechtssatz*[80]) e eliminar dela os elementos que se referem especificamente ao interesse que essa norma pretende tutelar. Nesse processo de eliminação, podem ser cancelados elementos que não se referem ao interesse protegido, ou seja – para descobrir as afinidades –, elementos que distinguem

---

78. Ehrlich, *Die juristische Logik*, cit., p. 261: corrijo aqui um erro material do original, onde se lê: "entweder bereits in Gesetzgebung, Rechtssprechung [ou] der Jurisprudenz von Bedeutung sind".

79. Sobre a parábola histórica dos sistemas universais do direito, cf. Mario G. Losano, *Los grandes sistemas jurídicos*, "Anuario de Filosofía Jurídica y Social" (Buenos Aires), 1997, n. 17, pp. 137-74.

80. Traduzo aqui "Rechtssatz" por "norma jurídica", porque Ehrlich segue o uso então corrente entre os juristas, e não a rigorosa distinção proposta por Kelsen entre "norma jurídica" (*Rechtsnorm*, própria do ordenamento jurídico) e "proposição jurídica" (*Rechtssatz*, própria da ciência que descreve o ordenamento jurídico): cf. *supra*, cap. II, nota 13. Cf. também *infra*, nota 82.

uma situação concreta da outra, de modo que as duas situações concretas possam ser reconduzidas ao mesmo conceito abstrato: nesse caso, tratar-se-ia de um raciocínio por analogia. Ehrlich, porém, não se interessa por esses casos, mas por aqueles em que se vai ainda mais além e se reconduz um caso concreto a uma norma que não o previa absolutamente. Esta é a "construção" que Ehrlich quer analisar: não mais uma construção de um pandectista, mas a de um jusliberista.

Ele já havia demonstrado que, a partir do direito comum, afirmara-se o princípio segundo o qual cada caso concreto deve ser reconduzível a uma norma. Portanto, também na construção, é de perguntar não "se existe uma norma apta para resolver um conflito de interesses, mas em qual norma se encontra um conceito que possa ser configurado de modo tão abstrato a ponto de adaptar-se aos interesses em conflito" (p. 253). Em outras palavras, os seguidores da construção jurídica dão como certo que exista uma norma aplicável ao caso concreto: trata-se apenas de encontrá-la. Na realidade, as possibilidades são duas: ou se considera que o direito incorpora uma idéia superior, e nesse caso ele conterá uma regra para cada caso; ou então se considera que o direito nasce caso a caso, e então existirão casos em que não se achará já pronta a regra correspondente.

No caso da alusão à Idéia, a referência a Hegel é imediata: segundo Ehrlich, os pandectistas sofreram todos a influência da metafísica hegeliana, "mesmo que, geralmente, de modo inconsciente" (p. 264). Se se considerar que o mundo é regido por uma ordem imanente, o jurista deverá trazer à luz a ordem encerrada em cada um dos fenômenos jurídicos. Portanto, o sistema não é um instrumento para organizar o saber jurídico, mas parte integrante das relações jurídicas. Ou seja, o sistema está no âmbito interno do direito. Quem, porém, como os defensores do direito natural, não parte de dados sociais não constrói um sistema jurídico, "mas um sistema de suas exigências ao legislador"

(p. 263). Quem quer descrever o sistema jurídico de uma sociedade socialista "não descreve o sistema jurídico de uma sociedade socialista, [...] mas um sistema das representações que os socialistas têm da sociedade por eles preferida"[81].

A partir de tais bases metafísicas é que são construídos os sistemas universais válidos para todos os povos. Ehrlich se move numa dimensão mais limitada e empírica: "Um sistema jurídico serve, portanto, sempre e somente com referência a uma certa sociedade" (p. 263), ou seja, aquela da qual regula os interesses. Desse posicionamento dos jusliberistas derivam as concepções mais recentes de sistema "móvel" ou "aberto", que serão descritas nos próximos capítulos: elas são efetivamente caracterizadas pela referência a um ordenamento jurídico positivo, e não por uma idéia de direito universalmente válida.

Numa visão realista do direito, o ordenamento jurídico recebe o interesse digno de tutela por meio da atividade do jurista (estudioso ou juiz) ou do legislador: porém, essa recepção assinala o início, não o final, de um processo de progressivo refinamento da regulamentação do interesse. O ordenamento jurídico se apresenta, assim, como o conjunto de medidas destinadas a tutelar certos interesses. Essas medidas, porém, não são apenas as de origem estatal e menos ainda as contidas apenas nas leis estatais: estas últimas podem representar o ponto final de um processo de progressiva tutela de um interesse, mas poderiam também não existir ainda, ou não existirem totalmente.

O direito positivo representa, portanto, a cristalização dos interesses já consolidados, ao passo que o sistema que os descreve deve favorecer a acolhida dos interesses emergentes e ainda não consolidados. A divisão que Ehrlich traça é nítida: "A completude do sistema jurídico é, portanto, algo totalmente diverso da completude das normas jurídi-

---

81. Ehrlich, *Die juristische Logik*, cit., p. 263. Ehrlich se refere aqui à obra de Anton Menger, *Neue Staatslehre*, da qual consultei a 4.ª edição: Fischer, Jena, 1930, XII-263 pp.

cas" (p. 262). A completude das normas ofereceria normas suficientes para regular qualquer caso que se apresente; ao contrário, a completude de um sistema descritivo (*Rechtssystem*) indica apenas "que ao sistema poderia ser reconduzida qualquer relação e qualquer contraste de interesses dos quais o jurista devesse ocupar-se" também no futuro (p. 262). A distinção ficará ainda mais clara se se recordar que, para Ehrlich, o sistema descritivo é constituído por conceitos muito amplos e extensíveis aos novos interesses que podem surgir numa sociedade. Em conclusão, "a completude das normas jurídicas seria referida à regulamentação jurídica; a completude do sistema, à exposição científica"[82] (p. 262). A primeira seria, portanto, uma completude realmente existente; a segunda, ao contrário, uma simples possibilidade, isto é, uma completude em potência.

Nas sociedades avançadas do século XX, os ordenamentos jurídicos são articulados tão minuciosamente que se tem a impressão de que eles são completos, ou seja, que podem regular qualquer caso concreto apresentado. Na realidade, essa aparente completude é fruto de uma laboriosidade secular, ao final da qual foi produzido *ein juristisches System* (desta vez, entendido no sentido de ordenamento jurídico positivo) tão elaborado, "que resultou, tudo somado, à altura tanto da situação jurídica existente quanto dos seus desenvolvimentos" (p. 263). No século XIX, esse resultado foi "quase" conseguido pelos pandectistas, ou seja, pelos seguidores do método combatido pelos jusliberistas: mas seu método fundado na construção lógica não conseguia mais acompanhar o desenvolvimento da sociedade nas décadas entre os dois séculos.

Essa construção era fruto de uma evolução amplamente examinada no volume de Ehrlich: a consolidação do Es-

---

82. Ehrlich, *Die juristische Logik*, cit., p. 262. Traduzo *Rechtssatz* por "norma jurídica" (cf. *supra*, nota 73) para evitar confusões com o uso de "princípio" que será feito nos capítulos seguintes, ainda que exista sem dúvida um parentesco entre *Rechtssätze* em Ehrlich e "princípios" em Wilburg ou Canaris. Sobre os significados de *Satz* em alemão, cf. *supra*, cap. II, nota 13.

tado levara a fazer coincidir o direito com o Estado e dessa unidade da fonte nascera a concepção da unidade do direito. Daqui, passou-se a considerar que o imaginário legislador estatuísse com um ato de sua imaginária vontade um direito sistemático. E aqui se coloca o ponto de ruptura entre pandectistas e jusliberistas: "Considera-se irrelevante que o sistema e as abstrações jurídicas tenham nascido não no direito estatal, mas na jurisprudência, e que somente em seguida tenham sido transferidos no material jurídico preparado pelo Estado: obstinou-se em imaginar que a jurisprudência tivesse somente trazido à luz o que desde sempre estava encerrado no direito estatal" (p. 265). Se, portanto, se apresentava um caso não regulado pelo direito estatal, este era subsumido num dos conceitos abstratos criados pela jurisprudência: nessa altura, o caso era *"construído* como conceito legislativo" (p. 265).

O fato, porém, de ter encontrado uma colocação sistemática do caso concreto não significava ainda ter encontrado o modo pelo qual o legislador teria desejado regulá-lo: aqui, os jusliberistas viam um vazio, que os pandectistas haviam preenchido não com um raciocínio lógico, mas com um erro lógico, de que nos ocuparemos adiante. Para os jusliberistas, aquele vazio podia ser preenchido apenas com uma referência à sociedade. O direito dos jusliberistas se desenvolve, portanto, graças a um aporte extrajurídico, ao passo que o direito dos pandectistas se auto-alimenta graças à produtividade da lógica. Usando o termo "sistema" numa acepção diversa da de Ehrlich (mas próxima do significado que historicamente o termo adquiriu), é possível dizer que o sistema jurídico dos jusliberistas evolui graças a aportes extra-sistemáticos, ao passo que o dos pandectistas se autoalimenta. O primeiro é um sistema aberto; o segundo, um sistema fechado. A essa tradição se remete também Niklas Luhmann, quando expõe as raízes da sua, não obstante diversíssima, noção de sistema (cf. vol. 3, cap. IV, 7).

Já desde os tempos do direito comum foi preciso imaginar que o legislador tivesse regulado normativamente todas as relações de algum modo reconduzíveis ao ordenamento jurídico: "Assim é que o sistema das relações jurídicas e dos contrastes de interesse foi transformado num sistema fechado de normas jurídicas" (p. 266). O sistema permitia subsumir os conceitos jurídicos específicos num conceito jurídico geral e preexistente no ordenamento: todavia, isso ocorria "sem nenhuma nova avaliação dos interesses, mas apenas graças à dedução lógica" (p. 266).

Visto que os romanos não conheciam o conceito de contrato, o direito comum elaborou esse conceito geral; depois, no *usus modernus Pandectarum* foram construídas novas normas jurídicas: "Foram extraídas, sem quebrar muito a cabeça, dos vários tipos de contratos romanos, em especial da *stipulatio* e da compra e venda, e foram assim unidos ao conceito abstrato de contrato, de forma que as normas ora valem não apenas para os contratos que mais ou menos correspondem aos romanos, mas para todos os contratos, também para os mais modernos e, portanto, completamente desconhecidos aos romanos" (p. 267).

No decorrer da história, a abstração dos conceitos jurídicos simples gerou novos conceitos jurídicos gerais: "O raio de ação das normas" aumentou "desmesuradamente". Chegou-se, assim, ao coração da construção pandectista, ou seja, à jurisprudência produtiva (Jhering), ao elemento sistemático (Savigny, Puchta), ao elemento lógico. Mas os jusliberistas indicam a esterilidade exatamente no elemento que os juristas clássicos consideravam fecundo: com a lógica "pode-se, num silogismo, deduzir uma conclusão de suas premissas, mas tal conclusão não extrairá das premissas nenhum pensamento que nelas não estivesse já contido" (p. 268). Os elementos novos do ordenamento vêm da sociedade, não da ciência jurídica: e a propósito já o pandectista Thöl recomendava não confundir a parteira com a parturiente.

Para os jusliberistas, as generalizações da ciência jurídica são, portanto, "erros lógicos" (pp. 270 s.), porque se fundamentam em abstratas regras lógicas, ou seja, numa concordância dos termos (nos conceitos dialéticos, p. 271) ou na colocação no sistema descritivo (nos conceitos sistemáticos, p. 272). As generalizações são, ao contrário, aceitáveis também para os jusliberistas apenas se se fundamentam numa nova avaliação dos interesses, ou seja, se a lógica é vivificada pelo aporte da análise social.

A recusa da construção lógica impeliu os jusliberistas a negar que fossem conceitos jurídicos as generalizações que "entraram no direito dos juristas e dali passaram para a legislação"[83] (p. 273). Não se tratava de uma pura enunciação doutrinária, porque também o moderado Ehrlich dali extraía uma conclusão revolucionária: "Um preceito é uma norma jurídica somente se é adequado a endereçar a tutela jurídica e o equilíbrio de interesses por parte do juiz"(pp. 273 s.). Portanto, o juiz pode considerar-se não vinculado por uma norma estatal que não lhe permita chegar a uma sentença em harmonia com os reais interesses em jogo. Para as abstrações sistemáticas, ia mais além: "Mesmo que estejam contidas num preceito emanado pelo legislador, elas não podem ter sido objeto de equilíbrio de interesses e de concessão de tutela jurídica" (p. 274). Ou seja: também uma norma jurídica formalmente válida pode ser descumprida pelo juiz: retorna-se, assim, ao tema tipicamente jusliberista da interpretação *praeter* o *contra legem*. Efetivamente, servindo a fins didáticos e doutrinários, esses conceitos são excessivamente amplos para permitir uma correta avaliação dos interesses em jogo. Por outro lado, um código civil não pode enumerar casuisticamente todas as possíveis situações. No que se refere ao erro, o código civil austríaco (ABGB) adotara a técnica ora recordada:"poucas indica-

---

83. Ehrlich, *Die juristische Logik*, cit., p. 275. Ehrlich se remete aqui a Siegmund Schloßmann, "der geistvolle Vorläufer der freirechtlichen Bewegung", e à polêmica entre a teoria voluntarista de Savigny e a teoria declaratória; cf. Siegmund Schloßmann, *Die Lehre von der Stellvertretung, insbesondere bei obligatorischen Verträgen. Kritik und wissenschaftliche Grundlegung*, Deichert, Leipzig, 1900, vol. 1, XIV-382 pp.; vol. 2, XVI-739 pp.

ções, que terminam, pois, por resultar até abstratas demais"[84] (p. 279).

O convite dos jusliberistas é simples e radical: desvincule-se o juiz dos conceitos excessivamente gerais e abstratos: "Nos preceitos jurídicos que contêm conceitos abstratos [...] devemos verificar, sobretudo, com a ajuda da interpretação histórica se ali estão contidas normas jurídicas" (p. 281). Aliás, o de Ehrlich é algo mais de um convite: o juiz está "não apenas autorizado, mas também obrigado" (p. 281) a interpretar historicamente os preceitos. A essa altura fica claro que – com mil cautelas e limitações – Ehrlich está chegando a propor a interpretação *contra legem* por parte do juiz: "Se da interpretação histórica resultar que o legislador quis tomar decisões concretas (*konkrete Entscheidungen*) numa norma jurídica, porquanto abstrata ela seja, então a lei contém verdadeiras e próprias normas jurídicas incondicionadamente vinculantes para o juiz; se não é assim, está-se diante do vazio" (p. 282). Ainda que Ehrlich nas páginas seguintes não convide expressamente a interpretar *contra legem*, os exemplos extraídos do direito privado e do direito penal indicam em quais casos se deve recorrer à estatuição jurisprudencial do direito.

Na expressão "decisões concretas" surge o adjetivo *konkret*, no sentido de adequado a uma realidade não prevista no direito positivo. Com essa expressão, Ehrlich antecipa involuntariamente o uso que do termo "concreto" farão os juristas nacional-socialistas. Para desatender o direito estatuído, eles exigirão dos juízes uma interpretação politizada,

---

84. Ehrlich, *Die juristische Logik*, cit., p. 279; a casuística adequada ao erro não é, para Ehrlich, a do ABGB, mas sim a da análise de Emil Pfersche, *Die Irrtumslehre des österrichischen Privatrechts. Mit Berücksichtigung des Entwurfes eines bürgerlichen Gesetzbuches für das Deutsche Reich*, Leuschner & Lubensky, Graz, 1891, IX-342 pp. Uma série de exemplos de usos inaceitáveis da lógica no direito é oferecida pelo próprio Ehrlich no já mencionado *Die richterliche Rechtsfindung auf Grund des Rechtssatzes. Vier Stücke aus dem in Vorbereitung begriffenen Werke: Theorie der richterlichen Rechtsfindung*, "Jherings Jahrbücher für die Dogmatik des bürgerlichen Rechts", 1917, pp. 1-80.

que leve em conta as "concretas" relações sociais geradas pela revolução nacional-socialista, e não pelas abstratas deduções da norma. Com essa finalidade, miravam seja o "pensar por ordenamentos concretos" de Carl Schmitt (cf. capV, 5), seja os "conceitos gerais concretos" de Karl Larenz (cf. cap.V, 6).

Sobre tais afirmações, o debate filológico pode obviamente durar até o infinito. De fato, Ehrlich elenca uma série de casos em que os interesses sociais a serem tutelados não são protegidos por aquele que ele chama de "preceito jurídico" (*Vorschrift*); portanto, cabe ao juiz preencher essa lacuna e extrair do equilíbrio dos interesses uma norma jurídica (*Rechtssatz*) adequada ao caso concreto. Os adversários do jusliberismo têm, porém, um modo de inquietar-se, seja pela atividade do juiz que se substitui à do legislador, seja pelo direito jurisprudencial que se infiltra no direito estatal através dos conceitos abstratos ou indeterminados, que são uma "porta inteiramente aberta ao novo direito jurisprudencial" (p. 284).

Mesmo que estejamos em presença de uma disputa que nunca terá fim, o resultado é claro: "O jurista que mostra quais circunstâncias são relevantes para a decisão cria as normas das quais o legislador omitiu a enunciação, mas decerto não interpreta de forma nenhuma a lei."[85] Se o juiz não interpreta, mas cria, o problema da interpretação *contra legem* já não se coloca: não está resolvido, mas é eliminado. Com isso, porém, é eliminada também a distinção entre Poder Legislativo e Poder Judiciário.

Os direitos do cidadão são, assim, postos por inteiro nas mãos do juiz, em cuja sabedoria e independência Ehrlich devia nutrir uma inabalável confiança: uma confiança destinada a ser amargamente frustrada.

---

85. Ehrlich, *Die juristische Logik*, cit., p. 285; nessas páginas, Ehrlich trata também da parte geral do BGB alemão, vista por um jusliberista (p. 284), e das técnicas legislativas dos códigos (p. 286).

Capítulo V
A era dos totalitarismos:
o sistema já não suporta

Pontos de intersecção e desenvolvimentos do discurso. O nacional-socialismo levou às extremas conseqüências a crítica ao sistema iniciada pelos jusliberistas. O direito anterior a 1933 foi esvaziado, obrigando os juízes a interpretá-lo segundo os princípios nazistas: os juízes eram liberados da servidão da norma, para ficar subjugados ao poder político. *Racismo* e *autoritarismo* tornaram-se, assim, os eixos do ordenamento jurídico. O direito já não protegia nem os judeus, nem quem era declarado "estranho à comunidade". O racismo culminou nas leis de Nüremberg de 1935, instrumento jurídico do Holocausto. O autoritarismo levava a conceber o Estado como regido não pelo direito, mas pelo Führer e por seu partido único: para o juiz, tais vontades substituíam as leis. Foram assim abolidas as formas parlamentares e canceladas as garantias dos cidadãos. Desapareceu a certeza do direito.

A justificação teórica dessa destruição do direito é obra de dois importantes autores. Suas teorias foram examinadas nos itens 5-6, cuja leitura exige atenção redobrada, porque os conceitos, os valores sociopolíticas e a terminologia dos dois autores estão infinitamente distantes do leitor atual. Para o jurista habituado às precisas categorias hodiernas, tais raciocínios resultam freqüentemente nebulosos.

A teoria de Carl Schmitt (1888-1985) não pretende descrever um direito vigente (como Kelsen), mas oferecer ao nacional-socialismo um instrumento para intervir no direito herdado do passado. Mais que uma teoria do direito, é a teoria para uma política nacional-socialista do direito. Para Schmitt, no direito é preciso "pensar por ordenamentos concretos": cf. item 5. Não diverso é o procedimento do neo-hegeliano Karl Larenz (1903-93), que cristalizou as figuras exemplares no *typus* (cf. item 6, *b*). Examinam-se os fatos que cumprem a mesma função, reunindo-os num *typus* (o soldado valoroso, o bom pai de família etc.); vários tipos análogos são reunidos numa "série de tipos". Tipos e série de tipos são, portanto, descritivos; o conceito geral e concreto que inspira, em última análise, todos os tipos, tem força normativa. Essa passagem é discutível para quem segue a lógica, mas não para Larenz. Para ele, o elemento essencial é a harmonia ideológica. Assim, por exemplo, a tutela jurídica da propriedade varia com a mudança das orientações ideológicas inspiradoras do conceito concreto. Em conclusão, os conceitos concretos não têm um conteúdo predeterminado e podem mudar o conteúdo que anteriormente possuíam. Tal imprevisibilidade e incerteza do direito não são, contudo, defeitos da construção de Larenz: é o fim que tal construção se propõe.

Ao final da guerra, Radbruch atribuiu ao positivismo jurídico a maciça defecção dos juristas: esse positivismo teria habituado os juízes a obedecer às leis sem se interrogarem sobre o valor da justiça. Tal justificativa revelou-se equivocada. Na verdade, os juízes nomeados na época imperial nunca haviam aceitado o socialismo da república de Weimar e, portanto, logo se alinharam ao partido nacional-socialista, que garantia o retorno à ordem e à tradição. Para sair do beco sem saída da experiência nazista, aos juristas alemães restava apenas voltar ao jusnaturalismo pré-bélico.

1. Da crise dos impérios aos totalitarismos e à Guerra Fria: uma continuidade incômoda

A polêmica dos jusliberistas era o reflexo de tensões políticas bem mais graves, culminadas na Primeira Guerra Mundial e seguidas por agitações institucionais européias e mundiais: em 1907, a derrota da Rússia na guerra contra o Japão pusera fim ao mito da invencibilidade militar da raça branca; a revolução bolchevique, por sua vez, determinara o fim do Império russo em 1917, ao passo que na Alemanha, em 1919, o Império alemão cedera a vez à república de Weimar. Derrota militar, crise econômica, desvalorização monetária, temores de uma revolução comunista, conflitos armados entre concidadãos alimentaram em toda a Europa os movimentos de extrema direita, que tomaram o poder na Itália em 1922 e na Alemanha em 1933. No mesmo ano de 1933 Salazar emanava a constituição corporativa de Portugal, e em 1936 o general Franco se insurgia na Espanha contra o governo republicano.

O movimento jusliberista foi completamente abafado pela revolução nacional-socialista. Para compreender o final desse movimento (e, com ele, o fim da grande ciência jurídica alemã do século XIX), é necessário, antes de tudo, ver resumidamente de que modo a nova doutrina nacional-socialista conseguira em tão pouco tempo substituir todas as outras. Nesse ponto, a atenção deve naturalmente concentrar-se apenas nas teorias jurídicas.

Como todo movimento revolucionário, o movimento nacional-socialista encontrou no direito preexistente um obstáculo à tomada do poder. Procurou, portanto, esvaziá-lo dos conteúdos não desejados, à espera de poder substituí-lo com normas fundamentadas em sua própria ideologia. À diferença, porém, de outros movimentos revolucionários, o nacional-socialismo não substituiu um ordenamento jurídico velho por um novo, mas destruiu o direito herdado do império alemão e da república de Weimar, esvaziando as velhas normas e impelindo os juízes a preencher esse vazio jurídico com as diretivas do partido-Estado, que podia, assim, agir sem vínculos. Do ponto de vista da teoria do direito, o nacional-socialismo foi portanto um movimento antipositivista e anti-sistemático: o direito vigente devia ser mudado, e as partes mudadas não deviam ser influenciadas por aquelas remanescentes à revolução. Ao alcançar o poder, o nacional-socialismo impôs um respeito total pelas normas jurídicas inspiradas em sua ideologia, tanto que – como será visto em breve – o positivismo jurídico foi substituído por um *Führerpositivismus*.

Ao nacional-socialismo não servia, portanto, uma total renovação legislativa; bastava-lhe uma classe de juízes condescendentes, que interpretassem de modo novo as normas preexistentes. O problema da aplicação do direito e da interpretação da norma esteve, por isso, no centro de um debate jurídico que na realidade era a expressão setorial de um violento confronto político geral.

Com o direito nacional-socialista, não apenas se vai além do debate sobre a sistematicidade do direito, mas se ultrapassam também os extremos limites traçados pelo jusliberismo: o espaço de movimento é o de não-normas politicamente cogentes, ou de normas não necessariamente vinculantes para o juiz. Atingira-se, assim, não o objetivo do jusliberismo mais exacerbado, mas seu contrário: o juiz era desvinculado da lei unicamente para poder ser absolutamente subjugado à ideologia do partido no poder.

O estudo do sistema no direito deve, todavia, ocupar-se do direito nacional-socialista por duas razões, uma teórica e outra histórica. No plano teórico, com o direito nacional-socialista a teoria jurídica alcança o limite extremo no processo de crítica à noção de sistema no direito, crítica originariamente sustentada com vigor pelos jusliberistas. A teoria nacional-socialista do direito ingressou e percorreu até o fim um beco sem saída, ao final do qual a única alternativa exeqüível foi um retorno da ciência jurídica sobre seus próprios passos. No plano histórico – e em particular na história da noção de sistema no pensamento jurídico –, o direito nacional-socialista foi imediatamente praticado por pessoas que existiam antes e depois da era nacional-socialista; portanto, também o abandono das concepções nascidas durante o nacional-socialismo foi progressivo, assim como progressivo havia sido o cancelamento do velho direito imperial e weimariano[1].

---

1. Foi, porém, um cancelamento progressivo com tempos diversos, de acordo com os territórios sujeitos àquele regime. A Guerra Fria ocorrida após a guerra combatida impôs uma mudança repentina do direito nos Estados con-

A história jurídica da perturbadora cascata de transformações ocorrida na Alemanha nos trinta anos entre 1918 e 1948 – do direito imperial ao republicano-socialista, nacional-socialista, democrático-liberal e marxista-leninista – havia sido escrita só em parte e apenas recentemente, no início com hesitação; depois, com maior firmeza e aprofundamento[2]. O material recolhido é imenso; dentro

---

fiados pela Conferência de Ialta à esfera de influência soviética. Entre estes, encontrava-se aquela parte do território alemão que, em 1949, se transformou de Zona de Ocupação Soviética em República Democrática Alemã, cujo ordenamento cessou de vigorar em 3 de outubro de 1990. A RDA sofreu uma profunda e rápida transformação jurídica e judiciária. Ao contrário, nas restantes três zonas de ocupação aliada na Alemanha (que se tornaram a partir de 1949 República Federal Alemã) e na Áustria retornada à independência, o processo de cancelamento e de substituição do passado nacional-socialista foi mais lento e mais ambíguo do que a anterior passagem ao nacional-socialismo.

2. Para uma primeira e séria orientação no *mare magnum* da literatura sobre o direito nacional-socialista, remeto às obras documentadas de Bernd Rüthers, juiz e professor na Universidade de Konstanz. Inicialmente, àquela que, em 1966, foi sua *Habilitationsschrift*, que chegou à 4.ª edição: *Die unbegrenzte Auslegung. Zum Wandel der Privatrechtsordnung im Nazionalsozialismus*, Müller, Heidelberg, 1991, XX-507 pp.; de forma mais ampla sobre Schmitt e Larenz: *Entartetes Recht. Rechtslehren und Kronjuristen im Dritten Reich*, DTV, München, 1994, 230 pp. (1.ª edição Beck, München, 1988); podem ser integradas com os textos de dois ciclos de conferências, ocorridos em Kiel e em Göttingen: Franz Jürgen Säcker (Hrsg.), *Recht und Rechtslehre im Nationalsozialismus*, Nomos, Baden-Baden, 1992, 260 pp.; Ralf Dreier – Wolfgang Sellert (Hrsg.), *Recht und Justiz im "Dritten Reich"*, Suhrkamp, Frankfurt a. M., 1989, 373 pp.; e com os ensaios de Michael Stolleis, *Recht im Unrecht. Studien zur Rechtsgeschichte des Nazionalsozialismus*, Suhrkamp, Frankfurt a. M., 1994, 333 pp. Com algumas alusões que remontam ao século XIX (e com um título extraído da acusação lançada pelo dramaturgo Rolf Hochhuth contra o político e ex-juiz militar Hans Karl Filbinger): Ingo Müller, *Furchtbare Juristen. Die unbewältigte Vergangenheit unserer Justiz*, Kindler, München, 1987, 319 pp. (também em edição de bolso: Knaur, München, 1989, 319 pp.). Para os documentos políticos da época nacional-socialista, ver Reinhard Kühnl, *Der deutsche Faschismus in Quellen und Dokumenten*, Pahl-Rügenstein, Köln, 1977, 530 pp. (2.ª ed.). Cf. também Wolfgang Emmerich, *Zur Kritik der Volkstumideologie*, Suhrkamp, Frankfurt a. M., 1971, 182 pp.

Sobre os paralelismos e os oportunismos entre a passagem ao nacional-socialismo em 1933 e os eventos sucessivos à reunificação da Alemanha em 1990: Bernd Rüthers, *Die Wende-Experten. Zur Ideologienfälligkeit geistiger Berufe am Beispiel der Juristen*. Zweite, völlig neubearbeitete und erweiterte Auflage des Buches"Ideologie und Recht im Systemwechsel", Beck, Mün-

dele, serão escolhidos apenas os temas jurídicos que permitam identificar uma continuidade entre o passado e o presente, ou seja, entre a época anterior à negação do direito por parte do nacional-socialismo e a época a ele sucessiva, na qual se recomeçou a construir uma ciência jurídica inspirada pelos ideais da democracia liberal: o campo de pesquisa se restringe, por isso, à teoria do direito, assim como foi sendo desenvolvido no território da Alemanha federal.

2. O sistema jurídico, da forma ao conteúdo da norma

O poder nacional-socialista durou pouco: apenas doze anos, que porém produziram em todos os campos perturbações de uma radicalização nunca vista. Por razões de brevidade, estas páginas darão como conhecidas a história geral daquela época e também as linhas fundamentais de seu sistema político. A atenção se concentrará, ao invés, na transformação da noção de sistema e na persistência de algumas concepções teóricas de uma fase a outra. De fato, a jurisprudência dos interesses durante a República de Weimar, a teoria nacional-socialista do direito, a jurisprudência dos valores depois do final da guerra são teorias interconexas: será necessário ver de que modo.

Desses vínculos tende-se a não falar para esquecer e fazer esquecer o passado, se nele se esteve diretamente envolvido; por *pietas*, por interesse ou por conivência entre estudiosos, se se foi tocado indiretamente por aquele passado excessivamente carregado de conotações negativas[3].

---

chen, 1995, 260 pp., bem como *Geschönte Geschichten – geschonte Biographie*, Mohr Siebeck, Tübingen, 2001, 180 pp., que compara as técnicas de mimetismo político dos juristas alemães depois de 1933, depois de 1945 e depois de 1989.

3. Desde o final da guerra está em curso na Alemanha um debate sobre o passado recente, conhecido como *Verdrängung* ou *Vergangenheitsbewältigung*, que nos últimos anos assumiu também a forma do revisionismo histórico: para

Se se tenta aqui acertar as contas com ele, não se faz isso para atribuir culpas ou responsabilidades, mas para unir alguns fios da história das idéias. As próximas páginas deveriam demonstrar que algumas concepções jurídicas existiam antes, durante e depois do nacional-socialismo, obviamente com nuances e radicalizações diversas. Além disso, deve-se ter em mente que a continuidade de concepções jurídicas não implica necessariamente uma continuidade de concepções políticas. Assim como a referência à jurisprudência dos interesses não transformava um jurista nacional-socialista num socialdemocrata weimariano, também o uso hodierno da teoria dos tipos não é sinal de um posicionamento neonazista.

Por outro lado, não se pode omitir o fato de que determinadas teorias do direito se revelam adequadas mais a certos ordenamentos políticos que a outros. Assim como o relativismo positivista é a teoria jurídica mais adequada às democracias liberais, também a teoria dos tipos apresenta uma flexibilidade que a torna particularmente adequada para receber a arbitrária variabilidade dos regimes ditatoriais. Obviamente, a conjunção entre positivismo e democracia, por um lado, e entre *Typenlehre* e ditadura, por outro, não é automática: todavia, essas conjunções verificaram-se historicamente.

Do exame da teoria e da prática nacional-socialista, resulta clara a fratura entre a noção formal de sistema, própria da jurisprudência oitocentista e do normativismo, e a natureza substancial das teorias nacional-socialistas, que se propunham oferecer aos juízes um instrumento não apenas facultativamente alternativo, mas, antes, obrigato-

---

a literatura sobre esse assunto, remeto a Mario G. Losano (a cura di), *Storia contemporanea del diritto e sociologia storica*, Franco Angeli, Milano, 1997, 265 pp.; em particular, Joachim Rückert, *Storia contemporanea del diritto: compiti e risultati fra storia, diritto, scienze sociali e sociologia*, pp. 51-99. Mas o problema das relações com o passado incômodo se põe para muitos outros países, e não apenas europeus: basta pensar na África do Sul do pós-*apartheid* e nas frágeis democracias sul-americanas que se sucederam às ditaduras militares.

riamente substitutivo com relação ao respeito da lei e das regras da dedução lógica ou, ao menos, do raciocínio inspirado na racionalidade. O sistema clássico abstrai das normas jurídicas conceitos cada vez mais gerais e abstratos, ou seja, ocupa-se da *forma* do direito; já a teoria nacional-socialista do tipo ou da série de tipos se ocupa do *conteúdo* específico de cada norma. O sistema clássico oferece os meios para conhecer o direito; a teoria nacional-socialista impõe os meios para aplicá-lo, e para aplicá-lo apenas de um único modo. O sistema clássico propõe ao juiz um modelo de raciocínio utopicamente neutro em relação aos valores; a teoria nacional-socialista lhe impõe um comportamento que deve realizar apenas um valor, a qualquer custo. O sistema clássico fundamenta-se na força da lógica; a teoria nacional-socialista usa a lógica da força. A genealogia do sistema clássico vai da filosofia idealista ao positivismo jurídico; a teoria nacional-socialista é jusnaturalismo sem ética.

A transição da noção clássica de sistema às teorias jurídicas inspiradas nos valores recebera um forte impulso da jurisprudência dos interesses: e a ela se unirá o pensamento teórico depois da Segunda Guerra Mundial. Porém, não era possível um retorno como se aqueles trágicos doze anos não tivessem existido. Retornar à jurisprudência dos interesses depois do período nacional-socialista significava recuperar uma ética também para o direito. Mas qual ética? Esse será exatamente o problema central da jurisprudência dos valores, ou *Wertungsjurisprudenz*. Ademais, responder a essa interrogação significava também abandonar a clássica concepção formal do sistema e ocupar-se, ao invés, do conteúdo das normas jurídicas, e não da forma destas últimas.

Depois da Segunda Guerra Mundial, o termo "sistema" termina, assim, por indicar duas construções teóricas diversas; tão diversas, que é talvez causa de confusão designá-las com o termo "sistema".

3. Os princípios do direito nacional-socialista

A ideologia nacional-socialista foi sempre contrária ao direito: inicialmente, considerou-o um obstáculo à tomada revolucionária do poder; depois, um inútil empecilho no exercício do poder conquistado. Essa ideologia não produziu, portanto, relevantes teorias do direito, salvo raríssimas exceções (talvez apenas duas: Carl Schmitt e Karl Larenz). De fato, o partido nacional-socialista estava interessado apenas marginalmente no direito e só instrumentalmente numa teoria jurídica. Para poder exercer incondicionalmente o poder, o partido precisava inicialmente excluir os juízes e os docentes ligados ao passado ou não concordantes com seu programa político; depois, realizar cada um dos pontos desse programa, podendo contar com uma classe de juízes disposta a agir como instrumento do partido. A teoria jurídica interessava apenas como instrumento para atingir tais objetivos.

Em 1920, o direito faz apenas uma aparição marginal no programa do "Partido Nacional-Socialista Alemão dos Trabalhadores" (NSDAP): "Pedimos que um direito alemão comum substitua o direito romano subjugado a uma ordem mundial materialista."[4] Afirmação que permaneceu sem maiores conseqüências, visto que o nacional-socialismo não conseguiu fazer entrar em vigor aquele *Volksgesetzbuch*, aquele código civil "do povo" que deveria ter substituído o BGB nascido da Pandectística. O nacional-socialismo desmembrou, porém, esse resultado da Pandectística numa série de leis setoriais e aboliu aquela parte geral que constituía o fruto de um século de pensamento sistemático e de construção dogmática no direito privado alemão.

As idéias inspiradoras do programa do partido nacional-socialista (e, portanto, as orientações para a aplicação do

---

4. "Wir fordern Ersatz für das der materialistischen Weltordnung dienende römische Recht durch ein deutsches Gemeinrecht": *Parteiprogramm vom 25.2.1920*, ponto 19, em Reinhard Kühnl, *Der deutsche Faschismus in Quellen und Dokumenten*, Pahl-Rügenstein, Köln, 1977, p. 107.

direito) são o racismo e o autoritarismo. Também essas idéias podem ser reconduzidas a tradições políticas e culturais já presentes na Alemanha imperial e comuns à cultura européia, tanto antes quanto depois do nacional-socialismo. A aceitação de uma delas não implica necessariamente que estejamos diante de uma doutrina fascista ou nacional-socialista, também porque cada uma dessas duas idéias apresenta formas, atenuadas e extremas. Historicamente, porém, a confluência de suas formas extremas numa única doutrina produziu os resultados devastadores do nacional-socialismo.

a) O racismo

Por meio das teorias darwinistas, o racismo, tão antigo quanto o homem, buscou o apoio das ciências naturais. Já na metade do século XIX, Gobineau publicara a obra destinada a constituir ponto de referência privilegiado dos racismos futuros[5]. "Racismo" é um termo hoje mais do que nunca carregado de significados emocionais, que vão da designação de teorias científicas já superadas à acusação politicamente infamante. Ora, as diferenças entre os homens existem, mas podem ser levadas em consideração em três níveis diversos. Em primeiro lugar, a constatação das diferenças reais é um juízo de fato de competência da etnografia: um asiático, um africano e um caucásico não são iguais. Em segundo lugar, a essas diversidades reais podem ser remetidos juízos de valor de tipo individual: esse é um problema de simpatias ou antipatias pessoais de competência da psicologia. Em terceiro lugar, ao juízo de valor fundamentado no originário juízo de fato podem ser atribuídas conseqüências práticas negativas, em um nível não mais individual, mas coletivo[6]. Dessas três passagens, as duas primei-

---

5. Arthur de Gobineau, *Essai sur l'inégalité des races humaines*, Firmin-Didot, Paris, 1853-55, 4 vols.

6. Obviamente, não é menos racista formular um juízo de valor positivo sobre uma raça e a ele associar conseqüências práticas positivas: se uma raça é superior, necessariamente as restantes são inferiores.

ras não são racismo em sentido próprio; já a terceira é. E esta última é um crime contra a humanidade de competência de um tribunal internacional.

Hoje, após os extermínios nacional-socialistas, falar de raça mesmo somente no primeiro dos níveis ora mencionados suscita autocensuras e desconfortos dos quais se pode ter consciência racionalmente, mas que não se consegue superar emotivamente. Para se ter uma idéia de como entre os intelectuais é possível uma discussão menos emotiva sobre a própria raça e a dos outros, basta observar a literatura que na América do Sul, a partir da metade do século XIX, recebeu as teorias antropológicas européias. No debate sul-americano, estavam presentes constatações factuais e antipatias também violentas, mas jamais sequer passou pela cabeça de algum autor a idéia de propor um genocídio[7].

Entre o final do século XIX e o início do século XX, as concepções eugênicas produziram em todo o mundo, da

---

7. Refiro-me ao debate cultural, não às práticas privadas ou mesmo governamentais, muitas vezes próximas do genocídio. Para um amplo panorama sobre essas teorias e debates culturais na América Latina, em particular no Brasil, cf. Marcela Varejão, *Il positivismo dall'Italia al Brasile: sociologia del diritto, giuristi e legislazione (1822-1935)*, Giuffrè, Milano, 2005, XI-465 pp., em particular Parte III. Ver, também, a síntese do pensamento brasileiro em Thomas E. Skidmore, *Brazilian Intellectuals and the Problem of Race, 1870-1930*, The Graduate Center for Latin-American Studies, Vanderbilt University, Occasional Papers N° 6, Nashville (Tenn.), 1969, 7 pp. Um posicionamento contra a doutrina Monroe encontrou expressão num discurso pelo aniversário da descoberta da América proferido pelo intelectual argentino Ernesto Quesada (1858-1934): *Nuestra raza. Discurso pronunciado en el teatro Odeón el 12 de octubre de 1900*, Buenos Aires, 1900, 85 pp. Na realidade, na literatura sul-americana a palavra *raza* naquele texto é sinônimo de povo. Também no autor argentino (e mais ainda nos brasileiros) está ausente a noção de "pureza" da raça. Onde se fala de "sangue", isso se dá em termos diametralmente opostos aos do racismo propugnado, por exemplo, pelas leis de Nuremberg: "Al renacimiento de la *raza hispana*, señores; a la gloria futura de la madre patria y de las naciones íbero-americanas – que son sangre de su sangre, a pesar de la *mezcla generosa* de otras procedencias; a la confraternidad, no solo de sentimiento, sino de intereses, de los *pueblos* de nuestro común origen" (p. 22, grifos meus). É suficiente essa menção, porque também na América do Sul o problema da raça é excessivamente complicado para ser discutido numa nota.

Escandinávia aos Estados Unidos, não poucas teorias inaceitáveis e algumas experiências aberrantes. Mas na Europa, a partir dos anos 1930, uma série de doutrinas que se apresentavam como científicas constituíram o fundamento para um coletivo juízo de valor negativo sobre raças não-arianas, que se tornaram, assim, "raças inferiores". O nacional-socialismo executou, portanto, a fatal e terceira passagem, reservando um tratamento desumano a quem pertencia às "raças inferiores". O direito ofereceu-lhe o instrumento para praticar sistematicamente a discriminação. Todavia, nunca se teria chegado ao direito positivo, ou seja, às leis raciais de Nuremberg, se sua estatuição não tivesse sido precedida de um capilar trabalho de difusão política e de teorização jurídica da aceitabilidade daquele juízo de valor. O racismo tornou-se, assim, um elemento central da teoria do Estado nacional-socialista e, em menor medida, do fascista[8]. Mas aquela proposta ideológica encontrou uma vasta acolhida, tanto que – por volta do final da guerra – com angústia ocorreram interrogações sobre quais mecanismos psicológicos teriam podido gerar uma aceitação difusa do racismo[9].

O anti-semitismo não era apanágio apenas de personagens vulgares, mas permeava os próprios vértices do pensamento jurídico. "Entre os juristas – escrevia Schmitt –, lembrarei apenas os nomes de Rosin, Laband, Jellinek, Nawiasky, Kelsen e sua escola. [...] O equívoco típico do povo

---

8. Sobre o diferente posicionamento racial dos dois regimes: Jonathan Steinberg, *Deutsche, Italiener und Juden*, Steidi, Göttingen, 1990, 366 pp. Contudo, também o mito do "bom italiano" é objeto de revisão. Cf. enfim Michele Sarfatti, *Le leggi antiebraiche spiegate agli italiani di oggi*, Einaudi, Torino, 2002, 102 pp.

9. Uma pesquisa sobre o anti-semitismo, desenvolvida em Berkeley em 1944-49, ampliou o campo de investigação aos fatores psicológicos que favorecem os comportamentos autoritários e, em geral, os fenômenos antidemocráticos de massa, um dos quais é o anti-semitismo: Theodor W. Adorno *et al.*, *The Autoritarian Personality*, Harper, New York, 1950, XXXIII-990 pp. (trad. it.: Adorno *et al.*, *La personalità autoritaria*. Introduzione di Giovanni Jervis, Comunità, Milano, 1973, 2 vols.); os escritos de Adorno estão reunidos em *Studien zum autoritären Charakter*. Aus dem Amerikanischen von Milli Weinbrenner, Suhrkamp, Frankfurt a. M., 1973, X-482 pp.

judeu em relação a tudo o que diz respeito ao solo, à terra e ao país baseia-se na especificidade de sua existência política. A relação de um povo com uma terra, modelada pelo próprio trabalho e pela própria cultura, e com as formas concretas de poder que derivam dessa relação, é incompreensível para um judeu. Por outro lado, o judeu não quer de forma alguma entendê-la, mas quer apossar-se dela conceitualmente, para pôr em seu lugar os próprios conceitos."[10] Portanto, as teorias dos juristas judeus eram combatidas não porque estivessem erradas, mas por terem sido formuladas por judeus.

Alguns juristas nacional-socialistas se inspiraram predominantemente no pensamento racista para justificar uma série de discriminações, culminadas depois na morte dos discriminados[11]. Dessas teorias não resta vestígio no pensamento jurídico hodierno, apesar de seus autores terem continuado no pós-guerra sua prestigiosa atividade de juristas e de docentes. É suficiente mencionar aqui o caso de Edmund Mezger (1883-1961), um conceituado penalista que se converteu ao nacional-socialismo, participou da legislação contra "os estranhos à comunidade" (*Gemeinschaftsfremde*), preparou as normas para a eliminação dos "elementos prejudiciais ao povo e à raça" e depois, terminada a guerra, voltou à sua atividade de penalista circundado por

---

10. Carl Schmitt, *Völkerrechtliche Großraumordnung mit Interventionsverbot für raumfremde Mächte. Ein Beitrag zum Reichsbegriff im Völkerrecht*, Deutscher Rechtsverlag, Berlin – Leipzig – Wien, 1941, 58 pp. (4ª ed.).

11. Literatura principal: Roland Freisler, *Nationalsozialistisches Recht und Rechtsdenken*, Spaeth & Linde, Berlin, 1938, 106 pp.; Reinhard Höhn, *Die Wandlungen im staatsrechtlichen Denken*, Hanseatische Verlagsanstalt, Hamburg, 1934, 46 pp.; *id.*, *Rechtsgemeinschaft und Volksgemeinschaft*, Hanseatische Verlagsanstalt, Hamburg, 1935, 85 pp. Ernst Krieck, *Völkisch-politische Anthropologie*, Armanen, Leipzig, 1937-38, 3 vols.; Otto Koellreutter, *Der deutsche Führerstaat*, Mohr, Tübingen, 1934, 29 pp.; *id.*, *Deutsches Verfassungsrecht. Ein Grundriss*, Junker & Dünnhaupt, Berlin, 1935, XII-199 pp. Literatura secundária: Klaus Anderbrügge, *Völkisches Rechtsdenken. Zur Rehtslehre in der Zeit des Nationalsozialismus*, Duncker & Humblot, Berlin, 1978, pp. 132 ss.; Joachim Gernhuber, *Das völkische Recht*, em *Festschrift für Eduard Kern*, Mohr, Tübingen, 1968, pp. 167 ss.

respeito e honra[12]. Essa dupla vida de Mezger suscitou uma polêmica entre os penalistas espanhóis, alguns dos quais não quiseram crer em sua colaboração ativa com o nacional-socialismo e atribuíram a uma "cierta frivolidad"[13] da reconstrução histórica as fundadas acusações dirigidas contra ele. Os documentos trazidos à luz, porém, não deixam dúvidas. E o caso de Mezger, note-se, não é decerto isolado.

As teorias racistas não se limitaram, porém, a oferecer os princípios-guia para uma interpretação *praeter* e *contra legem* das normas já existentes: elas inspiraram também uma legislação cujos conteúdos raciais iam desde as vexações individuais até o extermínio físico dos diferentes.

O programa do partido e a teoria do direito eram colocados nas mesmas posições. O programa contém uma precisa determinação racial de quem faz parte do povo alemão, ou seja, de quem é *Volksgenosse*: "Pode ser cidadão do Estado somente quem faz parte do povo. Pode fazer parte do povo somente quem tem sangue alemão, indepedentemente da confissão. Nenhum judeu pode, portanto, fazer parte do povo."[14] Dois anos depois da tomada do poder, a doutrina jurídica retomou quase literalmente essa formulação, sustentando que a comunidade jurídica compreende apenas quem fazia parte da comunidade do povo, identificada com base no vínculo de sangue: "Rechtsgenosse ist nur,

---

12. A reconstrução da atividade de Mezger está em Francisco Muñoz-Conde, *Edmund Mezger y el derecho penal de su tiempo. Los orígenes ideológicos de la polémica entre causalismo y finalismo*, Tirant lo Blanch, Valencia, 2001, 151 pp. (2.ª ed.). Agradeço ao amigo Muñoz-Conde ter-me gentilmente colocado à disposição o manuscrito.

13. A 1.ª edição do volume de Francisco Muñoz-Conde provocou essa reação em defesa de Metzger por parte dos penalistas Manuel Cobo del Rosal e Manuel Quintanar Díez, *Selección de casos practicos de derecho penal*, Tirant lo Blanch, Valencia, 2001, p. 19, nota 1.

14. "Staatsbürger kann nur sein, wer Volksgenosse ist. Volksgenosse kann nur sein, wer deutschen Blutes ist, ohne Rücksichtnahme auf Konfession. Kein Jude kann daher Volksgenosse sein": *Parteiprogramm vom 25. 2. 1920*, em Reinhard Kühnl, *Der deutsche Faschismus in Quellen und Dokumenten*, Pahl-Rügenstein, Köln, 1977, p. 105.

wer Volksgenosse ist; Volksgenosse ist, wer deutschen Blutes ist."[15] Quem não fosse de sangue alemão estava, portanto, fora do povo, fora do Estado e fora do direito.

Quem se opunha à vontade do povo por razões de ideologia e quem não fazia parte do povo por razões de sangue não pertencia à "comunidade popular". Com base nesse princípio, a lei de 14 de julho de 1933 retirava a cidadania alemã aos inimigos políticos: nenhuma minoria poderia ser tolerada, nem os ciganos, nem os judeus, nem os comunistas, nem os homossexuais, nem os portadores de deficiência física ou psíquica. Existia um "tipo" exemplar de alemão – "tipo" é um termo que reencontraremos freqüentemente ilustrando as teorias jurídicas nacional-socialistas –, e não eram admitidos afastamentos daquele modelo.

Inicialmente, essas discriminações foram reguladas por medidas jurídicas. Leis específicas vetavam os matrimônios mistos ou as relações sexuais entre alemães e judeus (*Blutschande*), proibiam os judeus de empregar pessoal de serviço não-judeu ou de usar os símbolos nacionais[16]. Foi introduzida a obrigação de portar a estrela amarela e a imposição dos nomes de Israel ou Sara a todos os judeus; depois, veio a expropriação de seus bens e se prosseguiu com os *pogrom* de 1938; enfim, tocou-se o fundo do poço com o Holocausto. De fato, quando o Estado se torna também o aparato para produzir a conformidade com um modelo, onde não é possível a correção individual entra em seu lugar a eliminação física.

b) O autoritarismo

O progresso político pode ser visto como a gradual extensão da participação social do poder. Essa visão se funda-

---

15. Karl Larenz, *Rechtsperson und subjektives Recht – Zur Wandlung der Rechtsgrundbegriffe*, em Larenz (Hrsg.), *Grundfragen der neuen Rechtswissenschaft*, Junker & Dünnhaupt, Berlin, 1935, p. 241.
16. *Reichsbürgergesetz; Gesetz zum Schutze des deutschen Blutes und der deutschen Ehre*, ambas de 15 de setembro de 1935.

menta no princípio da igualdade dos seres humanos. Quem, ao invés, considera que os seres humanos sejam por natureza desiguais pretenderá limitar essa crescente participação do poder, conservando as instituições assim como são, ou fazendo-as voltar a ser como eram. A teoria política conservadora afunda, assim, suas raízes na desigualdade dos seres humanos. Quanto mais é limitada a participação – ou seja, o consenso –, mais é necessária uma autoridade forte para conservar a ordem social. Conservadorismo e autoritarismo são, por isso, companheiros de estrada. Todavia, o Estado autoritário moderno não pode prescindir de um mínimo de consenso popular: para gerar o consenso de massa, deve influenciar certas características psicológicas também através do controle dos meios de comunicação. Ademais, o Estado autoritário, não admitindo organismos intermediários entre o poder estatal e os súditos, deve controlar não apenas as instituições, mas também a economia. Tende, portanto, a fazer tudo e a controlar tudo: o Estado é, precisamente, totalitário[17].

Na Europa, o Estado totalitário do século XX nasce para perpetuar e institucionalizar uma revolução. Ele persegue esse fim usando quatro ferramentas do poder: uma ideolo-

---

17. Na realidade, "totalitarismo" (preferido pelo fascismo italiano) é sinônimo de "autoritarismo" (preferido pelo nacional-socialismo alemão). O termo "totalitarismo" surge por volta de 1930 e se afirma após a Segunda Guerra Mundial: um dos primeiros estudos que procuram colher o caráter comum aos totalitarismos europeus é Sigmund Neumann, *Permanent Revolution. The Total State in a World at War*, Harper, New York – London, 1942, XVIII-388 pp. Com o tempo as análises se tornam mais elaboradas, como no clássico de Hannah Arendt, *The Origins of Totalitarianism*, Harcourt Brace, New York, 1951, XV-477 pp. (trad. it.: *Le origini del totalitarismo*, Comunità, Milano, 1967, XXXV-657 pp.). Cf. ainda Carl J. Friedrich – Zbigniew K. Brzezinski, *Totalitarian Dictatorship and Autocracy*, Harvard University Press, Cambridge (Mass.), 1956, 346 pp.; Carl J. Friedrich, *Totalitarianism in Perspective: Three Views*, Pall Mall Press, London, 1969, XII-164 pp. Um panorama que compreende também os problemas que foram postos após a queda dos regimes comunistas europeus está em Eckhard Jesse, *Totalitarismus im 20. Jahrhundert. Eine Bilanz der internationalen Forschung*, Bundeszentrale für Politische Bildung, Bonn, 1996, 592 pp.

gia globalizante; um partido único depositário daquela ideologia; uma figura carismática que, com poderes ditatoriais, guia o partido e também o Estado; um controle monopolista, exercido por meio do partido único e do Estado, sobre as comunicações de massa, sobre o armamento e sobre todas as organizações, sobretudo as econômicas.

As teorias conservadoras, autoritárias e totalitárias são semelhantes, mas não coincidentes. Não têm limites nítidos, porque os Estados realmente existentes se remetem a traços que estão presentes ora em uma, ora em outra teoria. Podem ser compreendidas facilmente tendo presente uma consideração histórica: tais teorias surgiram como reação aos movimentos de emancipação popular. Porém, a origem popular e emancipatória de um movimento não o preserva do autoritarismo: a revolução bolchevique gerou um autoritarismo de esquerda e, também nele, uma oligarquia que tendia a impedir a participação popular no poder.

Assim, após a Revolução Francesa, o pensamento autoritário se expressou nas obras antiliberais e antidemocráticas de Joseph de Maistre (1753-1821) e do visconde Louis Gabriel Ambroise de Bonald (1754-1840), chegando à "Action Française" de Charles Maurras (1868-1952). Na Alemanha, Carl Ludwig Haller (1768-1854) pregou o retorno ao Estado monárquico medieval, o filósofo do direito Friedrich Julius Stahl (1801-61) teorizou a monarquia de direito divino, e o historiador Heinrich Treitschke (1834-96) traçou as linhas diretivas do autoritarismo nacionalista alemão. O autoritarismo não é, em suma, apanágio exclusivo do nacional-socialismo: basta pensar em seus contatos com o pensamento católico[18], ou ainda na natureza au-

---

18. O mais radical jurista nacional-socialista, Carl Schmitt, antes de 1933, era um católico conservador: *Römischer Katholizismus und politische Form*, Theatiner Verlag, München – Rom, 1925, 53 pp. No decorrer do recente renascimento schmittiano, esse texto foi traduzido em inglês: *Roman Catholicism and Political Form*. Translated and Annotated by Gary L. Ulmen, Greenwood, Westport (Conn.), 1996, XLI-68 pp. Depois de 1945, não por acaso, Schmitt comenta a obra do católico espanhol Juan Donoso Cortés (1809-53), que vê na

toritária do fundamentalismo islâmico e, em geral, das teocracias.

Todavia, com base nessa tradição autoritária, o ordenamento nacional-socialista levou às extremas conseqüências a aceitação da desigualdade humana. Embaixo, os não-homens, que não têm nem mesmo o direito de viver; no vértice, o *Führer*, que tudo pode. O *Führer* torna-se, por isso, o fundamento do Estado. O Estado é regido não mais pelo respeito do direito, mas pela vontade do Führer[19]. Mais adiante será visto como essa concepção destruiu o Estado de Direito e como os juristas alemães passaram do positivismo jurídico ao *Führerpositivismus*[20]. Incidentalmente, deve todavia ser recordado que essa concepção está em contraste com a teoria – ainda que nacional-socialista – da comunidade popular (*Volksgemeinschaft*), entendida como fonte do ordenamento jurídico nacional-socialista. Na realidade, a comunidade é o fundamento de tudo, mas nada decide. Seu autêntico intérprete é o *Führer*, o *Duce*, cujas decisões não podem estar erradas: "Mussolini tem sempre razão", lia-se nos muros das cidades italianas. O paralelismo com a prática dos Estados comunistas é total: estes se apresentam como ditaduras do proletariado, mas o proletariado nada decide. Seu intérprete autêntico é o partido, ou – nos casos de culto à personalidade – o chefe do partido.

---

democracia uma aspiração luciferina à desordem e um pecado contra Deus: Carl Schmitt, *Donoso Cortés in gesamteuropäischer Interpretation. Vier Aufsätze*, Greven, Köln, 1950, 113 pp.

19. Ernst Forthoff, *Der totale Staat*, Kohlhammer, Stuttgart, 1934, 51 pp. (2.ª ed.); Carl Schmitt, *Weiterentwicklung des totalen Staats in Deutschland*, em *Verfassungsrechtliche Aufsätze aus den Jahren 1924-1954. Materialien zu einer Verfassungslehre*, Duncker & Humblot, Berlin, 1973, 517 pp.; Herbert Meyer, *Das Wesen des Führertums in der germanischen Verfassungsgeschichte*, Nationalsozialistischer Rechtswahrerbund, Abteilung Verlag, Wien, 1938, 48 pp. (autor também de um *Rasse und Recht*).

20. Bernd Rüthers, *Die unbegrenzte Auslegung. Zum Wandel der Privatrechtsordnung im Nazionalsozialismus*, Mohr, Tübingen, 1968, X-496 pp.; aqui citado da 3.ª edição, Müller, Heidelberg, 1988, pp. 216 ss. A pp. 138: "Rückkehr zu einem extremen Positivismus des Führerwillens."

Os elementos do pensamento autoritário permanecem também depois do final das ditaduras; antes, com os anos 1990 parecem tomar força também nas democracias liberais: desse fato são manifestações, por exemplo, os pedidos para reforçar o Poder Executivo, para limitar a intervenção judiciária, para conter a aplicação de direitos fundamentais e, em geral, as exigências de governo forte ou de Estado forte, ou de presidencialismo. Um apoio a essas tendências pode vir – talvez involuntariamente – também da luta sem trégua contra o terrorismo mundial, que se seguiu à destruição das Torres Gêmeas de Nova York em 11 de setembro de 2001.

O autoritarismo, em suma, não é uma concepção especificamente nacional-socialista, ainda que tenha alimentado o Terceiro Reich. Antes, trata-se de uma concepção "igualmente capaz de receber conteúdos que contradizem os princípios nacional-socialistas"[21]. Ao examinar o que persiste ainda hoje das doutrinas nacional-socialistas no pensamento jurídico, o filósofo do direito Robert Alexy indica no racismo, no autoritarismo e no neo-hegelianismo (do qual se ocupará o item 6) os três pontos basilares da doutrina jurídica nacional-socialista. Conclui que hoje o racismo desapareceu completamente, ao passo que permanecem elementos de autoritarismo e de neo-hegelianismo, os quais, porém, são considerados elementos doutrinários não exclusivos do nacional-socialismo e a ele preexistentes.

A distinção analítica entre os três pontos teóricos basilares do nacional-socialismo não deve contudo fazer esquecer que eles se fundiam numa única doutrina e, sobretudo, numa única prática política e judiciária, na qual racismo, autoritarismo e neo-hegelianismo se sustentavam de forma recíproca. Singularmente consideradas, nenhuma das três concepções é especificamente nacional-socialista: existiam

---

21. Robert Alexy, *Fortwirkung nationalsozialistischer Denkweisen in Rechtslehre und Rechtssprechung nach 1945?*, em Franz Jürgen Säcker (Hrsg.), *Recht und Rechtslehre im Nationalsozialismus*, Nomos, Baden-Baden, 1992, p. 221.

antes, persistiam depois e parecem tomar força em nossos dias. Porém, no nacional-socialismo cada uma delas encontrava apoio nas outras. A idéia de uma raça superior levava necessariamente ao *Führerprinzip*, com seu contorno de voluntarismo irracional e de exaltação do heroísmo militar. Esse magma de concepções podia encontrar colocação num pensamento neo-hegeliano interpretado em sentido autoritário. Também Alexy, que todavia tende a separar essas três correntes de pensamento nacional-socialista, admite que essa fusão não teria sido possível com as doutrinas liberais ou com as doutrinas que se remetem ao Estado de Direito[22].

O nacional-socialismo, porém, não se limitava decerto a enunciar teorias. O autoritarismo mais extremo encontrou expressão numa série de leis nacional-socialistas emanadas logo após a tomada do poder: a legislação de exceção (*Notverordnungsrecht*).

Com ela, eram suspensos os direitos fundamentais e autorizava-se o seqüestro dos bens dos inimigos políticos (VO de 28 de fevereiro de 1933). Os partidos políticos foram dissolvidos, e a NSDAP tornou-se a *Staatspartei*, o partido-Estado. Assim, ele pôde ocupar rapidamente os postos-chave no aparelho estatal porque uma lei específica determinava a fusão entre partido e Estado, anulando a divisão dos poderes, ao passo que outra disposição afastava os funcionários não-confiáveis pelo novo regime, contribuin-

---

22."O que sobreviveu são elementos do pensamento autoritário e neo-hegeliano. Mas, como foi visto, não se trata de modos de pensar especificamente nacional-socialistas. Deve, todavia, ser reconhecido que esses modos de pensar puderam associar-se, e de fato se associaram, a idéias nacional-socialistas específicas. Ao contrário, não existia a possibilidade de uma análoga associação com as teorias do Estado de Direito, liberal e democrático. Do ponto de vista metodológico, uma semelhante associação com as teorias orientadas analiticamente é quase impensável, por causa da resistência de tais teorias ao irracionalismo": Robert Alexy, *Fortwirkung nationalsozialistischer Denkweisen in Rechtslehre und Rechtssprechung nach 1945?*, em Franz Jürgen Säcker (Hrsg.), *Recht und Rechtslehre im Nationalsozialismus*, Nomos, Baden-Baden, 1992, pp. 224 s.

do, assim, para tornar disponíveis muitos postos no aparelho estatal[23]. Além disso, a abolição dos Länder tornou supérflua sua Câmara, o *Reichsrat*, suprimido com a lei de 14 de fevereiro de 1934. O *Ermächtigungsgesetz* de 24 de março de 1933 estabeleceu, depois, a exautoração do parlamento (*Reichstag*) e o controle total sobre o Poder Legislativo por parte do partido nacional-socialista. Este último, entrementes, alcançara também o controle total sobre a opinião pública com duas medidas, uma destrutiva (a abolição de qualquer organização não-estatal, ou seja, não-nacional-socialista, dos escoteiros aos sindicatos) e uma construtiva (a criação do "Ministerium für Volksaufklärung und Propaganda" com a lei de 11 de março de 1933). E também de liberdade de imprensa não mais se falou desde 4 de outubro de 1933.

Os juízes se viram, assim, na situação de atuar com dois tipos de normas. As emanadas pelo regime nacional-socialista deviam ser rigorosamente aplicadas, quase retornando ao tão criticado positivismo jurídico. Mas era apenas uma aparência, uma vez que também delas se devia desviar assim que a razão política o exigisse. As normas anteriores ao nazismo, ao invés, deviam ser aplicadas de modo freqüentemente contrário à sua própria letra, corrigindo-as com o recurso ao "pensamento por ordenamentos concretos", ao "bem comum", à "boa-fé", ao "são sentimento popular" e à "vontade do *Führer*". O direito perdia então qualquer certeza. Não obstante essas possibilidades de "interpretação ilimitada" a favor da ideologia nacional-socialista, no decorrer dos anos espaços cada vez mais amplos foram subtraídos a essa já claudicante tutela e confiados diretamente ao arbítrio de várias polícias e do próprio partido nacional-socialista. Ao lado do Estado formal ia-se desenhando assim uma organização paralela, inteiramente submetida ao partido: era o "duplo Estado" (*Doppelstaat*) do qual já

---

23. *Gesetz zur Sicherung der Einheit zwischen Partei und Staat*, 1.º de dezembro de 1933; *Gesetz zur Wiederherstellung des Berufsbeantentums*, 7 de abril de 1933.

em 1941, do exílio, o jurista democrático Ernst Fraenkel (1898-1975) havia traçado um dramático quadro, realista e ao mesmo tempo profético[24].

Todo Estado autoritário, uma vez que se fundamenta no conformismo e não no consenso, atribui particular importância ao direito penal. A degeneração nacional-socialista do direito penal iniciou-se como reação ao incêndio do Reichstag (VO de 28 de fevereiro de 1933), ao qual se associaram medidas extraordinárias que cancelavam séculos de progresso penal: foi abolida a proibição da retroatividade das penas e a proibição da analogia[25]. Durante a guerra, nos territórios ocupados agiram sempre com maior freqüência tribunais da polícia, das SS e da Gestapo, com base num direito especial, um *Sonderrecht*, que não respeitava nem sequer as formas exteriores do direito:"Às leis se associaram as 'medidas' e as 'ordens do *Führer*', que em parte já não eram nem publicadas."[26] A substituição da justiça estatal pela do partido culminou com a lei de 24 de abril de 1934, que instituiu o *Volksgerichtshof*, um tribunal especial para os delitos políticos. Quando a dissolução estava praticamente às portas, chegou-se à ab-rogação formal do princípio de legalidade (VO de 13 de dezembro de 1944). O "duplo Estado" havia enfim se transformado num "Estado das SS"[27].

---

24. Ernst Fraenkel, *The Dual State. A Contribution to the Theory of Dictatorship*. Translated from the German by E. A. Shils, in collaboration with Edith Lowenstein and Klaus Knorr, Oxford University Press, New York e. a., 1941, XVI-248 pp. A edição alemã é uma "Rückübersezung aus den Englischen von Manuela Schöps in Zusammenarbeit mit dem Verfasser": *Der Doppelstaat*, Europäische Verlagsanstalt, Frankfurt a. M., 1974, 257 pp. Cf. também: B. Blanke, *Der deutsche Faschismus als Doppelstaat*, "Kritische Justiz", 1975, pp. 221 ss.

25. Wolfgang Naucke, *Die Aufhebung des strafrechtlichen Analogieverbots 1935*, em *NS-Recht in historischer Perspektive*, Oldenbourg, München – Wien, 1981, pp. 71-108; Stolleis, *Geschichte des öffentlinchen Rechts in Deutschland*, Beck, München, 1999, vol. 3, 439 pp.

26. Michael Stolleis, *Nazionasozialistisches Recht*, em *Handwörterbuch zur deutschen Rechtsgeschichte*, vol. III, 1984, col. 878.

27. Eugen Kogon, *Der SS-Staat. Das System der deutschen Konzentrationslager*, herausgegeben vom Verlag der Frankfurter Hefte, Druckhaus Tempelhof, Berlin, 1947, 384 pp.; hoje também: Kindler, München, 1974, XXI-411 pp.

4. Do direito livre ao esvaziamento das leis anteriores ao nacional-socialismo

No quadro geral da revolução nacional-socialista, o direito tinha uma função puramente instrumental: devia garantir o exercício imperturbado do poder. A "renovação jurídica popular" (*völkische Rechtserneuerung*) devia subordinar o sistema jurídico ao sistema político. Era, portanto, inevitável que o adversário imediato dos defensores daquela renovação fosse o positivismo jurídico, que dominara a teoria jurídica nas décadas anteriores.

Para derrotar esse adversário, o nacional-socialismo subverteu inicialmente as fontes jurídicas tradicionais através da única via possível: o retorno ao jusnaturalismo. Acima do direito positivo foi posta uma idéia de direito que incluía os valores do movimento nacional-socialista. Nessa idéia devia inspirar-se a nova legislação e, sobretudo, a interpretação das normas em vigor antes da tomada do poder em 30 de janeiro de 1933: "As prescrições do código civil (BGB) existem ainda, mas são direcionadas para um novo fim pela 'idéia central do direito' própria do movimento vitorioso."[28] Enquanto a nova atividade legislativa foi, tudo somado, limitada, o recurso a uma interpretação de tal forma orientada garantiu a rápida adequação das sentenças aos princípios nacional-socialistas. A interpretação da lei substituía a legislação, sem que o juiz, porém, se transformasse ele mesmo em legislador: nesse particular reside a radical diferença em relação ao Movimento do Direito Livre.

Os juízes agiam numa situação de incerteza, porque os novos princípios segundo os quais interpretar as velhas fontes normativas eram vagos: o programa do partido nacional-socialista, a ideologia nacional-socialista, as decisões do Führer, o "são sentimento popular"[29]. Os juristas do regime

---

28. Heinrich Stoll, *Die nationale Revolution und das bürgerliche Recht*, "Deutsche Juristen-Zeitung", 1933, col. 1229.
29. Uma ampla bibliografia está em Rüthers, *Entartetes Recht*. Beck, München, 1988, p. 28; para a ligação com a doutrina alemã anterior; cf. além

ajudaram, confeccionando elencos de princípios a serem seguidos. Carl Schmitt em 1933 indicava em cinco princípios a via mestra para uma correta interpretação nacional-socialista do direito. Por exemplo, Schmitt esclarecia que "para a aplicação e o uso das cláusulas gerais [...] são determinantes, de modo imediato e exclusivo, os princípios do nacional-socialismo"[30]. Em 1936 foi divulgado um elenco mais articulado e oficial de princípios. Neste último, esclarecia-se que "o fundamento da interpretação das fontes jurídicas é a ideologia nacional-socialista, da forma como ela está expressa sobretudo no programa do partido e nas externações do Führer". E mais: "Em relação às decisões do Führer que revestem a forma de lei ou ordenanças, o juiz não tem nenhum direito de revisão. Ademais, o juiz está vinculado também às outras decisões do Führer, se nelas se manifestar univocamente a vontade de estatuir direito"[31]. Com isso, o Führer se tornara o legislador supremo, mas sem vínculos formais.

Nada teria impedido de traduzir em normas jurídicas esses princípios, que lingüisticamente se apresentavam já como concisos artigos de lei; porém, assim ter-se-ia retornado exatamente ao tão criticado positivismo jurídico. Na realidade, a incerteza do direito fazia parte de uma recusa mais geral da racionalidade e, além disso, permitia qualquer mudança interpretativa que resultasse necessária ao poder. A nova visão do direito se exprimia assim: "O direi-

---

disso Joachim Rückert, *Das "gesunde Volksempfinden" – eine Erbschaft Savignys?*, "Zeitschrift der Savigny Stiftung" (Germanistische Abteilung), 1986, pp. 199 ss.

30. Carl Schmitt, *Neue Leitsätze für die Rechtspraxis*, "Juristische Wochenschrift", 1933, pp. 2793-4 (Leisatz Nr. 4). Nessa revista que alcançava todos os juristas práticos, os cinco princípios (*Leitsätze*) estão publicados na primeira página com grande destaque: em linha inteira (e não em duas colunas, como era tradição na revista), com cada *Leitsatz* em negrito sublinhado, seguido por um comentário.

31. Georg Dahm – Karl August Eckhardt – Reinhard Höhn – Paul Ritterbusch – Wolfgang Siebert, *Leitsätze über Stellung und Aufgaben des Richters*, "Deutsche Rechtswissenschaft", 1936, p. 123 (Leitsätze Nr. 2, 3). Também em "Deutsche Juristenzeitung", 1936, pp. 179-80.

to se enraíza na comunidade popular fundada no vínculo de sangue; portanto, não se pode *calculá-lo* unicamente com a razão: ele deve ser muito mais sentido e vivido pelos membros da comunidade popular por meio do vínculo comunitário que unifica o povo." Essa visão irracional do direito leva a negar diretamente sua construção sistemática e a certeza que dela deriva."O direito como ordenamento da vida – continua Lange – é, portanto, superior ao indivíduo: o direito é a visão existencial da comunidade nacional-socialista." Em relação ao Estado liberal, inverte-se, portanto, a relação entre lei e direito: "A dedução racional de conseqüências jurídicas não é um fim em si mesma, mas um meio em relação ao fim da justa decisão do caso individual, e nisso encontra sua finalidade e seu limite. A previsibilidade (*Berechenbarkeit*) perde assim seu valor autônomo com relação à justiça. Um resultado iníquo não é justificável por sua clara dedução de normas existentes. O honesto membro do povo (*ehrbare Volksgenosse*) regula seu comportamento pelo sentimento moral, não por seu conhecimento da lei."[32]

Os itálicos por mim inseridos chamam a atenção para alguns conceitos nacional-socialistas específicos: a *Berechenbarkeit* (que, traduzida ao pé da letra, significa "calculabilidade") é o sinônimo comumente usado pelos juristas nacional-socialistas em lugar de "certeza" do direito, para sublinhar sua rigidez e sua abstração. A *ehrbare Volksgenosse*, o honesto cidadão – um belo exemplo de "*typus*" larenziano – não é o *citoyen*, ou seja, o indivíduo considerado isoladamente pelo Estado liberal: é aquele que pertence à "comunidade de sangue do povo". E esta última é constituída exclusivamente por aqueles que restam "depois da exclusão de quem pertence a outras raças e de quem é inimigo do povo"[33].

---

32. Heinrich Lange, *Generalklauseln und neues Recht,*"Juristische Wochenschrift", 1933, p. 2859.
33. As expressões originais são de um sintetismo quase intraduzível: "blutsverbundene Volksgemeinschaft"; "nach Ausscheiden der Artfremden und Volksfeinde": Lange, *Generalklauseln und neues Recht*, cit., *ibid.*

A menção a esses princípios propositalmente vagos permitia aos juízes transformar qualquer norma pela interpretação. Com razão, portanto, para seu livro sobre a transformação do direito privado durante o período do nacional-socialismo, Rüthers escolhera o título *A interpretação sem limites*: sem limites, desde que se caminhasse na direção prescrita pelo poder.

A sujeição à ideologia nacional-socialista tornava impossível tolerar não apenas as rigorosas posições dos positivistas, mas também as mais flexíveis da jurisprudência dos interesses. Já foi visto (cf. *supra*, cap. IV, 7) que, na polêmica interna do jusliberismo, terminara por prevalecer a posição moderada de Philipp Heck, que atribuía ao juiz a liberdade de interpretar *praeter legem* somente quando a análise do direito positivo se revelasse de todo infrutífera para a solução do caso. Além disso, sua doutrina se apresentava como neutra em relação às várias correntes filosóficas. Dadas tais premissas, com poucas adaptações a jurisprudência dos interesses teria podido tornar-se uma teoria jurídica adequada também às exigências do Estado totalitário do nacional-socialismo.

As teses de Heck foram, contudo, claramente rejeitadas pelos juristas nacional-socialistas, que nelas vislumbraram o estigma típico das teorias liberais oitocentistas: o individualismo[34]. Colocando no mesmo plano o interesse do indivíduo e o da comunidade, Heck desconhecia a prevalência do interesse da comunidade sobre o interesse do indivíduo e, exatamente com isso, demonstrava não ter aceitado os princípios do nacional-socialismo. Também a neutralidade em relação às correntes filosóficas era uma característica que ele herdava do liberalismo: a neutralidade era um conceito estranho aos juristas que haviam aceitado a dicotomia de Schmitt, amigo ou inimigo. Enfim, vinculan-

---

34. Para uma bibliografia sobre essa polêmica cf. Rüthers, *Entartetes Recht*, cit., Beck, München, 1988, pp. 38-40.

do o juiz primeiramente à lei, Heck demonstrava ser, em última análise, um positivista[35].

Aquele ataque encerrava não apenas críticas teóricas, mas também censuras políticas perigosas para a integridade física do interessado, tanto que o próprio Heck precisou várias vezes abandonar os argumentos teóricos para lembrar aos críticos nacional-socialistas seus inegáveis méritos de moderado e de nacionalista. A polêmica terminou com o afastamento da jurisprudência dos interesses como possível doutrina nacional-socialista e com a afirmação das teses de Carl Schmitt e de Karl Larenz, por eles apresentadas como as únicas verdadeiramente adequadas à ideologia nacional-socialista.

Afirmaram-se, assim, a teoria dos "ordenamentos concretos" de Schmitt e a dos "conceitos gerais concretos" de Larenz. As duas teorias, próximas mas não iguais, têm em comum a aceitação incondicionada da ideologia nacional-socialista. Seus autores, ao invés, parece que reciprocamente se ignoraram[36]. A respeito dessas teorias, é necessário agora ver quanto aportavam de novo e quanto deviam à tradição.

5. A visão situacional de Schmitt: "pensar por ordenamentos concretos"

Os teóricos nacional-socialistas censuravam os positivistas por operarem com conceitos abstratos. Visto que a

---

35. Nem sequer um sofrido alinhamento de Heck à teoria jurídica nacional-socialista pôde evitar-lhe o anátema de Larenz por "positivismo": cf. Philipp Heck, *Rechtserneuerung und juristische Methodenlehre*, Tübingen, Mohr, 1936, 47 pp. e *Die Interessenjurisprudenz und ihre neuen Gegner*, "Archiv für civilistische Praxis", CXLII, 1936, pp. 129-202; pp. 297-332 (essa segunda parte do artigo se opõe às críticas de Larenz). Uma crítica ainda mais forte era dirigida à sociologia jurídica de Ehrlich, ao passo que o silêncio recaía sobre a *Rechtstatsachenforschung* de 1914, de Arthur Nußbaum (em cumprimento à proibição nacional-socialista de citar autores judeus).

36. "Persönliche Kontakte oder gar Sympathien zwischen den beiden Autoren bestanden nach einer mündlichen Auskunft von Larenz an den Verfasser nicht": Rüthers, *Entartetes Recht*, cit., p. 58.

nova teoria jurídica nacional-socialista pretendia seguir a via oposta, sua palavra mágica foi, portanto, "concreto". Este último termo tinha sido herdado dos jusliberistas, mas fez-se dele um uso exagerado, bem diverso do uso visto em Ehrlich (cf. *supra*, cap. IV, 9, ao final): "concreto" é o ordenamento ao qual faz referência a construção de Schmitt, "concreto" é o conceito sobre o qual se funda a construção de Larenz. Surgido logo após a tomada do poder para fundar uma teoria jurídica que permitisse esvaziar o direito vigente, esse conceito de concreto é um conceito político, e não jurídico. Tal conceito, de fato, como observava Schmitt a propósito dos conceitos políticos em geral, tem um "significado polêmico", tem "presente uma oposição concreta", está ligado a "uma situação concreta"[37].

A teoria de Schmitt não se propõe descrever um direito vigente, mas oferecer ao nacional-socialismo um instrumento para modificar, completar e cancelar o direito vigente herdado do passado. Mais do que uma teoria do direito, é a teoria para uma política do direito, e precisamente para uma política nacional-socialista do direito.

Schmitt expôs em 1934 suas idéias sobre os "ordenamentos concretos"[38]. Para ele, o direito não se baseava nem em normas positivas, nem em sentenças transitadas em jul-

---

37. "Polemischer Sinn", "konkrete Gegensätzlichkeit im Auge", "eine konkrete Situation": Carl Schmitt, *Der Begriff des Politischen. Mit einer Rede über den Zeitalter der Neutralisierung und der Entpolitisierung*, Duncker & Humblot, Berlin, 1932, p. 18; reimpresso com o título: *Der Begriff des Politischen. Text von 1932 mit einem Vorwort und drei Corollarien*, Duncker & Humblot, Berlin, 1963, 124 pp.

38. Carl Schmitt, *Über die drei Arten des rechtswissenschaftlichen Denkens*, Hanseatische Verlagsanstalt, Hamburg, 1934, 67 pp.; sobre esse tema, Schmitt retornou várias vezes até 1936: cf. Piet Tommissen, *Carl-Schmitt-Bibliographie*, em Hans Barion – Ernst Forsthoff – Werner Weber (Hrsg.), *Festschrift für Carl Schmitt zum 70. Geburtstag*, Duncker & Humblot, Berlin, 1959, pp. 273-330; Joseph W. Bendersky, *Carl Schmitt, Theorist for the Reich*, Princeton University Press, Princeton (N. J.), 1983, pp. 301-4 (seção *Major Articles* da bibliografia); bem como o sempre válido Hasso Hofmann, *Legitimität gegen Legalität. Der Weg der politischen Philosophie Carl Schmitts*, Luchterhand, Neuwied – Berlin, 1964, 304 pp.

gado nos tribunais: ou seja, o direito não era nem normativismo, nem decisionismo. O direito nascia dos "ordenamentos concretos" (*konkrete Ordnungen*) da vida social. Sob um novo nome retornava assim a teoria da gênese social, e não estatal, do direito. Por "ordenamento concreto" Schmitt entende efetivamente a realidade social e, em particular, a realidade social do nacional-socialismo, ou seja, do movimento político ao qual Schmitt pretende oferecer uma teoria jurídica específica, nova e diversa de todas as anteriores.

O conceito colocado como fundamento da nova teoria do direito impressiona primeiramente pela imprecisão. Dos "ordenamentos concretos" os escritos de Schmitt não oferecem uma definição, mas somente exemplos ou aplicações. O ordenamento concreto preexiste ao direito. A norma jurídica positiva deriva dessa ordem concreta que a realidade social traz dentro de si. Portanto, o direito positivo deve estar em harmonia com a ordem interna da realidade ou, se não está, deve ser modificado de acordo com as exigências dessa mesma realidade. Portanto, a realidade tem força normativa: mas a "normative Kraft des Faktischen" de Jellinek é radicalmente remodelada. De fato, essa força normativa existe apenas porque a realidade vitalista do "ordenamento concreto" necessariamente concorda com a ideologia nacional-socialista: a força normativa deriva da ideologia, e não da realidade.

Por ordenamentos concretos, Schmitt entendia as várias formas de agrupamento que se encontram na sociedade, como a família, a tribo alemã (*Sippe*), a empresa, a burocracia, o exército e assim por diante. Cada um deles levava dentro de si um ordenamento que o direito devia procurar exprimir. Esses ordenamentos – escrevia Larenz – "têm a força de rejeitar as normas de leis gerais e abstratas que a eles se opõem [...], na medida em que o exigem cogentemente sua peculiaridade e sua tarefa popular"[39]. Pensar por

---

39. Karl Larenz, *Über Gegenstand und Methode des völkischen Rechtsdenkens*, Junker & Dünnhaupt, Berlin, 1938, p. 31. Na tradução foi perdida a conotação

ordenamentos concretos cumpre, assim, a função de corrigir e, no máximo, de substituir uma norma positiva considerada em desacordo com o próprio ordenamento. Do ponto de vista político, esse era o instrumento teórico com o qual realizar o esvaziamento progressivo das normas herdadas pelo Estado imperial e pelo Estado weimariano.

Não tendo definido o ordenamento concreto, resultava difícil estabelecer como atuar de fato, para interpretar uma norma segundo esse princípio. Schmitt introduziu com essa finalidade o conceito de "essência" (*Wesen*), como instrumento auxiliar para deduzir de certo ordenamento concreto os conteúdos normativos desejados. Também o conceito de essência é obscuro. Todavia, a indeterminação de toda a construção responde à visão do direito de Schmitt e a seu posicionamento "situacionista": naquele momento histórico, e segundo a ideologia nacional-socialista, ele considerava impossível (e, de qualquer forma, inoportuno) definir de modo exaustivo uma situação jurídica. A revolução acabava de sair vencedora, a realidade estava em contínua transformação, e o direito devia ajudar essa transformação. Dessa forma, a teoria de Schmitt não descrevia uma rea-

---

ideológica da palavra *völkisch*, popular. *Völkisch* pode ser somente aquilo que pertence à "Volksgemeinschaft", à comunidade popular fundada no sangue. Esse adjetivo está tão impregnado de ideologia nacional-socialista, que desapareceu da língua corrente pós-bélica, tornando-se um termo técnico da politologia: quem hoje diz *völkisch* pretende dizer "popular no sentido nacional-socialista do termo". Ao conceito de povo, *Volk*, o nacional-socialismo recorria para sublinhar qualquer iniciativa: era "do povo" o código civil, o já mencionado *Volksgesetzbuch*, assim como era "do povo" o automóvel, o ainda hoje mítico *Volkswagen*. O nacional-socialismo se apropriou, assim, de um vocábulo que fazia parte da tradição conservadora alemã da época guilhermina, tradição que Hitler, em *Mein Kampf*, atacava como inimiga do nacional-socialismo (portador também de modernidade, como o fascismo) e cujos defensores eram ridicularizados, como alemães ansiosos por abandonar uma milenar civilização para voltar a vestir-se com peles de urso: cf. Uwe Puschner – Walter Schmitz – Justus H. Ulbricht (Hrsg.), *Handbuch zur "Völkischen Bewegung" 1871-1918*, Saur, München etc., 1996, XXVII-978 pp.; Uwe Puschner, *Die völkische Bewegung im wilhelminischen Kaiserreich. Sprache, Rasse, Religion*, Wissenschaftliche Buchgesellschaft, Darmstadt, 2001, 464 pp.

lidade existente, mas trabalhava para preparar uma futura. Era, no fundo, uma teoria jurídica semelhante à que Ehrlich criticava nos socialistas, que não enunciavam um sistema do direito vigente, mas "um sistema das representações que os socialistas têm da sociedade por eles preferida"[40]. Ambas são teorias que descrevem o direito não como é, mas como deveria ser.

O funcionamento do pensar por ordenamentos concretos foi assim sintetizado por Rüthers: "O exame da 'essência' de cada um dos 'ordenamentos concretos', do ponto de vista de seu sentido e de sua função, torna-se, em última análise, o núcleo central e a exigência principal do pensar por ordenamentos concretos. A característica do pensamento por ordenamentos concretos deve consistir em ter presente a 'essência das coisas' e sua 'global conexão de sentido'. Da 'essência' de cada um dos ordenamentos concretos devem, pois, ser extraídos os 'princípios-guia' normativamente vinculantes, nos quais toma corpo o posicionamento 'conforme a essência' das pessoas, mais ou menos como o 'honesto camponês', o 'soldado valoroso', o 'diligente funcionário' etc."[41]

Visto que hoje não é fácil entender como possa funcionar num tribunal o pensamento por ordenamentos concretos, um exemplo pode ajudar a compreender melhor esse tipo de raciocínio jurídico. Trata-se de uma das duas opostas opiniões expressas por um tribunal a propósito da paridade entre homem e mulher no âmbito da família, com particular respeito à *patria potestas* sobre os filhos. "No que diz respeito à dignidade pessoal, o homem e a mulher são perfeitamente iguais", inicia o texto; depois, esclarece e distingue: "São, porém, rigorosamente diversos não apenas do ponto de vista biológico-sexual, mas também em *suas relações recíprocas, que derivam de sua essência e da criação,* seja

---

40. Ehrlich, *Die juristische Logik*, cit., p. 263; sobre o contexto em que aparece essa afirmação, cf. *supra*, cap. IV, 9, nota 81.
41. Rüthers, *Entartetes Recht*, cit., p. 72.

entre um e outro, seja em relação à prole no ordenamento da família, *que é desejado por Deus* e que é, portanto, *intangível* para o legislador humano." Portanto, "é destituído de sentido querer intervir nesse fato *primordial* com formas jurídicas de *origem social*". Conseqüentemente, para não contrariar a ordem natural das coisas, é preciso escolher um sólido ponto de referência: "Hoje *a ordem primigênia* da família é *variamente alterada por fatores sociais*, porém o ordenamento jurídico não deve fazer-se orientar por essas alterações, mas pela *tradicional, típica estrutura do matrimônio.*" Abandonar "a direção da família por parte do marido" (*die ehemännliche Familienleitung*) significaria "introduzir a anarquia no matrimônio". Ainda mais perigoso, na educação dos filhos, seria abandonar, portanto, "o decisivo poder decisório do pai". Mas é, talvez, a lei que diz que essas inovações seriam perigosas? Não, a advertência vem de esferas bem mais altas: "Nenhuma paridade de direitos de origem doutrinária pode existir quando a própria *criação* estatuiu *inelimináveis* diversidades da *relação recíproca* entre homem e mulher na unidade da família."

Esse é o "pensar por ordenamentos concretos". O excerto necessita, porém, de uma glosa: ele foi escrito em 1953 e tinha como objeto a aplicação, mesmo dentro da família, do princípio da igualdade entre homem e mulher, estabelecido pela *Grundgesetz* de 1949, da Alemanha Federal[42]. Além de ser um documento sobre o "pensar por ordenamentos concretos", é também uma demonstração de como esse raciocínio dos juristas continuou a ser aceito no contexto do Estado liberal, nos anos da Guerra Fria. Simplesmente, a ideologia nacional-socialista foi substituída pelo tradicionalismo cristão. Mas por ora limitemo-nos a

---

42. *Entscheidungen des Bundesgerichtshofs in Zivilsachen (BGHZ)*, vol. 11, Apêndice, p. 58, com referência ao art. 3º do GG; o trecho citado está também em Manfred Walther, *Hat der juristische Positivismus die deutschen Juristen im "Dritten Reich" wehrlos gemacht?*, em Ralf Dreier – Wolfgang Sellert (Hrsg.), *Recht und Justiz im "Dritten Reich"*, Suhrkamp, Frankfurt a. M., 1989, pp. 347 s., do qual retomo substancialmente os grifos.

esclarecer o que é o "pensar por ordenamentos concretos"; a respeito de sua continuação também depois do final do nacional-socialismo retornar-se-á de forma mais ampla (cf. *infra*, 7, b).

Apenas a teoria jurídica não teria podido ajudar os juízes a atribuir um conteúdo preciso a cada uma das fases de um processo que partia do "pensamento por ordenamentos concretos", determinava a "essência" de ordenamentos específicos, como a família e a empresa, e deles extraía modelos de referência (*Leitbilder*) aos quais o indivíduo devia conformar seu comportamento para estar em harmonia com a comunidade. A determinação do conteúdo era confiada à ideologia do nacional-socialismo, que constituía o valor supremo dessa construção jusnaturalista. Graças à teoria do "pensamento por ordenamentos concretos", a ideologia podia transformar-se em direito. Além disso, a imprecisão dos conceitos teóricos permitia modificar as normas segundo as exigências políticas do momento em que elas seriam aplicadas.

Enfim, essa concepção jurídico-política se amalgamava com a teoria racial do nacional-socialismo. O pertencimento à comunidade – a qual traz em seu interior um ordenamento jurídico que se pode mais sentir do que conhecer – é um problema de sangue. O direito não é um sistema compreensível graças aos nexos racionais que ligam suas partes, mas é um fato emotivo: "O direito é aquele que os arianos sentem como direito"; é, portanto, "expressão imediata da comunidade de sangue, e não da estatuição individual"[43].

O "pensamento por ordenamentos concretos", embora apresentado como pensamento específico do nacional-socialismo, é na realidade um dos métodos para intervir no direito vigente nos momentos de grandes e rápidas modi-

---

43. "Recht ist, was arische Menschen als Recht empfinden"; "unmittelbare Ausdruck der Blutgemeinschaft und nicht individueller Satzung": Reinhard Höhn, *Rechtsgemeinschaft und Volksgemeinscft*, Hanseatische Verlagsanstalt, Hamburg, 1935, p. 78.

ficações, nos quais se acentua a divergência entre realidade social e direito positivo. Não está, portanto, ligado a uma época precisa, nem a uma ideologia específica. Pode, assim, ser utilizado também no futuro, como já o foi antes do nacional-socialismo. Em resumo, não está completamente isento de perigos, adverte Rüthers, e causa espanto que os textos alemães de direito positivo não apenas não tenham tomado conhecimento dos resultados a que chegaram as pesquisas históricas, mas que, desde 1960 aproximadamente – com o mesmo nome ou com o nome de "teorias institucionalistas" –, proponham de novo, substancialmente, o pensamento por ordenamentos concretos[44].

6. O neo-hegelianismo de Larenz: os "conceitos gerais concretos"

O pensamento de Hegel, por meio da interpretação conservadora de Julius Binder (1870-1939)[45], chegou a um dos principais teóricos do direito nacional-socialista, Karl

---

44. Rüthers, *Entartetes Recht*, cit., p. 55, nota 131, e p. 71, nota 188. Esse renascimento parece ter origem nos trabalhos sociológicos sobre a instituição: Arthur Kaufmann, *Analogie und "Natur der Sache"*. *Zugleich ein Beitrag zur Lehre vom Typus*, Decker, Heidelberg, 1982, XIII-88 pp. (em particular, p. 13 e nota 29). Rechtswissenschaftliche Fakultät der Universität Münster (Hrsg.), *Recht und Institution. Helmuth-Schelsky-Gedächtnissymposion*, Duncker & Humblot, Berlin, 1985, 120 pp.; Donald Neil MacCormick – Ota Weinberger, *Grundlagen des institutionalistischen Rechtspositivismus*, Duncker & Humblot, Berlin, 1985, 274 pp. (trad. it.: *Il diritto come istituzione*. A cura di Massimo La Torre, Giuffrè, Milano, 1990, XII-435 pp.); Johann August Schülein, *Theorie der Institution. Eine dogmengeschichtliche und konzeptionelle Analyse*, Westdeutscher Verlag, Opladen, 1987, 261 pp. Sobre as relações com a teoria de Luhmann: Ota Weinberger, *Neo-Institutionalismus versus Systemtheorie. Ein Streit um die philosophischen Grundlagen der Rechtstheorie und der Rechtssoziologie*, em Peter-Ulrich Merz-Benz – Gerhard Wagner (Hrsg.), *Die Logik der Systeme. Zur Kritik der systemtheoretischen Soziologie Niklas Luhmanns*, Universitätsverlag Konstanz, Konstanz, 2000, pp. 305-26.

45. Ralf Dreier, *Julius Binder. Ein Rechtsphilosoph zwischen Kaiserreich und Nationalsozialismus*, in Fritz Loos (Hrsg.), *Rechtswissenschaft in Göttingen. Göttinger Juristen aus 250 Jahren*, Vandenhoeck & Ruprecht, Göttingen, 1987, pp. 435-55 ss.

Larenz (1903-93), o qual, na pesquisa sobre o sistema do direito atual, tem particular relevância porque uma parte de suas doutrinas, politicamente revistas e filtradas por meio da hermenêutica, chegou até a jurisprudência dos valores e aos sistemas de Wilburg e Canaris. Com isso, não se quer obviamente dizer que as concepções mais recentes do sistema sejam de inspiração nacional-socialista, mas simplesmente que o componente neo-hegeliano, presente no pensamento nacional-socialista, continua a existir também depois da queda daquele regime.

As doutrinas de Larenz se afirmaram tanto na fase de ascensão e de consolidação do nacional-socialismo quanto na retomada democrática do pós-guerra. A evolução dessas doutrinas pode, portanto, ser, subdividida em duas fases. Numa primeira fase tomou forma sua doutrina da época nacional-socialista. A segunda fase, ao contrário, é a de suas obras metodológicas publicadas após o final da guerra, nas quais é importante evidenciar o que permaneceu da fase anterior e o que de novo foi introduzido. A menção aos valores está presente em ambas as fases e constitui, portanto, a arquitrave da teoria de Larenz em todo o período de sua movimentada evolução. Essa menção chega a Larenz pelo Movimento do Direito Livre, não obstante as críticas a ele dirigidas pelos nacional-socialistas[46], e em Larenz encontra expressão na teoria do *typus*, que será exposta adiante. O conceito de "tipo" e a referência aos princípios e aos valores constituem também as premissas ineliminaveis para compreender a formação de algumas das noções modernas do sistema jurídico: as de Wilburg e de Canaris (caps. VII e VIII).

---

46. Sobre as críticas dirigidas a Heck, cf. *supra*, 4; para a origem do conceito de "tipo" no Movimento do Direito Livre, ver o capítulo *Individualität und Typus; Wertung und Wertfreiheit*, em Karlheinz Muscheler, *Relativismus und Freiheit: Ein Versuch über Hermann Kantorowicz*, Müller, Heidelberg, 1984, pp. 184-9; sobre a conexão entre "Typus" e doutrina jurídica nacional-socialista: Larenz, *Typologisches Rechtsdenken. Bemerkungen zu V. Tuka: Die Rechtssysteme*, "Archiv für Rechts- und Sozialphilosophie", 34, 1940-41.

Nas páginas seguintes, a atenção se concentrará na primeira fase de Larenz, ou seja, nos elementos de seu neo-hegelianismo e em sua atuação no contexto social alemão, em particular em sua contribuição na afirmação de uma doutrina e de uma prática jurídica nacional-socialista. A versão pós-bélica de suas doutrinas será examinada no cap. VI, 4.

a) O Estado em Larenz e em Hegel

O jovem Larenz participara como personagem de primeiro plano na afirmação do nacional-socialismo na universidade alemã e, em particular, contribuíra ativamente para a degradação da legalidade alemã como membro da "Escola de Kiel", a mais radical aplicação do pensamento nacional-socialista em campo jurídico[47]. Em 1938 começou a publicar uma série de escritos para esclarecer o conceito de "concreto" na ciência jurídica. Sua referência a Hegel é clara, não obstante as críticas dirigidas a esse filósofo por parte de alguns teóricos nacional-socialistas[48] e não obstante o distanciamento de Carl Schmitt, que já em 1933 fa-

---

47. Sobre Larenz e sobre a "Escola de Kiel", cf. Jörn Eckert, *Was war die Kieler Schule?*, em Franz Jürgen Säcker (Hrsg.), *Rechts und Rechtslehre im Nationalsozialismus*, Nomos, Baden-Baden, 1992, pp. 37-70. Além disso, Massimo La Torre, *A National-Socialist Jurist on Crime and Punishment. Karl Larenz and the so-called "Deutsche Rechtserneuerung"*, "Rechtstheorie", XXV, 1994, pp. 57-86 (também: European University Institute, Firenze, 1992, 48 pp.); cf. ainda a resenha de Winfried Bauernfeind ("Rechtstheorie", XXI, 1990, pp. 117-8) ao volume de Massimo La Torre, *La "Lotta contro il diritto soggettivo". Karl Larenz e la dottrina giuridica nazional-socialista*, Giuffrè, Milano, 1988, 450 pp. Uma recente tentativa de atenuar o colorido político de Larenz, muito acurado, ainda que não exatamente convincente, é: Josef Kokert, *Karl Larenz und die nationalsozialistische Zeit*, "Zeitschrift für Neuere Rechtsgeschichte", 1996, n. 1-2, pp. 23-43.

48. Otto Koellreutter, *Volk und Staat in der Weltanschauung des Nazionalsozialismus*, Pan, Berlin, 1935, pp. 6 ss. Nos neo-hegelianos como Schmitt e Larenz, Koellreutter critica o fato de antepor o Estado à unidade do povo biologicamente fundada, sobre a qual se funda o "Führertum" de Hitler.

lava da morte de Hegel devido ao advento da nova ordem[49].

Exatamente aqui separam-se os caminhos dos dois maiores juristas da era nacional-socialista: Larenz liga a "renovação jurídica popular", a *völkische Rechtserneuerung*, à filosofia dialética hegeliana, ao passo que Carl Schmitt considera que o Estado completamente novo do nacional-socialismo exija uma doutrina jurídica totalmente nova.

Consciente dessas críticas, em 1938 Larenz propôs inicialmente uma reinterpretação do Estado hegeliano. Este último foi apresentado não mais como a realização da razão e da moralidade, mas como algo diverso: "De fato, o interesse originário de Hegel não ia na direção do Estado no significado corrente do termo, mas na direção da comunidade entendida como um todo vivo com uma fisionomia e uma extensa atividade."[50] Ampliado dessa forma, o Estado hegeliano podia compreender também o Estado nacional-socialista, embora este último, de fato, fosse o exato contrário do primeiro.

Já em 1935, na atmosfera de um encontro de jovens juristas nazistas, o "Kitzeberger Lager junger Rechtslehrer"[51],

---

49. "An diesem 30. Januar [1933] ist der Hegelsche Beamtenstaat des 19. Jahrhunderts [...] durch eine andere Staatskonstruktion ersetzt worden. An diesem Tage ist demnach, so kann man sagen, 'Hegel gestorben'": Carl Schmitt, *Staat, Bewegung, Volk. Die Dreigliederung der politischen Einheit*, Hanseatische Verlagsanstalt, Hamburg, 1933, pp. 31 s. Já no título o Estado não mais aparece como elemento supremo, o "coroamento do edifício" hegeliano, mas como uma estrutura no mesmo plano das outras duas: em particular, no mesmo plano de *Bewegung*, ou seja, do movimento nacional-socialista que naquele 30 de janeiro tomara o poder.

50. Karl Larenz, *Die Bedeutung der völkischen Sitte in Hegels Staatsphilosophie*, "Zeitschrift für die gesamte Staatswissenschaft", 98, 1938, p. 110. Ensaio importante: pp. 109-50.

51. O "Kitzeberger Lager junger Rechtslehrer" foi um encontro de jovens docentes de direito nacional-socialista exigido pelo Ministério Imperial da Ciência (Reichswissenschafts-Ministerium) e organizado nos arredores de Kiel (sede, aliás, da homônima "Escola": cf. nota 46) para lançar as bases de uma nova ciência jurídica nacional-socialista. Uma parte das atas desse *workshop* foi publicada pelo próprio Larenz num volume que contém também seu ensaio sobre os "conceitos gerais e concretos": Karl Larenz, *Rechtsperson und subjektives Recht – Zur Wandlung der Rechtsgrundbegriffe*, em Larenz (Hrsg.),

Larenz propusera estender à ciência jurídica sua interpretação da teoria hegeliana do conhecimento, que teria permitido substituir os conceitos jurídicos tradicionais. Os conceitos gerais e abstratos, herdados da clássica concepção sistemática do direito, haviam sido produzidos num processo de abstração que, partindo do particular e desnudando-o de suas especificidades, chegava ao geral. Quanto mais geral é o conceito, menos leva em conta as peculiaridades do caso concreto. A construção do tradicional sistema jurídico procurava, em suma, os elementos comuns em detrimento dos elementos diferenciadores, ao passo que Larenz pretendia percorrer o caminho oposto[52].

De fato, Larenz considerava que os tradicionais conceitos gerais e abstratos não fossem mais aplicáveis à nova ordem nacional-socialista. Chegara o momento de ver se o conteúdo dos tradicionais conceitos de capacidade jurídica, contrato, propriedade etc. era compatível com a ordem nacional-socialista. Larenz propunha substituir os conceitos gerais e abstratos de origem positivista com os "conceitos gerais e concretos" (*konkret-allgemeine Begriffe*) fundados no pensamento de Hegel. Em sua proposta incluiu o termo *konkret* tanto para sublinhar a oposição às precedentes teorias quanto porque aquele termo, na onda das teorias de Schmitt, já era onipresente na literatura jurídica da época nacional-socialista. Essa concessão à moda não deve todavia fazer pensar que a construção proposta por Larenz com a alusão a Hegel fosse pouco rigorosa.

A teoria hegeliana do conhecimento invertera as concepções preexistentes. Segundo a filosofia pré-hegeliana, o ser humano conhece a realidade através da percepção dos sentidos: ele transforma essas percepções em "conceitos", ou seja, em imagens extraídas da realidade, e opera nos con-

---

Grundfragen der neuen Rechtswissenschaft, Junker & Dünnhaupt, Berlin, 1935, que não pude ver.

52. Essa menção constante à especificidade do caso concreto e à necessidade de levar isso em conta na aplicação da norma é um tema recorrente também no sistema móvel de Wilburg e no sistema aberto de Canaris.

ceitos com os instrumentos da razão e da linguagem. A realidade existe, portanto, antes dos conceitos. A doutrina hegeliana sustenta o contrário: o conceito existe no interior das coisas, ou seja, as coisas são manifestações do conceito que as anima. O conceito desenvolve, assim, uma atividade criadora da realidade: primeiro vem o conceito, depois a realidade. Com base nessas especificações, pode-se enfrentar a frase de Hegel, que permite a Larenz associar a esse pensador sua própria lógica do conceito concreto: "O conceito é muito mais o que vem realmente primeiro, e as coisas são o que são graças à atividade do conceito que nelas está ínsito e nelas se manifesta."[53] Hegel mesmo oferece um exemplo de aplicação ao direito de sua teoria do conhecimento: "Fala-se de deduzir um conteúdo do conceito – por exemplo, de deduzir os preceitos jurídicos que dizem respeito à propriedade do conceito de propriedade – e também, em sentido inverso, fala-se de reconduzir um semelhante conteúdo ao conceito. Reconhece-se, assim, que o conceito não é somente uma forma por si mesma destituída de conteúdo: de fato, se assim o fosse, por um lado nele nada existiria a ser deduzido e, por outro, reconduzindo um certo conteúdo à forma vazia do conceito, este último perderia apenas sua determinação, mas não poderia ser conhecido."[54]

Essas são as noções hegelianas que poderiam ter inspirado no "primeiro" Jhering a teoria da produtividade dos conceitos jurídicos. De fato, é fora de dúvida que Hegel atribua aos conceitos, preexistentes ao direito, a capacidade de produzir, ou seja, de estatuir direito. Por exemplo, a propriedade é juridicamente tutelada porque existe um conceito pré-jurídico de propriedade do qual foram deduzidas normas. A função legislativa do Estado passa, assim, a se-

---

[53]. Georg Wilhelm Friedrich Hegel, *Sämtliche Werke*, Glockner Ausgabe, Stuttgart – Bad-Cannstatt, 1964, vol. 8, 162 (p. 357), cit. em Rüthers, *Entartetes Recht*, cit., p. 81.

[54]. Hegel, *op. cit.*, 160, Zusatz (p. 355); cit. em Rüthers, *Entartetes Recht*, cit., p. 82.

gundo plano: a validade das normas sobre a propriedade deriva não da estatuição estatal, mas de sua conformidade com o conceito de propriedade.

Assim como o "pensar por ordenamentos concretos" de Schmitt, também a definição dos "conceitos gerais e concretos" de Larenz é obscura ("o conceito concreto é a totalidade de seus elementos"[55]), muitas vezes no limite da intraduzibilidade: "A unidade do conceito geral e concreto – escreve Larenz – não é como a identidade formal, mas é, ao contrário, a unidade concreta do todo articulado para conservar em si mesmo as diferenças."[56] Larenz rebatia as críticas recordando a origem hegeliana de sua teoria: segundo a lógica tradicional (ou seja, formal, abstrata), o conceito geral e concreto seria uma contradição em si; ele é compreensível apenas por meio da lógica hegeliana, ou seja, por meio da lógica dialética[57].

Indicado no "conceito geral e concreto" o instrumento sobre o qual fundar a "renovação jurídica popular", a *völkische Rechtserneuerung*, Larenz descreve sua aplicação em contínua contraposição às doutrinas normativistas, que operam com conceitos gerais e abstratos. Quanto mais o normativismo era abstrato e distante da vida, mais a nova doutrina deveria ser concreta e aderente à vida, ou seja, às

---

55. "Der konkrete Begriff ist die Totalität seiner Momente": Karl Larenz, *Zur Logik des konkreten Begriffs – Eine Voruntersuchung zur Rechtsphilosophie*, "Deutsche Rechtswissenschaft", 1940, p. 290.

56. "Die Einheit des konkret-allgemeinen Begriffs ist so nicht die formale Dieselbigkeit, sondern die konkrete Einheit des den Unterschied in sich bewahrenden, gegliederten Ganzen": Larenz, *Zur Logik des konkreten Begriffs*, cit., p. 285.

57. Larenz, *Zur Logik des konkreten Begriffs*, cit., pp. 279 ss.; essa explicação se encontra ainda na 1.ª edição da sua *Methodenlehre der Rechtswissenschaft*, Springer, Berlin – Göttingen – Heidelberg, 1960, pp. 355 s. Uma discussão análoga ocupou a ciência dos Estados comunistas no momento da aplicação dos elaboradores eletrônicos ao direito: cf. vol. 3, cap. I, 5, b; 7, c. Também na época objetou-se que a lógica formal (sobre a qual se baseia a programação) não podia levar em conta a multiplicidade do real e se propôs o recurso à lógica dialética. Esta última, na realidade, termina por não ser uma lógica, mas uma ontologia.

características específicas de cada caso individual. O jurista não pode, todavia, operar numa desordenada miríade de casos individuais. A construção sistemática clássica reagrupava as normas em agregados homogêneos; depois, em institutos jurídicos e assim por diante, até coordenar todas as normas num único sistema do direito. Larenz propõe um procedimento análogo na aparência, mas oposto nos resultados. Seu ponto de partida é o *typus*[58].

Quando uma série de dados da realidade apresenta um sentido interno e uma função semelhantes, pode-se reuni-los num "todo" (*Ganz*), que é exatamente o "tipo". Não se procede, portanto, por abstração, eliminando os elementos diversificadores (como na construção do sistema clássico), mas por aproximações funcionais (este é o aspecto "concreto") que cumprem uma mesma função em relação ao ordenamento global do povo (este é o aspecto geral). A unidade do tipo deriva, assim, da unidade do povo biologicamente fundada no sangue; ou seja, é uma unidade indireta, que deriva da referência comum a um ente externo e superior ao tipo. Já a unidade do sistema deriva dos nexos, lógicos ou específicos, que unem entre si cada uma das partes: em todo caso, é uma unidade interna ao sistema, fundada em elementos formais.

É, assim, possível identificar concretamente diversos tipos de propriedade: a propriedade de um terreno hereditário, de um latifúndio, de um terreno urbano, de uma coi-

---

58. Karl Larenz, *Über Gegenstand und Methode des völkischen Rechtsdenkens*, Junker & Dünnhaupt, Berlin, 1938, p. 45. Outra literatura sobre o *typus*: Werner Bergfeld, *Der Begriff des Typus. Eine Systematische und problemgeschichtliche Untersuchung*, Röhrscheid, Bonn, 1933, XII-102 pp.; Detlef Leenen, *Typus und Rechtsfindung. Die Bedeutung der typologischen Methode für die Rechtsfindung dargestellt am Vertragsrecht des BGB*, Duncker & Humblot, Berlin, 1971, 204 pp. (com ampla bibliografia, pp. 194-204); Carl Hempel, *Typologische Methoden in des Sozialwissenschaften*, em Ernst Topitsch, *Logik der Sozialwissenschaften*, Kipenheuer & Witsch, Köln, 1965, pp. 85 ss.; Arnold Koller, *Grundfragen einer Typuslehre im Gesellschaftsrecht*, Universitäts-Verlag, Fribourg (Suíça), 1967, XX-172 pp. (com bibliografia, pp. XIII-XX); Lothar Kuhlen, *Typuskonzeptionen in der Rechtstheorie*, Duncker & Humblot, Berlin, 1977, 177 pp.

sa móvel, do dinheiro. A especificidade de cada um deles é unificada pelo pertencimento a um "ordenamento concreto" (no sentido de Schmitt, ao qual Larenz se remete explicitamente). Os *Typen* se unem, então, numa *Typenreihen*, em "série de tipos". De todos esses tipos e série de tipos, Larenz remonta enfim ao conceito geral e concreto de propriedade: mas ele não é alcançado por indução; ele preexiste aos tipos e à série de tipos; antes, gerou-os.

Tipos e série de tipos são, portanto, descritivos, ao passo que o conceito geral e concreto de propriedade tem força normativa: essa passagem é inadmissível para quem raciocina em termos de lógica tradicional, mas não é percebida como um problema por Larenz. Para ele, o elemento essencial não é a coerência formal, mas a harmonia ideológica: "Ao reconduzir um desses tipos ao conceito geral e concreto de propriedade, atribui-se a esse tipo sua posição no ordenamento global do povo."[59] A conseqüência é que a tutela jurídica da propriedade pode variar se mudam as orientações ideológicas inspiradoras do conceito concreto, que por sua vez, hegelianamente, gera o tipo, ou seja, o fato que uma pessoa tenha uma propriedade: é o "princípio de sua própria ulterior determinação"[60]. Em conclusão, esses conceitos concretos não têm um conteúdo predeterminado e têm a capacidade de mudar o conteúdo que possuíam anteriormente.

Essa imprevisibilidade da tutela jurídica, essa incerteza do direito não é um defeito da construção de Larenz: é o fim que ela se propõe. De fato, o juiz não fica sozinho com

---

59. O *typus* recebe "seine Stellung in der völkischen Gesamtordnung": Larenz, *Zur Logik des konkreten Begriffs*, cit., pp. 293 s.

60. "Prinzip seiner eigenen Fortbestimmung": Larenz, *Rechtsperson und subjektives Recht. Zur Wandlung der Rechtsgrundbegriffe*, em Larenz (Hrsg.), *Grundfragen der neuen Rechtswissenschaft*, Junker & Dünnhaupt, Berlin, 1935, p. 226. O conceito jurídico que, como um *homunculus*, se une a outros conceitos e se reproduz (Jhering: cf. vol. 1, cap. XIV, 3, nota 25) e a *Fortbestimmung* de Larenz parecem quase antecipações da autopoiese de Luhmann (cf. vol 3, cap. IV). Todavia, é útil limitar-se a registrar essas assonâncias como pura curiosidade.

esses instrumentos indeterminados: a ideologia nacional-socialista lhe indica o conteúdo a ser adotado com os "princípios" (*Leitsätze*), com as "cartas aos juízes" (*Richterbriefe*)[61], com o programa do partido e assim por diante.

A essa altura, é curioso notar uma coincidência terminológica, seguramente acidental, mas reveladora. Rüthers escreve: "Os tipos concretos e os conceitos gerais e concretos são *abertos* e *móveis*."[62] No pós-guerra, a doutrina do *typus* continuou a circular, ainda que numa forma revista[63]. O sistema de Wilburg receberá o nome de "sistema móvel" e o de Canaris, de "sistema aberto"; ambos os sistemas fazem referência a princípios não necessariamente de direito positivo, que têm uma certa semelhança com os tipos; a dificuldade dos dois sistemas modernos está nas determinações dos critérios que estabelecem a escolha dos princípios em que se inspiram, respectivamente, o sistema móvel e o sistema aberto. Esse problema permanece insolúvel nos dois civilistas e constitui um ponto fraco da construção de ambos. Larenz, ao invés, oferecerá uma resposta, indicando o ordenamento global do povo nacional-socialista (*völkischen Gesamtordnung*) como fonte dos valores a serem adotados.

b) *Como funciona a noção do* typus *em Larenz*

Segundo Larenz – e, como veremos, também segundo Wilburg e Canaris –, apenas algumas normas positivas são formuladas de modo que exijam uma interpretação que vá

---

61. Heinz Boberach (Hrsg.), *Richterbriefe: Dokumente zur Beeinflussung der deutschen Rechtssprechung 1942-1944*. Mit Beiträgen von Robert M. W. Kempner und Theo Rasehorn, Boldt, Boppart am Rhein, XXVIII-515 pp.

62. Rüthers, *Entartetes Recht*, cit., p. 87; grifo meu.

63. Reinhold Zippelius, *Der Typenvergleich als Instrument der Gesetzesauslegung*, em Hans Albert et al., *Rechtstheorie als Grundlagenwissenschaft der Rechtswissenschaft*, Bertelsmann, Düsseldorf, 1972, pp. 482-90; também em seu *Einführung in die juristische Methodenlehre*, Beck, München, 1971, 137 pp. (que chegou em 1999 à 7ª edição, com título levemente mudado, em comparação ao de 1985).

além da pura subsunção do caso concreto na norma geral e abstrata. Em certos casos, as normas fazem referência à profissionalidade própria (ou seja, típica) do médico ou do funcionário público e assim por diante. Essas indicações exemplares para guiar a interpretação do jurista apresentam, porém, limites muito incertos com as noções de "classe", de "conceito geral", de "natureza das coisas" etc.: "Onde o conceito geral e abstrato e o sistema lógico desses conceitos não consigam sozinhos dar conta da variedade do ser (ou do sentido), entra em cena a forma conceitual do 'tipo' (*typus*)."[64] O tipo seria caracterizado pela clareza, pela totalidade e pela proximidade à realidade, ao passo que o conceito apresentaria as características opostas[65]. Segundo os vários autores, ele se colocaria, portanto, a meio caminho entre o geral e o particular, entre o conceito e o indivíduo, assumindo "uma posição intermediária entre o conceito geral e o individual"[66].

Essas poucas alusões indicam quanto são indefinidos os limites entre a noção de tipo e as noções afins usadas pela ciência jurídica. "A contraposição de Larenz entre conceito e tipo – objeta um crítico dessa concepção – está fundada no fato de que o conceito não admite nenhuma graduação de suas características. Essa separação entre tipo e conceito evidencia, porém, as dificuldades da posição de Larenz: de fato, ele consegue facilmente indicar os pontos fracos da lógica tradicional e de sua doutrina dos conceitos; porém, a elaboração de sua contraproposta pressupõe tacitamente – como premissas lógicas e definitórias – que os ti-

---

64. Larenz, *Methodenlehre der Rechtswissenschaft*, Springer, Berlin u.a., 1960, p. 333; sobre a noção de *typus*, ver sobretudo pp. 329 ss. Um estudo completo sobre esse problema é a dissertação de Josef Kokert, *Der Begriff des Typus bei Karl Larenz*, Duncker & Humblot, Berlin, 1995, 299 pp.

65. Para uma exposição das origens do conceito de *tipo* e de seus limites com as noções afins, ver Arnold Koller, *Grundfragen einer Typuslehre im Gesellschaftsrecht*, Universitäts-Verlag, Fribourg (Suíça), 1967, pp. 11-43.

66. Karl Engisch, *Die Idee der Konkretisierung in Recht und Rechtswissenschaft unserer Zeit*, Winter, Heidelberg, 1953, p. 260.

pos sejam conceitos indefinidos de classe e, com isso mesmo, constituam um desvio dos conceitos classificatórios, os únicos corretos. Já por isso, a teoria do tipo de Larenz não pode levar em conta o fato de que a lógica moderna e a doutrina da ciência, referindo-se aos conceitos comparativos, permitem graduar suas características."[67]

Na terceira edição da obra metodológica de Larenz (1975), a hermenêutica se superpõe às concepções neo-hegelianas das edições anteriores: em todas, resta todavia presente essa última menção filosófica, que remonta a seu mestre, Julius Binder. A hermenêutica serve a Larenz para fundar as avaliações que, para ele, estão na base da aplicação do direito. Ele rejeita desse modo qualquer abordagem empírica à determinação da origem e da natureza daqueles valores, subtraindo, assim, sua teoria a qualquer influência "positivista". Cinco anos antes, em 1970, Esser percorrera um caminho diverso, fundindo numa teoria unitária vários elementos da jurisprudência dos interesses com os resultados do debate sobre a hermenêutica e sobre a tópica. Os pontos de referência para a construção de um sistema moderno ofereciam, assim, pontos de apoio muito diferenciados. Aquilo que os une é a crítica ao sistema fundado em conceitos abstratos da Pandectística.

Pela relevante influência de Larenz sobre a ciência jurídica alemã, e em particular sobre a noção de sistema do seu aluno Canaris, é necessário percorrer de novo a formação dessa doutrina: de fato, em Larenz a hermenêutica de Gadamer se superpôs a um pensamento já consolidado.

Larenz não se referia a um direito natural de conteúdo mutável (como Stammler), nem a valores religiosos, mas ao "pensar por ordenamentos concretos", que, sobretudo na elaboração de Carl Schmitt, constituía o fundamento da doutrina jurídica do nacional-socialismo. Quando Larenz lançou o programa de uma "filosofia do direito para além

---

[67]. Friedrich Müller, *Juristische Methodik*. Vierte, neu bearbeitete Auflage, Duncker & Humblot, Berlin, 1990, p. 143.

do jusnaturalismo e do positivismo"[68], pretendia distanciar-se seja do jusnaturalismo clássico, fundado em valores imutáveis, seja do positivismo em todas as suas formas[69]. Sua crítica recai tanto sobre o relativismo de Kelsen e de Radbruch (ele reprova expressamente o relativismo por ser o fundamento filosófico da democracia), quanto sobre a jurisprudência dos interesses (considerada ligada ao indivíduo e, portanto, incapaz de "superar" o interesse individual no interesse da comunidade).

Uma vez criticadas todas as doutrinas tradicionais, Larenz passava à construção de uma teoria do pensamento jurídico popular, do *völkisches Rechtsdenken*, com base na filosofia neo-hegeliana. Monika Frommel associa às três etapas do itinerário filosófico-jurídico de Larenz três aspectos da doutrina do tipo: inicialmente, o conceito geral e abstrato (próprio da jurisprudência clássica) substitui o tipo; depois, a metafísica hegeliana do espírito concreto é associada à "série de tipos" (*Typenreihe*); por fim, a nova ordem jurídica nacional-socialista encontra expressão nos conceitos jurídicos gerais-concretos[70]. Portanto, é proposto ao juiz vincular-se ao valor político, mas não a qualquer valor político: o valor de referência é o do nacional-socialismo. De fato, a filosofia do direito de Larenz não é uma ciência política, mas uma aplicação ao direito das concepções políticas do nacional-socialismo. A referência aos valores, expli-

---

68. "Rechtsphilosophie jenseits von Naturrecht und Positivismus": Karl Larenz, *Rechts- und Staatsphilosophie der Gegenwart*, Junker und Dünnhaupt, Berlin, 1931, 114 pp. Aqui citado da 2.ª edição, 1935, p. 150. Sobre essa "ordem nova" também no direito (*konkretes Ordnungsdenken*), cf. Klaus Anderbrügge, *Völkisches Rechtsdenken. Zur Rehtslehre in der Zeit des Nationalsozialismus*, Duncker & Humblot, Berlin, 1978, 237 pp. (sobre Larenz: pp. 123 ss.).

69. Larenz, *Rechts- und Staatsphilosophie der Gegenwart*, cit., p. 16: "Normativismus, Soziologismus und Psychologismus sind die drei Spielarten des juristischen Positivismus"; ou seja, a crítica de Larenz compreende o positivismo tanto jurídico quanto empírico-científico. Sobre os vários positivismos, cf. cap. I, 7.

70. Monika Frommel, *Die Rezeption der Hermeneutik bei Karl Larenz und Josef Esser*, Gremer, Ebelsbach, 1981, p. 187.

ca Larenz,"chama a ciência jurídica ao dever de direcionar seus quesitos e seus métodos segundo os valores político-populares"[71].

Fica assim clara a diferença entre a posição de Larenz e a da jurisprudência dos interesses: esta última queria livrar o juiz do vínculo à letra da norma jurídica, ao passo que Larenz pretendia libertar o juiz desse vínculo para submetê-lo a outro, condicionado por um valor político.

A destruição do ordenamento jurídico liberal foi atuada abrindo as portas à "interpretação ilimitada" (*unbegrenzte Auslegung*)[72]: foi abolida a proibição de analogia no direito penal, o *Reichsgericht* foi libertado do respeito às decisões anteriores, aos juízes foi permitido não aplicar as normas emanadas antes da revolução nacional-socialista se consideradas contrárias ao "são sentimento popular"; por fim, no direito privado, fez-se um uso muito amplo das cláusulas gerais.

Essa filosofia jurídica não sobreviveu à queda da Alemanha nacional-socialista. Larenz deixou de lado a *Rechts- und Staatsphilosophie der Gegenwart* e, em 1960, publicou a primeira edição de sua fortunada *Methodenlehre*, na qual o "conceito geral-concreto" de pessoa substituía o conceito de comunidade, de *Gemeinschaft*: um conceito herdado da tradição alemã, mas conotado de modo fortemente político na época nacional-socialista. Inicia-se assim o afastamento de Larenz da filosofia neo-hegeliana. Todavia, foi um afastamento progressivo e somente parcial, de modo que a formulação final de sua doutrina apresenta sempre traços neo-hegelianos, unidos a elementos de hermenêutica e de personalismo ético[73]. Em particular, Larenz "conserva a con-

---

71. A ciência jurídica deve dirigir-se aos valores nacional-socialistas,"an den völkisch-politischen Werten": Larenz, *Rechts- und Staatsphilosophie der Gegenwart*, Junker und Dünnhaupt, Berlin, 1935, p. 151 (2ª ed.).

72. Bernd Rüthers, *Die unbegrenzte Auslegung. Zum Wandel der Privatrechtsordnung im Nazionalsozialismus*, Mohr, Tübingen, 1968, X-496 pp.; aqui citado da 3ª edição, Müller, Heidelberg, 1988, pp. 216 ss. A pp. 138:"Rückkehr zu einem extremen Positivismus des Führerwillens".

73. Karl Larenz, *Allgemeiner Teil des Deutschen Bürgerlichen Rechts*, Beck, München, 1989, XVIII-675 pp.

cepção neo-hegeliana de *typus* com uma modificação: os tipos e as séries de tipos se referem ora ao sistema 'aberto' dos princípios jurídicos gerais e não mais a um 'ordenamento concreto', ora ao conceito geral e concreto da pessoa". Do passado, resta porém 'uma forte acentuação da preexistência dos princípios jurídicos'"[74]: somente assim, de fato, se consegue justificar a prevalência de um ponto de vista (ou seja, de um princípio jurídico) na solução de um caso controverso.

Na primeira edição da sua *Methodenlehre*, em 1960, Larenz retomava o conceito de *typus* contrapondo-o à noção tradicional de sistema: "Onde o conceito geral e abstrato e o sistema lógico desses conceitos não conseguem sozinhos dar conta da variedade do ser (ou do sentido), entra em cena a forma conceitual do 'tipo' (*typus*)."[75] No direito positivo, é impossível entender se uma certa norma se refere a um tipo ou a um conceito: a referência à exatidão (do caso concreto) ou à exemplaridade (do tipo) que teria mirado o legislador é, de fato, um critério demasiado elástico.

Mas o conceito de *tipo* resta na base da doutrina de Larenz em toda a sua evolução, porque "a concepção do *typus* tem em seu pensamento uma posição-chave. Ela legitima efetivamente a necessidade das avaliações intuitivas e demonstra que a jurisprudência está orientada para os assim chamados valores. À concepção do *typus*, Larenz associa bem mais do que o simples problema semântico da verificação do significado dos conceitos jurídicos: nos tipos vê os elementos para a construção de um sistema 'interno', que deve ser a expressão do pensamento orientado para os valores na ciência do direito. Isso é visto na aplicação do direito: sob os 'conceitos', pode-se subsumir, ao passo que um

---

74. Monika Frommel, *Die Rezeption der Hermeneutik bei Karl Larenz und Josef Esser*, Gremer, Ebelsbach, 1981, p. 197.
75. É o trecho já citado à nota 64: Karl Larenz, *Methodenlehre der Rechtswissenschaft*, Springer, Berlin u.a., 1960, p. 333.

evento da vida deve ser relacionado a um tipo. Na subsunção estaria, portanto, excluída a referência a valores-guia, ao passo que essa referência torna-se uma exigência quando se relaciona algo a um tipo"[76]. Dado que para Larenz as avaliações estão em parte condicionadas historicamente e em parte fundadas em valores, seu "sistema interno" deve necessariamente ser um "sistema aberto", para poder receber aqueles valores mutáveis que o legislador não pode prever explicitamente.

Esse debate pós-bélico sobre a flexibilidade dos conceitos jurídicos, sobre os sistemas abertos aos valores historicamente mutáveis, sobre a jurisprudência que se ajusta ao problema e não ao sistema constitui o substrato cultural de que nascem o sistema móvel de Wilburg e o sistema aberto de Canaris.

7. O positivismo jurídico e o nacional-socialismo

Tiremos agora as conclusões do que foi dito até aqui. A afirmação de um movimento revolucionário impôs novos valores à sociedade alemã. Em particular, esses valores foram recebidos pelos juízes, que não apenas os aceitaram de bom grado quando os encontraram nos textos legislativos e políticos do regime nacional-socialista, mas – com a interpretação – encarregaram-se de introduzi-los nas normas preexistentes àquela revolução e inspiradas em valores diversos ou até mesmo antitéticos. Em menos de um ano do advento do nacional-socialismo, a sociedade alemã foi radicalmente modificada, assumindo as estruturas que conservaria depois por outros onze anos do regime nacional-socialista.

Depois da queda do Terceiro Reich, era preciso responder ao quesito: como tinha sido possível uma resposta tão

---

[76]. Monika Frommel, *Die Rezeption der Hermeneutik bei Karl Larenz und Josef Esser*, Gremer, Ebelsbach, 1981, p. 142.

imediata e global à aberração nacional-socialista? O quesito assumia uma gravidade particular com relação aos juristas alemães, que haviam contribuído de modo determinante para a destruição do Estado de Direito, do qual, ao contrário, deveriam ter sido os defensores.

Uma das primeiras respostas veio em 1946 de Gustav Radbruch, que antes de 1933 estivera pessoalmente próximo da Jurisprudência dos interesses (embora tivesse sempre se declarado neokantiano e positivista), que participara da vida política de Weimar como Ministro da Justiça e fora afastado do ensino logo depois da ascensão do nacional-socialismo. Permanecera, porém, na Alemanha, mantendo posição reservada e proferindo de vez em quando no exterior conferências críticas sobre a situação alemã: um personagem íntegro e respeitado, um dos poucos alemães moralmente capazes de formular análises do passado e propostas para um renascimento. O ensaio em que traça essa análise e avança tal proposta é intitulado *Ilegalidade jurídica e direito supralegal*[77]. Já o título contém uma condenação do direito positivo nacional-socialista – visto exatamente como "ilegalidade jurídica" – fundada numa visão jusnaturalista do direito, ou seja, na convicção de que existe um direito não escrito superior ao positivo. Esse ensaio exerceu uma enorme influência na Alemanha, mas não no sentido desejado por Radbruch: ao contrário, o resultado involuntariamente obtido foi definido "trágico"[78].

---

77. Gustav Radbruch, *Gesetzliches Unrecht und übergesetzliches Recht*, "Süddeutsche Juristen-Zeitung", 1946, pp. 105-8. Depois, como apêndice em sua *Rechtsphilosophie*, Koehler, Stuttgart, 1956, pp. 347-57. Sobre esse escrito, cf. Ingo Müller, *Gesetzliches Recht und übergesetzliches Unrecht: Gustav Radbruch und die Kontinuität der deutschen Staatsrechtslehre*, "Leviathan", 1979, pp. 308-38; Björn Schumacher, *Rezeption und Kritik der Radbruchschen Formel*, Göttingen, 1985, pp. XXVIII-105 pp. (dissertação mimeografada; bibliografia pp. IX-XXVIII).

78. Manfred Walther, *Hat der juristische Positivismus die deutschen Juristen im "Dritten Reich" wehrlos gemacht?*, em Ralf Dreier – Wolfgang Sellert (Hrsg.), *Recht und Justiz im "Dritten Reich"*, Suhrkamp, Frankfurt a. M., 1989, p. 354.

a) Mas o positivismo desarmou realmente os juízes alemães?

Segundo a tese de Radbruch, os juristas alemães aceitaram de bom grado as leis iníquas dos nacional-socialistas porque o positivismo jurídico os habituara a não colocar em discussão o direito positivo. Este último era direito por ser estatuído pela autoridade que tinha a força para aplicá-lo. Assim como nos soldados havia sido inculcado o princípio de que as ordens não se discutem, mas se executam (*Befehl ist Befehl*), também nos juristas havia sido inculcado o princípio de que as leis não se discutem, mas se aplicam (*Gesetz ist Gesetz*). Concluía Radbruch:"O positivismo, com seu princípio 'lei é lei', tornou os juristas alemães inertes contra leis de conteúdo arbitrário e criminoso."[79] Com base nesse princípio, toda lei deve ser aplicada, desde que provenha de uma autoridade que possua a força para aplicá-la. Sua legitimidade, seu conteúdo não podem ser questionados pelo juiz.

A tese da culpabilidade do positivismo foi logo aceita pela quase totalidade dos juristas alemães, com a conseqüência de que "foram necessários quase vinte anos, ou seja, até 1965, para que fossem novamente retomadas de modo difuso as teses elaboradas pelos juristas republicanos da época de Weimar; e até hoje [1989] ainda não se afirmaram na generalidade dos casos"[80]. Segundo Walther (cuja tese é compartilhada por muitos), exatamente a autoridade moral de Radbruch favoreceu a difusão dessa condenação do positivismo, que não só serviu para reforçar as posições conservadoras entre os juristas em geral, mas involuntariamente jogou também uma bóia de salvamento aos juristas comprometidos com o regime nacional-socialista.

Para entender o mecanismo desse "trágico" equívoco, Walther se pergunta primeiramente se os juízes alemães

---

79. Radbruch, *Gesetzliches Unrecht und übergesetzliches Recht*, em *Rechtsphilosophie*, cit., p. 352.
80. Walther, *Hat der juristische Positivismus [...]*, in *Dreier – Sellert* (Hrsg.), *Recht und Justiz im "Dritten Reich"*, cit., 1989, p. 353.

tinham sido assim tão positivistas durante a República de Weimar e durante o regime nacional-socialista: essa é, de fato, a constatação sobre a qual se baseia o raciocínio de Radbruch. Os dados históricos parecem demonstrar o contrário.

No plano metodológico, na época de Weimar tomava corpo uma interpretação das normas fundada cada vez mais na "vontade da lei", bem diversa da "vontade do legislador" propugnada pelos positivistas. Que naqueles anos a vontade do Estado não fosse indiscutível para os juristas alemães está demonstrado em 1924 pela tomada de posição da associação dos magistrados: se tivesse passado uma reforma fiscal, os juízes teriam renunciado à obediência ao Estado. Radbruch mesmo, deputado no Reichstag, tinha transmitido ao Ministro da Justiça um livro[81] que documentava os dados sobre a parcialidade com que os juízes haviam aplicado a lei nos casos de homicídio político entre 1918 e 1923, "com o pedido formal e público de investigar cada caso individual e de informar-nos sobre os resultados de suas investigações". Não recebeu nenhuma resposta satisfatória do ministro, nem dos ministros da Justiça da Baviera, de Mecklemburg e da Prússia, demostrando que a República de Weimar – e em particular sua magistratura – não tinha a intenção de esclarecer os homicídios que acompanharam a sangrenta repressão do Spartakusbund, o final da efêmera República Conciliar de Munique e o Putsch de Kapp. Aquele livro, que custou o exílio ao seu autor, é também testemunho da tensão extrema em que vivia a Alemanha nos anos de Weimar. Entre 1919 e 1922, 354 assassinatos políticos cometidos por expoentes da direita haviam

---

81. Emil Julius Gumbel, *Vier Jahre politischer Mord*, Verlag der Neuen Gesellschaft, Berlin-Fichtenau 1922, 149 pp.; a cura di Gumbel foi depois publicada a *Denkschrift des Reichjustizministers zu "Vier Jahre politischer Mord"*, Malik-Verlag, Berlin, 1924, 182 pp. Tais escritos estão hoje reeditados com o título Emil Julius Gumbel, *Vier Jahre politischer Mord und Denkschrift des Reichjustizministers zu "Vier Jahre politischer Mord"*. Mit einem Vorwort von Hans Thill, Das Wunderhorn, Heidelberg, 1980, XVII-149+182 pp.

sido punidos, no total, com uma prisão perpétua, 90 anos e 2 meses de detenção e 730 marcos de multa. Do outro lado, 22 assassinatos políticos cometidos por expoentes da esquerda haviam sido punidos com 10 condenações à morte, 3 prisões perpétuas, 248 anos e 9 meses de detenção[82].

Os juízes nunca haviam aceitado aquela república e sua ideologia socialdemocrata. No momento em que a associação dos magistrados se dissolvia para fundir-se com a associação nacional-socialista dos juízes[83], o presidente em fim de mandato recordava que na República de Weimar, desde 1919, pedia-se aos juízes que proferissem sentenças para "introduzir na jurisprudência as concepções políticas da maioria, ou seja, a concepção marxista"; mas "nós nos opusemos por quinze anos a essa pretensão", porque os juízes queriam impedir que a jurisprudência se tornasse "a serva de aberrações políticas"; e concluía com orgulho: "Nós, juízes, somos a única classe a ter mantido imaculado nosso próprio brasão."[84] Em outros termos: nós, juízes, nunca reconhecemos a soberania daquela república socialdemocrata e tampouco nos sentimos vinculados por seu direito.

A república se substituíra à monarquia de modo "claramente antidemocrático" e, mesmo que possa parecer excessivo defini-la "não desejada por ninguém"[85], nela faltava um comum valor republicano ao qual referir-se. A de Weimar era, portanto, uma república que os juízes realmente

---

82. As fontes são citadas por Walther, *Hat der juristische Positivismus [...]*, em Dreier – Sellert (Hrsg.), *Recht und Justiz im "Dritten Reich"*, cit., p. 328, notas de 6 a 9.

83. Berger Schulz, *Der Republikanischer Richterbund (1921-1933)*, Lang, Frankfurt a. M., 1982, 211 pp.

84. Hans Wrobel, *Der Deutsche Richterbund im Jahre 1933*, "Kritische Justiz", 1982, p. 346. Ampla literatura sobre a hostilidade dos juízes à socialdemocracia weimariana está em Walther, *Hat der juristische Positivismus [...]*, em Dreier – Sellert (Hrsg.), *Recht und Justiz im "Dritten Reich"*, cit., p. 329, nota 10.

85. Assim Hans Hattenhauer em uma pesquisa sobre os juristas como funcionários públicos, complementar portanto ao discurso sobre os juízes aqui desenvolvido: *Zum Beamtenbild des 20. Jahrhunderts*, em *NS-Recht in historischer Perspektive*, Oldenbourg, München – Wien, 1981, p. 118.

não quiseram servir. Ao invés, estavam prontos para *ruere in servitium* dos novos déspotas, tanto que em menos de onze meses militavam todos sob suas bandeiras. Uma recusa tão radical e uma adesão de tal forma total tinham uma raiz comum? Em que sentido Radbruch podia falar de um positivismo daqueles juízes?

Walther propõe examinar qual era o Estado ao qual se referia Radbruch, colocando-o como fonte do direito positivo. Era o Estado bismarckiano, que tinha criado uma sociedade estável e homogênea, excluindo, porém, da participação política a burguesia liberal e o proletariado. Aquele Estado se apresentava como acima das partes, ainda que isso fosse uma ilusão:"Mas a segurança, a certeza, a solidez, a cientificidade rigorosa, a eficiente previsibilidade e outras semelhantes virtudes e qualidades 'positivas' não eram de forma alguma, na realidade, virtudes da 'norma' jurídica e da estatuição humana; eram apenas as virtudes da situação normal e relativamente estável precisamente então, no século XIX, de uma estrutura estatal que tinha como seu baricentro a legislação."[86] Os termos com que Schmitt descreve as qualidades e as virtudes daquele Estado coincidem com os utilizados para definir a construção sistemática do direito. Schmitt considera que, tendo mudado os tempos, aquelas qualidades já não seriam necessárias nem para o Estado, nem para o ordenamento jurídico; antes, era preciso substituí-las com características de tipo oposto.

Os juízes do Estado oitocentista eram recrutados com critérios homogêneos aos do Estado: eram pessoas autoritárias e conservadoras. Não lhes foi possível identificar-se com a frágil República de Weimar, abalada por uma violenta luta entre partidos à qual os juízes não estavam habituados e fundada em idéias socialistas que eles consideravam subversivas. O Estado nacional-socialista oferecia-lhes, ao contrário, a imagem de um Estado novamente compacto e

---

86. Carl Schmitt, *Über die drei Arten des rechtswissenschaftlichen Denkens*, Hanseatische Verlagsanstalt, Hamburg, 1934, p. 33.

acima das partes: não tiveram, portanto, dificuldade para identificar-se com ele. Em suma, quanto mais um Estado era autoritário, mais os juízes estavam dispostos a ater-se rigorosamente ao seu direito. Ao contrário, quanto mais um Estado se tornava democrático e pluralista, mais entrava em crise o positivismo jurídico dos juízes.

Para Radbruch, portanto, o positivismo jurídico predispusera os juízes a identificar-se com o Estado nacional-socialista. Mas aqui surge a segunda discordância histórica com a tese de Radbruch: o Estado nacional-socialista não propôs aos juízes alemães um modelo positivista, mas exatamente seu contrário, como foi visto nas páginas anteriores. Na verdade, os juízes alemães não agiram como positivistas nem durante a República de Weimar, nem durante o regime nacional-socialista.

b) O retorno ao jusnaturalismo como instrumento para o renascimento

Identificada no positivismo a causa da disponibilidade dos juristas alemães para com o nacional-socialismo, Radbruch indica em seu artigo o caminho através do qual enfrentar a reconstrução do Estado de Direito: um retorno ao direito natural, sem porém perder de vista o restabelecimento da certeza do direito. "A ciência jurídica – escrevia Radbruch – deve voltar à milenar sabedoria comum da Antiguidade, da Idade Média cristã e da época do Iluminismo, segundo a qual existe um direito superior à lei."[87] Mas o jusnaturalismo cristão bem dificilmente pode ser amalgamado com o jusnaturalismo racionalista do Iluminismo: dessa não-homogeneidade intrínseca nos instrumentos para o

---

87. Radbruch, *Die Erneuerung des Rechts*, "Die Wandlung", 1947, pp. 8-16; esse ensaio inaugura agora a antologia de Werner Maihofer, *Naturrechts oder Rechtpositivismus?*, Gesellschaftliche Buchgesellschaft, Darmastadt, 1972, pp. 1-10.

renascimento indicados por Radbruch nasceu o equívoco dos anos seguintes.

De fato, a análise do passado e o itinerário para o futuro traçados por Radbruch foram rapidamente acolhidos pelos juristas alemães do pós-guerra, mas por razões radicalmente diversas das que animavam Radbruch. Radbruch convidava a voltar ao direito da razão, ou seja, à religião da liberdade que se apoiava nos ideais da Revolução Francesa. Os juristas alemães se referiam, ao contrário, prevalentemente ao jusnaturalismo católico, ao neotomismo conservador que muitas vezes, como para Carl Schmitt, havia sido já a doutrina-guia deles antes da conversão ao nacional-socialismo.

Esse retorno ao passado permitia limitar muitas responsabilidades que remontavam à era nacional-socialista. De fato, se a aplicação rigorosa do direito nacional-socialista era devida ao positivismo, os juízes eram vítimas da educação recebida. Esse argumento, com mil variações, constituiu o fundamento para a absolvição dos juízes nacional-socialistas nos processos do pós-guerra, ao menos nas três zonas ocidentais de ocupação.

Além disso, se o positivismo era culpado pelas degenerações nacional-socialistas, quase todos os juristas podiam sustentar tê-lo combatido desde os tempos de Weimar. Com isso, todavia, fazia-se passar sob silêncio que a luta contra o positivismo havia sido desenvolvida não a favor, mas contra a República de Weimar e contra a ideologia socialdemocrata que ela encarnava. Exemplar a esse respeito é a segunda conversão de Schmitt. Em 1934 escrevera que "o direito aristotélico-tomista da Idade Média, por exemplo, é um modo de pensar por ordenamentos científico-jurídicos". Em 1957, repropondo os ensaios de então, apresentava sua luta contra o positivismo como um "grito de dor" para a salvação da República de Weimar. Graças à tese de Radbruch, nos anos do pós-guerra esse esquema interpretativo tornou-se moeda corrente entre os juristas alemães.

No plano da teoria jurídica, o providencial convite do integérrimo Radbruch a retornar ao jusnaturalismo permitia, também, continuar a usar as categorias já aceitas durante o nacional-socialismo, ou seja, pensar por ordenamentos concretos. Um exemplo de "pensamento por ordenamentos concretos", ainda de 1953, já foi visto nas palavras de um juiz da Corte Constitucional da Alemanha Federal, citado pouco antes no item 5.

As potências aliadas ocidentais – que tinham mesmo desejado e, no início, também praticado a desnazificação – por motivos políticos não quiseram contrastar esse retorno às teorias jurídicas no mínimo alarmantes. A Guerra Fria os induziu, antes, a satisfazer essa acomodação conservadora, da qual um componente muito apreciado era o anticomunismo. No fundo, quem poderia oferecer garantias de anticomunismo mais do que um ex-nacional-socialista?

O retorno do passado tomou uma forma concreta depois da decisão de uma questão teórica. Após o final da guerra, uma teoria – afirmada, aliás, por Kelsen – considerava que o Terceiro Reich tivesse sido extinto e que tivesse sido substituído por um novo Estado. A teoria oposta sustentava a tese da continuidade, com base na qual a República Federal Alemã era a continuação do Reich. No imediato pós-guerra prevaleceu a tese da extinção, e os aliados ocidentais demitiram 53 mil altos funcionários, entre os quais muitos juízes. Porém, a forte resistência contra essa "doutrina positivista" conseguiu bem cedo fazer prevalecer a tese oposta: 52 mil altos funcionários retornaram às posições-chave do aparelho estatal[88]. Para o direito, esse retorno explica a lentidão com que os juristas alemães-ocidentais abandonaram os antigos modelos conceituais: são os vinte anos que Walther vê transcorrer antes que inicie a redescoberta dos juristas democráticos de Weimar, como Fraenkel, Kirchheimer, Sinzheimer e outros ainda.

---

88. Joachim Perels, *Die Restauration der Rechtslehre nach 1945*, "Kritische Justiz", 1984, pp. 368 s.

Na Zona de ocupação soviética e, depois, na República Democrática Alemã, a evolução foi completamente diferente, ainda que não menos criticável: mas essa é uma história ainda a ser escrita.

Em conclusão, a "trágica" função da tese de Radbruch consistiu, por um lado, em "esconder a continuidade" e, por outro, em "dificultar notavelmente uma acurada análise e, portanto, uma 'reelaboração' do passado"[89]. Os juristas alemães enfrentavam dessa forma o pós-guerra, conservando do passado nacional-socialista apenas os elementos que lhes permitiam remeter-se às doutrinas pré-bélicas e, em particular, às jusliberistas.

---

89. Walther, *Hat der juristische Positivismus [...]*, em Dreier – Sellert (Hrsg.), *Recht und Justiz im "Dritten Reich"*, cit., p. 353.

Capítulo VI
Depois da Segunda Guerra Mundial: novos tempos, novos valores

Pontos de intersecção e desenvolvimentos do discurso. A queda das ditaduras impôs o retorno a teorias compatíveis com a democracia liberal. Na Alemanha, por isso, os teóricos do direito remeteram-se à jurisprudência dos interesses que havia sido sufocada pelo nazismo em 1933: interesses agora entendidos em sentido mais amplo, considerando que eles estão baseados em valores não apenas empiricamente constatáveis. No pós-guerra, a nova "jurisprudência dos valores" propôs, assim, uma teoria aberta a todos os valores – também espirituais – que pudessem inspirar o juiz. Com uma lição da história: os valores precisavam ser compatíveis com os já presentes no ordenamento.

Para a jurisprudência dos interesses, o juiz deveria verificar a vontade originária do legislador, e sua avaliação pessoal inserir-se-ia apenas se aquela primeira verificação não tivesse sido frutuosa. Porém, aquela teoria não indicava com que método o intérprete poderia continuar sua atividade se não conseguisse verificar o interesse do legislador. Ao contrário, a jurisprudência dos valores constata que o juiz está sempre obrigado a prolatar uma sentença (proibição do *déni de justice*) e se propõe indicar os valores que o guiam, quando a norma positiva silencia. Por isso, a jurisprudência dos valores completa – mas não substitui – a jurisprudência dos interesses: quando as normas são excessivamente imprecisas, então a teoria indica quais valores podem ser aplicados *em conformidade com o ordenamento jurídico*. Na jurisprudência dos valores, inicialmente Westermann identificou a linha de separação entre norma e valor (item 3). Depois, com Larenz, que retomou as atividades após o período nacional-socialista, chegou-se à ligação imediata entre direito e valor, indicando-se uma linha contínua ao longo da qual o juiz se move livremente (item 4). Enfim, com Esser, influenciado pelo realismo anglo-americano, chegou-se a uma construção que aceita o sistema tradicional, mas faz com que seja acompanhado por uma referência aos valores ínsitos nos "princípios" que podem ser extraídos das sentenças (item 5).

A linha evolutiva do pensamento jurídico do século XX parte, portanto, da reação anti-sistemática do segundo Jhering e do antiformalismo do Movimento do Direito Livre e da jurisprudência dos interesses (cap. IV); sofre a distorsão nacional-socialista, que "libera" o juiz da norma, mas o sujeita ao poder político (cap. V); retorna no pós-guerra à jurisprudência dos interesses com teorias que, de várias formas, levam em conta os valores (cap. VI). Essas aberturas teóricas serão, depois, aplicadas ao direito positivo austríaco (sistema móvel de Wilburg, cap. VII) e alemão (sistema aberto de Canaris, cap. VIII), completando a evolução da noção de sistema no século XX.

1. O direito entre sistema e valor

A conturbação total que acompanhou o final da Segunda Guerra Mundial marcou profundamente não apenas o mundo da prática jurídica, mas também o da teoria do direito. Com a queda das doutrinas oficiais ligadas às ditaduras derrotadas, na Alemanha e na Itália, os teóricos do direito tiveram de remeter-se às doutrinas pré-bélicas para iniciar a reconstrução de uma teoria jurídica que acompanhasse e favorecesse o renascimento dos Estados democráticos.

Porém, exatamente às doutrinas pré-bélicas podia-se censurar, no mínimo, o fato de não terem oposto nenhuma barreira à afirmação das ditaduras. O positivismo jurídico, que havia caracterizado as primeiras décadas do século XX, pregara a aceitação do direito que vinha do Estado, qualquer que fosse seu conteúdo. "A tese da indiferença do conteúdo do direito positivo"[1] já não podia ser aceita, depois

---

1. "Die These der Beliebigkeit des Inhalts des positiven Rechts", escreve Larenz, querendo dizer que o direito positivo pode ter qualquer conteúdo, à

do ocorrido sob as ditaduras que haviam terminado e depois do que continuava a ocorrer sob aquelas que, por um lado, ainda perduravam na Espanha e em Portugal e, por outro, haviam sido estendidas pela URSS às democracias populares. Os teóricos do direito remeteram-se, assim, às doutrinas inspiradas no positivismo sociológico de matriz comtiana. Elas, efetivamente, permitiam restabelecer a ponte entre o direito positivo e os valores.

Por outro lado, o pensamento jusnaturalista nunca se apagara na Alemanha, nem faltaram autores que – combatendo o positivismo jurídico imperante – construíssem teorias jurídicas ligadas de várias formas aos valores. Um exemplo pode ser oferecido por Heinrich Stoll (1891-1937)[2]. A renovação pós-bélica se unia, portanto, à jurisprudência dos interesses e à função criadora do juiz.

Além disso, logo após a guerra, a redescoberta cultural dos Estados Unidos tornava constante e quase obrigatória a referência ao modelo anglo-americano do *judge made law*. A elaboração européia ocidental, mesmo não podendo receber por inteiro o modelo do Common Law, começou a elaborar teorias que – embora não prevendo uma criação imediata do direito por parte do juiz – lhe reservavam uma tarefa criativa no delimitado âmbito das normas jurídicas positivas, mas estendido para além de tais normas com a ajuda de máximas da experiência e de princípios gerais. Uma figura relevante nesse sentido foi Josef Esser[3]. Ver-

---

escolha; de fato, *indiferença* traduz mal *Beliebigkeit*, substantivo que indica que algo está "à escolha" (e "que, mesmo sendo extremamente compreensível, não está registrado nem mesmo no dicionário *Duden* em dez volumes): Karl Larenz, *Methodenlehre der Rechtswissenschaft*, Springer, Berlin – Göttingen – Heidelberg, 1960, p. 122.

2. Heinrich Stoll, *Begriff und Konstruktion in der Lehre der Interessenjurisprudenz*, in Heinrich Stoll (Hrsg.), *Festgabe für Philipp Heck, Max Rümelin und Arthur Benno Schmidt*, Mohr, Tübingen, 1931, pp. 60-117.

3. Josef Esser, *Wert und Bedeutung der Rechtsfiktionen. Kritisches zum Technik der Gesetzgebung und zur bisherigen Dogmatik des Privatrechts*, Klostermann, Frankfurt, 1940, 211 pp.; *Einführung in die Grundbegriffe des Rechtes und Staates. Eine Einführung in die Rechtswissenschaft und in die Rechtsphilosophie*, Sprin-

se-á em seguida como a referência aos princípios externos ao direito positivo cumpre uma função de primeiro plano na concepção contemporânea do sistema jurídico.

Essa corrente pode ser associada à noção de sistema por meio de seus estudos sobre a lacuna legislativa: de fato, todo discurso sobre a lacuna pode ser lido como um discurso *ex negativo* sobre o sistema. Admitir que o direito não é um sistema significa também admitir que não é completo e que, portanto, contém lacunas. Essa perspectiva impõe, por um lado, encontrar soluções práticas não contidas em claras letras no direito positivo e, por outro, confia ao juiz a tarefa de preencher a lacuna, exaltando assim sua função criadora do direito. A linha desses estudos pode remontar a Zitelmann no início de nosso século e continua até a Primeira Guerra Mundial; retorna, depois, nos anos 1930 com Engisch (autor de uma obra sobre a unidade do direito) e com Walther Burckhardt (autor de um ensaio sobre sistema); enfim, por meio de Larenz[4] e de Wilburg, chega até nossos dias com seu aluno Canaris[5], autor de escritos tanto

---

ger, Wien, 1949, XVI-341 pp.; *Grundsatz und Norm in der richterlichen Fortbildung des Privatrechts. Beiträge zur Rechtsquellen- und Interpretationslehre*, Mohr, Tübingen, 1956, XX-394 pp.; em particular: *Wertung, Konstruktion und Argument im Zivilurteil*, Müller, Karlsruhe, 1965, 28 pp.

4. É possível reconstruir a persistência do tema da lacuna através de três gerações de estudiosos. O mestre de Larenz, Julius Binder, no exame de doutorado de 1926 o argüiu, entre outras coisas, sobre "Lücken im Recht; teleologischer Charakter des Lückenproblems": Uwe Diederichsen, [Necrológio de] *Karl Larenz*, "Neue Juristische Wochenschrift", 1993, n. 14, pp. 902-3. Larenz, por sua vez, confiou ao jovem Canaris o tema da lacuna como assunto para a habilitação: Claus-Wilhelm Canaris, *Die Feststellung von Lücken im Gesetz. Eine methologische Studie über Voraussetzungen und Grenzen der richterlichen Rechtsfortbildung praeter legem*, Duncker & Humblot, Berlin, 1964, 219 pp.

5. Eugen Ehrlich, *Über Lücken im Rechte*, "Juristische Blätter", 1888, pp. 447-630 (em capítulos); Ernst Zitelmann, *Lücken im Recht*. Rede gehalten [...] am 18. Oktober 1902, Duncker & Humblot, Leipzig, 1903, 46 pp.; Donato Donati, *Il problema delle lacune nell'ordinamento giuridico*, SEL, Milano, 1910, X-267 pp.; Giovanni Brunetti, *Il senso del problema delle lacune nell'ordinamento giuridico*, em Brunetti, *Scritti giuridici vari*, Barbera, Firenze, 1917, vol. 3 (extrato de 31 pp.); Heinrich Herrfahrdt, *Lücken im Recht*, Georgi, Bonn, 1915, VII-93 pp. (dissertação de Bonn, na qual foi "Referent" o próprio Zitelmann); Hans

sobre as lacunas quanto sobre o sistema, publicados naqueles anos 1960 que conheceram um florescimento internacional de estudos sobre o sistema.

Os autores da doutrina moderna do sistema jurídico não se separam completamente da noção tradicional de sistema, provavelmente porque esta última continua a ser sentida como uma garantia de cientificidade, em conformidade com a tradição oitocentista. Por outro lado, eles rejeitam o caráter puramente formal dessa noção tradicional: de fato, seu esforço tem por objetivo definir também o conteúdo do sistema jurídico. Eles usam, portanto, a terminologia tradicional para enunciar uma teoria radicalmente diversa da tradicional.

Em particular, o termo "sistema" é usado em um sentido diverso daquele a que as doutrinas clássicas nos habituaram. Aliás – depois de ter examinado nos próximos capítulos as concepções de Wilburg e Canaris –, será espontâneo perguntar-se se o uso que elas fazem do termo "sistema" pode ainda ser considerado apropriado, ou seja, de acordo com a definição clássica aceita também por esses autores.

Essa dúvida foi claramente formulada por Coing já em 1956. Ele parte da constatação de que, no século XX, com a afirmação das lógicas simbólicas, o significado do termo "sistema" desdobrou-se. No sentido mais estrito ele indica agora o rigoroso sistema dedutivo que se tornou possível

---

Elze (nascido em 1886), *Lücken im Gesetz. Begriff und Ausfüllung. Ein Beitrag zur Methodologie des Rechts*, Wolff, Halle a. d. Saale, 1913, 112 pp. (com o mesmo título também Duncker & Humblot, München – Leipzig, 1916, X-85 pp.); Walther Burckhardt, *Die Lücken des Gesetzes und die Gesetzesauslegung*, Stämpfli, Bern, 1925, 106 pp. (autor de um ensaio sobre o sistema: *Methode und System des Rechts. Mit Beispielen*, Polygraphischer Verlag, Zürich, 1936, 302 pp.); Karl Engisch, *Der Begriffs der Rechtslücke. Eine analytische Studie zu Wilhelm Sauers Methodenlehre*, in *Festschrift für Wilhelm Sauer*, De Gruyter, 1949, pp. 85-102; Karl Larenz, *Methodenlehre der Rechtswissenschaft*, Springer, Berlin – Göttingen – Heidelberg, 1960, pp. 279 ss.; Claus-Wilhelm Canaris, *Die Feststellung von Lücken im Gesetz. Eine methologische Studie über Voraussetzungen und Grenzen der richterlichen Rechtsfortbildung praeter legem*, Duncker & Humblot, Berlin, 1964, 219 pp.

pelos cálculos lógicos, ao passo que no sentido mais amplo e tradicional continua a indicar a organização externa da matéria. "O uso lingüístico corrente, especialmente no direito, compreende também essa segunda forma da noção de sistema, se bem que a rigor se está em presença de material cognoscitivo reagrupado com base em certos pontos de vista fundamentais segundo os princípios da tópica."[6] Ora, a tópica (ou teoria da argumentação) é a teoria anti-sistemática por excelência: cf. item 6.

Pode-se, portanto, sustentar que, em nossos dias, o uso do termo "sistema" no direito pode ser fonte de equívocos, porque a ele se pode atribuir tanto um significado histórico (que identifica uma concepção enraizada na filosofia clássica alemã e no racionalismo iluminista francês) quanto um significado mais moderno, que com aquele conceito histórico tem mais elementos em contraste do que elementos em comum. Note-se, além disso, que se fala apenas da noção de sistema elaborada pelos juristas: os significados de "sistema" tornam-se ainda mais heterogêneos quando se passa às teorias do direito que tomam emprestada a noção de sistema da cibernética (cf. vol. 3, cap. I), da teoria estruturalista (cf. vol. 3, cap. II) e da teoria geral dos sistemas (cf. vol. 3, cap. IV).

2. A jurisprudência dos valores e as críticas à jurisprudência dos interesses

A jurisprudência dos interesses deslocara o centro da pesquisa dos conceitos abstratos para a realidade social. Todavia, a escolha dos interesses a serem tutelados está baseada nos valores extrajurídicos, que aquele movimento não evidenciou porque estava ainda excessivamente tomado pela

---

6. Helmut Coing, *Geschichte und Bedeutung des Systemgedankens in der Rechtswissenschaft. Rede beim Antritt des Rektorats*, Vittorio Klostermann, Frankfurt a. M., [1956], p. 26.

polêmica contra o pensamento sistemático herdado da pandectística. Por isso, as correntes que, depois de 1945, continuaram a jurisprudência dos interesses puseram-se como objetivo a determinação dos valores sobre os quais fundar o direito: tais correntes são por isso reunidas sob o nome de "jurisprudência dos valores" (*Wertungsjurisprudenz*)[7]. Sobre essa corrente metodológica é oportuno agora deter-se, já que a ela devem ser associados, por vários motivos, também os nomes de Esser, Larenz, Wilburg e Canaris.

À diferença do jusnaturalismo tradicional, a jurisprudência dos valores não se refere a um valor considerado predominante ou absoluto e preceptivamente indicado aos juristas, mas aos numerosos valores que, em abstrato, podem ser o fundamento do direito. Essa concepção jusfilosófica era também condicionada pelo conceito de democracia pluralista que se afirmara nas constituições européias em vigor depois da Segunda Guerra Mundial. De fato, se se indica em filosofia um valor como predominante sobre os outros, deve-se abandonar em política o princípio do pluralismo. Naturalmente, não faltaram as tentativas de superar a linha traçada por essa abstrata jurisprudência dos valores[8]; todavia, para o estudo do sistema moderno, é sufi-

---

7. Franz Bydlinski, *Juristische Methodenlehre und Rechtsbegriff*. Zweite, ergänzte Auflage, Springer, Wien – NewYork, 1991, pp. 123-39; Karl Larenz, *Methodenlehre der Rechtswissenschaft*, 1960, cit., pp. 128 ss.; Franz Wieacker, *Privatrechtsgeschichte der Neuzeit*, Vandenhoeck & Ruprecht, Göttingen, 1967, pp. 574 ss.; Wolfgang Fikentscher, *Methoden des Rechts*, cit., vol. 3, pp. 405-53; Heinrich Henkel, *Einführung in die Rechtsphilosophie. Grundlagen des Rechts*, Beck, München – Berlin, 1977, pp. 312 ss.; Jens Petersen, *Von der Interessenjurisprudenz zur Wertungsjurisprudenz*, Mohr Siebeck, Tübingen, 2001, XI-104 pp., que considera essa passagem uma "mudança de paradigma" *à la* Kuhn.

8. A tentativa foi feita por Arthur Kaufmann (1923-2001) com seu "direito natural concreto" (*konkretes Naturrecht*): *Naturrecht und Geschichtlichkeit*, Mohr, Tübingen, 1957, 31 pp.; *Recht uns Sittlichkeit*, Mohr, Tübingen, 1964, 46 pp.; *Wozu Rechtsphilosophie heute?*, Athenäum, Frankfur a.M., 1971, 76 pp.; *Tendenzen im Rechtsdenken der Gegenwart*, Mohr, Tübingen, 1976, 44 pp. (com Winfried Hassemer, Hrsg.), *Einführüng in Rechtsphilosophie und Rechtstheorie der Gegenwart*, Müller, Heidelberg, 1985, XXVI-445 pp. (5ª ed.); *Rechtsphilosophie in der Nach-Neuzeit. Abschiedvorlesung*, Decker und Müller, Heidelberg, 1990, 49 pp. Cf. Fikentscher, *Methoden des Rechts*, cit., vol. 3, pp. 416-40.

ciente examinar, nos próximos itens, as várias teorias que se referem aos valores abstratos.

Acalmado o furor da polêmica contingente, que era mais política que jurídica, as críticas dirigidas à jurisprudência dos interesses podem ser distintas numa crítica terminológica e numa crítica substancial.

É reprovável, objeta-se, que o termo "interesse" – ponto central da teoria – sirva para designar tanto os desejos e as concepções das partes em causa quanto os critérios segundo os quais o hipotético legislador decide regulá-los. "Interesse" designa assim tanto as expectativas do adquirente de boa-fé e do proprietário do bem quanto a exigência de certeza nos tráficos, própria da sociedade. Assim fazendo, confunde-se a unidade de medida com o resultado concreto da medição. O próprio Heck dera-se conta da consistência dessa crítica e havia modificado sua terminologia, esclarecendo que a norma é emanada com base não no "interesse" do legislador (ou seja, dos consociados, da sociedade), mas num "juízo de valor causal", de um *kausaler Werturteil*[9]. Assim é resolvido o problema terminológico, mas acentua-se ainda mais o problema substancial da jurisprudência dos interesses.

De fato, o conceito de causalidade está ligado a uma concepção da ciência que tem suas origens no positivismo oitocentista: uma concepção que limita a observação científica às relações entre causa e efeito no mundo físico, rejeitando qualquer interferência dos valores, porque considerados pertencentes ao mundo metafísico. A "jurisprudência genética dos interesses" (*genetische Interessenjurisprudenz*) afirma que os interesses (rebatizados *kausale Werturteile*) são a causa, por assim dizer, mecânica da emanação de uma certa norma ou do proferimento de uma certa sentença. Essa relação causal é considerada inaceitável pelos críticos, porque o elemento do valor introduz na atividade do

---

9. Philipp Heck, *Begriffsbildung und Interessenjurisprudenz*, Mohr, Tübingen, 1932, p. 96.

legislador e do juiz um elemento subjetivo e voluntarista que foge às leis naturais de causalidade.

Esses problemas não são puramente terminológicos. Aqui são colocados em discussão os próprios fundamentos da jurisprudência dos interesses: trata-se "da oposição entre determinismo e indeterminismo: por um lado, os interesses, que com sua eficácia causal produzem uma certa norma; por outro, a concepção de que as instâncias legislativas podem livremente tomar posição em relação às diversas possibilidades que a elas se oferecem"[10]. Por trás do problema jurídico da emanação da norma geral ou individual se perfila o dilema filosófico da liberdade ou da determinação da vontade humana: isto é, ressurge o eterno problema do livre-arbítrio.

É todavia difícil verificar se a jurisprudência dos interesses considerava que o legislador estava inteiramente submetido à causalidade mecanicista do interesse, ou se uma parte de sua vontade era livre. Os textos clássicos daquele movimento são escritos sobretudo polêmicos, portanto não se apresentam como sistemas jusfilosóficos completos ou como exaustivas metodologias do direito, mas se propõem o fim prático de esclarecer de que modo se forma a sentença ou a norma. Não se propõem, ao contrário, esclarecer se, e até que ponto, a causalidade física e a motivação psicológica podem ser colocadas no mesmo plano. A jurisprudência dos interesses propõe uma teoria da interpretação que se funda no equilíbrio dos interesses (*Abwägung*) que determinaram a vontade do legislador (cf. *supra*, cap. IV, 7). O juiz deve, portanto, tentar verificar essa vontade originária do legislador; sua avaliação pessoal pode inserir-se apenas se a primeira averiguação histórica foi infrutuosa[11].

---

10. Bydlinski, *Juristische Methodenlehre*, cit., pp. 124 s.
11. Franz Wieacker, *Privatrechtsgeschichte der Neuzeit*, Vandenhoeck & Ruprecht, Göttingen, 1967, p. 577. Para Bydliski, esse debate é "de fato irrelevante" para a construção de um sistema móvel do direito civil (*Juristische Me-*

Esse é o real limite entre a jurisprudência dos interesses e a jurisprudência dos valores: quando não consegue verificar o interesse que historicamente moveu o legislador, a jurisprudência dos interesses não indica com qual método o intérprete pode continuar sua atividade. Que o juiz supera muitas vezes esse limite é um dado de fato, até porque o juiz moderno é sempre obrigado a decidir o caso, ou seja, a proferir uma sentença: ele não pode opor às partes em causa um *déni de justice*.

Por isso, prosseguindo e integrando a jurisprudência dos interesses, a jurisprudência dos valores pretende indicar qual é a origem dos valores que guiam a decisão do juiz quando a norma positiva não lhe oferece critérios suficientes para avaliar o caso concreto. Conseqüentemente, a jurisprudência dos valores completa – mas não substitui – a jurisprudência dos interesses: quando a analogia já não é de ajuda, quando não é possível verificar quais interesses moveram o legislador, quando, em suma, as normas são imprecisas ou lacunosas, então intervém a jurisprudência dos valores para indicar quais valores podem ser aplicados *compativelmente com o ordenamento jurídico*.

A compatibilidade é um elemento que caracteriza a metodologia: ela visa de fato evitar que um valor seja anteposto a outros sem alguma relação com os dessumíveis de outras normas do ordenamento jurídico[12].

---

thodenlehre und Rechtsbegriff, cit., p. 125); a diferença entre a jurisprudência dos interesses e a jurisprudência dos valores deveria "de fato reduzir-se prevalentemente a problemas de oportunidade terminológica" (p. 126).

12. Pode ser útil nesse ponto confrontar essa teoria com as correntes que – nos mesmos anos – iam afirmando-se nas ciências físico-naturais (cf. vol. 3, cap. III): também nestas últimas a investigação se deslocara dos fenômenos mais relevantes aos marginais, assim como a jurisprudência dos valores se ocupa, no fundo, dos casos não claramente passíveis de decisão com base na lei, ou seja, dos problemas jurídicos que, estatisticamente, não constituem a maioria dos casos submetidos à decisão dos juízes.

Fikentscher (*Methoden des Rechts*, vol. 3, pp. 407 ss.) distingue três tipos de jurisprudência dos valores: uma que completa a lei (*gesetzesfortbildend*: cf. Larenz, cit. em Bydlinsli, pp. 130-3; Fikentscher, p. 407); uma imanente à so-

3. Uma jurisprudência dos valores sem sair da lei: Westermann

A passagem das análises empíricas implicitamente ligadas aos valores (típicas da jurisprudência dos interesses) às teorias explicitamente valorativas (ou seja, à jurisprudência dos valores) foi gradual. O terreno já havia sido preparado no plano filosófico por Nikolai Hartmann (1882-1950)[13] e no plano jurídico por Erich Kaufmann (1880-1972)[14] e Rudolf Smend (1882-1975)[15]. Todavia, é apenas com Harry Westermann (nascido em 1879) que toma corpo claramente uma primeira linha demarcatória entre normas e valores: por um lado, os interesses (ora denominados *Begehrungsvorstellungen*, ou seja, "representações de desejos", quase uma antecipação da noção de "expectativa" de Luhmann); por outro, "os critérios valorativos da lei"[16].

---

ciedade (*gesellschaftsimmanent*: cf. Esser e Wieacker, cit. em Bydlinski, pp. 129 s.; Fikentscher, pp. 411 ss.); enfim, uma jurisprudência dos valores que transcende a sociedade (*die Gesellschaft transzendierend*: cf. Bydlinski, p. 129, nota).

13. Nikolai Hartmann, *Grundzüge einer Metaphysik der Erkenntnis*, De Gruyter, Berlin – Leipzig, 1921, XII-389 pp. (2ª ed., 1925); *Das Problem des geistigen Seins. Untersuchung zur Grundlegung der Geschichtsphilosophie und der Gesellschaftswissenschaften*, De Gruyter, Berlin – Leipzig 1962, XVI-564 pp. (3ª ed.; anteriores: 1933; 1949). Para uma primeira informação global sobre Hartmann, ver: Heinz Heimsoeth – Robert Heiß, *Nikolai Hartmann. Der Denker und sein Werk. Fünfzehn Abhandlungen mit einer Bibliographie*, Vandenhoeck & Ruprecht, Göttingen, 1952, 312 pp., em particular Ingetrud Pape, *Das Individuum in der Geschichte*, pp. 47-80; Helmut Pleßner, *Offene Problemgeschichte*, pp. 97-104; Josef Klein, *Nikolai Hartmann und die Marburger Schule*, pp. 105-30 e Gottfried Martin, *Aporetik als philosophische Methode*, pp. 249-55.

14. Erich Kaufmann, *Kritik der neukantianischen Rechtsphilosophie. Eine Betrachtung über die Beziehungen zwischen Philosophie und Rechtswissenschaft*, Mohr, Tübingen, 1921, XI-102 pp.

15. Rudolf Smend, *Verfassung und Verfassungsrecht*, Duncker & Humblot, München – Leipzig, 1928, 178 pp.

16. "Gesetzliche Bewertungsmaßstäbe": Harry Westermann, *Wesen und Grenzen der richterlichen Streitentscheidung im Zivilrecht*, Aschendorff, Münster, 1955, 40 pp. Do mesmo autor, cf. ainda *Interessenkollisionen und ihre richterliche Wertung bei den Sicherungsrechten an Fahrnis und Forderungen*, Müller, Karlsruhe, 1954, 52 pp.; *Person und Persönlichkeit als Wert im Zivilrecht*, Westdeutcher Verlag, Köln – Opladen, 1957, 55 pp. Antecipando a parábola intelectual

Em Heck, esses critérios valorativos ainda estavam confusos com a noção de interesse; Westermann, ao invés, esclarece que eles são valorações do legislador, traduzidas em norma e, portanto, vinculantes. Valores desse tipo são, por exemplo, a tutela do menor ou da propriedade: são "deduções da idéia de justiça[17], realizadas pelo legislador e incluídas numa norma do direito positivo. Westermann se move no âmbito do direito civil, abrindo, assim, a série dos juristas que se ocupam de um tema essencialmente filosófico, como o dos valores, partindo, porém, de precisas normas de direito positivo e, em particular, de direito civil.

Se esses valores não transparecem claramente da norma, o juiz pode recorrer aos princípios que orientam um setor legislativo inteiro; se, depois, também essa via resulta impraticável, pode remontar aos princípios ainda mais gerais, inferidos da constituição. Delineia-se, assim, um procedimento interpretativo que, em Wilburg e Canaris, receberá o nome de "sistema"; porém, esse termo não é usado por Westermann. Além dos princípios que derivam diretamente de um setor jurídico preciso ou da constituição, ele não reconhece outras fontes valorativas que possam vincular o juiz. Para ele, os valores extrajurídicos existem, mas não são juridicamente vinculantes.

O horizonte valorativo de Westermann é, portanto, coincidente com o do direito positivo. Por isso, a posição de Westermann foi definida como uma "jurisprudência dos valores imanentes à lei": para ela, de fato, o jurista não pode estar vinculado a valores não presentes no direito positivo.

---

de Bydlinski, também Westermann aplicou suas teorias ao direito vigente no *Lehrbuch des Sachenrechts* (Müller, Karlsruhe, 1951, XII-676 pp.), cuja 5.ª edição foi reimpressa em 1969. Uma autobiografia didática (e assim, destituída de referências teóricas) é *40 Jahre Lehre. Abschiedsvorlesung gehalten am 18. Juli 1974*, Aschendorff, Münster, 1979, 37 pp.

17. "Folgerungen aus der Gerechtigkeitsidee": Westermann, *Wesen und Grenzen der richterlichen Streitentscheidung im Zivilrecht*, cit., p. 17.

4. Uma jurisprudência dos valores
praeter legem, mas *intra ius*: Larenz

Ainda que o início do pensamento de Larenz possa ser adscrito à Escola Neo-hegeliana, os desenvolvimentos seguintes à sua militância nacional-socialista o aproximam do pensamento idealista neokantiano[18]. Com Larenz, o problema dos valores torna-se parte integrante da determinação do conceito de direito: o direito é submetido às exigências da justiça[19].

Com essa referência direta à justiça, a ciência do direito é separada da tradição positivista e transferida no âmbito do "ser espiritual", do *geistiges Sein*. Remetendo-se a Hegel, ela é "o sentido *a priori* de todo direito, sentido concretamente geral, ou seja, que recebeu um conteúdo"[20]. O conceito de justiça delimita, assim, o direito pelo não-direito: o que não é conforme à justiça não é direito. A justiça não é nem a norma fundamental do ordenamento, nem o axioma do qual deduzir outras normas, mas um ideal que o direito positivo tenta realizar, conseguindo-o apenas em parte. Existem, por isso, partes do direito positivo que não estão conformes ao ideal de justiça e, portanto, não são vinculantes: afirmação repleta de perigo, se se pensa que Larenz foi também um teórico do direito nacional-socialista.

Em relação à aplicação do direito, Larenz propõe soluções cada vez mais antipositivistas para os problemas da interpretação, da eliminação das lacunas e do desenvolvimento jurisprudencial do direito (*Rechtsfortbildung*). Essas suas

---

18. Sobre o período neo-hegeliano cf. Fikentscher, *Methoden des Rechts*, cit., vol. 3, p. 300, pp. 494 s.; a evolução do pensamento de Larenz e, em particular, seu progressivo afastamento de Hegel estão documentados pelas três edições de sua obra principal, *Methodenlehre der Rechtswissenschaft*, Springer, Berlin, 1960, XI-381 pp.; 2.ª ed.: 1969; 3.ª ed.: 1975.

19. No original: "unter der Anforderungen der Gerechtigkeit": Larenz, *Methodenlehre*, cit., 2.ª ed., p. 174.

20. No original: "das konkret allgemeine, also inhaltlich erfüllte Sinnapriori allen Rechts": Larenz, *Methodenlehre*, cit., 2.ª ed., p. 176, n. 1.

idéias inspiraram também algumas sucessivas concepções do sistema jurídico, todas condicionadas por uma escolha de fundo: a ligação explícita do direito ao valor da justiça.

Na interpretação da norma a ser aplicada, o juiz deve procurar qual valor de justiça perseguiu o legislador, valor que deve refletir, de modo exemplar, a "consciência jurídica do tempo": no que diz respeito à interpretação, portanto, Larenz segue a via aberta por Westermann. Mas vai além desse modelo quando propõe um método para eliminar as lacunas. Larenz especifica que os três instrumentos para preenchê-las (a analogia, a redução teleológica e a extensão teleológica) não devem limitar-se às "intenções e às decisões tomadas conscientemente pelo legislador", mas devem compreender "também finalidades jurídicas objetivas e princípios válidos para o ordenamento jurídico inteiro"[21]. Enfim, a separação do direito positivo parece realizar-se – não obstante as cautelas de que Larenz circunda sua exposição – com a aplicação evolutiva do direito, ou seja, com a *Rechtsfortbildung*, vista como uma atividade *extra legem intra ius*. A expressão *intra ius* demonstra que o direito é ainda entendido como um conjunto coerente (um sistema em sentido clássico, talvez), em cujo interior pode-se, porém, ir além do direito positivo, ou seja, além do direito estatuído segundo os procedimentos constitucionais. Retorna, assim, de forma atenuada a interpretação *praeter* ou *contra legem* do Movimento do Direito Livre. Larenz limita essa verdadeira criação do direito a somente três casos: uma inelimi-nável exigência das relações jurídicas, a natureza das coisas e o respeito por um princípio ético-jurídico[22]; um limite, em suma, muito ilimitado.

---

21. No original: "Absichten und bewußt getroffenen Entscheidungen des Gesetzgebers"; "auch objektive Rechtszwecke und Grundsätze, die für die gesamte Rechtsordnung Geltung haben": Larenz, *Methodenlehre*, cit., 2.ª ed., p. 354.

22. Além de sua *Methodenlehre*, o recurso aos valores na atividade construtiva do intérprete é especificado por Larenz em *Methodische Aspekten der "Güterabwägung"*, em Fritz Hauss – Reimer Schmidt (Hrsg.), *Festschrift für Ernst*

Embora Larenz não use a expressão *contra legem*, mas fale de "transformação do direito vigente" (*Um bildung des geltenden Rechts*), nesses três casos o juiz se move fora do direito positivo e deduz seus princípios do mundo dos valores. Em conseqüência, os conceitos usados por Larenz são aqui particularmente vagos: mais do que às normas jurídicas, ele se remete à "consciência jurídica", um elemento psicológico não ulteriormente definido. Também o conceito de justiça, que em última análise inspira essa consciência, é vago, ou melhor, vazio[23], e seu conteúdo pode ser portanto determinado pelo intérprete, e não pelo ordenamento jurídico.

Essa abertura aos valores leva Larenz, em particular na terceira edição de sua obra metodológica, a separar-se do sistema fechado de matriz hegeliana, para mover-se na direção de um sistema aberto. No que se refere à evolução moderna da noção de sistema no direito, basta aqui recordar sua relação científica e pessoal com Wilburg (do qual foi amigo) e com Canaris (de quem foi professor).

A visão metodológica de Larenz influiu numa vasta parte do pensamento alemão[24]. O desenvolvimento extremo da jurisprudência dos valores está provavelmente em Reinhold Zippelius, o qual considera que, exauridas todas as possibilidades oferecidas tanto pela interpretação quanto pela referência a valores extrajurídicos, o juiz decide segundo suas convicções pessoais de justiça e de oportunidade[25].

Klingmüller, VerlagVersicherungswirtschaft, Karlsruhe, 1974, pp. 235 ss.; *Grundformen wertorientierten Denkens in der Jurisprudenz*, in *Walter Wilburg zum 70. Geburtstag. Festschrift*, Leykam Verlag, Graz, 1975, pp. 217-29.

23. A crítica é de Ernst E. Hirsch, "Juristenzeitung", 1962, pp. 329-34; contracrítica em Larenz, *Methodenlehre*, 2.ª ed., p. 175; Fikentscher, *Methoden des Rechts*, cit., vol. 3, p. 408.

24. Rudolf Westerhoff, *Methodische Wertung im Recht. Dargestellt am Beispiel der formlosen Hoferbenbestimmungen*, Duncker & Humblot, Berlin München, 1974, 385 pp.

25. Reinhold Zippelius, *Wertungsprobleme im System der Grundrechte*, Beck, München, 1962, em particular p. 196; *Das Wesen des Rechts. Eine Einführung in die Rechtsphilosophie*, Beck, München, 1978, XII-224 pp., 4.ª ed.

A referência aos valores religiosos estava presente desde as origens da jurisprudência dos valores: por exemplo, na obra de Erich Kaufmann e, depois, na de Heinrich Kronstein (1897-1972)[26].

Kronstein está na origem do movimento dos neoliberais ou "ordoliberais": essa designação (que não deve ser confundida com o hodierno neoliberismo econômico da Escola de Chicago) parte de seus escritos sobre a concentração industrial, nos quais demonstra como a formação dos *Konzerne* levou a modificar o conteúdo dos conceitos de propriedade e de pessoa jurídica, uma vez que haviam sido modificados os princípios de economia política sobre os quais esses conceitos estavam baseados. Tais críticas custaram-lhe a habilitação em Heidelberg[27]. A essa corrente de pensamento devem ser adscritos também Franz Böhm e Walter Eucken. Todos esses juristas estiveram, pois, de qualquer forma ligados à "Escola de Freiburg", que ainda nos tempos de Hitler (1935) teorizou uma economia de mercado ligada aos valores sociais: aquela economia social de mercado (*soziale Markwirtschaft*) que, posta em prática pelo Ministro da Economia Ludwig Erhard depois de 1948, constituiu o motor do milagre alemão.

5. Uma jurisprudência dos valores ínsitos na sociedade: Esser

Enquanto Larenz se remete à consciência jurídica (ou seja, ao sentido individual da justiça), Josef Esser procura

---

26. Assim Fikentscher, *Methoden des Rechts*, cit., vol. 3, p. 415; cf. Heinrich Kronstein, *Rechtsauslegung im wertgebundenen Recht. Eine Antrittsvorlesung*, Müller, Karlsruhe, 1957, 26 pp.

27. Heinrich Kronstein, *Briefe an einem jungen Deutschen*, Beck, München, 1968, pp. 124 s. (2ª ed.; a 1ª é de 1967); cf. ainda Kronstein, *Recht und wirtschaftliche Macht. Ausgewählte Schriften herausgegeben von Kurt Hans Biederkopf*, Müller, Karlsruhe, 1962, XX-482 pp. (com bibliografia, pp. 471 s.); *Die Entwicklung des amerikanischen Verfassungsrecht in der Rechtssprechung der Supreme Court*, Müller, Karlsruhe, 1972, 27 pp.

na realidade social os valores com os quais completar o ordenamento jurídico[28]. Com Esser, o realismo anglo-americano de Benjamin Cardozo (1870-1938)[29] entra em contato direto com a ciência do direito europeu continental: Esser, de fato, se remete explicitamente à obra do estudioso americano para explicar os princípios presentes no ordenamento jurídico. Essa menção pode induzir a considerar Esser mais aberto ao direito dos juízes do que ao dos códigos: todavia, considerando o conjunto da sua obra, seu vínculo à concepção continental do direito parece prevalecer[30].

Em Cardozo, o direito é constituído por *rules*, com base nas quais são decididos cada um dos casos, e por *principles*, que estão na base dessas *rules*. Esser descreve uma estrutura análoga composta de normas (*Normen*) e de princípios jurídicos (indicados com os termos *Grundsätze, Prinzipien, allgemeine Rechtsgedanken*). Para Cardozo, entre *rules* e *principles* existe uma relação de influência recíproca: de fato, as *rules* se deduzem dos *principles*; porém, quando também estes últimos se tornam estéreis, os juízes resolvem os casos concretos segundo novos critérios, e das sentenças assim emanadas é possível remontar a novos princípios jurí-

---

28. Como data de nascimento de Josef Esser o *Meyers Lexikon* indica 1910, outros textos indicam 1895. Suas obras: *Grundsatz und Norm in der richterlichen Fortbildung des Privatrechts. Beiträge zur Rechtsquellen- und Interpretationslehre*, Mohr, Tübingen, 1956, XX-394 pp.; 2.ª ed. 1964; 3.ª ed. invariada 1974; id., *Wertung, Konstruktion und Argument im Zivilurteil*, Müller, Karlsruhe, 1965, 28 pp.; id., *Richterrecht, Gerichtsgebrauch und Gewohnheitsrecht*, em Josef Esser – Hans Thieme (Hrsg.), *Festschrift für Fritz von Hippel*, Mohr, Tübingen, 1967, pp. 95 ss.; id., *Vorverständnis und Methodenwahl in der Rechtsfindung. Rationalitätsgarantien der richterlichen Entscheidungspraxis*, Athenäum, Frankfurt a. M., 1970, 218 pp. No quadro dos estudos de hermenêutica jurídica, com essa obra Esser transfere para o direito uma parte do pensamento filosófico de Gadamer.

29. Benjamin Cardozo, *The Nature of Judicial Process*, Yale University Press, New Haven 1921, 180 pp. Seu *The Growth of Law* (Yale, New Haven, 1924, 145 pp.) foi traduzido para o alemão no primeiro pós-guerra: *Lebendiges Recht*, Biederstein, München, 1949, 82 pp.

30. Hesitante Larenz, *Methodenlehre*, 2.ª ed., pp. 137 ss.; associa-o, ao invés, à concepção codicista Fikentscher, *Methoden des Rechts*, cit., vol. 3, p. 412.

dicos. Esse ordenamento jurídico composto de *rules* e *principles* é um embrião de sistema jurídico, no qual é evidente a função criativa do juiz, como de resto é inevitável numa teoria jurídica de Common Law. Por isso, encontra-se um sistema embrionário análogo também em Lon Fuller: talvez seja útil antecipar que, de Fuller, essa noção sistemática passou ao sociólogo Parson, que por sua vez foi o modelo de Luhmann.

Também para Esser "é antes de tudo a casuística que nos diz o que é o direito"[31]: de fato, os princípios preexistentes ao direito positivo devem ser concretizados em "princípios jurídicos positivos e em instituições"[32]. Visto que Esser se move num ambiente de direito continental, a ligação entre o mundo dos princípios e as normas do ordenamento jurídico deve, de qualquer maneira, passar através de um elemento legislativo, que para Esser é constituído pelas cláusulas gerais. Elas permitem, efetivamente, atualizar e fazer evoluir cada uma das normas mediante uma referência aos princípios que estão por trás das cláusulas gerais. Determina-se assim a diferença entre Cardozo e Esser, bem como a medida na qual Esser está vinculado ao direito positivo: embora vinculado às normas jurídicas, como todo jurista continental, Esser vai além delas, graças à função evolutiva e criativa das cláusulas gerais.

Enquanto em Cardozo *rules* e *principles* são dois níveis normativos diversos (o primeiro, individual; o segundo, geral), Esser separa nitidamente o plano dos valores, ao que

---

31."Erst di Kasuistik teilt uns mit, was Rechtens ist": Josef Esser, *Grundsatz und Norm in der richterlichen Fortbildung des Privatrechts*, Mohr, Tübingen, 1974, p. 151.

32. Das normas "vorpositiven" às "positive Rechtssätze und Institutionen": Esser, *Grundsatz und Norm*, cit., p. 52. Semelhantes aos princípios são também os "Standards" (p. 97), entendidos como uma especificação dos princípios gerais, ou seja, como "außergesetzliche", "konventionelle Maßstäbe von wechselnder empirischer Basis und Dichte" (p. 150), por exemplo, a concorrência desleal. Sobre os *standards* [padrões], cf. *supra*, cap. IV, 8.

pertencem os princípios, do plano das normas, ao qual pertence o ordenamento jurídico. Os valores devem ser procurados na sociedade e em suas convicções extrajurídicas. Mais ainda que em Esser, é sobretudo em Franz Wieacker que é ulteriormente definida a natureza dessas fontes da avaliação com referência ao ordenamento jurídico[33].

Especialmente em suas obras mais tardias (sobretudo na *Vorverständnis* de 1970, que pode ser considerada sua obra principal), Esser reconheceu o valor da construção dogmática tradicional, mas afirmou a exigência de a ela associar uma consideração dos valores que permita expandir o direito positivo. Também em Esser, portanto, manifesta-se o impulso de superar o clássico sistema fechado para procurar um sistema ainda aberto e impreciso.

6. A outra face do direito: tópica, argumentação, retórica

Depois da Segunda Guerra Mundial, a jurisprudência dos interesses exerceu sua influência em duas direções.

Inicialmente, ela foi recebida pelos juristas positivos, em particular por alguns jusprivatistas da área germânica, que na determinação dos interesses encontraram o instrumento para superar as barreiras impostas pelos códigos estruturados segundo a noção clássica de sistema. Todavia, para esses civilistas, a noção de sistema não podia ser abandonada completamente porque ela trazia ainda em si uma conotação positiva herdada da tradição. Eles tentaram, portanto, construir um sistema que levasse em conta também os interesses mutáveis, ou seja, que fosse aberto à vida da sociedade, e não fechado no mundo das normas positivas. Tiveram assim origem sistemas que, mesmo chamando-se sistemas, não eram sistemas no sentido clássico do termo:

---

33. Franz Wieacker, *Gesetz und Richterkunst. Zum Problem der außergesetzlichen Rechtsordnung*, Müller, Karlsruhe, 1958, 22 pp.; *Zur rechtstheoretischen Präzisierung des § 242 BGB*, Morh, Tübingen, 1955, 53 pp.

os dois exemplos que em seguida serão examinados mais detidamente são o sistema móvel de Wilburg (cf. cap. VII) e o sistema aberto de Canaris (cf. cap. VIII).

A jurisprudência dos interesses, contudo, exerceu forte influência também sobre alguns filósofos do direito que praticaram sua profissão de generalistas não tanto discutindo a fecundidade científica do sistema dedutivo nesse ou naquele ramo do direito, mas passando do outro lado da barricada e negando *tout court* que o direito tivesse natureza sistemática. O direito não é sistema, afirmavam, mas problema; o discurso jurídico não visa demonstrar (logicamente), mas convencer (retoricamente). Tinha terminado a época da ciência jurídica pandectista, que oferecia deduções jurídicas tão convincentes, a ponto de poder ser considerada uma fonte do direito. Abria-se uma época em que a jurisprudência dava apenas conselhos sobre como resolver o caso concreto.

Essa corrente assistemática, que já encontrara expressão em Nikolai Hartmann (1882-1950)[34] e em Max Salomon[35], afirmou-se particularmente nos anos entre 1950 e 1960. Suas figuras centrais são o filósofo do direito belga Chaïm Perelman (1912-84), fundador da "Nouvelle rhétorique"[36], da qual não é possível ocupar-nos, e o filósofo do

---

34. A distinção do pensamento em "aporético" e "sistemático" está em Nikolai Hartmann, *Diesseits von Idealismus und Realismus*, "Kantstudien", XXXIX, 1924, pp. 160 ss. Sobre a relação entre Hartmann e Viehweg, cf. Canaris, *Systemdenken und Systembegriff*, Duncker & Humblot, Berlin, 1983, p. 137.

35. Max Salomon [pseudônimo de Max Salomon Shellens], *Grundlegung zur Rechtsphilosophie*, Berlin, 1925 (2ª ed.), pp. 54 ss., em particular p. 58, com explícita referência a Hartmann e a Aristóteles.

36. Chaïm Perelman – Lucie Olbrechts-Tyteca, *Traité de l'argumentation. La nouvelle rhétorique*, Presse Universitaires de France, Paris, 1958, 2 vols.; trad. it.: *Trattato dell'argomentazione. La nuova retorica*. Prefazione di Norberto Bobbio, Einaudi, Torino, 1966, XIX-593 pp. O ponto de vista do lingüista, com freqüentes referências a Perelman, está formulado no capítulo *Dispositivi retorici nel tessuto dell'oratoria forense*, em Bice Mortara Garavelli, *Le parole della giustizia. Divagazioni grammaticali e retoriche su testi giuridici italiani*, Einaudi, Torino, 2001, pp. 189-224; mas todo o volume é uma leitura recomendável ao jurista, pela precisão expositiva e pela riqueza documentária.

direito alemão Theodor Viehweg (1907-88), que examinou os princípios de justiça (*tópoi*) que regem a ação jurídica. Por três razões é agora oportuno examinar brevemente a obra de Viehweg intitulada *Tópica e jurisprudência*[37]. Em primeiro lugar, porque ela se remete explicitamente a Heck e à jurisprudência dos interesses; em segundo lugar, porque ela tenta demonstrar como o sistema móvel de Wilburg é, no fundo, uma aplicação do pensamento tópico; em terceiro lugar, porque o próprio Canaris (suas concepções estão ligadas às de Wilburg) dedica uma parte não exígua de seu livro sobre o sistema jurídico a criticar a posição de Viehweg. A seguir será examinado, no geral, o pensamento assistemático que inspira *Tópica e jurisprudência*, ao passo que as páginas que ligam o pensamento tópico a Wilburg e a Canaris serão examinadas nas partes dedicadas a esses autores.

Desde a primeira página Viehweg põe o jurista diante de uma encruzilhada. Algumas disciplinas encontram "princípios fundamentais certos e, para a respectiva área, efetivamente frutíferos; eles são, por isso, seguramente sistematizáveis"; outras, ao contrário, não conseguem elaborar esses princípios e são, portanto, *unsystematisierbar*[38]. Para Viehweg, o direito pertence a esse segundo grupo, ainda que, no

---

37. Theodor Viehweg, *Topik und Jurisprudenz. Ein Beitrag zur rechtswissenschaftlichen Grundlagenforschung*. Fünfte, durchgesehene und erweiterte Auflage, Beck, München, 1974, 130 pp.; a 1ª edição foi publicada em 1953 sem o subtítulo como *Habilitationsschrift* (Beck, München, 1953, 75 pp.). Os prefácios a cada uma das edições (pp. 1-10) informam sobre o estado do debate sobre a tópica; esse tema é retomado no item adicionado à 5ª edição (*Anhang zur Fortentwicklung der Topik*, pp. 111-9). Enfim, uma bibliografia sobre a recepção da tópica está às pp. 120-30. Uma ampla coletânea de ensaios menores de Viehweg está em Heino Garrn (Hrsg.), *Rechtsphilosophie und Rhetorische Rechtstheorie. Gesammelte kleine Schriften*, Nomos, Baden-Baden, 1995, 233 pp.

A tradução italiana foi realizada com base na 1ª edição: *Topica e giurisprudenza*. Introduzione e traduzione di Giuliano Crifò, Giuffrè, Milano, 1962, XXIV-127 pp. Dadas as diferenças entre a 1ª edição alemã e as seguintes, traduzi *ex novo* os trechos citados da 5ª edição.

38. Viehweg, *Topik und Jurisprudenz*, cit., p. 97.

curso de sua história, a prática do direito tenha considerado poder tornar-se ciência jurídica, aplicando ao seu objeto o método dedutivo-sistemático: "Pressupõe-se, assim, entender que os problemas de nossa discplina possam ser resolvidos de modo satisfatório por essa via."[39] Se, porém, considera-se que o método dedutivo-sistemático não é adequado a essa tarefa, então é preciso voltar à origem do direito, constatar que ele consistia em resolver problemas isolados segundo a justiça, recorrendo a "uma estrutura espiritual" (*ein geistiges Gefüge*) que se distingue radicalmente do pensamento sistemático. Viehweg opta por essa segunda via.

Porém, sua recusa do pensamento sistemático não é total, e por isso é melhor falar do pensamento tópico como de uma doutrina assistemática, mais do que anti-sistemática. Por outro lado, em 1963 o próprio Viehweg apresentava sua pesquisa como uma "pesquisa sistemática", no sentido de que a descrição da teoria tópica é organizada sistematicamente, ao passo que o objeto da teoria mesma, ou seja, o direito, não pode ser explicado recorrendo-se ao conceito de sistema dedutivo[40]. Essa última recusa foi sucessivamente atenuada, tanto que em 1969 Viehweg apresentou o pensamento tópico como complementar ao sistemático[41].

Na realidade, a aproximação ou a oposição do pensamento tópico ao sistemático depende da definição de siste-

---

39. Viehweg, *Topik und Jurisprudenz*, cit., p. 14.

40. Precisamente, na 2ª edição de 1963, a tópica se apresenta como uma "investigação sistemática" (*systematische Untersuchung*: Viehweg, *Topik und Jurisprudenz*, cit., p. 7) de uma "espiritualidade" (*Geistigkeit*) típica do Ocidente: ela "faz, sim, uso de instrumentos do pensamento dedutivo, mas em seu conjunto não pode ser apresentada de forma dedutiva. Por essa razão, é recusada a aplicação do sistema dedutivo ao nosso âmbito de pesquisa" (p. 8). Anche Hermann Wein trata da noção de problema, partindo das concepções de Hartmann numa *Systematische Diskussion einiger Probleme des Problembewußtsein* (*Untersuchungen über das Problembewußtsein*, Verlag für Staatswissenschaften und Geschichte, Berlin, 1937, pp. 63 ss.).

41. Na 4ª edição de 1969, Viehweg afirma "que um sistema axiomático-dedutivo não pode oferecer um fundamento suficiente", mas "deve ser integrado" com a tópica formal: Viehweg, *Topik und Jurisprudenz*, cit., p. 9.

ma. Em 1968, Viehweg declarava ser contrário apenas ao "sistema dedutivo"[42], o que lhe permitia, portanto, falar também de um *topisches System*[43], termo justamente criticado por Canaris como intrinsecamente contraditório[44]. Efetivamente, ou por "sistema tópico" se entende apenas descrição sistemática da teoria tópica, como na citação acima referida (e então retornamos ao clássico sistema didático, o que porém não acrescenta nada à ciência do direito), ou então "sistema" designa uma teoria não-sistemática e é portanto usado em uma acepção tão anômala que obscurece seu significado.

Na realidade, o núcleo do pensamento de Viehweg é solidamente assistemático, e ele analisa toda a evolução histórica dessa corrente de pensamento. O impulso lhe vem da obra de 1708 de Vico, *De nostri temporis studiorum ratione*, que à aceitação do novo método (novo para a época de Vico, e que consistia em partir de um *primum verum* e em desenvolver daí uma cadeia de silogismos como na geometria) contrapõe um retorno ao antigo método, que partia do *sensus communis* e ia flexivelmente à procura de *verisimilia*. O método antigo é a tópica, cujo nome remete a Aristóteles: tópica é o método para enfrentar cada problema de modo dialético, ou seja, não-apodítico, segundo a formulação com que Aristóteles inicia seus *Tópicos*.

Viehweg segue a aplicação desse método tópico no direito romano clássico e no medieval, em particular no *mos italicus*, para chegar até o direito civil alemão. Com isso, o

---

42. Theodor Viehweg, *Systemprobleme in Rechtsdogmatik und Rechtsforschung*, em Alwin Diemer (Hrsg.), *System und Klassification in Wissenschaft und Dokumentation. Vorträge und Diskussionen im April 1967 in Düsseldorf*, Hain, Mensenheim am Glan, 1968, pp. 96-104; em particular, p. 102 e nota 13.

43. Viehweg, *Systemprobleme in Rechtsdogmatik und Rechtsforschung*, cit., p. 104.

44. Segundo o sentido corrente dos termos, essa formulação é "intrinsecamente contraditória", é "ein Widerspruch in sich": Claus-Wilhelm Canaris, *Systemdenken und Systembegriff in der Jurisprudenz entwickelt am Beispiel des deutschen Privatrechts*. Zweite überarbeitete Auflage, Duncker & Humblot, Berlin, 1983, p. 135, nota 1a; cf. *infra*, cap. VIII, 8.

discurso de Viehweg se liga a Jhering, a Heck e a Müller-Erzbach, e sua análise se detém em particular em Fritz von Hippel, em Josef Esser e em Walter Wilburg. Todavia, enquanto os antecedentes históricos mais distantes cumprem sobretudo a função de atestar a continuidade do pensamento tópico, os juristas mais próximos no tempo oferecem a Viehweg os elementos para construir sua doutrina.

Também para ele o ponto de partida de uma moderna visão do direito é constituído por Jhering e pela jurisprudência dos interesses, considerada "a formulação mais penetrante do problema da justiça"[45]. E a questão da justiça (que Viehweg chama "Aporias" ou "Grundaporie") é o elemento central, permanente e unificante da ciência jurídica. A referência ao interesse é o *tópos* que permite uma revolução, "porque põe à disposição os meios necessários para tornar novamente visível o fundamento de toda a disciplina, partindo da mesma prática jurídica, que com razão sempre lhe servira como Estrela Polar"[46]. Retornando à prática do direito, o centro se desloca do ordenamento jurídico para o caso concreto, do geral para o particular, do sistema para o problema.

A essência da opção de Viehweg a favor de uma ciência jurídica não-sistemática está concentrada em cinco linhas: se "a tópica é a *techne* do pensamento problemático, então a jurisprudência – entendida como *techne* a serviço de uma aporia – deve corresponder à tópica nos pontos essenciais. Por isso, é na tópica que se pode ver qual estrutura é própria da jurisprudência"[47]. Se a tópica é o método do pensamento não-sistemático, mas problemático, e se ciência jurídica é o método para realizar o valor da justiça, então a ciência jurídica pode muitas vezes usar o método tópico como um método que a ela se adapta particularmente bem. Nesse raciocínio, todavia, Viehweg silenciou sobre

---

45. Viehweg, *Topik und Jurisprudenz*, cit., p. 103.
46. Viehweg, *Topik und Jurisprudenz*, cit., p. 96.
47. Viehweg, *Topik und Jurisprudenz*, cit., p. 97.

uma passagem: a de ter optado desde o início por uma concepção da ciência jurídica como ciência não-sistemática, mas problemática. Dessa opção de fundo deriva a escolha do método tópico e a tentativa de identificar por meio desse instrumento a estrutura da ciência jurídica.

Tal estrutura apresenta três características: funda-se no problema (ou seja, sobre limitadas classes de casos concretos ou até mesmo sobre um único caso concreto); os conceitos e os princípios da ciência jurídica devem sempre ser ligados ao caso concreto; todo raciocínio sobre tais conceitos e princípios deve partir e retornar ao problema, ou seja, ao caso concreto.

Viehweg indica a teoria de Fritz von Hippel como modelo de uma construção jusprivatista inspirada no valor da justiça, e não no ordenamento positivo[48]: para von Hippel, toda construção do direito privado é uma tentativa historicamente condicionada de responder à eterna exigência de justiça. Esse elemento de valor está presente também nos raciocínios jurídicos de natureza aparentemente técnica: e aqui o ponto de referência de Viehweg é Josef Esser. Esser "fala a linguagem do teórico do interesse"[49], e seus escritos estão ligados por múltiplas vias aos sistemas de Wilburg e de Canaris: as obras maiores de Esser são muitas vezes uma das fontes inspiradoras desses dois autores, ao passo que em suas resenhas Esser tece quase um contraponto de es-

---

48. Viehweg, *Topik und Jurisprudenz*, cit., pp. 98 ss.; Fritz von Hippel, *Zur Gesetzmäßigkeit juristischer Systembildung*, Junker und Dünnhaupt, Berlin, 1936, IV-35 pp.

49. Viehweg, *Topik und Jurisprudenz*, cit., p. 103; aqui se faz referência a Josef Esser, *Elementi di diritto naturale nel pensiero giuridico dogmatico*, "Nuova rivista di diritto commerciale, diritto dell'economia, diritto sociale", V, 1952, pp. 1 ss. Viehweg cita do manuscrito alemão de Esser, inédito no momento da 1ª edição de *Topik und Jurisprudenz*, isto é, em 1954. Já em 1952 Esser aderira à terminologia de Viehweg, denominando *tópoi* uma série de princípios jurídicos: deve ser efetivamente lembrado que a teoria de Viehweg teve em 1950 sua primeira expressão pública numa conferência em Mainz. O manuscrito do opúsculo de Viehweg – derivado daquela conferência – estava terminado em 1952, e é provável que Esser tenha podido vê-lo ainda antes de ser publicado (cf. Viehweg, *Topik und Jurisprudenz*, cit., p. 13, n. 1).

clarecimentos em relação às teorias desses sistemas modernos. À orientação na direção do valor da justiça, faz de contrapeso a orientação para o problema (ou ao caso concreto), orientação que nunca deve faltar: Viehweg indica em Wilburg o exemplo de uma doutrina civilista que consegue identificar os princípios jurídicos capazes de unir o abstrato valor da justiça ao problema individual. Visto que Wilburg é o autor do sistema móvel, essa sua relação com Viehweg será examinada mais profundamente no próximo capítulo (cf. *infra*, cap. VII, 13).

Essas alusões ao pensamento tópico de Viehweg deveriam ajudar a compreender sua oscilante ligação com o sistema móvel de Wilburg e com o sistema aberto de Canaris: uma contrastada parentela, que se manifesta tanto nas tentativas de Viehweg de atrair as modernas doutrinas sistemáticas no âmbito da tópica quanto nos esforços desses modernos autores sistemáticos para restar fora dela.

Mas esses autores usam o termo "sistema" num sentido radicalmente diverso daquele clássico, e exatamente a essa diversidade apela Viehweg para construir uma precária ponte entre sua tópica e a sistemática de outros. De fato, a tópica é uma doutrina assistemática e continua a sê-lo, mesmo que se procure aparentá-la com alguns sistemas jurídicos peculiares. "Sua estrutura espiritual", esclarecia Viehweg, "a diferencia nitidamente de uma estrutura dedutivo-sistemática."[50] Decerto algumas de suas explicações são interessantes, porém a tópica nasce de uma visão do mundo incompatível com a de quem, como o Don Juan de Max Frisch, tem nostalgia da geometria. Por isso, eu tentaria afastar-me dela para aproximar-se mais de Lévi-Strauss, concluindo insatisfeito: "Tristes tópicos."

---

50. Viehweg, *Topica e giurisprudenza*, cit., p. 6.

Capítulo VII
Uma solução de compromisso: o sistema móvel de Wilburg

Pontos de intersecção e desenvolvimentos do discurso. O sistema móvel de Wilburg é uma aplicação da jurisprudência dos interesses ao direito civil austríaco: portanto, a leitura do presente capítulo pode ser omitida por quem não tenha interesses jurídicos. A obra de Wilburg, juntamente com a do seu aluno, Bydlinski, é o ponto de chegada atual da jurisprudência dos interesses, assim como a de Kelsen é o ponto de chegada atual da jurisprudência dos conceitos.

Wilburg propõe que os valores ou os princípios segundo os quais o juiz pode interpretar a lei sejam fixados pelo direito positivo. Diferencia-se, portanto, do Movimento do Direito Livre porque o seu é um sistema aberto, mas não livre: aberto no sentido de que o juiz pode levar em consideração vários princípios, ainda que diversos dos tradicionais; não é livre no sentido de que o juiz não pode aplicar princípios diversos dos indicados taxativamente pela lei. Contudo, tal via intermediária entre a dogmática clássica e o direito livre não pode ser aplicada nos tribunais até que uma reforma legislativa mude o direito positivo no sentido indicado por Wilburg (o que raramente ocorreu). O sistema móvel serve para os casos-limite, nos quais pareça incerta ou ausente a regra a ser aplicada; na maior parte dos casos, porém, funciona bem o tradicional caso concreto rígido, fixado pela lei e interpretado segundo os cânones do sistema tradicional. Portanto, o sistema móvel coloca-se ao lado do sistema tradicional, mas não o substitui: o sistema móvel, "raciocinando *de lege lata*, representa apenas um instrumento metodológico ao lado dos outros".

A teoria do sistema móvel nasceu por indução de específicos setores do direito civil austríaco, mas pode ser estendida a outras áreas do direito e também a ordenamentos de outros Estados. Sua utilidade revela-se sobretudo na técnica legislativa.

1. A formação de Walter Wilburg

A jurisprudência dos interesses encontra um continuador direto em Walter Wilburg (1905-91)[1], que em 1950 propôs um "sistema móvel" do direito civil. Wilburg foi um jurista essencialmente positivo*, influenciado pelas peculiaridades do direito privado austríaco, mas aberto a experiências dos direitos estrangeiros. O interesse de Wilburg pela comparação jurídica remonta ao seu período berlinense no "Kaiser-Wilhelm-Institut für Internationales Privatrecht und Rechtsvergleichung" (que no pós-guerra tornou-se Max-Planck-Institut), que durou de 1930 a 1932, e à influência exercida sobre ele naqueles anos por Ernst Rabel (1874-1955), austríaco transferido na Alemanha e alma animadora daquele instituto.

De volta à Áustria, Wilburg obteve em 1933 a habilitação para lecionar direito civil e comparado na universidade de Viena. Quando a Áustria foi ocupada pelos alemães, Wilburg já era professor não-titular na Universidade de Graz, na qual continuou a ensinar, não obstante os cativantes convites que lhe chegavam de várias universidades alemãs.

---

1. Wilburg foi professor de direito privado em Graz. Em 1975 recebeu o doutorado *honoris causa* em Göttingen. Sobre as *Festschriften* para os seus 60, 70 e 80 anos, cf. nota 69. A *Festschrift* para o 80.º aniversário é: Franz Bydlinski – Heinz Krejci – Bernd Schilcher – Viktor Steininger (Hrsg.), *Das Bewegliche System im geltenden und künftigen Recht*, Springer, Wien – New York, 1986, 327 pp. Necrológios: Bydlinski,"Österreichische Juristische Blätter", 1991; Canaris, "Juristenzeitung", 1992, pp. 409-10.

* No texto, jurista "positivo" é compreendido no sentido de jurista que se ocupa do direito positivo, ou jurista prático."Juspositivista" é o jurista que segue a teoria do positivismo jurídico. [N. da T.]

Os ocupantes alemães – que pareciam ter interesse em afastá-lo de Graz – conseguiram seu objetivo somente passando, "da cenoura ao bastão", ou seja, alistando-o na Wehrmacht em 1942[2].

Em 1945, Wilburg tornou-se finalmente professor titular em Graz e ali contribuiu de modo decisivo para reconstruir a faculdade de direito. Ele era, de fato, "um dos poucos que podiam ser considerados politicamente não-suspeitos"[3]. Foi decano daquela faculdade de 1945 a 1964 e reitor da universidade em 1950-51. Por ocasião desta última nomeação, realizou uma aula inaugural que constitui a síntese mais clara de seu pensamento sobre o sistema móvel[4].

COMO NASCE O SISTEMA MÓVEL

2. A inadequação do direito civil austríaco

A formação cultural de Wilburg explica em larga medida por que seu sistema móvel está ligado ao direito privado e, em particular, ao direito privado austríaco. Resta, porém esclarecer por que um jurista positivo tenha se ocupado tão profundamente de um problema teórico como o da construção de um sistema móvel.

---

2. Viktor Steininger, *Walter Wilburg als Lehrer und Forscher in der Erinnerung seiner unmittelbaren Schüler und das Bewegliche System im Gesamtgefüge der Wissenschaft*, em Bydlinski, *Das Bewegliche System im geltenden und künftigen Recht*, cit., p. 10.

3. Steininger, *Walter Wilburg als Lehrer und Forscher*, cit., *ibid*.

4. Walter Wilburg, *Entwicklung eines beweglichen Systems im bürgerlichen Recht*. Rede, gehalten bei der Inauguration als Rector Magnificus der Karl-Franzens-Universität in Graz am 22. November 1950, Kienreich, Graz 1950, 26 pp. Nessa conferência, retoma e sintetiza as idéias já expressas em *Die Elemente des Schadenrechts*, Elwert, Marburg a. d. Lahn, 1941, 291 pp. Cf. resenha positiva a *Schadenrecht* de Josef Esser, *Theorie und System einer allgemeinen deutschen Schadensordnung*, "Deutsche Rechtswissenschaft. Vierteljahresschrift der Akademie für Deutsches Recht", 1942, vol. 7, pp. 65-81. Negativa, ao contrário, como será visto, a resenha de Klang, cf. *infra*, nota 34.

Sua proposta para tornar mais ágil a aplicação do direito privado austríaco respondia às exigências derivadas do fato de que na Áustria ainda estava em vigor o código civil de 1811 (Allgemeines Österreichisches Bürgerliches Gesetzbuch, ABGB), típico fruto do jusnaturalismo iluminista. Redigido numa linguagem compreensível também para os não-juristas e pensado com uma predominante referência aos casos concretos, ele partia do pressuposto iluminista e jusnaturalista de que o legislador explica um direito que, de qualquer forma, já existe, e não cria um direito que antes dele não existia. A conseqüência desse posicionamento é, por um lado, o estilo muitas vezes didascálico dos artigos e, por outro, o amplo recurso à analogia, ordenado – e agora não apenas permitido – desde os primeiros artigos do ABGB.

O parágrafo 7 (*Analogiegebot*) permite ao juiz decidir por analogia ou segundo os princípios do direito natural os casos que, a seu juízo, não foram regulados pelo legislador. O parágrafo 6 permite ir além do significado literal. Portanto, o que eram lacunas para os juristas contemporâneos não o eram absolutamente na ótica do ABGB: não se tratava, com efeito, de vazios em contraste com a estrutura do código (*Planwidrigkeiten*), porque, ao contrário, eles haviam sido desejados pelo próprio legislador[5].

Porém, observa Wilburg em sua aula inaugural, desde os tempos de Maria Teresa até 1950 o mundo mudou intensamente, produzindo "leis que regulam de modo insuficiente a própria matéria porque carecem de uma ligação orgânica com os sistemas que está na base do direito civil". Às transformações do mundo externo corresponde uma intrínseca rigidez do "sistema tradicional do direito civil, que em sua estrutura oferece pouquíssimos pontos de apoio para um ulterior desenvolvimento" jurídico[6]. Dessa situação nas-

---

5. Peter Rummel (Hrsg.), *Kommentar zum Allgemeinen bürgerlichen Gesetzbuch [...] in zwei Bänden*. Zweite, neubearbeitete und erweiterte Auflage, Manz, Wien, 1990, vol. 1, pp. 13-29 (sobre o parágrafo 6) e pp. 29-37 (sobre o parágrafo 7).

6. Wilburg, *Entwicklung eines beweglichen Systems*, cit., p. 4.

ce a "avalanche de leis"[7] (p. 3) e a "rigidez"[8] que aflige o direito civil. Com seu sistema móvel, Wilburg pretende oferecer um instrumento para remediar esses defeitos.

O sistema móvel é fruto de um raciocínio por indução. Ocupando-se inicialmente do ressarcimento do dano, Wilburg teve ocasião de comparar os ordenamentos vigentes em vários países e de constatar assim que os princípios invocados para resolver o mesmo problema eram extremamente variados. Daí a sua primeira proposta de aplicar quatro diversos princípios para avaliar a possibilidade de ressarcimento do dano: a violação de um bem jurídico de outrem com um ataque direto ou colocando-o em perigo; o fato de ter causado um dano por meio de circunstâncias que recaem na esfera do responsável; a presença de uma ou mais carências na esfera do responsável; a avaliação dos patrimônios das partes e eventualmente das coberturas assecuratórias. Em si, todos esses princípios são aceitáveis; porém, cada um dos legisladores aceita apenas um, excluindo os restantes. Wilburg propõe, ao contrário, colocar todos os princípios no mesmo plano e remeter sua escolha ao legislador, a fim de que indique ao juiz uma lista de princípios entre os quais escolher o mais adequado a decidir o caso concreto. O passo seguinte da teoria de Wilburg consistiu em estender esse procedimento indutivo também aos temas do direito contratual e do enriquecimento ilícito. O sistema móvel se apresentava, portanto, como uma proposta metodológica com a capacidade de reestruturar progressivamente todo o direito civil e também outros setores do direito.

Do ponto de vista da teoria geral do direito, a síntese mais interessante do pensamento de Wilburg é o discurso de 1950, já recordado à nota 4. Mas relevantes, se bem que

---

7. Naqueles mesmos anos, a "avalanche de leis" (evocada por Wilburg a pp. 3) era o problema que os defensores da cibernética esperavam remediar com os bancos de dados: cf. vol. 3, cap. I, 6, a.

8. Wilburg, *Entwicklung eines beweglichen Systems*, cit., p. 4.

ligadas ao direito positivo, são também as sínteses originadas de conferências na Alemanha, como aquela no Deutscher Juristentag de Munique, de 1960, sobre o ressarcimento do dano[9] e aquela em Baden-Baden, de 1963, sobre o direito das obrigações[10].

3. Do *typus* neo-hegeliano ao sistema móvel

Uma das raízes dessa noção moderna de sistema é também a teoria filosófica da hermenêutica elaborada por Gadamer e consolidada na Alemanha sobretudo na década entre 1965 e 1975[11]. Os juristas que se remetem a essa teoria têm como problema central determinar a relação entre o caso concreto e o dado de fato, quando a subsunção (ou seja, o procedimento de origem pandectista) se revela insuficiente ou, de qualquer forma, não é mais aceita como único instrumento.

Para a noção de sistema moderno no direito, são importantes dois autores que se remetem de modo diverso à

---

9. Walter Wilburg, *Referat* [*Gedanken zu einem beweglichen System für die künftige Gestaltung des Schadenersatzrechts*], em *Verhandlungen des Dreiundvierzigsten deutschen Juristentages*, München 1960, Band 2: *Sitzungsberichte*, Mohr, Tübingen, 1962, pp. C3-C21.

10. Walter Wilburg, *Zusammenspiel der Kräfte im Aufbau des Schuldrechts*, "Archiv für die civilistische Praxis", 163, 1964, pp. 346-79.

11. Hans Georg Gadamer, *Warheit und Methode. Grundzüge einer philosophischen Hermeneutik*, Mohr, Tübingen, 1960, XVII-486 pp. O pensamento de Gadamer foi recebido por Winfried Hassemer, *Tatbestand und Typus. Untersuchungen zur strafrechtlichen Hermeneutik*, Heymann, München, 1968, 184 pp.; Joachim Hruschka, *Das Verstehen von Rechtstexten. Zur hermeneutischen Transpositivität des positiven Rechts*, Beck, München, 1972, 101 pp.; Arthur Kaufmann, *Durch Naturrecht und Rechtspositivismus zur juristischen Hermeneutik*, XXX, "Juristen-Zeitung", 1975, pp. 337-41 (com uma interessante tabela comparativa das correntes jusfilosóficas daquela época); Friedrich Müller, *Normstruktur und Normativität. Zum Verhältnis von Recht und Wirklichkeit in der juristischen Hermeneutik, entwickelt an Fragen der Verfassungsinterpretation*, Duncker & Humblot, Berlin, 1966, 232 pp.

hermenêutica: Josef Esser[12] e Karl Larenz[13]. A relação de ambos com a hermenêutica filosófica, assim como as diferenças entre suas concepções, já foram examinadas detalhadamente por Monika Frommel[14], de forma que é suficiente mencionar aqui apenas alguns aspectos, remetendo para qualquer aprofundamento adicional à pesquisa da autora.

A noção de "tipo" é indispensável para compreender o sistema móvel e o sistema aberto: por isso, é necessário considerar quanto já foi exposto sobre a teoria do *typus* elaborada por Larenz (cf. *supra*, cap. V, 6). Aquela noção constitui com efeito uma premissa indispensável para compreender em qual tradição se insere Wilburg e, ao mesmo tempo, quanto ele se afasta de tal tradição: efetivamente, Wilburg foi decerto influenciado pela doutrina do *typus*[15] de Larenz, ainda que seja difícil traçar limites quando se atua com conceitos propositalmente vagos.

Visto que Larenz fala de "pensamento jurídico referido a valor" também para sua teoria dos tipos, a diferença entre os tipos de Larenz e os princípios do sistema móvel se revela quase impalpável. Pode-se dizer que "a doutrina do tipo se liga a cada conceito individualmente considerado que apresente uma certa estrutura e se ocupa de subsumir objetos nesses conceitos. Esse método não é imediatamente normativo". Pode-se falar de um método apenas indireta-

---

12. Sobre Josef Esser, cf. *supra*, cap. VI, 5 e, em particular, seu *Vorverständnis und Methodenwahl in der Rechtsfindung. Rationalitätsgarantien der richterlichen Entscheidungspraxis*, Athenäum, Frankfurt a. M., 1970, 218 pp.

13. Sobre Karl Larenz cf. *supra*, cap. V, 6; volta-se aqui a fazer referência à sua obra, *Methodenlehre der Rechtswissenschaft*, Springer, Berlin, 1960, XI-381 pp. (2.ª ed. 1969; 3.ª ed. 1975).

14. Monika Frommel, *Die Rezeption der Hermeneutik bei Karl Larenz und Josef Esser*, Gremer, Ebelsbach, 1981, VIII-254 pp. Para um quadro sintético, cf. também Monika Frommel, *Verbrechensbekämpfung im Nationalsozialismus*, em Franz Jürgen Säcker (Hrsg.), *Rechts und Rechtslehre im Nationalsozialismus*, Nomos, Baden-Baden 1992, pp. 185-200, com adicional literatura da autora à p. 201.

15. Bydlinski, *Bewegliches System und juristische Methodenlehre*, em Bydlinski, *Das Bewegliche System im geltenden und künftigen Recht*, cit., pp. 24 s.

mente normativo porque o "tipo" se refere a conceitos não presentes nas normas. Ao contrário, o sistema móvel trataria "desde o primeiro momento e exclusivamente de entes normativos, mesmo dos que ainda não encontraram uma formulação textual e conceitual num direito vigente: por exemplo, os princípios jurídicos que estão como fundamento de certos complexos de normas"[16]. É todavia difícil qualificar como "normativo" algo que não encontra referência nem textual, nem conceitual numa norma. O debate sobre a distinção entre "tipo" e "princípios" corre o risco de gerar discussões nas quais muito – talvez demais, para um debate teórico – depende do direito positivo ou da situação de fato à qual aplicar a norma.

A impressão final é a de que o limite entre o *typus* de Larenz e o sistema móvel de Wilburg é evanescente: a meu ver, estamos em presença de dois desenvolvimentos teóricos que têm origem e finalidades diversas, mas que convergem para uma concepção que introduz os valores como elemento constitutivo do direito.

A substancial proximidade entre as teorias não ligadas à noção clássica de sistema permite interpretar o direito tradicional como um ordenamento normativo que atua com uma mescla de "elementos tópicos, tipológicos e determinados como casos concretos", aos quais se acrescentaria o sistema móvel com seus princípios[17]. Configurar-se-ia, assim, um crescente instrumento de especificação, que partiria dos argumentos retóricos a favor de uma certa interpretação (tópica), para passar ao reagrupamento de fatos

---

16. Para um confronto aprofundado entre *typus* e princípios, ver Bernd Schilcher, *Gesetzgebung und Bewegliches System*, em Bydlinski, *Das Bewegliche System im geltenden und künftigen Recht*, cit., pp. 313-23. Além disso, Bydlinski, *Juristische Methodenlehre und Rechtsbegriff*. Zweite, ergänzte Auflage, Springer, Wien – New York, 1991, pp. 543-52.

17. "Topische, typologische und tatbestandliche Elemente": Schilcher, *Gesetzgebung und Bewegliches System*, em Bydlinski, *Das Bewegliche System im geltenden und künftigen Recht*, cit., p. 287. O texto de Schilcher fala de direito "positivo": porém, a "positividade" do direito parece-me pouco conciliável com a "tópica". Também aqui os termos sofrem temerárias oscilações semânticas.

sob um "tipo" comum e, depois, ao reagrupamento de princípios gerais dessumidos do ordenamento jurídico em sentido amplíssimo (sistema móvel), para terminar, enfim, na rígida determinação normativa do caso concreto. Em seu conjunto, esse arco-íris de métodos descreve sem dúvida o que ocorre no mundo da aplicação do direito, mas, em seu interior, cada faixa se desvanece uma na outra. Seria impossível traçar univocamente os limites entre tópica, *typus* e sistema móvel: os escritos de Viehweg, de Larenz e de Wilburg deslocariam continuamente esses limites num sentido ou no outro.

Para além dos problemas de terminologia, é de qualquer forma indubitavelmente exata a constatação de que a técnica legislativa tradicional é uma "dupla técnica legislativa" (*duale Legistik*), ou seja, uma técnica que normalmente determina de modo tão rigoroso o caso concreto "que torna possível a subsunção até mesmo com os meios da automação", mesmo que posteriormente seja necessário introduzir um mínimo de flexibilidade, recorrendo às cláusulas gerais, verdadeiras e próprias "portas da insegurança jurídica" ou, como as chama Wilburg, "junções flexíveis" da rígida dogmática fundada no caso concreto[18]. Em época de maior paixão política, as cláusulas gerais foram definidas também como "ovos de cuco no sistema jurídico liberal"[19] ou "até mesmo uma parte de legislação deixada em branco"[20].

---

18. Schilcher, *Gesetzgebung und Bewegliches System*, em Bydlinski, *Das Bewegliche System im geltenden und künftigen Recht*, cit., p. 289. O termo *Legistik* é usado na Áustria para indicar as técnicas legislativas (ou *drafting*); na Alemanha, é mais difuso *Gesetzgebungstechnik*.

19. "Kuckuckseier im liberalistischen Rechtssystem": Heinrich Lange, *Liberalismus, Nationalsozialismus und bürgerliches Recht*, Mohr, Tübingen, 1933, citado com a aprovação de Carl Schmitt, *Über die drei Arten des rechtswissenschaftlichen Denkens*, Hanseatische Verlagsanstalt, Hamburg, 1934, p. 59.

20. "Geradezu ein Stück offengelassener Gesetzgebung": Justus Wilhelm Hedemann, *Die Flucht in die Generalklausel. Eine Gefahr für Recht und Staat*, Mohr, Tübingen, 1933, VI-76 pp. O trecho citado está contido nas páginas dedicadas ao quesito: "Em qual parte do sistema jurídico devem ser colocadas as cláusulas gerais?" (p. 57). Por um lado, o autor afirma que "todos os

Os defensores do sistema móvel podem, assim, fundamentadamente, rejeitar a crítica a eles dirigida, de gerar incerteza no direito por causa da pluralidade de princípios. Na realidade – rebatem –, são exatamente os defensores do caso concreto que deixam aberta a porta a um número indeterminado de princípios, sem indicar ao juiz como escolher entre esses. Ao contrário, o sistema móvel tem como preocupação central fixar um número determinado de princípios definidos com diligência, indicando ao juiz os critérios segundo os quais destacar-se da formulação literal da norma para aplicar um ou mais entre os princípios prefixados. Quem é, então, conclui-se, que cria maior incerteza no direito?

No pós-guerra, os desenvolvimentos da teoria do tipo – e, em particular, as modernas teorias do sistema – retomaram a contraposição à tradicional rígida determinação do caso concreto, ligando-se diretamente à jurisprudência dos interesses.

4. Uma fonte italiana do sistema móvel

Em seu procedimento de análise e de abstração do direito positivo, Wilburg atua sempre como jurista positivo: também por isso, com exceção da já recordada aula inaugural de 1950, sua obra não contém uma exposição teórica ou metodológica do sistema móvel, mas apenas aplicações dessa concepção a institutos jurídicos precisos. Sua teoria deve ser por isso reconstruída por indução, partindo dessas

---

valores culturais, todas as exigências econômicas da nação e do indivíduo devem entrar para fazer parte da totalidade jurídica por meio da cláusula geral" (p. 58). Mas essa totalidade jurídica (*Rechtsganz*) é de tal forma fragmentada – tanto na legislação quanto na jurisprudência – que "a cláusula geral [se apresenta] como a salvadora do sistema" (p. 59). Ela, de fato, repristina a unidade própria da noção clássica de sistema, funcionando como "cúpula", como sino que tudo cobre" (*Kuppelbau, zusammenfassende Glock*e), que "pode ser colocada *acima das* miudezas dos casos particulares" (p. 59). É uma imagem que evoca uma possível representação gráfica dos sistemas de Wilburg e Canaris, compostos por várias pirâmides, cujo vértice são os princípios.

aplicações: e, como será visto, o resultado nem sempre é teoricamente satisfatório, porque os fragmentos teóricos disponíveis freqüentemente não estão completos, nem coerentes entre si.

Wilburg não desprezava decerto o trabalho teórico, mas considerava que esse não fosse o seu ofício, seguindo também nisso seus dois mestres. Com efeito, talvez na esteira de Radbruch[21], Rabel sustentava que, se o jurista tem um método, não deve falar dele[22]; Armin Ehrenzweig iniciava seu tratado com a afirmação de que não existia nenhum método jurídico que pudesse ser considerado *tout court* o método para a ciência jurídica[23]. Sob tais influências, não surpreende que, em particular, Wilburg afirmasse que um pintor não medita sobre a estrutura do pincel: pega-o e pinta[24]; e exatamente assim deve atuar também o jurista. Ou ao menos, é preciso acrescentar, o jurista positivo: para o teórico do direito, o discurso é evidentemente diverso, mas foge às perspectivas de pesquisa de Wilburg.

---

21. "Assim como as pessoas que se torturam com a introspecção são no mais das vezes pessoas doentes, também as ciências que têm ocasião de ocupar-se da própria metodologia costumam ser ciências doentes; a pessoa sã e a ciência sã, via de regra, não sabem muito sobre si mesmas": Gustav Radruch, *Einführung in die Rechtswissenschaft*, 1910, pp. 117 s. (12.ª ed., 1969, p. 253).

22. Assim referido por Bydlinski, *Bewegliches System und juristische Methodenlehre*, em Bydlinski, *Das Bewegliche System im geltenden und künftigen Recht*, cit., p. 25.

23. Armin Ehrenzweig, *System des österreichischen allgemeinen Privatrechts*, Manz, Wien, 1951, Bd. 1, 1. Hälfte, p. 1: "Não existe nenhum método jurídico 'que possa ser considerado *tout court* o método para a ciência jurídica'. A história da jurisprudência mostra que cada novo método, se tem sucesso, visa o predomínio absoluto e, ao final, por ter pretendido demais de si mesmo, não é mais levado em consideração. Então entra em seu lugar um outro método, cuja sorte não é melhor." Ehrenzweig, depois da citação de Bierling no texto (trata-se da *Juristische Prinzipienlehre*, 1917, p. 56) e a referência em nota a poucos outros juristas, conclui: "Sobre os insignificantes métodos do passado mais recente, não é necessário tomar posição" (p. 70: refere-se aos *Modernisten und Soziologen*, ou seja, aos jusliberistas).

24. Assim referido por Bydlinski, *Bewegliches System und juristische Methodenlehre*, em Bydlinski, *Das Bewegliche System im geltenden und künftigen Recht*, cit., p. 25.

O fato de os escritos de Wilburg não terem natureza teórico-jurídica não significa obviamente que ele não tivesse pontos de referência teóricos. Seu ponto de partida doutrinário é a jurisprudência dos interesses, "que, através do método sociológico procura investigar e desenvolver o direito partindo dos motivos que foram decisivos para o legislador". Wilburg sente-se "estritamente ligado às raízes" dessa doutrina e se remete explicitamente a Max Rümelin, a Rudolf Müller-Erzbach, a Philipp Heck e a Heinrich Stoll como a seus "mais eminentes representantes"[25]. Porém, ao mesmo tempo, sublinha que – em relação à posição do Movimento do Direito Livre – sua proposta "se distingue daquela, fundamentalmente, pelo fato de que não trata as forças motrizes [ou seja, os princípios] como causas préjurídicas, mas as transpõe nas próprias normas e em seus casos concretos"[26].

Ao quadro teórico geral até o momento examinado, acrescenta-se um impulso específico que endereçou Wilburg na direção da construção do sistema móvel. Com esse impulso, retorna-se ao direito positivo. Efetivamente, os estudos comparatistas haviam levado Wilburg a ler o tratado de Mario Cozzi sobre a responsabilidade civil, rico de exemplos extraídos dos direitos francês e italiano[27]. Nesse volume, a obrigação de ressarcimento do dano por parte do detentor de uma coisa é feita derivar de uma série de "crité-

---

25. Wilburg, *Entwicklung eines beweglichen Systems*, cit., p. 25, nota 3.
26. Wilburg, *Entwicklung eines beweglichen Systems*, cit., p. 5.
27. Mario Cozzi, *La responsabilità civile per danni da cose – Diritto italiano e francese*, Cedam, Padova, 1933, X-454 pp. De 1.º de janeiro de 1941 a 31 de novembro de 1955, Mario Cozzi foi assistente na cátedra de direito privado comparado na Faculdade de Direito da Universidade de Roma, da qual era titular Salvatore Galgano. Agradeço a seu filho, Francesco Galgano, da Universidade de Bolonha, as informações que gentilmente me ofereceu. De 1944 a 1954 Cozzi foi secretário do Instituto de Estudos Legislativos do Ministério da Justiça, instituto esse que também foi dirigido por Salvatore Galgano. Além do volume acima recordado, traduziu *Legislazione Belga* (Roma 1934, juntamente com Valentinis) e foi redator-chefe da "Giurisprudenza completa della Corte Suprema di Cassazione – Sezioni civili".

rios": o "critério subjetivo-individualista" da culpa, o "critério econômico" do patrimônio e o "critério causal" do interesse de quem obtém vantagem da posse do bem que provocou o dano[28].

Os sinais do intenso interesse de Wilburg por essa obra ainda são visíveis nas páginas do volume conservado na biblioteca da Faculdade de Direito de Graz: o livro "foi comentado em detalhes por Wilburg, da primeira à última página e de modo bem conhecido dos seus alunos e colaboradores, com minuciosas glosas marginais e interlineares, escritas com o método estenográfico Gabelberger, e infelizmente quase indecifráveis"[29].

Os frutos dessa leitura confluíram depois num ensaio[30], em que Wilburg antecipava em parte seu mais vasto trabalho sobre a responsabilidade civil[31].

Reconstruído assim em grandes linhas o contexto cultural em que tomou forma a proposta metodológica de Wilburg, é preciso agora examinar a fundo em que ela consiste e quais são seus possíveis usos.

O QUE É O SISTEMA MÓVEL

5. A meio caminho entre a eqüidade e o positivismo legislativo

À doutrina dominante Wilburg reprovava o fato de "pensar excessivamente em termos de princípios absolutos e de vincular as forças [termo em Wilburg equivalente a 'princípios'] existentes a certos nexos que possuem pratica-

---

28. Cozzi, *La responsabilità civile per danni da cose*, cit., pp. 302 ss.
29. Willibald Posch, *Die Bedeutung des Beweglichen Systems für die Rechtsvergleichung und das Einheitsprivatrecht*, em Bydlinski, *Das Bewegliche System im geltenden und künftigen Recht*, cit., p. 254.
30. Walter Wilburg, *Der Unternehmer im Schadensrecht*, em *Wissenschaftliches Jahrbuch der Universität Graz*, 1940, pp. 51-76; em particular, notas 72 ss.
31. Trata-se de *Elemente des Schadensrechts*, Elwert, Marburg a. d. Lahn, 1941, 291 pp., já mencionado na nota 4 acima.

mente apenas valor histórico"[32]. A essa inadequação do direito civil e da ciência jurídica, Wilburg reagia como juspositivista e como jurista positivo.

Inicialmente, é como jurista positivo que ele propõe sua solução: ele parte de alguns problemas concretos do direito civil austríaco, demonstra seus limites e formula aquela que ele indica, com prudente modéstia, como uma proposta doutrinária que poderá ser depois usada pelo legislador. Ela consiste em identificar uma pluralidade de princípios que regem um certo instituto jurídico, em confiar ao legislador a tarefa de fixá-los numa norma jurídica e em remeter ao juiz a escolha dos princípios que, entre esses, lhe parecem mais aplicáveis ao caso em exame.

A proposta do jurista positivo Wilburg é animada por um rigoroso posicionamento juspositivista. Ele não admite que o juiz escolha livremente os princípios a serem aplicados ao caso que lhe é submetido, como haviam proposto os jusliberistas: a desordem casuística da eqüidade não pode ser a resposta à rigidez do direito positivo. Ao mesmo tempo, todavia, Wilburg se dava conta de que um direito positivo inadequado tornava-se um obstáculo para o juiz: era necessário, portanto, tornar "flexível" – ou seja, "móvel" – o sistema do direito positivo[33].

O sistema móvel representa, assim, uma solução de compromisso entre exigências opostas da adaptabilidade do direito e da certeza do direito. O legislador fixa os princípios que regem um certo instituto jurídico e o juiz é vinculado a eles: assim, a certeza é salva. Todavia, entre aqueles princípios taxativamente fixados, o juiz é livre para escolher aquele que parece mais équo (ou ainda uma combinação

---

32. Wilburg, *Entwicklung eines beweglichen Systems*, cit., p. 22.
33. A expressão *bewegliches System* – comumente usada para indicar a doutrina de Wilburg – encontra-se apenas no título da obra. No decorrer dela, o autor fala de *beweglichere Gestaltung, elastischere Normen* p. 4; *bewegliche Gestaltung*, pp. 5 e 23; *bewegliche Entwicklung*, p. 23; *bewegliche Anwendung*, p. 26, nota 16. Seus seguidores usam muitas vezes *Bewegliches System* com ambas as maiúsculas, como faz Kelsen na *Reine Rechtslehre*.

de mais de um princípio): assim pode adaptar melhor o direito ao caso concreto.

Desse modo, a proposta de Wilburg visava evitar as críticas movidas à época ao Movimento do Direito Livre: efetivamente, o respeito pelos princípios fixados na lei evitava a acusação de convidar os juízes à interpretação *contra legem*, ao passo que a livre escolha de um ou mais princípios ampliava muito a esfera de discricionariedade do juiz sem comprometer a certeza do direito.

Todavia, desde sua primeira aparição também a proposta de Wilburg foi objeto de fortes críticas, porque o sistema móvel foi entendido como um instrumento imediatamente utilizável pelos juízes[34]. Para tanto contribuía seja a formulação incerta de sua primeira obra, seja o espírito da época: o livro de Wilburg havia sido publicado em 1941, em pleno regime nacional-socialista, ao passo que a resenha crítica de Klang havia sido publicada em 1946, com um atraso justificado pelo desejo de chamar a atenção dos juristas austríacos sobre uma obra da qual louva-se tanto "a originalidade da idéia que dela é fundamento" quanto "a liberdade da terminologia de moda"[35].

Na conclusão do seu escrito, Klang distingue o aporte doutrinário da teoria do sistema móvel (ainda que, então, não fosse denominado dessa forma) de suas conseqüências na aplicação do direito. No plano doutrinário, a identificação de mais *Elementen* no fundamento da responsabilidade é considerada "uma feliz idéia do autor": de fato, tal explicação pode conduzir a uma sistemática unitária do direito ao ressarcimento, sistemática que até o momento foi procurada em vão: trata-se, portanto, de um enriquecimento

---

34. Heinrich Klang, *Die Elemente des Schadenersatzrechtes. Eine Buchbesprechung*, "Juristische Blätter" (Wien), LXVIII, 1946, pp. 326-31: é a resenha a *Die Elemente des Schadenrechts*, Elwert, Marburg a. d. Lahn, 1941, 291 pp., mas também uma resposta à resenha positiva de Esser, *supra*, nota 4. Na primeira parte da resenha é recordada a anterior literatura austríaca sobre o assunto.

35. Klang, *Die Elemente des Schadenersatzrechtes. Eine Buchbesprechung*, cit., p. 327.

do nosso conhecimento". No plano da aplicação do direito positivo, porém, Klang se mostra muito crítico e vê no sistema móvel "a total abdicação do legislador a favor do juiz"[36].

Ao analisar o conteúdo do livro, Klang já sublinhara que Wilburg "renuncia completamente a fundar na lei a obrigação do ressarcimento do dano e quer, ao invés, confiá-la ao juiz, com base em algumas regras contidas na lei [...]. Mas isso é apenas a conseqüência direta de uma evolução que, iniciada com o Movimento do Direito Livre, passou, depois, ao uso cada vez mais extenso das cláusulas gerais e, enfim, conduziu ao princípio segundo o qual 'é direito aquilo que é útil ao povo'". O sistema móvel é, assim, colocado no mesmo plano desta última "cláusula geral desmesuradamente ampliada, politicamente extremada e hipocritamente aplicada, que se adapta perfeitamente 'ao esvaziamento e à diluição do direito' conhecida no passado"[37]. E por "passado" Klang entende aqui o ainda recente passado nacional-socialista da Alemanha e da Áustria.

O juízo político de Klang sobre a construção jurídica de Wilburg soa ainda hoje duro, mas equilibrado, sobretudo se se leva em conta ter sido formulado em 1946, sobre as ruínas ainda fumegantes da guerra. A certeza do direito e a eqüidade no caso específico são valores que nunca podem ser completamente realizados: quem coloca a ênfase na certeza deve aceitar a fixação legislativa do caso concreto e, com ele, a possibilidade de uma injustiça em algum caso-limite; já quem visa à eqüidade deve renunciar em larga medida à certeza, aceitando a eventualidade de um abuso em algum caso-limite. Se e por que são possíveis tais renúncias, depende dos tempos em que se vive. Em Klang,

---

36. Klang, *Die Elemente des Schadenersatzrechtes. Eine Buchbesprechung*, cit., p. 330.
37. Klang, *Die Elemente des Schadenersatzrechtes. Eine Buchbesprechung*, cit., p. 330. Os trechos citados são extraídos de Eugen Schiffer, *Deutsche Justiz* e *Sturm über Deutschland. Grundzüge einer durchgreifenden Reform*, Biederstein 1949, XI-309 pp.; Klang se refere à 1ª edição (Liebmann, Berlin, 1928) que ele, então, não pôde ver.

retornam assim problemas e críticas já encontrados na história do direito alemão, e por essa via a doutrina austríaca de Wilburg é associada a uma precisa corrente da história alemã: "O Movimento do Direito Livre era compreensível como reação ao positivismo jurídico do século XIX e, em certos aspectos, teve efeitos positivos"; porém, ainda que no plano doutrinário a teoria de Wilburg em sua forma acabada se remeta diretamente ao Movimento do Direito Livre, no plano histórico, entre esse Movimento e a teoria de Wilburg não havia existido o vazio, mas sim o nacional-socialismo. Klang preenche esse vazio, recordando que os juristas que vieram depois dos jusliberistas "ultrapassaram o sinal e criaram uma confusão irreparável. A exigência da certeza do direito volta a ficar em primeiro plano. Ocorre sempre que – com base na mudança de cada situação – uma vez a eqüidade e noutra vez a certeza do direito pretendam ser preponderantes na atividade legislativa. Atravessamos uma lutuosa época de incertezas jurídicas e hoje devemos conservar sobretudo a certeza do direito"[38].

A tal interpretação do seu pensamento Wilburg sempre se opôs decididamente. Ele confiava ao legislador a determinação normativa dos princípios segundo os quais o juiz não deveria agir livremente, mas sim "com base numa discricionariedade guiada": "nach gelenktem Ermessen". Essa expressão evoca a "obediência pensante" (*denkender Gehorsam*) de Heck (cf. *supra,* cap. IV, 7). "O sentido da minha proposta – protestava Wilburg – consiste exatamente em querer evitar que o tribunal seja remetido apenas à eqüidade, à sensibilidade jurídica do momento, aos bons costumes ou a outros conceitos vazios desse tipo."[39] Wilburg pretendia, em resumo, evitar a decisão eqüitativa caso por caso, ou seja, o *social engineering* temido por Wieacker (cf. cap. IV, 3, nota 16). Aquilo que Wilburg propõe, portanto,

---

38. Klang, *Die Elemente des Schadenersatzrechtes. Eine Buchbesprechung,* cit., p. 331.
39. Wilburg, *Entwicklung eines beweglichen Systems,* cit., p. 22.

não é um curto-circuito entre os princípios do teórico e a sentença do juiz, mas uma controlada redução dos vínculos do juiz por meio do reconhecimento *legislativo* dos princípios: um percurso, em suma, não com duas passagens (dos princípios à sentença), mas com três passagens (partindo dos princípios, através da lei, até a sentença).

6. A noção de sistema móvel

A noção de sistema à qual Wilburg se contrapõe é aquela clássica da Escola Histórica. Remetendo-se ao Jhering do *Espírito do direito romano*, ele rejeita a metáfora organicista segundo a qual os conceitos gerais como a propriedade ou a tutela do credor se desenvolveriam como corpos[40]. Quem, sem culpa, usa uma coisa de outrem está obrigado a uma prestação para com o proprietário. Mas, se, por exemplo, a coisa tiver sido vendida a um adquirente de boa-fé, o primeiro proprietário não o será mais. Como se pode, então, fundar juridicamente a obrigação de indenizá-lo pelo uso que foi feito da coisa? Segundo Wilburg, esse problema e outros semelhantes podem ser resolvidos somente se o jurista, em vez de levar em consideração apenas um princípio jurídico, considerar vários princípios como contemporaneamente relevantes para o caso concreto.

A constatação empírica de partida é a existência de princípios (chamados por Wilburg também de "forças motrizes") que o direito e a ciência jurídica avaliam de modo excessivamente rígido, sem considerar que eles atuam em multiforme conjunção ou concorrência. No pensamento de Wilburg, a gênese dos princípios ou "forças motrizes" não está esclarecida, mas se apresenta como uma remissão, em geral obscura, à idéia de justiça, à qual o direito deve adequar-se diante das mutações da sociedade.

---

40. A contraposição dos "corpos jurídicos" à "pura substância jurídica" está em Rudolf von Jhering, *Geist des römischen Rechts*, Breitkopf & Härtel, Leipzig, 1923, vol. II, 2, pp. 359 ss. (6.ª e 7.ª eds.).

Uma teoria do sistema móvel de Wilburg deveria a essa altura descrever o nexo entre cada uma das normas e os princípios nos quais encontram expressões as várias forças sociais. Ao contrário, Wilburg, como bom jurista positivo, limita-se a indicar por meio de exemplos extraídos da realidade jurídica como ocorre – ou como ele gostaria que ocorresse – a transposição dos princípios da realidade às normas. Essa escolha não significa, porém, que seja impossível remontar aos exemplos oferecidos à concepção teórica que os sustenta. Simplesmente, Wilburg não vê nessa reconstrução sua tarefa e por isso se limita a indicar como funciona seu "sistema móvel" quando é aplicado a uma série de específicos problemas do direito civil austríaco.

7. Como funciona o sistema móvel de Wilburg

Os princípios mais elevados a serem seguidos na aplicação do direito são, também, para Wilburg, a justiça e a eqüidade.

Nas relações entre direito e justiça, o debate teórico a respeito do direito natural e dos princípios sobre os quais tal direito natural funda o direito positivo não é decerto estranho a Wilburg, que, porém, o reconduz logo ao código civil austríaco. Os redatores daquele código não aceitaram posições extremas sobre os princípios gerais asperamente debatidos – como o *pacta sunt servanda* ou a proibição de enriquecimento ilícito – porque "como princípio-guia tinham presente a idéia de justiça". Mesmo que seja difícil dizer o que é a justiça, ela indica que é preciso avaliar "segundo critérios gerais a oportunidade de tutelar ambas as partes em causa". Porém, para Wilburg, o ideal de justiça é apenas "um arrimo psicológico ao avaliar os interesses" das partes[41].

---

41. As citações desse item estão em Wilburg, *Entwicklung eines beweglichen Systems*, cit., p. 6.

O recurso à eqüidade teve o mérito de infringir algumas formas jurídicas já enrijecidas, mas seu uso generalizado levaria à produção jurisprudencial do direito, ou seja, à livre pesquisa do direito que Wilburg rejeita. A eqüidade consiste para Wilburg, "no máximo, em uma consideração social" do caso em exame[42], ou seja, em um dos elementos que contribuem para formar o convencimento do juiz.

A justiça e a eqüidade são, assim, reconduzidas à sua matriz extrajurídica, e a atenção do jurista positivo volta a concentrar-se nos princípios jurídicos que, "cristalizados em uma falsa generalização, conseguiram um poder incontrolado e gozam da dignidade de axiomas"[43]. Wilburg propõe um caso concreto: um ladrão adquire um anel com o dinheiro roubado, depois vai à falência e aquele anel termina na massa falimentar, sobre a qual são satisfeitos todos os credores. Tal solução aplica o princípio geral da igualdade dos credores. Todavia, não poucos percebem essa solução como injusta, e de fato Wilburg propõe reservar o anel unicamente à vítima do roubo, desaplicando no caso concreto o princípio geral da igualdade dos credores.

Uma série de exemplos é, depois, oferecida pela aplicação excessivamente rígida, no direito alemão e austríaco, do princípio *nemo turpitudinem suam allegans auditur*. Alguns tribunais alemães haviam decidido que o usurário não poderia requerer a restituição nem mesmo do capital dado em empréstimo; o código austríaco impediria a vítima até mesmo de requerer os juros pagos ao usurário[44]. Na prática

---

42. Wilburg, *Entwicklung eines beweglichen Systems*, cit., ibid.
43. Wilburg, *Entwicklung eines beweglichen Systems*, cit., ibid.
44. O exemplo alemão se refere ao § 817, c. 2, BGB; o austríaco está em Philipp Harras Ritter von Harrasowsky, *Codex Theresianus*, Gerold, Wien, 1884, vol. III, p. 339, nota 4, e em Heinrich Klang – Franz Gschnitzer, *Kommentar zum Allgemeinen bürgerlichen Gesetzbuch*, Österreichische Staatsdruckerei, Wien, 1954, vol. 5, pp. 461-95 (comentário ao § 1174). Wilburg remete, ainda, a um artigo de Philipp Heck sobre esse tema: *Die Ausdehnung des § 817, S. 2, auf alle Bereicherungsansprüche*, "Archiv für die civilistische Praxis", 124, 1925, pp. 1-68. Ele contém talvez a origem do termo "Kraft", com o qual Wilburg originariamente designa os princípios. De fato, depois de uma menção a Spen-

judiciária, todavia, as "conseqüências inaceitáveis" desses princípios são evitadas com uma aplicação distorcida das normas, com a "correção velada da lei" por meio das "artes da interpretação" ou da alteração dos fatos[45]. Desse ponto de vista, o sistema móvel de Wilburg acaba por favorecer tanto o juiz quanto o cidadão: de fato, ao juiz tal sistema indica uma série de princípios aos quais ele pode recorrer segundo critérios de grande flexibilidade. Mas, ao mesmo tempo, o cidadão goza de uma maior certeza do direito, porque sabe que o juiz não pode remeter-se a princípios diversos dos taxativamente fixados pelo legislador.

O exemplo mais claro vem do ressarcimento do dano, "o centro nervoso do direito privado"[46]. O princípio segundo o qual o dano deve ser ressarcido por quem o provocou suscitou as mais acesas controvérsias. O código austríaco conseguiu manter-se fora, requerendo ao juiz que avalie a admissibilidade do ressarcimento em função do patrimônio de quem causou o dano e de quem o sofreu (§ 1310 ABGB). Na prática, porém, os tribunais austríacos avaliam o ressarcimento do dano recorrendo não a um, mas a três princípios: a causação do dano, a culpabilidade e a periculosidade.

"Esses princípios – constata Wilburg – têm algo de bom. Seu defeito consiste no fato de que cada um deles pretende ser exclusivo e ter, por isso, uma validade absoluta. Os contrastes que daí derivaram levaram a ciência jurídica a resignar-se e a renunciar a uma solução fundada sobre os princípios." O direito positivo de cada um dos Estados terminou por escolher uma única regra e circundou-a de exceções. "Em vez de proceder assim – conclui Wilburg, –, procurei encontrar uma ordem interior das normas sobre o ressarcimento na concepção segundo a qual a responsabilida-

---

gler (que exorta a jurisprudência a usar os conceitos de "Kraft" e de "Körper": *Untergang des Abendlandes*, vol. 2, pp. 97 s.), Heck encerra seu escrito com a frase: "Os conceitos de interesse podem ser definidos com conceitos de força ou de difusão" (p. 68).

45. Wilburg, *Entwicklung eines beweglichen Systems*, cit., p. 23.
46. Wilburg, *Entwicklung eines beweglichen Systems*, cit., p. 11.

de não pode ser reconduzida a uma idéia unitária, mas à sinergia de vários pontos de vista, os quais podem ser concebidos pela ciência e pela legislação como elementos, ou (segundo a terminologia que hoje tenderia a usar) como forças", ou seja, como princípios[47].

Essa é, portanto, a idéia inspiradora do sistema móvel: cada caso é avaliado segundo um conjunto de princípios prefixados, mas variadamente componíveis. No caso do ressarcimento do dano, por exemplo, Wilburg indica quatro desses princípios: o defeito que está na origem do dano; a periculosidade da atividade ou do bem; a relação de causalidade entre a ação e o dano; a avaliação social da situação patrimonial das partes. "Se um elemento se manifesta com particular força, isso apenas pode bastar para fundar a responsabilidade."[48] Em outros casos, mais elementos podem concorrer para determinar a responsabilidade civil: quais, quem decide é o juiz.

Wilburg, portanto, conclui: "Esse sistema pode compreender, em sua especificidade, todos os casos pensáveis. Em relação aos princípios até agora em uso, é elástico e não se quebrará como uma construção de vidro se, no decorrer do tempo, mudar o juízo de valor sobre a força de cada elemento (por exemplo, sobre a periculosidade de uma empresa). É possível também o acréscimo de novos princípios e de novas forças."[49] Talvez não seja nem mesmo necessário especificar que a proposta de Wilburg (a essa altura por ele indicada pela primeira vez com o termo "sistema") é apresentada como uma solução específica, ou seja, válida em referência à responsabilidade civil. É todavia possível que "os elementos relevantes na responsabilidade civil possam ser aplicados também em outros âmbitos, tornando-se ali o fiel da balança"[50], e a esse propósito Wilburg apresenta

---

47. Wilburg, *Entwicklung eines beweglichen Systems*, cit., p. 12: sobre a origem do termo "forças" como sinônimo de "princípios", cf. nota 44.
48. Wilburg, *Entwicklung eines beweglichen Systems*, cit., p. 13.
49. Wilburg, *Entwicklung eines beweglichen Systems*, cit., p. 14.
50. Wilburg, *Entwicklung eines beweglichen Systems*, cit., *ibid*.

o enriquecimento ilícito ou o contrato como possíveis âmbitos de expansão da sua proposta: deles, todavia, não nos podemos ocupar.

O que importa é ter estabelecido que o sistema de Wilburg é um sistema aberto, mas não livre: aberto no sentido de que em cada setor do direito podem ser levados em consideração princípios diversos dos tradicionais; não é livre no sentido que o juiz não pode escolher princípios diversos dos que a lei lhe indica. Portanto, no plano da prática judiciária, esse sistema não pode ser aplicado até que uma reforma legislativa intervenha para mudar o código civil no sentido indicado por Wilburg.

No plano da teoria do direito, ao contrário, resta ver até que ponto o que foi dito até agora pode ser definido como um sistema no sentido em que esse termo é usado, por exemplo, pela Escola Histórica ou por outros autores anteriores a Wilburg. Foi observado que, mais do que um sistema em sentido clássico, o método proposto por Wilburg pode ser entendido como "um plano para várias expedições, no decorrer das quais podem ser feitas descobertas"[51]: isso será visto com clareza nas páginas dedicadas a Bydlinski. Exatamente por essa anômala acepção em que Wilburg usa o termo "sistema", Josef Esser reconhecia "ter sido certamente injusto com a teoria de Wilburg" e explicava por quê: "Eu já não consigo associar nenhuma concepção do sistema ao conceito de elementos mutáveis do sistema."[52]

8. Uma aplicação global do sistema móvel: Bydlinski

A reconstrução teórica do sistema móvel foi tentada mais de uma vez, tanto em contribuições setoriais especí-

---

51. Rudolf Westerhoff, *Methodische Wertung im Recht. Dargestellt am Beispiel der formlosen Hoferbenbestimmungen*, Duncker & Humblot, Berlin – München, 1974, p. 51.
52. Josef Esser, [resenha a] Canaris, *Systemdenken und Systembegriff*, "(Rabels) Zeitschrift für ausländisches und internationales Privatrecht", 1969, p. 759.

ficas[53] quanto em escritos de mais amplo fôlego[54], entre os quais ocupam posição proeminente os trabalhos do civilista austríaco Franz Bydlinski. Nas obras tanto juspositivistas quanto teóricas desse aluno de Wilburg, o pensamento do mestre é desenvolvido sistematicamente, tanto que – em seu conjunto – é lícito considerá-las a *summa* do sistema móvel.

Bydlinski seguiu o pensamento de Wilburg desde os tempos em que iniciou sua carreira acadêmica em Graz. Visto que seus interesses sempre se dividiram entre o direito civil e a metodologia jurídica, três de suas obras maiores constituem um todo orgânico que ilustra o sistema móvel a partir de sua estrutura conceitual em relação ao mundo dos valores, até sua aplicação ao direito civil austríaco: aquela *summa* do sistema móvel mencionada anteriormente.

A trilogia de Bydlinski iniciou-se em 1982 com uma obra geral sobre a metodologia jurídica e sobre o conceito de direito[55]. Esse quadro geral foi aprofundado em 1988, numa obra que enfrentou o tema dos valores na sociedade, descrevendo, portanto, com maior profundidade a corrente metodológica da "jurisprudência dos valores", à qual se re-

---

53. Um quadro suficientemente completo, juntamente com as referências para estender tais indicações, é oferecido pelos três escritos em honra de Wilburg: Franz Bydlinski – Heinz Krejci – Bernd Schilcher –Viktor Steininger (Hrsg.), *Das Bewegliche System im geltenden und künftigen Recht*, Springer, Wien – NewYork, 1986, 327 pp.; Willibald Posch (Hrsg.), *Wertung und Interessenausgleich im Recht*. Walter Wilburg zum 30. September 1975 gewidmet von Assistenten der Grazer rechts- und staatswissenschaftlichen Fakultät, Akademische Druck- und Verlagsanstalt, Graz, 1975,VI-276 pp. (citada mais vezes como a "Assistenten-Festschrift"). Enfim, sem nenhuma indicação do organizador, *Walter Wilburg zum 70. Geburtstag*. Festschrift, Leykam Verlag, Graz, 1975, 499 pp.

54. Rudolf Westerhoff, *Die Elemente des Beweglichen Systems*, Duncker & Humblot, Berlin, 1991, 101 pp.; Ewald Hücking, *Der Systemversuch Wilburgs*, Köln 1982, XII-145 pp. (dissertação mimeografada).

55. Hoje existe uma nova edição dessa obra de 1982: Franz Bydlinski, *Juristische Methodenlehre und Rechtsbegriff*. Zweite, ergänzte Auflage, Springer, Wien – NewYork, 1991, XV-671 pp.

metem tanto Bydlinski quanto Wilburg[56]. O volume devia terminar com um capítulo sobre a aplicação dos princípios jurídicos gerais ao direito civil austríaco; mas o capítulo se ampliou até transformar-se, em 1996, no terceiro volume da trilogia, ou seja, num manual de direito civil, inteiramente reestruturado segundo os ditames do sistema móvel de Wilburg. Esse programa metodológico é anunciado já no título, *Sistema e princípios no direito privado*: de fato, tanto o sistema quanto os princípios são os pontos cardeais da construção de Wilburg[57].

A vastidão desse último manual de Bydlinski permite apenas algumas considerações gerais, todas resumíveis na advertência de não pedir a essa obra o que ela não pretende oferecer.

Em primeiro lugar, a obra não é um tratado sobre a noção de sistema no direito, mas um manual de direito civil austríaco, caracterizado por uma consciência metodológica particular. Conseqüentemente, Bydlinski enfrenta a matéria tendo já decidido o método com o qual organizá-la. A noção de sistema por ele escolhida é a da jurisprudência dos interesses; em particular, remetendo-se a Heck, Wilburg e Canaris, ele se move no âmbito da concepção moderna do sistema. A referência ao "Pandektensystem" serve sobretudo para dele diferenciar-se[58].

Em segundo lugar, dadas essas premissas, a obra pode ser tomada como modelo para qualquer aplicação da noção de sistema móvel a um certo setor do direito. Visto que nela esse método é aplicado ao direito privado vigente na Áustria, resta aberta a via a futuras aplicações desse método em todas as outras áreas do direito austríaco e, além disso, a todos os direitos positivos estrangeiros.

---

56. Franz Bydlinski, *Fundamentale Rechtsbegriffe. Zur rechtsethischen Verfassung der Sozietät*, Springer, Wien – New York, 1988, XVI-327 pp.: essa obra é dedicada a Wilburg.

57. Franz Bydlinski, *System und Prinzipien des Privatrechts*, Springer, Wien, 1996, XVIII-777 pp.

58. Bydlinski, *System und Prinzipien des Privatrechts*, cit., pp. 117 ss.

Em terceiro lugar, a essa potencial abertura na direção de um direito positivo universal corresponde uma forte limitação para com as fontes teóricas da noção de sistema. Em vão procurar-se-iam referências às teorias sistemáticas anglo-americanas ou aos estudos europeus sobre sistema diversos dos que o autor indica como seus modelos. O ponto de referência teórico é o sistema móvel juntamente com o âmbito doutrinário a ele imediatamente contíguo, ou seja, um âmbito germânico bem delimitado. A fronteira com as teorias sistêmicas da Escola de Luhmann é traçada desde as primeiras páginas numa ampla nota[59], na qual Bydliski sublinha – a meu ver, com razão – a infecundidade da teoria geral dos sistemas para a pesquisa jurídica que ele propõe, ou seja, para uma pesquisa de direito positivo destinada a juristas práticos.

Em conclusão, a obra de Bydlinski pode ser considerada o ponto final hodierno da jurisprudência dos interesses, assim como a de Kelsen pode ser considerada o ponto final hodierno da jurisprudência dos conceitos. Depois de Kelsen, a construção do sistema jurídico deve remeter-se à teoria pura do direito para a ela aderir ou dela distanciar-se, ou – como foi dito – deve passar ao estudo das regras que permitem a construção do sistema, ou seja, ao estudo das várias lógicas formais aplicáveis ao direito. Depois de Bydlinski, a construção de um sistema móvel do direito privado austríaco pode apenas tomar o modelo teórico por ele proposto como ponto de referência para completá-lo ou corrigi-lo, ou ainda se deve passar à pesquisa de instrumentos que permitam determinar com precisão quais são os interesses a serem tutelados: nesse segundo caso, passa-se do direito positivo às ciências sociais.

---

59. Bydlinski, *System und Prinzipien des Privatrechts*, cit., p. 2.

O ÂMBITO DE APLICAÇÃO DO SISTEMA MÓVEL

9. O dualismo do ordenamento jurídico

A teoria proposta por Wilburg apresenta o sistema móvel como um instrumento para atuar não sobre todo o direito, mas principalmente sobre os casos-limite. Todavia, a distinção entre os casos típicos e os casos-limite é inapreensível. Além disso, os defensores desse método propõem sua extensão a todo o direito.

Eles partem da constatação de que o ordenamento jurídico tradicional atua com uma "dupla técnica legislativa" (*duale Legistik*), ou seja, com uma técnica legislativa que conhece apenas o branco e o preto, a regra e a exceção, o rígido caso concreto e a nebulosíssima cláusula geral[60]. Todavia, o direito positivo deve regular não apenas essas duas posições extremas, mas também uma ampla gama de posições intermediárias, que o legislador procura regular com as cláusulas gerais. Esse problema atraíra também a atenção de Luhmann, que – ao tratar da relação entre regra e exceção – afirmara que a obrigação do equilíbrio está presente também nas normas que prevêem expressamente exceções. Porém, na opinião de Luhmann, na prática do direito esse equilíbrio ocorre sem o necessário trabalho dogmático, e, portanto, também o "notável trabalho preliminar" desenvolvido por Wilburg "não deve ir além dos pontos de vista da flexibilidade (aparentemente muito restrita no esquema regra/exceção)"[61].

Também o jurista que aceita o sistema móvel admite que, na maioria dos casos, é suficiente a regra fixada pelo legislador, ou seja, o caso concreto: o caso concreto poderá

---

60. A oposição entre o caso concreto, *starrer Tatbestand*, e a nebulosíssima cláusula geral, *nahezu konturlose Generalklausel*, está em Bydlinski, *Bewegliches System und juristische Methodenlehre*, em Bydlinski, *Das Bewegliche System im geltenden und künftigen Recht*, cit., p. 27.

61. Niklas Luhmann, *Sistema giuridico e dogmatica giuridica*. Traduzione e introduzione di Alberto Febbrajo, Il Mulino, Bologna, 1974, p. 77, nota 8.

ser subsumido nesta última sem muitas dificuldades, recorrendo aos procedimentos lógicos normais[62]. A *tradicional* teoria do sistema é, assim, reservada para a maior parte do ordenamento jurídico, ou seja, para aquela parte que regula os casos que não chegam ao tribunal e os que, mesmo ali chegando, são suficientemente típicos para serem reconduzidos à norma jurídica com o simples raciocínio lógico. Em conclusão, o sistema móvel se coloca ao lado, mas não substitui, o sistema tradicional: o sistema móvel, "raciocinando *de lex lata*, representa apenas um instrumento metodológico ao lado de outros"[63].

Do ponto de vista dos defensores do sistema móvel, o ordenamento jurídico vigente se compõe das duas categorias de normas produzidas com a *duale Legistik* já recordada. As normas rígidas e as normas flexíveis assim produzidas são, porém, interpretadas à luz do novo método. As normas abertas e as cláusulas gerais são vistas como "partes do sistema configuradas de modo claramente móvel já no âmbito do direito vigente"[64]. Os casos concretos rigidamente determinados são "normas jurídicas válidas formuladas de modo não-móvel".

As partes móveis do ordenamento jurídico não apresentam problemas: "Onde a lei já está formulada de forma móvel, a aplicação jurídica fundada sobre o sistema móvel ocorre com naturalidade."[65] O sistema móvel é, portanto, o

---

62. Bydlinski, *Bewegliches System und juristische Methodenlehre*, em Bydlinski, *Das Bewegliche System im geltenden und künftigen Recht*, cit., p. 28: "Essa pura dedução das normas preexistentes conduz a resultados unívocos e suficientes apenas no âmbito da aplicação rotineira do direito, âmbito sem dúvida relevante, mas não decerto problemático."
63. Schilcher, *Gesetzgebung und Bewegliches System*, em Bydlinski, *Das Bewegliche System im geltenden und künftigen Recht*, cit., p. 287.
64. Bydlinski, *Bewegliches System und juristische Methodenlehre*, em Bydlinski, *Das Bewegliche System im geltenden und künftigen Recht*, cit., pp. 30 s.
65. Bydlinski, *Bewegliches System und juristische Methodenlehre*, em Bydlinski, *Das Bewegliche System im geltenden und künftigen Recht*, cit., p. 31. Observem-se as expressões do tipo "beweglich gefaßtes Gesetz"; "bewegliche Systemteile des geltenden Rechts", p. 31: a mobilidade wilburghiana parece localizar-se mais na formulação das normas do que no sistema.

método ideal para as normas já por si mesmas "móveis", todavia seus defensores consideram que tal sistema possa ser estendido também às normas "não-móveis", "sobretudo nos casos em que os métodos jurídicos tradicionais não são de ajuda"[66]. Essa aplicação ulterior exigiria, contudo, a intervenção do legislador; visto que tal intervenção muitas vezes não ocorreu, propõe-se estender a aplicação do sistema móvel com o auxílio de uma ficção: "Assim como se pode trabalhar apenas *de lege ferenda*, também se pode trabalhar *de lege ferenda* com a idéia suplementar de que certos resultados aos quais se objetiva são já utilizáveis também *de lege lata*."[67]

Essa convivência de métodos se exprime no fato de que o sistema móvel não apenas aceita para os casos típicos os resultados atingidos com o sistema tradicional, mas, antes, vê nesses resultados a avaliação proposta pelo legislador (valores de base, *Basiswerte*). Já para os casos-limite, o sistema móvel propõe construir – note-se: tendo como fundamento aqueles valores de base – uma ou mais "séries de valores comparativos", que permitam resolver de modo mais equânime os casos-limite[68].

Para tornar mais evidente a diferença entre a atuação com o sistema móvel e a atuação com o sistema tradicional, Otte enunciou uma fórmula paralela ao juízo hipotético "se,

---

66. Bydlinski, *Bewegliches System und juristische Methodenlehre*, em Bydlinski, *Das Bewegliche System im geltenden und künftigen Recht*, cit., p. 32.

67. Bydlinski, *Bewegliches System und juristische Methodenlehre*, em Bydlinski, *Das Bewegliche System im geltenden und künftigen Recht*, cit., p. 40. O trecho esclarece, pois, a área do direito positivo na qual se coloca a aplicação do sistema móvel: "Uma ampla zona de fronteira é constituída, por um lado, pelos âmbitos de interpretação e de criação jurídica não determináveis univocamente e, por outro, pelas determinantes sistemáticas e objetivas de uma legislação racional."

68. "Komparative Wertreihen": Schilcher, *Gesetzgebung und Bewegliches System*, em Bydlinski, *Das Bewegliche System im geltenden und künftigen Recht*, cit., pp. 289 s. Abre-se aqui um paralelo com a doutrina do *typus*: as séries de valores (*Wertreihen*) são comparáveis – e, se sim, até que ponto – com as séries de tipos (*Typusreihen*)?

então", típico do tradicional raciocínio lógico-sistemático[69]. Para Otte, são móveis as partes do ordenamento jurídico que podem ser expressas com fórmulas do tipo "quanto mais X, mais Y"; ou seja, quanto mais estão presentes elementos de tipos A, B, C, mais se alcança a conseqüência jurídica X[70].

Esse princípio evidencia o relativismo que anima a teoria do sistema móvel: do seu ponto de vista, todos os argumentos usados para decidir o caso concreto têm algo de bom. Porém, com o sistema móvel se procura estabelecer qual combinação de princípios permite tomar uma decisão que contenha a maior quantidade possível do que é "bom". Escolhe-se o sistema móvel por essa razão prática e comparativa, e não porque ele não deixa espaço às outras opiniões[71].

Nos casos-limite, regulados por meio das cláusulas gerais ou com normas abertas, os procedimentos lógicos de subsunção já não podem funcionar; entra então, em seu lugar, uma decisão do juiz ao qual o legislador deixa uma grande liberdade. A essa grande liberdade, porém, corresponde uma igualmente grande incerteza do direito. É aqui que se insere o sistema móvel, na tentativa de conciliar uma maior liberdade do juiz com uma maior certeza do direito para o cidadão. Ao fixar um número fechado de princípios aos quais remeter-se na aplicação da norma, o sistema móvel favorece a certeza do direito porque desse modo permite saber dentro de quais limites o juiz pode exercer sua escolha[72].

---

69. Gerhard Otte, *Zwanzig Jahre Topik Diskussion: Ertrag und Aufaben*, "Rechtstheorie", I, 1970, pp. 183-97 (citado também por Bydlinski, *Bewegliches System und juristische Methodenlehre*, em Bydlinski, *Das Bewegliche System im geltenden und künftigen Recht*, cit., p. 28).

70. Cf. também Steininger, *Walter Wilburg als Lehrer und Forscher [...]*, em Bydlinski, *Das Bewegliche System im geltenden und künftigen Recht*, cit., p. 13.

71. Bydlinski, *Bewegliches System und juristische Methodenlehre*, em Bydlinski, *Das Bewegliche System im geltenden und künftigen Recht*, cit., p. 29.

72. Bydlinski, *Bewegliches System und juristische Methodenlehre*, em Bydlinski, *Das Bewegliche System im geltenden und künftigen Recht*, cit., p. 35.

Com isso, chega-se a um dos pontos mais controversos dessa teoria: como já ocorrera com o Movimento do Direito Livre, também para a teoria do sistema móvel o problema da certeza do direito está no centro das polêmicas.

10. A certeza do direito e a liberdade do juiz

Na exposição da teoria do sistema móvel, Wilburg exprime sempre com clareza a exigência de que os princípios segundo os quais deve atuar o juiz sejam fixados pelo legislador. Somente assim, de fato, ele pode evitar as críticas dirigidas por décadas ao Movimento do Direito Livre: em particular, a de transformar o juiz em legislador do caso concreto.

Porém, para os dogmáticos tradicionais, apenas a menção à norma geral e abstrata e apenas sua aplicação o mais literal possível garantem a certeza do direito. O sistema móvel aceita o aspecto formal dessa crítica e remete à emanação de uma norma de direito positivo a fixação dos princípios que vincularão o juiz. No interior daquele elenco, porém, o juiz é soberano: ou seja, ele escolhe o princípio ou a combinação de princípios que mais lhe parece equânime. Desse modo, o sistema móvel procura contemporizar certeza e flexibilidade do direito.

Contra os dogmáticos tradicionais, os defensores do sistema móvel objetam que não podem acusar o sistema móvel de lesar a certeza do direito porque exatamente eles – imobilizados nas malhas excessivamente estreitas da determinação do caso concreto – devem recorrer a normas abertas e a cláusulas gerais. Elas permitem ao juiz um âmbito de discricionariedade não somente amplo, mas também – e aqui está a diferença com relação ao sistema móvel – indeterminado: portanto, no sistema tradicional (aparentemente) rígido, a incerteza do direito é maior do que no sistema móvel.

No plano teórico, essa defesa dos partidários do sistema móvel é sem dúvida aceitável. Porém, uma primeira verificação revela uma dupla carência de pressupostos indispensáveis para tornar verdadeiramente inconfutável sua resposta.

Em primeiro lugar, certas formulações da Escola de Wilburg parecem muitas vezes confiar *diretamente* aos juízes a determinação dos princípios a serem aplicados, gerando a impressão de que o sistema móvel é diretamente aplicável pelo juiz. Por exemplo, ao apresentar o sistema móvel, Steininger afirma que ele pode ser "usado *não somente* por quem aplica o direito ao resolver casos concretos, *mas também* pelo próprio legislador na formulação de normas gerais"[73].

Em segundo lugar, o legislador austríaco recebeu apenas em medida mínima o convite para legiferar segundo os princípios do sistema móvel e, portanto, falta a possibilidade de aplicá-lo de modo mais completo. Para poder aplicar o sistema móvel é preciso, então, recorrer à ficção de imaginar emanada uma norma que não o seja; mas, assim, faltando uma âncora de direito positivo, a determinação dos princípios segundo os quais avaliar o caso é remetida ao juiz. A repetição de expressões desse tipo termina por reconduzir esses autores a posições próximas às do Movimento do Direito Livre, porque tais frases induzem a pensar que o juiz decida autonomamente recorrer ao sistema móvel.

Nesse contexto, não surpreende a persistência das críticas sobre a possibilidade de o recurso ao sistema móvel colocar em perigo a certeza do direito[74]. De fato, sem a inter-

---

73. Steininger, *Walter Wilburg als Lehrer und Forscher [...]*, em Bydlinski, *Das Bewegliche System im geltenden und künftigen Recht*, cit., p. 3; grifos meus.

74. Dirigem ao sistema móvel a crítica de provocar incerteza no direito:
1. Rudolf Reinhardt, *Beiträge zum Neubau des Schadenersatzrechts*, "Archiv für die civilistische Praxis", 148, 1943, pp. 147-87; esse escrito apresenta-se também como uma resenha (p. 147, nota) dos *Elemente des Schadensrechts* di Wilburg (cf. nota 4) e do livro de Esser, *Grundlagen und Entwicklung der Gefährdungshaftung*. A oposição de Reinhardt à teoria de Wilburg é clara: "Ainda que nos limitássemos a colocar nas mãos do juiz, como guia, a doutrina de Wilburg sobre os elementos da responsabilidade, provocar-se-ia uma incerteza jurídica em grande estilo" (p. 186).
2. Josef Esser, *Theorie und System einer allgemeinen deutschen Schadensordnung*, "Deutsche Rechtswissenschaft. Vierteljahresschrift der Akademie für Deutsches

venção do legislador, a teoria do sistema móvel termina por transformar-se numa variante moderada e equilibrada do Movimento do Direito Livre.

Aquilo que o sistema móvel pode oferecer ao cidadão são as certezas materiais: uma "certeza da orientação" (*Orientierungssicherheit*), no sentido de que, em certa medida, o cidadão pode saber como se comportará o juiz; uma certeza sobre o conteúdo não-formal da lei; uma certeza da igualdade proporcional de tratamento (*proportionale Gleichbehandlung*), no sentido de que o sistema móvel oferece maiores possibilidades de tratar cada caso levando em consideração sua diversidade[75].

Essas críticas e contracríticas são de qualquer forma destinadas a jamais encontrar um fim, porque os discursos das duas partes se referem a objetos diversos. De fato, os dogmáticos tradicionais se referem a uma certeza formal do direito, por isso preferem um ordenamento que dê certeza sobretudo aos casos típicos, que são, pois, os mais freqüentes. Já os defensores do sistema móvel se referem à certeza do direito na solução de cada caso-limite e propõem por isso resolver de modo mais homogêneo os casos-limite semelhantes entre si, vinculando o juiz a vários princípios ge-

---

Recht", 1942, vol. 7, p. 79. Cf. também o convite por ele dirigido à própria Akademie, na preparação do "Volksgesetzbuch" (cf. *supra*, cap. V, 3), a procurar "soluções novas e frescas [...] que sejam conformes às tarefas da nossa hodierna ordem social" (p. 146: Esser, *Grundfragen der Reform des Schadenersatzrechts*, "Archiv für die civilistische Praxis", 148, 1943, pp. 121-46).

3. Heinrich Klang, *Die Elemente des Schadenersatzrechts: Eine Buchbesprechung*, "Juristische Blätter" (Wien), LXVIII, 1946, p. 330.

4. Theo Mayer-Maly atenua o pensamento sistemático clássico com a mobilidade do sistema wilburguiano: "À liberdade de procurar a justiça para o caso individual e de pensar livremente por problemas, contrapõe-se a inevitabilidade da tentativa de alcançar um consenso social com meios racionais" (*Rechtswissenschaft*, Oldenbourg, München, 1981, p. 73; 5ª ed.).

75. Schilcher, *Gesetzgebung und Bewegliches System*, em Bydlinski, *Das Bewegliche System im geltenden und künftigen Recht*, cit., p. 302; cf. Theodor Geiger, *Vorstudien zu einer Soziologie des Rechts*, Vierte Auflage durchgesehen und herausgegeben von Manfred Rehbinder, Duncker und Humblot, Berlin, 1987 (a pp. 102 s. da ed. de 1970).

rais e predeterminados. Esse interesse pelos casos marginais coloca os defensores do sistema móvel no alvo do interesse contemporâneo geral pelos casos-limite, típico também das ciências físico-naturais: cf. vol. 3, cap. III, 1.

Em conclusão, os defensores do sistema tradicional e os do sistema móvel sustentam posições em larga medida complementares.

11. O campo de aplicação do sistema móvel

Com base no que foi exposto, na aplicação do sistema móvel convém distinguir as aplicações práticas das teórico-doutrinárias. As primeiras são condicionadas pelo recebimento dessa teoria por parte do legislador, coisa que até o momento na Áustria ocorreu em medida muito limitada. Além disso, o uso do sistema móvel resulta gravoso para os práticos do direito. Ele, efetivamente, exige que os práticos antes de mais nada elaborem tudo o que, dogmaticamente, pode ser extraído do direito positivo, para depois passar eventualmente ao uso do sistema móvel. Também Wilburg nem sempre distingue os resultados alcançados por essas duas vias[76].

As aplicações teórico-doutrinárias são, ao contrário, muito vastas, e a elas a doutrina austríaca sobretudo dedicou numerosos estudos[77]. Em extrema síntese, serão ora analisados os setores do direito em que a doutrina austríaca propôs aplicar o sistema móvel.

---

76. Wilburg, *Entwicklung eines beweglichen Systems*, cit., p. 41. O direito positivo não é apenas um limite à liberdade interpretativa do juiz, mas tem também uma relevância própria, a qual – como foi visto – o sistema móvel deve levar em consideração. Então, quem aceita o sistema móvel assume uma posição diversa da do juiz político, que ao contrário, de qualquer forma, procura seus valores dentro do direito positivo e, se não os encontra, insere-os: cf. o uso alternativo do direito, cap. IV, 8.

77. Sobre o aprofundamento e sobre a extensão do sistema móvel, cf. o texto citado *infra*, nota 87.

A atenção de Wilburg havia sido concentrada nas normas abertas e nas cláusulas gerais. Sua teoria é, portanto, aplicável a todos os ordenamentos que admitem o recurso à analogia, ainda que não em medida tão extensa como no código civil austríaco de 1811.

Em campos específicos, essas aplicações são de tal forma numerosas, que é possível apenas oferecer um elenco delas, mesmo porque sua exposição exigiria um conhecimento aprofundado do direito positivo nacional e seria, portanto, inadequado em um exame teórico do sistema móvel. Percorrendo os escritos em honra de Wilburg, encontram-se exposições sobre a aplicação do sistema móvel ao ressarcimento do dano, às várias formas de responsabilidade, ao direito da circulação do trânsito, ao direito contratual, à boa-fé, ao bom costume, às várias formas de nulidade, ao enriquecimento ilícito, ao direito da concorrência e das marcas e patentes, ao direito do trabalho, aos direitos assecuratório, societário, processual, constitucional, administrativo e outros mais. Por meio de cada um desses ensaios é possível remontar a outros escritos.

Em minha opinião, a teoria do sistema móvel oferece sua maior contribuição sobretudo no campo da técnica legislativa. Desse ponto de vista, a noção de sistema móvel se insere numa tradição austríaca particularmente rica. Para dar-se conta das exigências avançadas nesse campo, é preciso retornar à diferença entre direito formulado em *komparative Sätze* e direito tradicional, que mostra "uma pluralidade de características do caso concreto organizáveis progressivamente por graus"[78].

O sistema móvel propõe uma técnica legislativa mista, que pode ser sintetizada na fórmula: "explícita avaliação de base" mais "séries comparativas de valores"[79]. Como foi dito,

---

78. Bydlinski, *Bewegliches System und juristische Methodenlehre*, em Bydlinski, *Das Bewegliche System im geltenden und künftigen Recht*, cit., p. 35.

79. Os termos originais são *offene Basiswertung* e *komparative Wertreihen*. A *komparative Konkretisierung* regula "tanto o típico caso normal, entendido como avaliação de base, quanto também o caso-limite mediante a introdução

as tradicionais técnicas legislativas oferecem a solução para os casos típicos, ao passo que o sistema móvel oferece a solução para os casos-limite. A legislação tradicional formularia, portanto, os valores de base aos quais se remete o ordenamento na maior parte de casos, ao passo que a legislação inspirada no sistema móvel indicaria os princípios para resolver os casos para os quais não se conseguem soluções com as técnicas tradicionais.

O ponto essencial da técnica legislativa inspirada no sistema móvel deveria consistir em indicar com clareza *já na própria norma* quais são os valores em que se inspira aquela norma: essa determinação ofereceria ao juiz a indicação de uma linha segundo a qual prosseguir na solução dos casos-limite e, simetricamente, ofereceria ao cidadão uma indicação sobre o que ele pode esperar do juiz. Em resumo, os seguidores do sistema móvel aconselham "explicitar abertamente no texto da lei o que hoje se deve infatigavelmente extrair dos materiais preparatórios"[80].

A combinação dos dois elementos já examinados – avaliação de base e série de elementos comparativos – produz critérios de legislação (e, portanto, de interpretação) que são mais abstratos do que a clássica determinação do caso concreto, mas menos abstratos do que a cláusula geral[81].

Essa busca de equilíbrio faz do sistema móvel também um instrumento para levar em consideração na legislação o

---

de séries comparativas de valores, que compreendem um desvio para cima ou para baixo: exatamente os casos-limite": Schilcher, *Gesetzgebung und Bewegliches System*, em Bydlinski, *Das Bewegliche System im geltenden und künftigen Recht*, cit., p. 299.

80. Schilcher, *Gesetzgebung und Bewegliches System*, em Bydlinski, *Das Bewegliche System im geltenden und künftigen Recht*, cit., p. 293. Ainda, a pp. 289 s.: "A ligação explícita da avaliação de base e das séries comparativas de valores (que sobre elas se fundam) obriga a colocar em claro desde o início os pontos de vista valorativos adotados pela lei"; com as técnicas tradicionais, ao contrário, deve-se recorrer aos materiais parlamentares ou governamentais.

81. Bydlinski, *Bewegliches System und juristische Methodenlehre*, em Bydlinski, *Das Bewegliche System im geltenden und künftigen Recht*, cit., p. 35. Essa distinção corresponde também àquela entre *Begriffskern* e *Begriffshof*.

pluralismo de valores que constitui um fundamento da sociedade democrática. De fato, a tradicional técnica legislativa fundada no dualismo entre regra e exceção é uma técnica do *aut-aut*, que não deixa lugar para uma pluralidade de princípios, mas somente para um princípio, com uma eventual coroa de exceções[82]. A esse sistema destituído de uma pluralidade de princípios pode ser feita uma reprovação por ter conduzido ao conflito entre codificação e leis setoriais (*Sondergesetze*), ou seja, entre regras (excessivamente) gerais e regras (excessivamente) específicas. O direito comercial, o direito do trabalho, a proteção do locador e do consumidor são hoje subsistemas normativos que saíram da órbita codicista: eles se desenvolvem segundo uma dinâmica que lhes é própria, cada vez mais distinta daquela geral do instituto ao qual seriam reconduzíveis nos códigos (por exemplo, o direito contratual).

Já que o sistema nascido da *duale Legistik* não oferece os princípios para reconduzir à unidade as decisões que se remetem a uma ou a outra regra, o cidadão percebe a fragmentariedade tanto da legislação especialista quanto de cada uma das decisões e procura um remédio, que muitas vezes se traduz no "fictício desejo de unificação"[83].

Um frutífero recurso ao sistema móvel é possível também na comparação entre ordenamentos jurídicos, se esta última é entendida como "referida ao problema e funcional", ou seja, voltada para identificar os princípios que regem ordenamentos jurídicos específicos, e não como pura colação entre as normas do direito nacional e as correspondentes de um direito estrangeiro[84]. Nesse contexto, o siste-

---

82. Schilcher, *Gesetzgebung und Bewegliches System*, em Bydlinski, *Das Bewegliche System im geltenden und künftigen Recht*, cit., p. 307.
83. Schilcher, *Gesetzgebung und Bewegliches System*, em Bydlinski, *Das Bewegliche System im geltenden und künftigen Recht*, cit., p. 309.
84. A comparação "problembezogen-funktional" é contraposta ao simples estudo do direito estrangeiro, que é "normenbezogen-deskriptiv", em Max Rheinstein, *Einführung in die Rechtsvergleichung*, Beck, München, 1987, pp. 25-8 (2.ª ed.).

ma móvel se revela particularmente adequado a oferecer propostas legislativas, sobretudo nas unificações legislativas, em que os diversos princípios presentes nas várias legislações são contemplados nas normas comuns que regulam institutos jurídicos homônimos. Essa aplicação do sistema móvel deverá conhecer um grande desenvolvimento com a ampliação da legislação supranacional, especialmente na Europa[85].

Em nível nacional, o sistema móvel é visto como particularmente adequado a plasmar o direito das democracias liberais de tipo ocidental. Nelas, efetivamente, cada norma não deve ser pensada em função de um "autômato subjuntivo ausente de vontade", mas de um cidadão ou de um juiz "que em sua atividade se faz guiar por uma obediência pensante, por um *denkender Gehorsam* respeito à lei". No comentário a Wilburg, retorna, assim, a referência à feliz expressão de Heck, acompanhada pela constatação de que "somente esse tipo de obediência corresponde à dignidade humana e à irrenunciável responsabilidade individual"[86].

Os méritos do sistema móvel correm o risco, porém, de ser exagerados quando se indica sua aplicação também a campos distantes do direito. Steininger estende essas possibilidades não apenas à democracia, mas também à teologia, à medicina social, à matemática, à astronomia, à genética[87]. Na realidade, nem todo método apto para levar em conta o peculiar respeito ao geral é uma aplicação do sistema móvel. Tal sistema nasceu por indução do direito e ma-

---

85. O uso do sistema móvel pressupõe que cada ordenamento nacional se inspire em princípios entre eles compatíveis. Na criação de uma legislação sobre a polícia européia, por exemplo, o sistema móvel não seria de ajuda na harmonização da legislação antidroga da Alemanha com a da Holanda: na primeira, de fato, a detenção de drogas leves é delito, ao passo que na segunda, não o é.

86. Steininger, *Walter Wilburg als Lehrer und Forscher [...]*, em Bydlinski, *Das Bewegliche System im geltenden und künftigen Recht*, cit., p. 16; sobre Heck, cf. *supra*, cap. IV, 7.

87. Steininger, *Walter Wilburg als Lehrer und Forscher [...]*, em Bydlinski, *Das Bewegliche System im geltenden und künftigen Recht*, cit., pp. 16-7.

nifesta, portanto, suas melhores potencialidades com relação ao direito. Eventualmente é verdade o contrário: como foi visto, o sistema móvel é um caso específico em relação aos métodos mais recentes também científico-naturalistas que concentram sua atenção sobretudo no particular e no mutável (cf. vol. 3, cap. III, 1).

12. O sistema móvel e a teoria tópica

Quando em 1954 Viehweg publicou seu bem-sucedido opúsculo, *Topik und Jurisprudenz*, as teorias de Wilburg já estavam afirmadas entre os civilistas. Para Viehweg, por isso, foi possível referir-se a Wilburg para ilustrar um dos três princípios sobre os quais se funda sua visão tópica da ciência jurídica: aquele segundo o qual "os conceitos e os princípios da ciência do direito podem [...] ser incluídos numa implicação associada ao problema"[88] (cf. *supra*, cap. VI, 6).

Viehweg reporta os exemplos que Wilburg extrai da aplicação de dois princípios: o da igualdade dos credores não-pignoratícios no direito falimentar e o do *nemo turpitudinem suam allegans auditur* (cf. *supra*, 7): "Eles são, tomados em absoluto – comenta Viehweg –, inaplicáveis; eles vivem, muito mais, podemos dizer, da relação com o problema relativo e com a relativa compreensão da justiça e por isso devem ser continuamente diferenciados."[89] Viehweg aceita a solução proposta por Wilburg de identificar para cada problema uma série de princípios e de decidir – com base nas peculiaridades do caso concreto e com base no valor de justiça – qual deles aplicar. Nenhum princípio, porém, pode apresentar-se com a pretensão de ser o único

---

[88]. Theodor Viehweg, *Topik und Jurisprudenz*, Beck, München, 1974, p. 97. Sobre a tradução italiana dos trechos dessa 5ª edição alemã, cf. *supra*, cap, VI, nota 37.

[89]. Viehweg, *Topica e giurisprudenza*. Introduzione e traduzione di Giuliano Crifò, Giuffrè, Milano, 1962, p. 123; Viehweg, *Topik und Jurisprudenz*, Beck, München, 1974, pp. 106 (5ª ed.).

aplicável; ao invés, a doutrina tradicional opera com *absolute Prinzipien*, quase com *Axiomen*[90].

Essa tomada de posição de Wilburg em relação à doutrina tradicional permite a Viehweg primeiramente traçar um claro limite teórico entre as clássicas teorias sistemáticas do direito e a teoria do sistema móvel: "O fato, mesmo sendo reprovável [ou seja, a adesão a princípios absolutos], é todavia indispensável se se considera a jurisprudência sistematizável no sentido que foi dito. Se se faz isso, devem ser encontrados axiomas que se deixem colocar acima da inteira matéria, ou ao menos a uma parte da matéria. Não podemos colocar a culpa nos princípios pelo fato de eles aspirarem ao domínio, isto é, ao grau de um axioma; ao contrário, nessa concatenação isso é, por assim dizer, sua tarefa. O caminho percorrido é absolutamente justo, se se quer esboçar um sistema lógico não suscetível a críticas. Tal caminho parece digno de ser particularmente recomendado porque possui sempre um elevado crédito teórico. Desde os tempos do *mos geometricus*, ele foi amplamente reconhecido como exemplar, nem sempre, para dizer a verdade, com suficiente cuidado para com o relativo campo especialístico. A ele se remete a matemática triunfante. Mas conduz a ele também o senso prático. É, de fato, a mesma mera economia de pensamento a preferir um procedimento que promete oferecer de um mínimo de proposições centrais um máximo de teoremas exatos e utilizáveis. Parece que tudo fala a favor desse caminho. Mas a ele não conduz a experiência do trabalho jurídico cotidiano."[91]

Reagindo a essa concepção sistemática, Wilburg considera mais frutífera, na prática do direito, uma visão que parta dos problemas concretos e neles procure "aquilo que, a cada vez, é justo": a uma ciência jurídica desse tipo "deve permanecer em larga medida a possibilidade de tomar de novo,

---

90. Wilburg, *Entwicklung eines beweglichen Systems im bürgerlichen Recht*, cit., respectivamente, pp. 22 e 6.
91. Viehweg, *Tòpica e giurisprudenza*, cit., pp. 125 s.; Viehweg, *Topik und Jurisprudenz*, cit., pp. 108 s.

o que significa dizer 'em movimento', posição em relação à aporia fundamental"[92]: a aporia fundamental é o problema da justiça. Assim estando as coisas, para Viehweg o sistema móvel pode ser reconduzido à teoria tópica; a única discrepância seria apenas de natureza terminológica: "Dada a incalculabilidade de sua problemática, uma jurisprudência assim orientada tem maior interesse numa multiplicidade não-sistematizada (no sentido discutido) de pontos de vista. Não é de todo correto se aqui são definidos como princípios. No âmbito da nossa indicação, eles deveriam ser chamados critérios diretivos, de máxima, ou *tópoi*, dado que pertencem a uma espiritualidade não sistemático-dedutiva, mas tópica."[93]

Reconduzindo o sistema móvel à tópica, Viehweg vê na construção do sistema móvel da indenização um exemplo, um raciocínio fundado em princípios jurídicos que se ligam ao problema, e não ao sistema (representado por princípios absolutos). O elenco dos princípios – que Wilburg chama de *Grundsätze* ou ainda *Kräfte* – se transforma, portanto, em um "catálogo diferenciado de *tópoi*". Ou melhor, generalizando a solução proposta por Wilburg para a indenização, Viehweg chega a imaginar uma reconstrução tópica do inteiro direito civil, que consistiria em uma diferenciação dos catálogos de *tópoi* jurídicos[94].

Sobre essa inclusão do sistema móvel na tópica tomou posição não Wilburg, mas Canaris, que em 1969 dedicou um capítulo do seu livro à relação entre a tópica e o próprio sistema aberto, sistema que apresenta muitos pontos em comum com o de Wilburg. Nas páginas dedicadas a Canaris, encontrar-se-ão outras críticas contra a inclusão desses sistemas modernos na tópica (cf. *infra*, cap. VIII, 8). Decerto a diferença entre os princípios – tanto de Wilburg quanto de Canaris – e os *tópoi* de Viehweg não é puramente terminológica.

---

92. Viehweg, *Topica e giurisprudenza*, cit., p. 126; Viehweg, *Topik und Jurisprudenz*, cit., p. 109.

93. Viehweg, *Topica e giurisprudenza*, cit., p. 126; Viehweg, *Topik und Jurisprudenz*, cit., p. 109.

94. Viehweg, *Topica e giurisprudenza*. cit., p. 127; Viehweg, *Topik und Jurisprudenz*, cit., p. 110.

Os *tópoi* são próprios de uma técnica retórica que compreende também a ciência jurídica e, mesmo não sendo definidos com clareza por Viehweg, referem-se tanto a classes de casos semelhantes (que poderiam ser chamados problemas) quanto a casos individuais concretos: os *tópoi* são, portanto, inumeráveis e variadamente dispostos. Em Wilburg, ao contrário, os princípios são inferidos por indução dos casos jurídicos, ou seja, nascem de uma base numericamente limitada e tendem, por isso, a ser pouco numerosos. Esse dado quantitativo é, porém, relevante mais para a prática que para a teoria do direito.

A diferença teoricamente relevante reside, ao contrário, na diversa relação com o ordenamento positivo. Os *tópoi* nascem do senso comum, ao passo que os princípios encontram um critério de seleção no direito positivo, como salientou Canaris. Os *tópoi* se prestam mais a ser propostas para o legislador do que conselhos para o juiz: eles poderiam, de fato, induzir o juiz a interpretar *contra legem* uma norma, ressuscitando assim as polêmicas que já haviam acompanhado o Movimento do Direito Livre. Nessa relação com o direito positivo, percebe-se claramente a origem cultural dessas teorias: Viehweg é um puro filósofo do direito, ao passo que Wilburg e Canaris são civilistas com fortes interesses metodológicos.

É, portanto, compreensível que Wilburg, ao falar das relações entre sua teoria e a tópica, preferisse remeter-se ao aspecto quantitativo (poucos princípios em seu sistema móvel, contra os muitos *tópoi* em Viehweg), e não à diversa relação com o direito positivo. Essa diferença quantitativa tem uma grande relevância para Canaris e para Wilburg: este último, aliás, afirmava que não poderia ser considerado um seguidor da tópica exatamente porque, para ele, os princípios devem ser poucos[95].

---

95. Wilburg sustentou essa posição em várias conversas com Claus-Wilhelm Canaris, como este último teve a cortesia de comunicar-me em um colóquio sobre esse tema (Munique, 7 de maio de 1997).

Capítulo VIII
Do sistema para conhecer o direito ao sistema para aplicá-lo: o sistema aberto de Canaris

Pontos de intersecção e desenvolvimentos do discurso. O sistema aberto de Canaris, derivado da teoria de Wilburg (cap. VII) e da jurisprudência dos valores, nasce do estudo do direito civil alemão vigente: portanto, a leitura do presente capítulo pode ser omitida por quem não tenha interesses jurídicos.

Para Canaris, o sistema é algo próprio exclusivamente do direito (sistema interno). Ele remonta até os princípios jurídicos mais gerais, sem, contudo, efetuar a última passagem: aquela que, partindo dos princípios jurídicos, conduz aos princípios éticos. Assim, a noção de *completude* não é para ele um requisito do sistema jurídico: o seu é, efetivamente, um sistema *aberto a todos os valores*, que estão, porém, fora do direito. Com a eliminação da completude, o sistema de Canaris se distancia da noção clássica de sistema em um elemento essencial. Após uma crítica até excessivamente severa dos outros sistemas (ele prefere os critérios conteudísticos aos formais), Canaris constrói seu sistema indutivamente, partindo do direito privado alemão e remontando à origem primeira do sistema interno do direito por meio das categorias da *ordem* e da *unidade*.

No nível mais alto do sistema proposto por Canaris, encontram-se os princípios gerais do direito orientados para valores: mas não os próprios valores, porque Canaris constrói um sistema *do direito*. Nessa autolimitação consiste a diferença entre o sistema de Canaris e o da jurisprudência dos valores. Canaris identifica uma série de vértices no interior do próprio sistema. Ele coloca os princípios jurídicos no vértice do seu sistema aberto; abaixo dos princípios, estão os institutos jurídicos; abaixo dos institutos, estão os conceitos jurídicos gerais; enfim, no nível mais baixo, está o sistema das normas.

A abertura do sistema externo e interno é assim sintetizada pelo próprio Canaris: "As modificações do sistema *objetivo* derivam essencialmente de modificações na legislação, de novas formações consuetudinárias, da concretização de normas." Portanto, características do seu sistema aberto seriam a "provisoriedade e a mutabilidade", ao passo que o sistema móvel de Wilburg apresentaria os princípios como paritéticos e intercambiáveis, renunciando dessa forma a uma definitiva determinação do caso concreto.

1. As fontes da noção de sistema em Canaris

O civilista Claus-Wilhelm Canaris iniciou a carreira universitária sob a orientação de Larenz, e isso explica por que sua noção de sistema se remete ao uso dos princípios no direito positivo. A história de seu feliz livro sobre o sistema permite esclarecer as influências culturais que contribuíram para plasmá-lo.

Na Alemanha, o exame para a habilitação ao ensino universitário prevê que o candidato publique um livro e realize uma conferência. Canaris publicou primeiramente um volume civilista sobre o problema da aparência jurídica, que pode conduzir à aquisição de boa-fé[1], deixando, porém, propositalmente de lado os problemas metodológicos. Eles se tornaram o objeto da prescrita conferência, realizada em 1967 na Universidade de Munique e dedicada à noção de sistema no direito. Essa conferência constituiu o primeiro núcleo do futuro livro sobre o sistema, que Canaris mesmo definiu como "um subproduto do livro sobre a responsabilidade"[2].

---

1. Claus-Wilhelm Canaris, *Vertrauenshaftung im deutschen Privatrecht*, Beck, München, 1971, XXIX-567 pp.; a *Habilitationsschrift* defendida em 1967 era intitulada *Rechtsscheinhaftung im deutschen Privatrecht*.
2. "Ein Nebenprodukt der "Vertrauenhaftung"": essas e outras notícias foram a mim gentilmente fornecidas por Claus-Wilhelm Canaris durante alguns colóquios na minha permanência em Munique em 1996-97.

Convidado pela Universidade de Graz, ali ficou de 1968 a 1969 e manteve estreitos contatos com Wilburg. Não é preciso, todavia, superestimar a influência de Wilburg sobre a redação material do livro: de fato, o volume sobre o sistema já estava quase pronto antes de sua chamada a Graz. Depois de ter transcorrido um ano em Graz, Canaris foi chamado a Hamburg, onde o livro sobre o sistema tomou forma materialmente. Na relação entre Canaris e Wilburg é preciso, portanto, distinguir o contato pessoal e direto da influência intelectual. Com efeito, o relacionamento de Canaris com Wilburg foi tão direto, durante o período de Graz, quanto indireto, ou seja, mediado por seu mestre Larenz, que estava em contato também com Wilburg.

O volume conheceu duas edições alemãs, em 1969 e em 1983. Não teve tradução italiana – que aliás teria merecido – por causa de um plágio que na época provocou clamor no mundo acadêmico italiano: é para fazer justiça ao livro de Canaris que sinto o dever de lembrar aqui sua desventurada questão italiana[3]. A falta de tradução e a impossibilidade ética e científica de fazer referência ao plágio explicam por que eu mesmo traduzi amplos trechos de Canaris, citados nestas páginas, e extratos da segunda edição do seu livro[4].

Além de Wilburg, o estudo de Canaris[5] se associa explicitamente à noção clássica de sistema, inferindo sua no-

---

3. Relatei essa indecorosa questão em Losano, *L'università di Bronxford un istante prima del crollo,* "MicroMega", 1993, n. 5, pp. 169-91. Meu escrito é dedicado em geral ao estado da universidade italiana, por isso o parágrafo sobre o plágio foi omitido nas traduções alemã e espanhola (*Die Universität von Bronxford: Einen Augenblick vor dem Zusammenbruch,* "Freibeuter", April 1994, n. 59, pp. 71-91; *La universidad de Bronxford un instante antes del colapso,* "Boletín de la Institución Libre de Enseñanza" [Madrid], II Época, Septiembre 1994, n. 20, pp. 45-55).

4. Claus-Wilhelm Canaris, *Systemdenken und Systembegriff in der Jurisprudenz entwickelt am Beispiel des deutschen Privatrechts,* Duncker & Humblot, Berlin, 1969, 169 pp.; a 2ª edição, substancialmente invariada, foi publicada em 1983: Zweite überarbeitete Auflage, Duncker & Humblot, Berlin, 1969, 169 pp. A obra é dedicada *meinem hochverehrten Lehrer Karl Larenz.*

5. Canaris, *Systemdenken und Systembegriff,* cit., p. 11.

ção geral da obra de Ritschl[6] e do dicionário filosófico de Eisler[7]. Eisler, por sua vez, pertence à corrente de pensamento que se remete a Kant, portanto sua noção de sistema coincide com aquela tradicional.

Nessa dupla referência a Wilburg e a Eisler está, talvez, a raiz da oscilação que o leitor percebe ao avaliar no todo a teoria de Canaris. Com efeito, a referência a Eisler evoca uma tradição que vê no sistema um instrumento *formal* para conhecer o direito; ao contrário, no decorrer do seu texto, Canaris desenvolve uma noção *substancial* de sistema que serve sobretudo para aplicar o direito. Dessa contradição podem nascer as dúvidas sobre a corrente sistemática na qual colocar a obra de Canaris. Efetivamente – não obstante a referência à tradição sistemática e não obstante o uso do termo "sistema", na realidade freqüente em Canaris, mas quase ausente em Wilburg –, tem-se a clara impressão de que o "sistema aberto" de Canaris seja uma técnica para a aplicação do direito.

A menção a Eisler permite a Canaris distinguir desde as primeiras páginas o sistema dos conhecimentos do sistema dos objetos conhecidos, ou seja (nas palavras de Eisler), o sistema lógico do sistema real, ou ainda o sistema externo do sistema interno. Em Eisler e em outros autores, o sistema aparece caracterizado sobretudo por dois elementos: a ordem e a unidade. Esses dois elementos se encontram também em Canaris: para ele, a ordem é "conseqüen-

---

6. Otto Ritschl, *System und systematische Methode in der Geschichte der wissenschaftlichen Sprachgebrauchs und der philosophischen Methodologie*, Georgi, Bonn, 1906, 95 pp., a qual, por sua vez, remete a numerosos outros textos: cf. p. 26 e *Bibliographie A*.

7. Canaris se remete à rubrica *System* em Rudolf Eisler, *Wörterbuch der philosophischen Begriffe historisch-quellenmäßig bearbeitet*, Mittler, Berlin, 1930, vol. 3, 4ª. ed. Eisler (1873-1926) se remete, por sua vez, à doutrina kantiana através da obra de seu mestre, Wilhelm Wundt. A rubrica em questão consta de poucas e sintéticas linhas em que está contida a classificação mencionada por Canaris, enquanto o restante é substancialmente um *collage* de citações, principalmente em favor do pensamento sistemático, mas também contra este último.

cialidade fundada sobre a coisa", ou seja, é um elemento "intrínseco racionalmente apreensível"; a unidade é a reconduzibilidade desses elementos intrínsecos "a poucos princípios básicos fundamentais"[8].

Canaris aceita, portanto, as duas noções clássicas de sistema e admite inicialmente a utilidade do sistema externo ou didático; todavia, seu interesse se concentra no sistema interno. Ele privilegia o sistema dos objetos em detrimento do sistema dos conhecimentos. Já que o sistema externo, para Canaris, está "correlacionado" com o interno, desde as primeiras páginas sua exposição é concentrada exclusivamente no sistema interno (ou, para usar sua terminologia, objetivo). Além disso, objeto de sua pesquisa não é a noção geral de um sistema aplicável a toda ciência, mas a "construção do sistema jurídico" aplicável ao direito privado alemão vigente.

Para construir o sistema objetivo ou interno, é necessário inicialmente determinar "se o direito possui aquela ordem e aquela unidade que são fundamentos indispensáveis do sistema"[9]. Nessa pesquisa do sistema especificamente jurídico, Canaris segue em linhas gerais as concepções do próprio mestre, Karl Larenz, e de Helmut Coing, colocando-se assim na linha da jurisprudência inspirada nos valores.

De Coing o diferencia uma concepção do sistema mais rigorosamente circunscrita ao direito. Para Canaris, o sistema jurídico não deve englobar também os valores em que se inspira, mas deve ater-se a conceitos gerais (veremos depois quais) que ainda façam parte do mundo jurídico. Para Coing, ao contrário, o sistema inspirado nos valores é uma utopia à qual tender, na consciência de que é inatingível. Como ocorreu com muitos autores logo depois da Segun-

---

8. Canaris, *Systemdenken und Systembegriff*, cit., pp. 12 s.
9. Poucas linhas antes, mencionando a diferença (mas também a correlação) entre sistema externo e interno em Eisler, escrevia: "Para a construção de um sistema jurídico se deduz diretamente que ela tem sentido apenas se o seu objeto, ou seja, o Direito, apresenta um tal sistema objetivo" (Canaris, *Systemdenken und Systembegriff*, cit., p. 13).

da Guerra Mundial, Coing atribui particular importância aos valores em relação ao direito positivo. O direito lhe aparece, assim, como "a unidade histórica das representações de valores", devida ao "nexo sistemático dos valores éticos, ao qual todo direito por sua essência está conectado". Ao elaborar os conceitos essenciais do direito (como, por exemplo, boa-fé, pessoa, matrimônio), a ciência jurídica deve remeter-se à "unidade do ordenamento de valores e do nexo existencial", ou seja, ao "sistema"[10]. Portanto, para Coing, a noção de sistema jurídico contém também elementos sociológicos e éticos.

Quarenta anos depois, Coing distinguia três tipos de sistema: os sistemas didáticos, que reordenam a matéria com base em conceitos; os sistemas dedutivos, que partem de princípios; enfim, "os sistemas que procuram reproduzir uma ordem imanente na vida social"[11]. É esse o sistema a que aspira Coing, que porém nele vê mais um objetivo utópico do que uma tarefa realizável: "Um sistema jurídico completo deveria conter: 1. todos os princípios que podem ser levados em consideração num ordenamento jurídico, ou seja, um mapa completo dos critérios da justiça; 2. todas as situações existenciais (e as regras que as regem) que podem ser levadas em consideração. [...] Um semelhante sistema nunca foi realizado: ele pressupõe o pleno conhecimento do mundo moral e da *natura rerum*."[12] Também Wilburg sentia esse trabalho sistemático como "o início de uma demonstração que constitui a tarefa de uma vida e cujo sucesso é somente uma esperança"[13]: aquela elegante esperança

---

10. Helmut Coing, *Grundzüge der Rechtsphilosophie*, De Gruyter, Berlin, 1950, 1ª ed., pp. 277 s. Sobre o jusnaturalismo de Coing e com referência à 3ª ed. (1976) dessa obra, cf. Aulis Aarnio, *The Grounding Structures of Law. Reflections of Helmut Coing's Conception of Natural Law*, "Rechtstheorie", X, 1979, pp. 281-90.

11. Coing, *Grundzüge der Rechtsphilosophie*, De Gruyter, Berlin, 1993, 5ª ed., p. 293.

12. Coing, *Grundzüge der Rechtsphilosophie*, cit., pp. 293 s.

13. Walter Wilburg, *Entwicklung eines beweglichen Systems im bürgerlichen Recht*, Kienreich, Graz, 1950, p. 22.

que, evocada por Borges, inicia a presente pesquisa sobre o sistema.

Para Coing, a comparação jurídica é a via com que mais nos aproximamos desse ideal de sistema. E não é um caso que os sistemas jurídicos que tentam organizar todos os direitos positivos sejam as histórias universais do direito que têm origem na filosofia hegeliana da história[14].

2. A noção de sistema aberto em Canaris

Canaris pretende identificar as características de um sistema próprio exclusivamente do direito e, portanto, remontar aos princípios jurídicos mais gerais, sem porém efetuar a última passagem: aquela que, dos princípios jurídicos, conduz aos princípios éticos. Essa delimitação do campo de investigação leva-o a excluir a noção de completude do rol dos requisitos do sistema jurídico, porque em sua visão o direito é um sistema aberto. Ou melhor, ele duvida que a completude seja um elemento essencial para o conceito geral de sistema[15]. Com esse esclarecimento, o sistema de Canaris se afasta da noção clássica de sistema em um elemento essencial.

Canaris constrói seu sistema indutivamente, partindo do direito positivo – de fato, o subtítulo de seu livro lembra que seu ponto de partida é o direito privado alemão[16] – e remontando à origem primeira do sistema interno do direito através das categorias da *ordem* e da *unidade*.

A *ordem* deriva para ele do "postulado da justiça, que prescreve tratar o igual com o igual e o diverso com uma di-

---

14. Sobre as relações entra a noção de sistema e as histórias universais do direito, cf. *supra*, cap. IV, 9 e Mario G. Losano, *Los grandes sistemas jurídicos*, "Anuario de Filosofía Jurídica y Social" (Buenos Aires), 1997, n. 17, pp. 137-74.
15. Canaris, *Systemdenken und Systembegriff*, cit., p. 12, nota 12.
16. Cf. também Canaris, *Systemdenken und Systembegriff*, cit., p. 78: "Esse trabalho se ocupa da problemática do sistema com referência ao direito alemão e, em particular, do direito privado alemão."

versidade proporcional à sua diversidade". O juiz e o legislador devem "proceder com conseqüencialidade" (*folgerichtig verfahren*), ou seja, manter-se coerentes com os valores escolhidos. Essa exigência avançada de Canaris apresenta, porém, um risco, sobre o qual os críticos do sistema aberto chamaram a atenção: que as "avaliações obsoletas sejam consolidadas e estendidas graças a uma interpretação que leve coerentemente em conta o sistema"[17].

A noção de sistema aberto propõe, portanto, uma visão conservadora do direito, uma vez que o juiz e o legislador podem mudar de valores apenas "por razões objetivas"[18]. Canaris, porém, não indica nem como se identificam nem quem identifica as razões objetivas tão graves a ponto de impor uma mudança de valores. Ficam, assim, sem solução duas dúvidas. Em primeiro lugar, no plano prático, a decisão sobre a mudança de valores parece remetida à avaliação do juiz ou do legislador: mas, desse modo, ao menos no que se refere ao juiz, o sistema aberto atrai as críticas já dirigidas ao Movimento do Direito Livre e aos seus sucessores. Em segundo lugar, no plano teórico, é preciso lembrar que Canaris coloca os valores em um mundo externo tanto ao direito quanto a seu sistema: a decisão do legislador de mudar os valores de referência não é, portanto, mais de pertinência da ciência jurídica, tornando-se objeto, por exemplo, da ciência política ou, de qualquer forma, de um âmbito em que a ciência jurídica não tem nada a dizer. Ao jurista resta somente aceitar o que ocorre, ou seja, o que o legislador decidir: por essa via, o sistema aberto de Canaris retorna ao mais rigoroso positivismo legislativo. A essas duas interrogações sobre as "razões objetivas" não consegui encontrar resposta no texto de Canaris.

Por outro lado, o uso central que Canaris faz do "proceder de forma conseqüente", da "conseqüencialidade" (*Fol-*

---

17. Hans Ryffel, [resenha a] Canaris, *Systemdenken und Systembegriff*, "Deutsches Verwaltungsblatt", 15. Januar 1973, p. 88, col. 2.
18. "Sachlicher Anlaß": Canaris, *Systemdenken und Systembegriff*, cit., p. 16. Sobre o significado avaliativo do termo "conservador", cf. o que já dito a propósito da teoria pura do direito: cf. *supra*, cap. III, 10.

gerichtigkeit), remete à correção lógica da dedução, típica do tradicional sistema externo. Trata-se, porém, de uma pura assonância. A conseqüencialidade, a coerência das ações com os princípios da justiça não é nem a coerência das proposições de um sistema externo, nem a concatenação dos elementos de um sistema interno. Nesse sistema aberto, cada um dos elementos do ordenamento jurídico está unido ao outro pela referência comum a um valor: trata-se de uma unidade indireta, teleológica, não de um nexo direto entre as normas do ordenamento. Recorrendo a uma imagem, no sistema tradicional as normas estão unidas entre si por um nexo, como em um colar; ao contrário, no sistema de Canaris, não estão ligadas diretamente umas com as outras, mas todas estão ligadas a um valor superior, como em um cacho de uvas.

A *unidade* do sistema exprime para Canaris, por um lado, a exigência da não-contraditoriedade e, por outro, aquela tendência "generalizadora" da justiça que evita a fragmentariedade das decisões fundadas sobre a eqüidade. Portanto, o sistema jurídico de Canaris pode ser reconduzido a um dos "valores supremos", o da "justiça, concretizado no princípio da igualdade e em sua tendência à generalização"[19]. Tais afirmações sobre a unidade do sistema parecem, porém, inconciliáveis com aquelas anteriores sobre sua ordem: se o juiz e o legislador podem remeter-se ao valor da justiça (que *hic et nunc* deve ser um: e daqui nasce a ordem) mas abandoná-lo se a realidade o exige, entra em crise não apenas o conceito de ordem, mas também o de unicidade do sistema.

Por isso é difícil admitir com Canaris que, mesmo em subordem, o sistema aberto seja também uma garantia de certeza do direito: valem aqui todos os argumentos e os contra-argumentos já mencionados a respeito do direito livre e do sistema móvel de Wilburg.

Canaris se remete freqüentemente à evidência imediata dos dados jurídicos para fundar sua visão sistemática; e

---

19. Canaris, *Systemdenken und Systembegriff*, cit., p. 17.

efetivamente tem razão, porque, partindo do direito privado alemão, atua num direito fortemente sistematizado, ou seja, num direito que já incorporou a noção clássica de sistema elaborada pelos pandectistas alemães: constatação já feita no século XIX por Gerber[20]. O direito privado alemão é filho da pandectística e é, portanto, um direito positivo em que se encontram sem dificuldades não apenas a ordem e a unidade procuradas por Canaris, mas também aquela tendência à completude e à coerência que a ele não parecem elementos indispensáveis do sistema jurídico.

No sentido indicado por Canaris, todos os ordenamentos jurídicos são sistemáticos, visto que todos tendem a realizar *um* valor de justiça. Porém, uma noção assim tão vasta de sistema corre o risco de ser intrinsecamente heterogênea e, portanto, de infrutífera aplicação na teoria e de difícil uso na prática. Ademais, essa definição do sistema é incerta, porque identifica regras de comportamento para quem aplica o direito, e não elementos teóricos com os quais confrontar a realidade do direito.

Que para Canaris a noção de sistema seja um princípio de ação e não um instrumento de conhecimento, isso se vê com clareza na definição dos elementos do sistema oferecida no início do seu escrito, como síntese de suas reflexões gerais sobre o sistema jurídico. Onde se esperaria uma definição da *estrutura* do sistema jurídico, encontra-se, ao contrário, a enunciação da *função* do sistema jurídico: a "tarefa do sistema jurídico" consiste "em descrever e em realizar a coerência valorativa e a unidade interna do ordenamento jurídico"[21]. O sistema não é, portanto, apenas um guia ao conhecimento do direito (nisso consiste, exatamente seu "descrever", que é sua tarefa clássica), mas é também um guia para o agir na aplicação do direito: nisso consiste seu "realizar" o valor próprio do sistema, aplicando-o ao caso concreto.

---

20. Sobre a noção de sistema em Gerber, cf. *supra*, cap. I, 1.
21. Canaris, *Systemdenken und Systembegriff*, cit., p. 18.

Na leitura da obra de Canaris, essa definição deve sempre estar presente, porque ela é a instância de comparação por ele usada para criticar os outros sistemas propostos pela ciência jurídica, sobretudo a partir dos últimos anos do século XIX e nas primeiras décadas do século XX. O raciocínio de Canaris consta de três passagens: partindo do direito privado alemão, ele descobre que esse direito já é sistemático; sua sistematicidade é dada pela referência ao valor (que cumpre, assim, uma função análoga à da norma fundamental em Kelsen); o sistema tem, portanto, a função de conservar uma coerência entre aquele valor e a ação de quem aplica cada norma do ordenamento. Disso deriva, como última conclusão, que noções de sistema diversas daquela por ele proposta "poderiam não identificar a essência do direito"[22]. Observação pertinente, se se pensa que exatamente a essa conclusão havia conduzido a crítica imanente à teoria pura do direito, que é um sistema radicalmente diverso do de Canaris, porque exclui os valores (cf. *supra*, cap. III, 9).

3. As críticas dos outros sistemas a partir da noção de sistema aberto

Um núcleo importante da pesquisa de Canaris é dedicado à crítica das várias noções de sistema. A seu ver, as teorias do sistema jurídico podem ser reconduzidas às noções de sistema formal, de problema, de relação existencial

---

22. Canaris, *Systemdenken und Systembegriff*, cit., p. 19:"Die Berechtigung eines Systemsbegriffs, der sich nicht auf die im vorigen Paragraphen vorgetragenen Überlegungen stützen läßt, [ist] häufig auch dem Bedenken ausgesetzt, er könne das Wesen des Rechts verfehlen." A *prudentia* do jurista positivo ao formular os conceitos termina por ser um obstáculo à argumentação filosófica: o texto de Canaris é rico de formulações como aquela ora citada, que terminam por colocar em agitação o teórico. Em suma, pergunta-se este último, os "outros" sistemas têm ou não têm a ver com a essência do direito? O que significa dizer que "podem" ter a ver com ela? Em que condições têm a ver ou não têm a ver? E assim por diante.

e de tópica. Conseqüentemente, a crítica de Canaris enfrenta a jurisprudência dos conceitos (e com ela também os modernos sistemas axiológico-dedutivos), as teorias problemáticas ou aporéticas do direito, a jurisprudência dos interesses e as teorias argumentativas ou tópicas do sistema jurídico. Os adversários de Canaris são, portanto, o lógico Klug, o jusliberista Heck e o tópico Viehweg. Quanto mais um autor é próximo à noção de sistema aberto de Canaris, mais extensas e nebulosas se fazem as críticas. As visões de Klug e de Heck são rejeitadas *in toto* em poucas páginas no início do volume; o sistema móvel de Wilburg é considerado compatível com o sistema aberto e é analisado no centro da obra; por fim, à complexa relação entre sistema aberto e tópica de Viehweg é dedicado o capítulo final[23].

As críticas movidas por Canaris a outras concepções do sistema jurídico são interessantes sobretudo porque ajudam a esclarecer o que esse autor entende por "sistema". Em si, tais críticas são, por sua vez, criticáveis porque excessivamente superficiais. No exame que vai de Savigny a Kelsen, de Klug a Heck, de Von Hippel a Salomon, salva-se em parte somente Wilburg com seu sistema móvel, inspirador do sistema aberto de Canaris. Sobre a relação entre o sistema de Canaris e o sistema de Wilburg tornar-se-á mais adiante (cf. parágrafo 5); agora, porém, é útil examinar as concepções do sistema jurídico que Canaris rejeita porque são "limitadas desde o início" e porque poderiam "não colher a essência do direito"[24].

Toda a história do sistema, das origens ao século XX, ocupa compreensivelmente poucas linhas. O sistema externo "não deve ser levado em consideração" porque se ocupa da ordenada exposição do direito e, portanto, "não é um 'sistema do direito' no sentido de uma ordem interna"[25]: coisa

---

23. Essas críticas aos outros sistemas estão reagrupadas em Canaris, *Systemdenken und Systembegriff*, cit., respectivamente a pp. 25-9 e pp. 35-40; pp. 74-85; pp. 135-54.
24. Canaris, *Systemdenken und Systembegriff*, cit., p. 19.
25. Canaris, *Systemdenken und Systembegriff*, cit., p. 19.

óbvia, já que o sistema examinado é o externo. Contra essa rápida liquidação dos antecedentes históricos do sistema se alinham Wieacker e Esser. Wieacker sente o dever de lembrar que o sistema externo "é o único que, com as grandes codificações, pode pretender ter chegado a uma validade positiva" e o único relevante para a interpretação sistemática. Sua relevância não é, pois, puramente didática; essa noção de sistema "garante" a descrição, a comunicação e a autocompreensão das grandes províncias do direito[26]. Ademais, admitindo-se que seja aceitável "descrever aquilo que se recusa como amplamente superado", Esser recorda como o argumento de Canaris é menos convincente exatamente porque, "no mais tardar a partir de Jhering, nossa superavaliação do valor da construção pode ser entendida exatamente em sentido axiomático (a "jurisprudência superior" de Jhering). Em conclusão, o estudo do conceito de sistema lhe parece "pouco frutífero, se destituído de qualquer perspectiva histórica"[27].

Canaris rejeita também os sistemas de conceitos puros porque formais, ao passo que a referência a um valor (por ele preferido) é "sempre de tipo material" e se refere a "um certo ordenamento jurídico histórico"[28]. Os problemas de Stammler[29], Kelsen[30] e Nawiasky[31] não são os de Canaris, que aqui sintetiza o ângulo de visual do qual observa o sistema

---

26. Franz Wieacker, [Resenha a] Canaris, *Systemdenken und Systembegriff*, "Rechtstheorie", I, 1970, p. 109.
27. Josef Esser, [resenha a] Canaris, *Systemdenken und Systembegriff*, "(Rabels) Zeitschrift für ausländisches und internationales Privatrecht", 1969, p. 758.
28. Canaris, *Systemdenken und Systembegriff*, cit., p. 20.
29. Rudolf Stammler, *Theorie der Rechtswissenschft*, Waisenhaus, Halle/Saale 1911, VII-851 pp. (2ª ed.): 1923, reimpressão fac-similar, Scientia, Aalen, 1970, VIII-516 pp.); *Lehrbuch der Rechtsphilosophie*, De Gruyter, Berlin, 1922, XIV-392 pp. (3ª ed.: 1928).
30. Hans Kelsen, *Reine Rechtslehre*, Deuticke, Wien, 1960, XII-534 pp.; trad. it.: *La dottrina pura del diritto*. Saggio introduttivo e traduzione di Mario G. Losano, Einaudi, Torino, 1966, CIII-418 pp.
31. Hans Nawiasky, *Allgemeine Rechtslehre als System der rechtlichen Grundbegriffe*, Benzinger, Einsiedeln – Zürich – Köln, 1948, XX-313 pp. (1ª ed.: 1941).

jurídico: os problemas "que são considerados típicos para a problemática da construção de sistemas jurídicos" são "o significado do sistema para a aplicação do direito" (*Rechtgewinnung*), "o vínculo do legislador à idéia de sistema" e o "tratamento das fraturas sistemáticas". Quando se fala de "pensamento sistemático", em suma, "tem-se em mente muitas vezes não um sistema de conceitos puros, mas o sistema do direito positivo". Na realidade, teria sido mais exato se, em vez da forma impessoal "se", Canaris tivesse escrito "eu": de fato, ele realizou uma escolha que exclui a noção formal de sistema jurídico, porém não está dito que todos o seguem necessariamente por essa via. Sua escolha é legítima, todavia não pode estar fundada teoricamente sobre a constatação de fato de que o jurista "normalmente" tem em mente o sistema material e não o formal, do direito[32].

São, pois, rejeitados também os sistemas lógicos. O sistema próprio da jurisprudência dos conceitos – fundado sobre a lógica tradicional – não parece aceitável para Canaris, porque aparentado com uma concepção positivista da ciência, "concepção [...] que hoje se pode dizer sem dúvida superada"[33], ao menos do ponto de vista de Canaris. De fato, o sistema do direito em Canaris deriva sua unidade não da dedução lógica, mas daquela axiológica da idéia de justiça.

Também o sistema axiomático-dedutivo fundado sobre as lógicas modernas é rejeitado porque, seguindo as teses de Hilbert[34], não pode atingir a não-contraditoriedade e a completude, mas sobretudo porque ele não tem relevância para a aplicação prática do direito. Portanto, "a construção de um sistema axiomático-dedutivo não é possível e

---

32. A expressão "normalmente" (*üblicherweise*), assim como as citações anteriores, está em Canaris, *Systemdenken und Systembegriff*, cit., p. 20.
33. "Der positivistische Wissenschaftsbegriff": Canaris, *Systemdenken und Systembegriff*, cit., p. 21.
34. David Hilbert – Walter Ackermann, *Grundzüge der theoretischen Logik*, Springer, Berlin, u. a. 1949, VIII-156 pp. (3ª ed.; 2ª ed. 1938; 1ª ed., 1928).

contradiz a essência do direito"³⁵: coisa que, observa Wieacker, o autor "absolutamente não demonstrou"³⁶.

O direito, não sendo sistema, é problema, ou relação existencial, ou tópica. Um a um eles foram rejeitados por Canaris. No sistema de problemas de Max Salomon³⁷ e de Fritz von Hippel³⁸, a expressão "sistema de problemas" é considerada contraditória: ou melhor, tal sistema é impossível³⁹. O "sistema das relações existenciais" ou "sistema da solução de conflitos" de Heck e da jurisprudência dos interesses⁴⁰ é criticado porque renuncia à idéia de unidade do sistema. Mas com Heck se chegou à fonte de Wilburg, que por sua vez é a fonte de Canaris, o qual se encontra, assim, na circunstância de ser tributário do autor criticado. "Exatamente os chamados 'conceitos de interesse' de Heck – escreve Wieacker – são por concreção ou 'solidez' quase idênticos aos princípios considerados fundamentais por Canaris."⁴¹

Enfim, a ampla exposição da tópica se revela, mais do que uma exposição crítica, uma laboriosa definição dos pontos de contato e de divergência entre dois métodos diversos, mas não incompatíveis no mundo do direito. Pensamento sistemático e pensamento tópico seriam complementares: a crescente presença de princípios consolidados reduziria o âmbito da tópica, e vice-versa. "Assim entendida – conclui Wieacker –, a grande polêmica se reduziria ao

---

35. Canaris, *Systemdenken und Systembegriff*, cit., p. 29.
36. Wieacker, Resenha a Canaris, "Rechtstheorie", 1970, p. 110.
37. Max Salomon, *Grundlegung zur Rechtsphilosophie*, Rothschild, Berlin, 1919, X-252 pp.; 2.ª ed.: 1925, XI-199 pp. "Max Salomon" é o nome que figura no frontispício; na realidade, esses são os prenomes do autor, que os usava como pseudônimo; o nome completo é Max Salomon Shellens (e também sob esse nome estão catalogadas algumas obras suas).
38. Fritz von Hippel, *Gesetzmäßigkeit juristischer Systembildung*, Junker und Dünnhaupt, Berlin, 1930, IV-35 pp.; *id.*, *Rechtstheorie und Rechtsdogmatik. Studien zur Rechtsmethode und zur Rechtserkenntnis*, Klostermann, Frankfurt a. M., 1964, 445 pp.
39. Canaris, *Systemdenken und Systembegriff*, cit., p. 30.
40. Philipp Heck, *Begriffsbildung und Interessenjurisprudenz*, Mohr, Tübingen, 1932, VIII-228 pp. (cf. pp. 139 ss. sobre sistema interno e externo).
41. Wieacker, Resenha a Canaris, "Rechtstheorie", 1970, p. 110, nota 16.

modo pelo qual dividir o trabalho entre dois modelos da tarefa prática da aplicação do direito: nexo dedutivo geral ou arte científica racional da aplicação do direito."[42]

Em conclusão, as críticas aos outros sistemas resultam pouco convincentes porque se está em presença não de uma crítica, mas de uma escolha de campo: Canaris prefere os critérios conteudistas aos formais. Já que são os critérios formais os que tradicionalmente estão na base dos sistemas de normas, dos sistemas de conceitos jurídicos gerais e dos sistemas de institutos jurídicos, Canaris não os considera adequados à construção de um sistema orientado na direção dos valores.

A concepção de sistema jurídico segundo Canaris assume, pois, contornos ainda mais fluidos, porque os sistemas criticados não são nitidamente rejeitados, mas ecleticamente incorporados em sua concepção de sistema. Assim, ao final, a escolha de um certo tipo de sistema termina por ser "uma questão de oportunidade ou de ângulo de visão"; ou melhor: "Um sistema de conceitos teleológicos, de institutos jurídicos e de valores supremos deveria em qualquer caso assemelhar-se muito a um sistema de princípios: *um deveria poder ser reformulado em larga medida, ainda que não completamente, no outro.*"[43] Disso é possível concluir que a escolha do tipo de sistema segundo o qual construir o ordenamento jurídico é largamente arbitrária: de fato, Canaris não indica quem determina a oportunidade ou o ângulo de visão sob o qual se funda aquela escolha.

4. Os princípios como nível supremo do sistema aberto

No nível mais alto do sistema proposto por Canaris encontram-se os princípios gerais do direito orientados para os valores: não os valores mesmos, porque Canaris constrói

---

42. Wieacker, Resenha a Canaris, cit., p. 118.
43. Canaris, *Systemdenken und Systembegriff*, cit., p. 52; grifos de Canaris.

um sistema *do direito*. Nessa autolimitação, nesse parar antes da linha de chegada, como foi visto, consiste a diferença de fundo entre o sistema elaborado por Canaris e a visão esquematizada desse sistema por Coing.

Canaris, portanto, não parte dos valores, mas dos princípios gerais do direito que neles se inspiram. Tais princípios devem ser determinados empiricamente e, assim fazendo, eles se dispõem em ordem hierárquica. Nem todos os princípios que valem para o ordenamento jurídico positivo alemão em seu conjunto valem também para o direito privado alemão. Nem para este último valem todos os princípios próprios do direito das sucessões ou das obrigações. Enfim, em cada um desses setores existem ulteriores "pequenos subsistemas com princípios 'gerais' autônomos"[44]: por exemplo, as turbações ou o enriquecimento ilícito. Nessa estrutura por graus, os princípios superiores determinam apenas em parte os inferiores e, simetricamente, os inferiores são subsumidos apenas em parte nos princípios superiores. Todavia, não é explicado com base em quais regras ocorre esse movimento.

Essa construção evoca à mente a dos pandectistas, que partindo das normas jurídicas construíam os institutos, depois reuniam os institutos sob um único princípio, até organizar em sistema todo o ordenamento jurídico. Canaris toma nitidamente distância dessa concepção, mas ao mesmo tempo não corta por completo as pontes com ela.

Ao percorrer novamente o sistema de cima para baixo, o sistema dos princípios gerais acima delineado é colocado um grau abaixo do sistema como ordenamento de valores propugnado por Helmut Coing, um dos inspiradores de Canaris. Canaris identifica, ao contrário, uma série de vértices que se sucedem no interior do próprio sistema. Sempre partindo do alto, ele coloca os princípios jurídicos no vértice do seu sistema aberto; sob os princípios, estão os institutos jurídicos; sob os institutos, estão os conceitos jurídicos

---

44. Canaris, *Systemdenken und Systembegriff*, cit., p. 48.

gerais; enfim, o nível mais baixo é ocupado pelo sistema de normas.

Com referência a essa pirâmide, a diferenciação do sistema de Canaris em relação aos outros por ele examinados e rejeitados (cf. item 3 acima) ocorre em função do direito positivo. Assim, o sistema como ordenamento de valores é indicado como menos adequado que o sistema dos princípios jurídicos para a construção de um sistema *jurídico*, porque somente os princípios contêm "a divisão típica da norma jurídica entre o caso concreto e a sanção"[45]. Também a visão do direito como sistema de institutos jurídicos termina por reconduzir aos princípios gerais, visto que mais institutos são reconduzíveis a um único princípio. Um "sistema dos conceitos jurídicos gerais é possível, mas isso não significa que seja também oportuno"[46]. Enfim, o "sistema de normas" parece "pouco sensato" (exatamente assim: *wenig sinnvoll*) porque "os elementos jurídicos sobre os quais se fundam o sentido e a unidade induzem a conceber o princípio de modo mais flexível"[47]. Mais uma vez, a terminologia propositalmente vaga termina por ofuscar os fundamentos teóricos das várias passagens que levam a aceitar os princípios como elemento supremo do sistema aberto.

O sistema de Canaris é construído com princípios que apresentam quatro características, verificáveis empiricamen-

---

45. Canaris, *Systemdenken und Systembegriff*, cit., p. 51. Traduzo *Rechtssatz* por norma jurídica, mas a oscilação terminológica entre *Rechtsnorm* e *Rechtssatz* é constante em Canaris, que todavia aceita a distinção de Kelsen entre norma jurídica e proposição jurídica: cf. Canaris, *Systemdenken und Systembegriff*, cit., p. 22, nota 17. Sobre esse problema terminológico em Kelsen, cf. *supra*, cap. II, 4.

46. Canaris, *Systemdenken und Systembegriff*, cit., p. 50.

47. De fato, para Canaris, os vários "pensamentos jurídicos sobre os quais se fundam o sentido e a unidade do ordenamento (*sinn- und einheitsstiftende Rechtsgedanken*) "tendem muito mais a assumir a forma flexível dos princípios" (*drängen vielmehr nach der flexibleren Fassung des Prinzips*: Canaris, *Systemdenken und Systembegriff*, cit., p. 49): onde "flexível" está para mutável no decorrer do espaço e do tempo, como a concepção do direito natural que está na base dessa teoria (*wandelbares Naturrecht*).

te no direito privado alemão: 1. os princípios podem sofrer exceções e podem estar reciprocamente em contraste ou contradição; 2. os princípios não são exclusivos (no sentido de que a mesma conseqüência pode derivar de princípios diversos); 3. os princípios se manifestam num jogo de recíprocos completamentos e limitações; 4. os princípios devem ser traduzidos em normas: em outras palavras, "para sua realização, necessitam ser concretizados mediante subprincípios e avaliações específicas com um conteúdo objetivo autônomo"[48].

É suficiente confrontar essas características do sistema aberto com as do sistema clássico para dar-se conta de que a mesma palavra designa objetos muito diversos. A parentela mais próxima é, ao contrário, aquela com os elementos do sistema móvel de Wilburg, ainda que este último tenha o cuidado de vincular sempre seus princípios a problemas do direito positivo. Dando-se conta da diversidade da sua noção de sistema em relação à tradicional, ambos formulam com cautela a própria proposta. A prudência de Wilburg se manifesta ao limitar a aplicação do sistema a setores bem delimitados do direito positivo; a de Canaris, na atenuação verbal das próprias asserções gerais.

Pode-se agora ver com maior precisão em que consiste a parentela do sistema móvel com o sistema aberto. A formulação de Canaris pode valer como generalização das asserções de Wilburg ao menos para as três primeiras características dos princípios. Assim, a primeira característica, a da exceção ou da contraditoriedade dos princípios, está documentada durante todo o trabalho de Wilburg; a crítica que ele dirige à doutrina dominante consiste exatamente no fato de que todo princípio "pretende uma validade geral". A segunda característica, a da não-exclusividade, deriva diretamente da "discricionariedade guiada" (*gelenktes Er-*

---

48. Os princípios "bedürfen zu ihrer Verwirklichung der Konkretisierung durch Unterprinzipien und Einzelwertungen mit selbständigem Sachgehalt": Canaris, *Systemdenken und Systembegriff*, cit., p. 53.

messen) do juiz ao decidir qual princípio aplicar entre os indicados pelo legislador. Também a terceira característica, a da combinação dos princípios, é típica de toda a construção de Wilburg; por exemplo, ele afirma que "a ordem interna da responsabilidade civil" pode ser reconduzida à "sinergia dos pontos de vista"[49]. A elaboração de subprincípios, que constituem a quarta característica, reconduz, ao contrário, a uma outra fonte de Canaris, ou seja, a Josef Esser: "O processo de concretização de um sistema mediante a contínua elaboração de subprincípios", escreve este último, está "de pleno acordo com minhas concepções"[50].

Ao contrário, a quarta característica, a da realização dos princípios mediante subprincípios, parece inconciliável com a remissão explícita de Wilburg à intervenção do legislador, para que fixe os princípios em normas jurídicas. Em Canaris, essa obra de especificação dos princípios poderia ser entendida como a atividade do juiz que adapta o princípio geral ao caso concreto. Se assim fosse, deslizar-se-ia na direção do direito livre, recusada, ao contrário, por Wilburg.

Um sistema pode ser aberto em dois sentidos. Inicialmente, pode-se contrapor o sistema aberto da casuística ao fechado da codificação[51]: e nesse sentido o direito privado alemão deve "sem dúvida ser considerado um sistema fechado"[52]. Ou então a abertura do sistema pode ser entendida no sentido de sua incompletude, modificabilidade, possibilidade de desenvolvimento[53]: e esse é o sentido moder-

---

49. Wilburg, *Entwicklung eines beweglichen Systems im bürgerlichen Recht*, cit., respectivamente pp. 12, 22 e de novo 12.
50. Josef Esser, [resenha a] Canaris, "(Rabels) Zeitschrift für ausländisches und internationales Privatrecht", 1969, p. 758. A própria obra à qual Esser faz referência nessa resenha é *Grundsatz und Norm in der richterlichen Fortbildung des Privatrechts. Rechtsvergleichende Beiträge zur Rechtsquellen- und Interpretationslehre*, Mohr, Tübingen, 1956, XX-394 pp. (2ª ed., 1964).
51. Canaris, *Systemdenken und Systembegriff*, cit., p. 61, notas 1 e 2.
52. Canaris, *Systemdenken und Systembegriff*, cit., p. 61.
53. Canaris, *Systemdenken und Systembegriff*, cit., p. 61, nota 3.

no, pós-pandectístico, do termo "sistema". Mas a essa altura cabe perguntar-se se é oportuno designar duas coisas tão diversas com o termo "sistema".

Retornando à distinção clássica entre sistema externo e sistema interno, é deste último que primeiramente nos devemos ocupar. De fato, as modificações do sistema externo são reflexos, descrições das modificações do sistema objetivo do direito. Para Canaris, este último se modifica se se modificam "as avaliações de base"[54]; para o princípio da conseqüencialidade (*Folgerichtigkeit*) muda, então, uma parte do sistema, ou até mesmo o sistema inteiro. Uma dúvida surge espontânea: mas então a essência do sistema não estaria no estabelecimento de quais são as regras para deduzir *folgerichtig* do princípio? Efetivamente, uma coisa é constatar empiricamente a mudança do direito; outra, descobrir as leis dessa mudança. Esses são, porém, problemas típicos do teórico do direito, ao passo que o sistema aberto de Canaris é fundamentado segundo a mentalidade do jurista positivo, ou melhor, do civilista.

A construção de Canaris partira da asserção segundo a qual os valores fundamentais estavam fora do sistema jurídico. Mesmo estando fora, todavia, eles são capazes de influenciá-lo: se os valores mudam, mudam os princípios e muda também o sistema jurídico. Essa mudança depende da natureza mesma do direito: "A abertura do sistema objetivo resulta da essência do objeto da jurisprudência [ciência do direito], ou seja, da essência do direito positivo entendido como fenômeno imerso no processo da história e, portanto, mutável."[55] Contudo, essa constatação empírica não explica por que ocorre a mudança. A própria formulação de Canaris assere, mas não demonstra: "Isso é de fato indiscutível e resulta sem dúvida do fato de que, como é sabido, o direito positivo (também em um ordenamento jurí-

---

54. "Die tragenden Grundwertungen": Canaris, *Systemdenken und Systembegriff*, cit., p. 63.
55. Canaris, *Systemdenken und Systembegriff*, cit., p. 64.

dico fundado sobre uma codificação) é, de modos variados, suscetível de completamento."[56]

Para quem não é Borges, pois, é difícil também aceitar a afirmação de que o sistema do direito é "infinito"[57]. Se o afirma um relativista, é aceitável porque no vértice do sistema se alternarão valores diversos. Mas quem acredita em um valor absoluto e o coloca no vértice do sistema, ao atingir esse valor, atinge também o fim do direito, assim como Hegel chega ao fim da história.

A abertura do sistema externo e interno é assim sintetizada pelo próprio Canaris: "As mudanças do sistema *objetivo* derivam essencialmente de mudanças da legislação, de novas formações consuetudinárias, da concretização de normas que necessitam de uma determinação valorativa e da afirmação de princípios jurídicos gerais de origem extralegislativa, que encontram o fundamento da própria validade na idéia de direito e na natureza das coisas. As mudanças do sistema *científico* resultam, por um lado, da crescente compreensão das avaliações que estão na base do direito vigente e, por outro, representam uma adequação às transformações do sistema objetivo. As mutações do sistema *objetivo* seguem, assim, fundamentalmente, as transformações do sistema *científico*; todavia, também o sistema objetivo e o científico estão ligados na dialética geral entre o direito objetivamente em vigor e sua aplicação."[58]

---

56. Canaris, *Systemdenken und Systembegriff*, cit., p. 63.
57. Canaris, *Systemdenken und Systembegriff*, cit., p. 65.
58. Canaris, *Systemdenken und Systembegriff*, cit., p. 73. A frase não é clara. Escreve Canaris: "As mudanças do sistema *objetivo* seguem, portanto, fundamentalmente, as transformações do sistema *científico*"; essa minha tradução torna mais explícito o original, que fala de "um primeiro" e de "um segundo" sistema. Gramaticalmente, o texto não dá margem a dúvidas: o "primeiro" mencionado é o "sistema objetivo"; o segundo, o "científico". Mas não seria mais correto o contrário, ou seja, as "mudanças do sistema *científico* seguem, portanto, fundamentalmente as transformações do sistema *objetivo*"?

5. A proximidade entre sistema móvel e sistema aberto

Alguns autores colocam no mesmo plano o sistema aberto de Canaris e o sistema móvel de Wilburg. Em uma resenha profunda e um pouco *sorniona*, Wieacker releva como essa aproximação inquieta Canaris, mas conclui que "um observador não achará grandes diferenças práticas entre os dois métodos"[59]. Já Canaris enfrenta com atitude crítica a definição de sistema móvel em Wilburg e sublinha suas diferenças, ou melhor, a incompatibilidade com a própria definição de sistema aberto: a mobilidade do sistema não tem "praticamente nada a ver com a abertura do sistema"[60]. Porém, depois, analisando suas características, Canaris atenua sua recusa e chega à conclusão de que "a idéia de um sistema móvel, assim como foi desenvolvida por Wilburg, representa um inegável enriquecimento dos instrumentos legislativos e metodológicos", uma "significativa descoberta jurídica"[61]. Canaris termina, assim, por oscilar entre uma posição crítica em defesa da própria originalidade e o devido reconhecimento do aporte do sistema móvel de Wilburg à elaboração do seu sistema aberto.

Características deste último seriam a "provisoriedade e a mutabilidade"[62], ao passo que o sistema móvel de Wilburg apresentaria os princípios como paritéticos e intercambiáveis, renunciando, assim, a uma determinação definitiva do caso concreto. Não está todavia claro de que modo tudo isso não tem "praticamente nada a ver com a abertura do sistema"[63]. Segundo Canaris, um sistema móvel não tem a necessidade da mutabilidade das avaliações e dos princípios (características, ao contrário, dos sistemas abertos), ao passo que os sistemas abertos podem não apresentar aque-

---

59. Wieacker, Resenha a Canaris, "Rechtstheorie", 1970, p. 112.
60. A mobilidade do sistema tem *mit der Offenheit des Systems so gut wie nichts zu tun*: Canaris, *Systemdenken und Systembegriff*, cit., p. 75.
61. Canaris, *Systemdenken und Systembegriff*, cit., p. 85.
62. Canaris, *Systemdenken und Systembegriff*, cit., p. 74.
63. Canaris, *Systemdenken und Systembegriff*, cit., p. 75.

la pariteticidade e intercambialidade dos princípios, características dos sistemas móveis. Em conclusão, um sistema móvel pode ser aberto ou fechado, ao passo que um sistema aberto pode ser móvel ou imóvel[64].

Partindo da unidade e da ordem como elementos caracterizadores do sistema, Canaris reconhece que o sistema móvel de Wilburg apresenta tanto unidade quanto ordem. Ele pretende com efeito unificar a multiplicidade dos fenômenos jurídicos e das decisões sob poucos princípios definidos pelo legislador. Mas, uma vez aceita a unidade, essa ordem interna corresponderia a uma certa hieraquia dos princípios. Aqui está a divergência entre os dois autores: Wilburg sustenta a pariteticidade dos princípios, ao passo que Canaris lê nas páginas de Wilburg uma embrionária aceitação de sua hierarquia, porque diante do caso concreto o juiz escolheria não entre *todos* os princípios, mas apenas entre os pertinentes. Portanto, seriam paritéticos apenas os princípios sobre os quais se funda a unidade do sistema. Na realidade, essa asserção não está presente em Wilburg. Assim, depois de ter concluído que "poder-se-ia falar de uma certa hierarquia" em Wilburg, o próprio Canaris admite a opinabilidade dessa sua interpretação: "Se esse é realmente o parecer de Wilburg, isso pode ser decidido de modo definitivo pela falta de um seu posicionamento unívoco sobre esse problema."[65]

Forçar levemente as idéias de Wilburg permite a Canaris chegar à conclusão de que "a concepção de Wilburg traz com razão o nome de "sistema", ainda que não se deva desconhecer que trata de um caso-limite"[66]. Conclusão que suscita um certo estupor em quem – duas páginas antes e sempre a propósito de Wilburg – havia lido: "Perguntamnos, com efeito [...] se e em qual medida se pode ainda fa-

---

64. Canaris, *Systemdenken und Systembegriff*, cit., p. 76.
65 .Canaris, *Systemdenken und Systembegriff*, cit., p. 20 e nota 78.
66. Canaris, *Systemdenken und Systembegriff*, cit., p. 78.

lar de 'sistema' ou se a expressão 'sistema móvel' encerra em si mesma uma contradição."[67]

Já que a própria pesquisa sobre o sistema se refere apenas ao direito privado alemão vigente, Canaris se pergunta se o sistema móvel é compatível com esse direito e, com base em precisos exemplos, chega à conclusão de que "no direito vigente coexistem partes móveis e partes não-móveis do sistema, com uma clara predominância destas últimas"[68]: é a *duale Legistik* já vista em Wilburg. Passando do direito positivo à teoria, a recusa de tornar absoluto um único princípio e o convite para aceitar mais de um princípio não seriam características apenas do sistema móvel. Esse sistema se colocaria a meio caminho entre a rígida determinação do caso concreto e a cláusula geral[69].

A cláusula geral deve ser concretizada com uma referência a valores específicos determináveis apenas em presença do caso a ser decidido. Ela é, assim, "a brecha da eqüidade", e nela a certeza do direito é sacrificada à adaptabilidade ao caso concreto. O sistema móvel é semelhante à cláusula geral porque permite individualizar a decisão, mas não coincide com aquela cláusula porque nele a individualização está vinculada a um número limitado de princípios prefixados pelo legislador. Já que é razoavelmente adaptável e razoavelmente certo, o sistema móvel de Wilburg constitui, portanto, "uma solução intermediária particularmente feliz entre os vários postulados da idéia de direito"[70]. Ao contrário, o caso concreto rígido oferece a máxima certeza do direito, mas é bem pouco adaptável às particularidades do caso concreto.

O direito positivo deve fazer uso da cláusula geral, do sistema móvel e do caso concreto para regular cada aspecto da realidade; essas três possibilidades, por conseguinte,

---

67. Canaris, *Systemdenken und Systembegriff*, cit., p. 76.
68. Canaris, *Systemdenken und Systembegriff*, cit., p. 80.
69. Canaris, *Systemdenken und Systembegriff*, cit., p. 65.
70. Canaris, *Systemdenken und Systembegriff*, cit., p. 84.

convivem em todo ordenamento. Todavia, ao final dos esforços de Canaris para distinguir o próprio sistema aberto do sistema móvel de Wilburg, o leitor termina por compartilhar da conclusão de Wieacker sobre o sistema aberto: "Parece-me, *malgré lui*, exatamente o modelo de um sistema móvel."[71]

6. O sistema aberto: uma fonte metapositiva do direito?

Até aqui foi examinada a noção de sistema aberto, esclarecendo-a também com relação ao sistema móvel de Wilburg. Mas quais conseqüências teóricas e práticas comporta sua aceitação?

O teórico do direito tem dificuldade em seguir Canaris, visto que ele dá como adquirido que o sistema jurídico possua *por si mesmo* as características da ordem e da unidade, que lhe derivam da correta dedução do valor ínsito na idéia de direito. Wilburg propõe um sistema desse tipo ao legislador, a fim de que o transforme em direito positivo. Em Canaris, ao contrário, o sistema existe pelo fato mesmo de existir o direito positivo: de fato, sem sistema, o direito não apresentaria as características da unidade e da ordem, portanto não estaria conforme à idéia de direito e, por isso, em última análise, não seria direito.

Por outro lado, o direito positivo não é necessariamente sistemático e coerente. É necessário deduzir a unidade e a ordem de princípios superiores ao direito positivo, graças aos quais os valores ingressam na aplicação do direito. Nesse particular, Canaris retoma uma via que já fora aberta por Hippel[72] e por Salomon[73]. O sistema deve ser capaz

---

71. Wieacker, Resenha a Canaris, "Rechtstheorie", 1970, p. 113.
72. Em sua resenha (p. 761), Esser recorda exatamente a esse respeito um excerto pertinente, mas não citado por Canaris: Fritz von Hippel, *Zur Gesetzmäßigkeit juristischer Systembildung*, Junker und Dünnhaupt, Berlin, 1930, III-35 pp.
73. Salomon, *Grundlegung zur Rechtsphilosophie*, cit. *supra* à nota 37.

de unificar o disparatado material positivo. Porém, o sistema aberto de Canaris é também móvel, ou seja, muda com a variação dos valores; os princípios aos quais se remete são múltiplos, concorrentes e intercambiáveis: portanto, "surpreende essa confiança no frutífero uso prático do sistema, sobretudo em consideração do conceito de sistema tão diferenciado e matizado, conceito que constitui o verdadeiro mérito do trabalho"[74].

Canaris não oferece uma descrição completa do modo pelo qual os princípios fundamentais ordenam em sistema todo o direito privado alemão, mas apenas alguns exemplos. As conseqüências são relevantes, tanto que um crítico observa:"Se o direito é pressuposto como por si mesmo sistemático, pode-se apresentar a aplicação do direito como um processo puramente cognitivo, ignorando assim a dimensão criativa da atividade jurisprudencial."[75] Parece, assim, ter voltado atrás de um passo também em relação à "obediência pensante" (*denkender Gehorsam*) de Heck. O juiz volta a ser *la bouche de la loi*: uma boca da qual um sistema de valores fala por meio de uma dedução tecnicamente correta, mas desprovida de qualquer criatividade.

Um pensamento sistemático desse tipo enfrenta, portanto, com fortes preconceitos aquela teoria problemática da aplicação do direito que, sob o nome de "tópica", nos anos 1960 estava no centro da discussão alemã: falaremos disso em detalhes no item 8 deste capítulo. Aqui importa sublinhar como a concepção de sistema aberto termina por exigir uma espécie de mecanicidade na aplicação do direito, colocando-se assim em contraste não apenas com as teorias tópicas (ou problemáticas, ou argumentativas, ou como quer que se chamem), mas também com as teorias que vêem na prática jurídica uma atividade criadora de direito.

---

74. Dieter Grimm, [resenha a] Canaris, *Systemdenken und Systembegriff*, "Archiv für civilistische Praxis", 1971, p. 268.
75. Dieter Grimm, Resenha a Canaris, cit., p. 268.

A assistematicidade do direito positivo é reconhecida por Canaris quando fala das "fraturas no sistema", ou seja, das normas que se fundamentam em valores contrários aos do sistema mesmo. Com essas fraturas, Canaris precisa ir além da pura aplicação jurisprudencial da norma, porque a fratura do sistema é obra do legislador. Mas até que ponto o legislador está vinculado ao sistema? Para Canaris, o sistema (que é, repita-se mais uma vez, um sistema inspirado em valores) vincula também o legislador. Se ele emana uma norma em contraste com os valores do sistema, segundo Canaris o erro valorativo se corrige com a referência não tanto ao princípio violado, mas ao sistema inteiro. A correção encontraria ponto de apoio no art. 3 da constituição alemã (GG), visto que o legislador ordenaria um tratamento desigual em relação aos princípios fundamentais: eles seriam, de fato, aplicados de um certo modo nas normas conformes ao sistema e de um modo diverso naquelas em ruptura com o sistema.

Dessa concepção de sistema derivam conseqüências que nem todo jurista está disposto a compartilhar.

Em primeiro lugar, os valores que inspiram os princípios gerais, e portanto todo o inteiro ordenamento jurídico, são indeterminados, mas não se sabe como eles são, cada vez, determinados. Mesmo aceitando a função central do sistema, "muito permanece aberto, porque se está em presença de disposições em branco". O sistema se orienta, de fato, por "valores supremos" da justiça e da igualdade. Mas "estes valores supremos são indeterminados, assim como o são também os princípios gerais do direito"[76]. Esses vazios podem ser preenchidos de várias formas: por exemplo, Ryffel propõe fazê-lo dirigindo a atenção para o direito positivo e para o "contexto social". Aquilo que aqui conta, porém, é que nenhuma indicação chega do texto de Canaris. O sistema aberto parece, portanto, aceitar tacitamente os valores presentes no ordenamento positivo no momento de sua vigência.

---

76. Ryffel, Resenha a Canaris, "Deutsches Verwaltungsblatt", 1973, cit., p. 88, col. 2.

Não menores dúvidas suscita a seguinte adequação desses princípios gerais à mudada realidade social: note-se que tal capacidade de adequação constitui a característica do sistema aberto em relação a todos os outros, como demonstrou o próprio Canaris com a impiedosa crítica das outras concepções sistemáticas. A necessidade de adequação é revelada pelo contraste entre uma norma jurídica e os princípios gerais do ordenamento do qual ela faz parte. Examinando as rupturas de sistema, como foi visto, Canaris afirma que uma norma positiva em contraste com o sistema (teórico) seria inconstitucional: mas desse modo o sistema jurídico tornar-se-ia uma fonte de direito e, portanto, o estudioso sistematizador elevar-se-ia a uma posição superior à do legislador positivo. Parece quase retornar à concepção dos pandectistas, segundo a qual a doutrina era uma fonte de direito.

Essa hiperavaliação do sistema cria também problemas internos ao sistema de Canaris, que é apresentado como um sistema aberto, ou seja, como um sistema em que os princípios fundamentais podem mudar. Já foi dito que o texto de Canaris não indica de que modo ocorre a mudança desses princípios. Nesse ponto da análise, a dúvida pode ser formulada em termos mais radicais, mas ao mesmo tempo mais jurídicos: como seria possível distinguir uma norma que inova o sistema dos princípios de uma norma que constitui uma fratura dos valores sobre os quais se funda o sistema? Canaris infelizmente não indica de que modo o sistema possa ascender ao grau de fonte jurídica de nível constitucional mas, ao mesmo tempo, metapositiva.

7. A fortuna do sistema aberto de Canaris

Tendo Canaris reproposto em 1983 ambas as suas obras – sobre as lacunas e sobre o sistema – em uma nova edição substancialmente invariada, considero interessante perguntar-se qual foi a sorte das obras nos vinte anos intercorridos desde a primeira publicação, muito mais do que retornar às críticas que, juntamente com os reconhecimentos, haviam acolhido as primeiras edições[77]. Já em 1973, dúvidas haviam sido manifestadas sobre o "alcance prático da idéia de sistema", que em Canaris teria sido – assim como se exprimira um tanto rudemente um comentador – "exagerada e sem fundamento", terminando por transformar-se "em uma questão acadêmica no sentido negativo do termo"[78].

No plano teórico, a primeira edição de suas obras chegara em um momento propício à reflexão sobre o sistema: elas tinham, portanto, encontrado uma colocação de primeiro plano no debate entre os teóricos do direito, independentemente do diverso grau de acolhida ou de recusa dos princípios que as inspiravam. No plano prático, ao contrário, as teorias sobre a lacuna e sobre o sistema haviam deixado a prática judiciária alemã "substancialmente indiferente"[79]. E isso em uma época na qual o direito jurisprudencial ia afirmando-se a ponto de poder-se sustentar que, "no quadro da efetiva prática jurisprudencial, o conceito de lacuna tornou-se um instrumento para a redistribuição das competências legislativas constitucionalmente previstas"[80]. Seguindo Engisch e Larenz, Canaris havia visto na lacuna uma "incompletude em contraste com o plano" da lei ou do

---

77. As resenhas à 1.ª edição da obra de Canaris são as seguintes: Josef Esser, "(Rabels) Zeitschrift für ausländisches und internationales Privatrecht", 1969, pp. 757-61; Dieter Grimm, "Archiv für civilistische Praxis", 1971, pp. 266-9; Wilhelm Herschel, "Arbeit und Recht", 1970, pp. 277-8; Hans Ryffel, "Deutsches Verwaltungsblatt", 15. Januar 1973, p. 88; Franz Wieacker, "Rechtstheorie", I, 1970, pp. 107-19. Além disso, não consegui ver: Geldsetzer, "Zeitschrift für Wissenschaftstheorie", 1970, pp. 296 ss.; Gurski, "Juristische Analyse", 1970, pp. 51 ss.

78. Ryffel, Resenha a Canaris, "Deutsches Verwaltungsblatt", 1973, cit., p. 88, col. 2.

79. Bernd Rüthers, Resenha a Canaris, *Systemdenken und Systembegriff in der Jurisprudenz*. 2. überarbeitete Auflage, "Rechtstheorie", XVI, 1985, p. 118 (publicada juntamente com a resenha a Canaris, *Die Feststellung von Lücken im Gesetz*, 2. überarbeitete Auflage).

80. Rüthers, Resenha a Canaris, cit., p. 119.

ordenamento jurídico[81]; porém, sua obra não indicava quem tinha de decidir qual era o "plano" ou sobre sua "completude".

Talvez, nos tempos pós-bélicos em que as repúblicas européias eram jovens e suas constituições, novas, a atividade legislativa prevalecesse e, portanto, a explicação teórica do direito jurisprudencial pudesse limitar-se a uma fórmula mais descritiva do que explicativa, como a agora citada. Vinte anos depois, ao contrário, era tarefa dos juízes adequar à realidade as normas já envelhecidas, e portanto teria sido oportuna uma explicação mais aprofundada e sutil do direito jurisprudencial. No entanto, a substancial identidade das edições não levava em conta que as exigências do mundo jurídico haviam mudado no decorrer de duas décadas.

Lacuna e sistema são dois conceitos estritamente conexos: se a teoria da lacuna se revela insuficiente, termina por sê-lo também a do sistema. A crescente e decisiva intervenção dos juízes na formulação das normas, sob forma de sua adequação à realidade, já não permitia indicar um único sistema "objetivo", ainda que "aberto", como o proposto por Canaris. Sua alusão tão segura à "idéia do direito" e à "natureza das coisas", sobre as quais se fundamenta aquele sistema, era acolhida com desconfiança crescente em tempos de pluralismo político e jurídico. Pode-se, também, admitir que exista uma única idéia de direito ou uma única natureza das coisas: mas, então, ela é aquela aceita por quem a propõe e não coincide necessariamente com a aceita por quem a ouve[82].

Com o início dos anos 1980, a teoria do sistema aberto de Canaris podia ser colocada em um escaninho histórico

---

81. Canaris fala de *planwidrige Unvollständigkeit*. Também Wilburg designava as lacunas como "vazios em contraste com a estrutura do código", ou *Planwidrigkeiten*: cf. *supra*, cap. VII, 2.
82. Rüthers, [Resenha a Canaris], p. 120, que explica essa "função mimética" (*Tarnungsfunktion*) remetendo-se a Wilhelm Scheuerle, *Das Wesen des Wesens. Studien über das sogennannte Wesensargument im juristischen Begründen*, "Archiv für die civilistische Praxis", 163, 1964, pp. 429-71. Rüthers se refere à p. 431.

preciso: o do sistema axiológico fundado sobre um direito natural variável. Entrementes, outras concepções iam propondo explicações sistemáticas consideradas mais próximas da nova realidade.

8. O sistema aberto e a teoria tópica

Ao final dos anos 1960, quando foi publicada a primeira edição da obra de Canaris a respeito do sistema, estava em pleno desenvolvimento o debate sobre a concepção argumentativa ou tópica do direito, elaborada por Viehweg. Como foi visto, Viehweg procurara absorver na teoria tópica também as concepções de Wilburg, apenas aparentemente sistemáticas (cf. *supra*, cap. VII, 12). No entanto, por causa do lapso temporal dos respectivos escritos, Viehweg terminara por não ocupar-se de Canaris, ao passo que Canaris se ocupara amplamente de Viehweg.

A diferença entre os princípios de Canaris e os *tópoi* de Viehweg está primeiramente em sua origem. Os princípios nascem por indução do direito positivo, ao passo que os *tópoi* nascem por dedução do ideal de justiça, da natureza das coisas ou de alguma outra entidade metafísica. Nessa ascensão das normas e nessa descida dos ideais, não ocorre necessariamente que princípios e *tópoi* entrem em contato ou se interpenetrem. Visto que os dois autores atuam com problemas específicos, dependerá do caso concreto se os *tópoi* e os princípios estarão em contato ou não; e, nesta última caso, dependerá do caso concreto a extensão da zona cinzenta entre eles.

Uma ulterior diferença depende do fato de que os princípios derivam do direito positivo, ao passo que os *tópoi* se fundam no senso comum. Os princípios são, portanto, originados de um número limitado de normas e tendem, assim, a ser poucos e de vasta amplitude, ao passo que os *tópoi* são muito mais numerosos, porque, para cada caso não somente jurídico a ser resolvido, o senso comum oferece mais possibilidades de soluções inspiradas na justiça. Como já foi dito, essa diferença quantitativa tem uma grande relevância para Canaris e para Wilburg: este último, antes, afirmava não poder dizer-se um seguidor da tópica exatamente porque para ele os elementos (ou forças) deviam ser poucos[83].

Viehweg procurara englobar Wilburg na tópica. Dada a semelhança do sistema móvel com o sistema aberto a princípios variáveis de Canaris, bem como a assonância entre esses princípios e os *tópoi*, é necessário esclarecer se e em que medida existem áreas coincidentes também entre a proposta metodológica de Viehweg e a de Canaris. Para essa análise, faltam porém os pontos de apoio textuais: Viehweg, de fato, não menciona Canaris nas edições de sua obra sucessiva à publicação do volume de Canaris, ao passo que Canaris dedica o último capítulo de seu livro ao tema *Systemdenken und Topik*[84].

Canaris associa Viehweg ao pensamento problemático (ou aporético) de Nikolai Hartmann e, desse modo, o conceito de problema recebe uma definição mais rigorosa em relação à mais geral oferecida por Viehweg. Também para Hartmann, o pensamento problemático não pode ser dissociado do sistemático; porém, o pensamento problemático torna-se assistemático quando encontra um problema concreto que o sistema dedutivo não consiga resolver. Nesse ponto, o problema ou é abandonado[85], ou é resolvido por uma via que já não pode ser a sistemática, mas a aporética para Hartmann, ou tópica para Viehweg. Porém a noção de

---

83. Wilburg afirmou essa sua posição em várias conversas com Canaris, e Canaris mesmo recordou o fato em um nosso colóquio sobre o tema (Munique, 7 de maio de 1997).

84. Canaris, *Systemdenken und Systembegriff*, cit., pp. 135-54; um confronto entre as duas teorias não teve lugar nem mesmo sob a forma de correspondência ou de colóquio, como teve a cortesia de esclarecer-me o próprio Claus-Wilhelm Canaris.

85. Ver a pp. 137-9 de *Systemdenken und Systembegriff*, cit., o contraste entre o que Canaris supõe ser o método das ciências físico-naturais e seu efetivo modo de proceder.

aporia em Hartmann parece ter uma extensão mais ampla que a de tópica em Viehweg.

O ponto central do contraste entre Viehweg e Canaris reside na identificação do pensamento aporético com o pensamento tópico: Viehweg assim o afirma, ao passo que Canaris nega. Essa contraposição torna-se possível pelo fato de que Hartmann – a máxima autoridade na distinção entre pensamento sistemático e pensamento aporético – identifica o sistema clássico com a noção de "sistema fechado", ou seja, "definitivo". "O pensamento sistemático parte do todo", escreve Hartmann, e os problemas incompatíveis com esse ponto de vista "são eliminados", "são considerados como questões falsamente colocadas"; já "o pensamento aporético processa-se, em tudo, inversamente"[86]. Um sistema assim "fechado" não é próprio de nenhuma ciência, nem da ciência do direito, nem das físico-naturais. "Nenhum físico ou químico iria ignorar um fenômeno em contraste com os princípios até agora aceitos; mas a ninguém ocorreria ordenar, por isso, a física ou a química à tópica"; para Canaris, de fato, "o pensamento aporético não conduz necessariamente à tópica, mas apenas à 'abertura do sistema'"[87]. Portanto, a definição de tópica, identificada com o pensamento aporético, não constitui "absolutamente uma suficiente definição da tópica"[88].

As críticas de Canaris a Viehweg evocam as que Eco dirige a Lévi-Strauss, quando este último parece identificar o estruturalismo com uma rígida pedra de comparação com que confrontar o fenômeno (cf. cap. II, 6). O sistema, para Canaris, deve ser "algo de provisório, um projeto, um pro-

---

86. Canaris, *Systemdenken und Systembegriff*, cit., p. 137, onde cita Nikolai Hartmann, *Diesseits von Idealismus und Realismus*, "Kantstudien", 1924, pp. 160 ss. [Tendo em vista a clareza nesse trecho da tradução em língua portuguesa do volume de Canaris, transcrevo essa citação e as das notas 87, 88 e 89 da tradução portuguesa: Claus-Wilhelm Canaris, *Pensamento sistemático e conceito de sistema na ciência do direito*, cit., respectivamente pp. 247-8 e 250. (N. da T.)]
87. Canaris, *Systemdenken und Systembegriff*, cit., p. 138.
88. Canaris, *Systemdenken und Systembegriff*, cit., p. 137.

jeto sempre modificável", exatamente como a estrutura é concebida por alguns estruturalistas como uma hipótese de trabalho do pesquisador, e não como um dado ínsito na realidade (cf. vol. 3, cap. I).

Também a orientação ao problema concreto, característico da tópica, não pode ser considerada um critério que identifique cientificamente esse método, porque para Canaris a escolha do método tópico em lugar do sistêmico fundamenta-se num elemento psicológico, e não científico: "Não se nega, naturalmente – afirma –, com isso que exista *psicologicamente* uma oposição entre pensamento problemático e pensamento sistemático, e que portanto o pensamento de um cientista se inflame mais facilmente perante problemas concretos, e se interesse com mais força por suas soluções, enquanto o de outro receba seus estímulos antes por via do sistema e encontra satisfação na construção dele."[89]

O fato, pois, de que todo o raciocínio tópico parta do *sensus communis* indica para Canaris apenas que a tópica está estreitamente ligada à retórica e que, portanto, ela visa não a descoberta da verdade, mas o sucesso oratório: por isso aquela parte da tópica que se refere à retórica é "inutilizável" para a ciência jurídica[90]. Além disso, a escolha do *tópos* sobre o qual fundamentar a argumentação retórica é confiada apenas ao senso comum, ao passo que o direito está vinculado pelas normas positivas: os princípios de Canaris nascem destas últimas e sobre elas fundam sua capacidade de vinculação, ao passo que os *tópoi* de Viehweg derivam do consenso e sua aplicação não são vinculantes, mas apenas aconselháveis. Em resumo, para o jurista a instância de comparação última é a norma positiva, ao passo que para a tópica "a discussão permanece a única instância de controle"[91]; e a norma é cogente; a discussão, não.

---

89. Canaris, *Systemdenken und Systembegriff*, cit., p. 137.
90. Canaris, *Systemdenken und Systembegriff*, cit., p. 141.
91. Viehweg, *Topik und Jurisprudenz*, Beck, München, 1974, p. 24.

Em última análise, nenhum dos critérios indicados por Viehweg oferece para Canaris uma definição da tópica como ciência que explique a "estrutura da ciência do direito". Antes, parece-lhe mesmo que as propostas da tópica não colhem o ponto principal, isto é, que são incompatíveis com o mundo do direito: "Isso depende sobretudo do fato de que um *tópos*, como tal, é apenas uma *proposta* de solução, mas não é, sem dúvida, direito vigente, porquanto possa impor-se 'a partir do problema' e ser 'adequado ao caso'. A questão que aqui surge da *adstringibilidade** dos pontos de vista adotados caso a caso e da respectiva escolha pode ser resolvida pela tópica somente pela remissão à 'opinião de todos, da maioria, ou dos mais sábios', ou ainda ao *common sense*: mas desse modo a tópica entra em colisão com a doutrina jurídica da validade e das fontes do direito. Analogamente, seus defensores não distinguem à suficiência entre as tarefas da legislação e as da administração da justiça, desconhecendo, assim, que a jurisprudência [ciência do direito] tenha a ver com uma inteligente aplicação de valorações *já prefixadas*, mas não com a *escolha* tópica das premissas, e que, portanto, a jurisprudência [ciência do direito] é uma teoria do 'entendimento correto', e não da 'atuação certa'."[92]

Embora Canaris critique a tópica de modo por vezes até excessivamente severo, não se deve considerar que ele subestime a importância da teoria. Para ele, a asserção de que "a ciência jurídica é, por sua natureza, tópica" atingiu "um

---

* O termo foi criado pela tradução portuguesa da Calouste Gulbenkian e indica um daqueles defeitos apontados na teoria de Viehweg, segundo o qual ele não indica qual o ponto de vista que vincula o juiz ou jurista, qual sua *adstrição* à ordem jurídica: Canaris, *Pensamento sistemático e conceito de sistema na ciência do direito*, cit., p. 260. [N. da T.]

92. Canaris, *Systemdenken und Systembegriff*, cit., p. 149; grifos de Canaris. Canaris, *Pensamento sistemático e conceito de sistema na ciência do direito*, cit., p. 269. Na versão portuguesa, porém, a citação é menos clara e não contém os grifos da edição alemã citada no original italiano. Preferi, nesse caso, traduzir *ex novo* do original italiano, para maior clareza. [N. da T.]

ponto essencial da auto-representação jurídica"[93], e isso faz passar em segundo plano as críticas setoriais. A tópica, depurada de seus elementos de retórica (ruim), adquire "uma função significativa [...] quando faltam suficientes valorações concretizadas de direito positivo"[94], ou seja, quando as normas deixam amplo espaço ao intérprete, como no caso das cláusulas gerais ou dos conceitos indeterminados. Também Canaris admite que o procedimento tópico possa desenvolver as funções de instrumento auxiliar quando se encontram lacunas, ou quando o direito positivo mesmo remete ao senso comum com fórmulas do tipo "o cuidado do bom pai de família", "o condutor prudente" e assim por diante. Nesses casos, "a tópica cumpre, portanto, em relação ao pensamento sistemático, uma função complementar de todo legítima"[95], no sentido de que o sistema aberto visa generalizar o valor da justiça (ou seja, aplicá-lo ao máximo número possível de casos semelhantes), ao passo que a tópica visa individualizar o valor da justiça (ou seja, adaptá-lo às peculiaridades do caso concreto: a tópica é, portanto, o instrumento principal da eqüidade.

O jurista Canaris adverte, porém, a exigência de ir além. A tópica precisa do sistema: nos casos ora vistos, ela ajuda a realizar o primeiro passo para resolver o caso concreto; mas, depois, é preciso "substituir os incertos *tópoi* com avaliações claras: ocorre consolidar sistematicamente a solução adotada"[96]; e aqui o termo "sistematicamente" remete ao sistema aberto de Canaris. Mas, por outro lado, também o sistema aberto precisa da tópica. Além dos casos em que o recurso ao senso comum é "legitimado sistematicamente", existem os casos de "criação jurídica *praeter legem* orientada

---

93. O termo *Jurisprudenz* deve ser aqui entendido como ciência do direito; pouco antes, querendo indicar a jurisprudência no sentido de administração da justiça, Canaris usou *Rechtssprechung*: Canaris, *Systemdenken und Systembegriff*, cit., p. 136.
94. Canaris, *Systemdenken und Systembegriff*, cit., p. 149.
95. Canaris, *Systemdenken und Systembegriff*, cit., p. 151.
96. Canaris, *Systemdenken und Systembegriff*, cit., p. 152.

para o sistema" e de "concretizações de princípios 'gerais' jurídicos, mas extralegais". Nesses casos, o sistema aberto se enriquece com novos princípios, e exatamente isso constitui o ponto mais novo e mais controvertido desse tipo de sistema. Exatamente aqui a tópica cumpre uma função relevante, apenas "nas fases iniciais": "quando surgem novos princípios jurídicos, pode-se reconhecer, de um certo ponto de vista, até mesmo uma estrutura de todo tópica"[97].

Canaris reconhece, portanto, essa função da tópica apenas "nas fases iniciais": logo depois, é preciso passar à consolidação sistemática "por meio de critérios objetivos como a idéia de direito ou a de natureza das coisas"[98]. Nesse particular, a asserida objetividade desses critérios poderia suscitar uma discussão semelhante àquela sobre a diferença entre sistema clássico e sistema aberto. Deve, entretanto, ser sublinhado que a complementaridade entre a tópica e o pensamento sistemático clássico é afirmada por não poucos autores[99]. Do ponto de vista da teoria jurídica, essa contigüidade permite reunir o pensamento de Viehweg, de Wilburg e de Canaris em um único reagrupamento de teorias caracterizadas por um elemento comum: o esforço de oferecer ao jurista um instrumento para atuar nas áreas em que a teoria sistemática clássica já não é de ajuda.

Essas três teorias estão ligadas entre si por uma relação não hierárquica, mas paritética; ou seja, colocam-se segundo uma estrutura não piramidal, mas circular. Os instrumentos que elas colocam à disposição do jurista são, efetivamente, diversos, porém complementares: a tópica permite retirar o caso específico do magma de cada um dos problemas concretos e referi-lo a algumas idéias compartilhadas pela maioria (os *tópoi*); o sistema aberto de Canaris consolida essas primeiras especificações com um vínculo aos valo-

---

97. Canaris, *Systemdenken und Systembegriff*, cit., p. 153.
98. Canaris, *Systemdenken und Systembegriff*, cit., p. 153.
99. Sobre a ligação entre tópica e sistema cf. Canaris, *Systemdenken und Systembegriff*, cit., p. 151, nota 75.

res (os princípios extraídos do direito positivo); o sistema móvel de Wilburg propõe, também, em alguns setores específicos do direito, uma formulação explícita desses princípios (ou forças) que possa ser utilizada pelo legislador e assim transformada em direito positivo. Por sua vez, os princípios ancorados no direito positivo poderão depois ser mudados ou enriquecidos num análogo processo iterativo, no qual será novamente a tópica que oferecerá o motivo inicial.

ÍNDICE REMISSIVO

A
acordo e norma fundamental, 77.
alternativo, uso, do direito, 170; *ver também*: Movimento do Direito Livre.
América do Sul:
– e viagem de Kelsen na, XIX.
amigo e inimigo, dicotomia entre (Schmitt), 210.
analogia, 177, 206, 231, 252, 256, 272, 303; *ver também*: Direito, penal; Interesses, jurisprudência dos; Valores, jurisprudência dos.
antiformalismo jurídico, XXXIII, 143, 170; *ver também*: Interesses, juriprudência dos; Movimento do Direito Livre; Realismo.
antisemitismo, *ver também*: Racismo.
antropologia, 195:
– estrutural, 15 s.
aporético e sistemático, pensamento, 262 n., 343 s.; *ver também*: Tópica e direito.
"Aporias", 266, 309, 344; *ver também*: Justiça, como valor; Tópica e direito.
apriorismo, a priori, 36; *ver também*: Filosofia; Neokantismo.
"Archiv für die civilistische Praxis", 155.
austro-marxismo, 124.
autopoiese, 226 n.
autoridade e empirismo, 27.
autoritarismo, XXXIII, 194, 196 n., 199-206, 238 s.:
– e pensamento cristão, 201 e n., 216.
Ver também: Conservadorismo; Teocracias; Totalitarismo.
axioma, -s., 9, 100, 102, 129 s., 255, 264 n., 288, 308; *ver também*: Premissas extrajurídicas; Procedimento dedutivo; Sistema, externo.

B
Berkeley, universidade de 144, 196 n..

Bewegung, völkische, 214 n.;
ver também: Povo, e comunidade.
biologia, 137.
Bolonha, universidade de, 280 n.

C

caso concreto:
— e sanção, 328.
— e sistema móvel, 277 s., 284, 295 s., 298, 303 s., 333-6.
Ver também: Técnica legislativa, dual.
casos-limites, XXXIV, 252 n., 295, 301, 304; *ver também*: Sistema, móvel.
causa e efeito, 80-2, 115, 166, 250 s.; *ver também*: Natureza; Ciências, físico-naturais.
certeza do direito, XXXIV, 4, 158 e n., 162, 168, 205, 208, 226, 239, 250, 278 e n., 282-6, 289, 299-301, 319, 335 s.; *ver também*: Flexibilidade; Interesses, jurisprudência dos; Movimento do Direito Livre.
cibernética, XXXI, 138, 248; *ver também*: Informática.
ciência, -s:
— do direito, 6 s., 47, 61, 81, 84, 90, 93 s., 126; *ver também*: Descrição e prescrição.
— físico-naturais, XXXI, XXXV, 29, 137, 252 n., 302, 307, 343 s.; *ver também*: Cultura e natureza; Duas culturas.
— social e neopositivismo, 31 n.
— unidade da, 31 n.
Ver também: Doutrina; Teoria.
cientificidade e sistema, 129, 247.

Círculo de Viena, 30-2, 35.
classificação, *ver*: Sistema, externo.
cláusula geral, 169, 208, 231, 260, 277 s., 284, 295 s., 298 s., 303 s., 335 s., 347; *ver também*: Técnica legislativa, dual; Princípios gerais do direito.
"Codice Rocco" (código penal italiano), *ver*: Direito e fascismo.
código, -s., 131, 261, 305, 330 s.:
— civil alemão (BGB), 151 n., 158, 184 n., 193:
— — "do povo", 193, 301 n.
— civil austríaco (ABGB), 182 e n., 271 s., 287-9, 292 s., 303.
— civil suíço, 143 n.
— Napoleão, 111.
coerência dos axiomas e sistema externo, 9.
Common Law, 144 s., 169, 245, 260; *ver também*: Realismo.
comparação, 317:
— e sistema móvel, 305.
completude:
— dos axiomas e sistema externo, 9.
— do direito, XXXI, 175 s., 178.
— do sistema jurídico interno, 43 s., 178, 317, 324.
comunidade:
— e povo, 202, 209, 214 n., 217, 221 e n., 225 s., 230 s., 284; *ver também*: Nacional-socialismo.
— e sistema, 4, 209.
conceito, -s:
— geral concreto, 184, 211, 218-33; *ver também*: Tipo; *ver também* no Índice onomástico: Larenz, Karl.

– jurídicos e sistemáticos
(Ehrlich), 175.
– produtividade dos, 223, 225 e n.
conflitos de interesse, *ver*:
Interesse.
conservadorismo, 131, 200, 214
n., 218, 238-40, 318 e n.; *ver
também*: Autoritarismo.
– polivante da teoria pura, 121-4.
constituição, 254:
– alemã, 338.
– e revolução, 67-70, 186.
– formal e material, 77 s.
– na hierarquia kelseniana, 60,
65, 80, 89, 92, 105, 107.
construção:
– a graus (ou hierárquica) do
ordenamento, 76 s., 89, 104 s.,
110, 116, 121, 125, 327.
– jurídica, XXXIII s., 19 s., 42 n.,
167, 174, 176 s., 179, 193, 222,
238, 323.
Ver também: Pandectistas;
Sistema, jurídico tradicional.
contrato, 272; *ver também*:
Sistema, móvel.
contrato:
– construção romanística do,
181.
– e sistema móvel (Wilburg),
291.
costume, 113 s.:
– contradições entre normas, 78.
– e norma fundamental, 77.
– e sistema, 27 n.
crescimento do interior, 43 s.;
ver também: Sistema, jurídico
interno.
criação e evolução, 137.
criatividade, *ver*: Juiz, função
criativa do.

criminologia e positivismo, 29.
crítica:
– externa (transcendente),
XXXII, 74, 81 s., 123, 129 s.
– – à norma fundamental, 75-83.
– interna (imanente), XXXII, 74,
91, 129 s., 321.
"Critical Legal Studies", 170;
ver também: Movimento do
Direito Livre.
crítico, direito, 170; *ver também*:
Movimento do Direito Livre.
cultura e natureza, 27; *ver
também*: Duas culturas;
Ciências, físico-naturais.

D

dano, ressarcimento do, 273; *ver
também*: Sistema, móvel.
darwinismo, 142, 194:
– social, 137 e n.
Ver também: Positivismo,
clássico.
dedução, *ver*: Procedimento,
dedutivo.
democracia, 26 s., 189, 191, 201-
3, 209 s., 216, 230, 239, 244,
249, 305 s.:
– participação no poder, 199-203.
Ver também: Valor;
Relativismo.
descrição e prescrição, 47, 62,
82, 103 s.; *ver também*: Teoria
pura do direito.
desuso, 108 s.; *ver também*:
Validade.
dever ser (Sollen), 47, 54, 56, 63,
109-32.
– características do -, 120.
– descritivo e prescritivo, 93,
120 n.

– e sua indefinibilidade (Simmel), 112-3.
– e verbos modais alemães, 110-2.
Ver também: Teoria, pura do direito; Ser e dever ser; Neokantismo.
dinâmico e estático, sistema normativo, 64.
direito:
– administrativo, 166.
– alternativo, XVII, XXII s., 170, 302 n.; *ver também*: Movimento do Direito Livre.
– civil, 150 n., 254, 261, 265, 273, 292, 309; *ver também*: Direito, privado.
– – alemão, 265, 288, 315, 317, 320, 327, 329-30, 335.
– cogente e flexível (Stammler), 160 e n.
– e fascismo:
– – código civil italiano, XXIV s., XXVI s.
– – código penal italiano ("Codice Rocco"), XXVII.
– e nacional-socialismo, XXIV s., XXXIII s., 185-211, 218-33, 285.
– jurisprudencial, 144, 169, 180, 184, 244, 255 s., 258 s., 288; *ver também*: Juiz, função criativa do; Movimento do Direito Livre.
– internacional em Kelsen, XVIII s., 53 e n., 78 n.; *ver também* no Índice onomástico: Campagnolo, Umberto.
– livre, *ver*: Movimento do Direito Livre.
– natural, 33 s., 68, 73, 88, 116, 121, 139, 177, 192, 207, 217, 230, 239, 249, 272, 287, 316 n., 328 n., 342; *ver também*: Princípios gerais do direito; Valor.
– penal, 183, 206, 231, 235:
– – e positivismo, 29.
– positivo, 6-7, 45-7, 54, 60-2, 71, 81, 85, 89, 92-6, 121 s., 126, 152, 167, 169, 178 s., 183, 195 s., 207, 210 s., 218, 227, 232, 234, 238, 245, 254 s., 260 s., 267, 274, 278, 281-4, 289, 295, 300, 302, 310, 317, 320, 327 s., 331 s., 335-9, 342, 345 s.:
– – e autoridades metajurídicas, 67-70, 89, 92.
– privado, XXXII, 52, 183, 231, 267; *ver também*: Direito, civil.
– – austríaco, 270 s., 282, 292 s., 294.
– processual penal e sistema interno, 41.
– público, XXXII, 52.
– romano, 27, 39, 181, 193.
– subjetivo, 126.
Ver também: Código; Common Law; Eficácia; Caso concreto; Interpretação; Lacuna; Norma; Validade.
ditadura do proletariado, 202; *ver também*: Totalitarismo.
dogmática, *ver*: Sistema, tradicional do direito.
doutrina:
– do direito justo (Stammler), 36, 43 s.
– Monroe, 195 n.
Ver também: Ciência; Teoria.

dualismo:
- e monismo em Kelsen, 51, 100 s., 116, 118 s.
- entre homem e animal, 137.
- neokantiano, *ver*: Ser e dever ser.
duas culturas, polêmica sobre as, 31, 141 n.; *ver também*: Cultura e natureza; Ciências fisico-naturais.

E

eficácia da norma, XXXII, 70:
- e validade, 98-101.
empirismo e autoridade, 27.
enriquecimento ilícito, 273, 287, 291, 327; *ver também*: Sistema, aberto; Sistema, móvel.
enxerto metodológico, 35, 72 s.
eqüidade, 287, 335, 347; *ver também*: Justiça.
equilíbrio dos interesses, 166 s., 174, 182 s., 251, 295; *ver também*: Interesses, jurisprudência dos.
Escola:
- da exegese, 169.
- de Freiburg (soziale Marktwirtschaft), 258.
- de Heidelberg e de Marburg, 36; *ver também*: Neokantismo.
- de Kiel, 220 e n.; *ver também*: Nacional-socialismo.
- de Tübingen, *ver*: Interesses, jurisprudência dos.
- de Uppsala, 146; *ver também*: Realismo.
- Histórica do direito, 18, 33, 39, 62, 286, 291.
essência, *ver*: Ordenamento concreto.

Estado:
- bismarckiano, 238.
- "duplo", 206.
- extinção do Terceiro Reich, 241.
- hegeliano, 221.
estático e dinâmico, sistema normativa, 64.
estrutura:
- do direito, XXXI, XXXIII, 43, 46; *ver também*: Estruturalismo.
- e história, 120; *ver também*: História.
- epistemológica e ontológica, 11-7.
- externa, XXXI, 11
- hierárquica, *ver*: Construção a graus do ordenamento.
- grande estrutura, *ver*: Modelo universal.
- interna, XXXI, 6-11.
estruturalismo, XXXI, 12-5, 72 s., 120 s., 138, 147, 248, 344.
ética, 22, 125, 167, 192, 209, 316:
- cristã, 137, 140 s.
Ver também: Valor.
etnografia, 194.
evolução e criação, 137.
existência do ordenamento e validade, 54.
existencialismo, 36.

F

fascismo, XXXIII, 26, 122 s., 194, 196 e n., 214 n.; *ver também*: Totalitarismo.
federalismo em Kelsen, 55.
fenomenologia, 36.
ficção jurídica, 86 s., 126.
filosofia, 92, 126, 141, 222, 249, 314:

– do direito, 29, 36 s., 231.
– e direito diante da revolução, 71 s.
Ver também: Existencialismo; Ética; Lógica; Metafísica; Neo-hegelianismo; Neokantismo.
flexibilidade do direito, XXXIV, 158, 168, 173, 282, 295, 299; *ver também*: Certeza.
"forças motrizes" (Wilburg), 280 s., 286, 288 n., 308, 343, 349; *ver também*: Princípios, gerais do direito.
forma, -l, -lismo, 75, 113 s., 194, 247, 321, 324, 326:
– e sistema jurídico interno, 41-4, 120.
função do direito, XXXI, XXXIII, 29, 32.

G

geometria e sistema, 265, 308.
Graz, universidade de, 270 s., 281, 292, 313.
Grundgesetz, *ver*: Constituição, alemã.

H

Heidelberg, universidade de 36 s., 75, 163 n.
hermenêutica, 219, 229 s., 231, 274; *ver também*: Interpretação.
história, 66 n., 72, 120, 147, 285, 317, 332:
– e revisionismo, 190 n.
Ver também: Interpretação, método histórico da; Escola Histórica do direito; Estrutura e história;

I

Ialta, conferência de, 189 n.
idéia absoluta, 37, 177; *ver também*: Apriorismo; Metafísica.
imperativo (modo) e dever ser, 110.
indenização, *ver*: Ressarcimento do dano.
independência dos axiomas e sistema externo, 9.
individualismo, *ver*: Comunidade, e povo; Democracia.
indução, *ver*: Procedimento indutivo.
informática, 277:
– e lógica dialética, 224 e n.
– e previsão das sentenças, 145.
– e avalanche legislativa, 273 e n.; *ver*: Sistema, móvel.
Ver também: Cibernética; Jurimetria.
instituto jurídico, 225, 328 s.:
– agregado de normas processualistas, 42.
interesse, -s:
– a tutelar, XXXIII, 164, 174, 178, 294, 325.
– e jurisprudência dos valores, 248-52; *ver também*: Valores, jurisprudências dos.
– Jurisprudência dos -, XXI s., XXXIII s., 146, 149, 152, 170, 190 s., 210 s.; 230 s., 234, 245, 251, 261, 263, 266, 270, 277 s., 294, 322, 325; *ver também*: Movimento do Direito Livre; Sistema, aberto; Sistema, móvel.

interpretação, XXXIII s., 34, 103, 150, 164, 188, 207-9, 214, 251, 255 s., 289, 304, 318:
– *contra legem*, 155, 160, 161 n., 164, 182-4, 198, 232, 235, 256, 310.
– e lógica, 143, 173, 226 s.
– ilimitada, 205, 210, 231 e n.; *ver também*: Nacional-socialismo.
– método histórico do -, 166, 188.
– *praeter legem*, 182, 198, 210, 256, 347.
– sistemática, 323.
Ver também: Equilíbrio dos interesses; Direito, jurisprudencial; Lacuna
irracionalismo, 25, 29, 138, 141 s., 204 e n.; *ver também*: Relativismo; Valor.

J

judge made law, *ver*: Direito, jurisprudencial.
juiz:
– e "discricionariedade guiada" (Wilburg), 285, 329.
– e nacional-socialismo, 205 s., 207-9, 217 s., 227, 231, 233-9.
– e "obediência pensante" (Heck), 166, 285, 306 s., 337.
– função criativa do, 149, 153, 168, 173, 244 s., 256, 282, 297, 330, 337, 341.
– relação entre - e legislador, 143, 166, 284, 297 s.
Ver também: Certeza; Direito, jurisprudencial; Flexibilidade.
juízo de valor, *ver*: Valor.
jurimetria e previsão das sentenças, 145-6 e n.

jurisprudência:
– dos conceitos, 149 s., 163 s., 171, 294, 322, 324; *ver também*: Sistema jurídico tradicional.
– dos interesses, *ver*: Interesses, jurisprudência dos.
– dos valores, *ver*: Valores, jurisprudência dos.
Ver também: Direito jurisprudencial.
jusliberismo, -istas, *ver*: Movimento do Direito Livre.
jusnaturalismo, *ver*: Direito, natural.
juspositivismo, *ver*: Direito, positivo.
justiça, como valor, 53, 121, 209, 255-8, 263 s., 266-8, 286 s., 307 s., 316-20, 324, 343, 346; *ver também*: Eqüidade; Princípios gerais do direito; Valor.
"Justiz, Die", 155.

K

Kiel, Escola de, 220 s.; *ver também*: Nacional-socialismo.
"Kitzeberger Lager junger Rechtslehrer", 221 e n.; *ver também*: Nacional-socialismo.

L

lacuna no direito, XXXI, 7, 60, 159 s., 161, 164, 184, 246 e n., 255 s., 272, 339 s., 347; *ver também*: Direito, jurisprudencial; Interpretação; Princípios gerais do direito.
legislação:
– de exceção, 204; *ver também*: Nacional-socialismo.

– e avalanche legislativa, 273 e n.; *ver também*: Sistema, móvel.
– e conceitos gerais concretos, 223; *ver também* no Índice onomástico: Larenz, Karl.
– e sistema, 27 n., 324.
– e técnica legislativa, 277 e n.
legislador:
– e juiz, 143 e n., 166, 184 s., 207-9, 284, 297 s.; *ver também*: Direito, jurisprudencial.
– e princípios, XXXV, 163, 204, 207-8 e n., 232, 329, 337 s., 349; *ver também*: Sistema, aberto; Sistema, móvel; Valor.
leis raciais, *ver*: Racismo.
liberalismo, *ver*: Democracia.
linear e reticular, pensamento, 167 e n.
língua, -agem, 30 s., 223:
– descritivo e prescritivo, 99 s.; *ver também*: Teoria, pura do direito.
– natural, 52.
lingüística, 12 s., 262 n.
lógica, 28 s., 32, 114 s., 180-3, 223-4, 247, 294, 296 e n., 308, 324:
– como nexo do sistema externo, 6, 9, 21-3, 217, 225, 319.
– das coisas e do pensamento, 22.
– dialética, 224 e n.
– e interpretação da norma, 142 s., 166, 173 s., 192, 228.
– e produção do direito, 181.
Ver também: Procedimento dedutivo; Procedimento indutivo; Silogismo; Subsunção.

M
Marburgo, 36, 40.
marxismo, 28, 124 n., 147 s., 189, 237.
matemática, 29, 306 s.
materialismo, 137 s., 165.
metacódigo, *ver*: Modelo universal.
metafísica, 28 s., 81, 92, 100 s., 121, 138, 177, 230, 250, 342.
método:
– jurídico, não deve ser expresso, 279 e n.
– transcendental, 38; *ver também*: Neokantismo.
modelo universal, 13-7, 20.
monismo e dualismo em Kelsen, 51, 100 s., 130.
moral, *ver*: Ética.
Movimento do Direito Livre, XXXIII s., 34, 62 n., 146, 149-58, 171-84, 207, 244, 256, 280 s., 282-5, 299-301, 310, 318:
– e Common Law, 144, 169.
– e direito nacional-socialista, 186, 219 e n.
Ver também: Juiz, função criativa do; Interesses, jurisprudência dos.
Movimento Sem Terra, XXII e n.
Munique, universidade de, 312.

N
nacional-socialismo, XXXIII s., 4 e n., 25 s., 76 n., 122 s., 145 s., 150, 157, 162 s., 171, 184, 200 n., 206:
– e extinção do Terceiro Reich, 241.
– e seu direito, 185-211, 218-33, 285; *ver também*:

Autoritarismo; Racismo; Tipo, teoria do; *ver também* no Índice onomástico: Larenz, Karl; Schmitt, Carl.
– e superação do, 189-91 e n.
natureza, 15, 83, 99, 120:
– das coisas, 22 n., 167, 332, 341 s., 348.
– e cultura, 27; *ver também*: Duas culturas.
Ver também: Ciências físico-naturais.
necessidade dos axiomas e sistema externo, 9.
neo-hegelianismo, -ianos, 139, 203-4, 220-4, 229 s., 255 e n.; *ver também*: Conceitos gerais concretos.
neokantismo, -ianos, 35, 44, 47, 53, 90, 93, 95 s., 100, 112, 120, 151 n., 154, 156, 234, 255:
– escolas de Heidelberg e Marburg, 36.
Ver também: Teoria, pura do direito.
neoliberais (Kronstein), 258.
neopositivismo, *ver*: Positivismo lógico.
neutralidade, 210; *ver também*: Valor.
nexo de delegação de validade, 65.
nominalismo e realismo, 13.
norma jurídica 34 s., 84, 208, 212:
– e proposição jurídica, 46-7, 61, 93, 328 n.
– e sua definição em Kelsen, 55-61; *ver também*: Dever ser.
– fundamental, XXXII, 45-7, 51-96, 99, 107, 110, 116 s., 120, 127, 255, 321:

– – como normas apenas pensadas, 84 s.
– – neokantismo, 38.
– – pluralidade de – em Engisch, 77 e n.
– juiz vinculado à, XXXIII, 172, 182, 188, 231, 260, 285.
– processualística agregada em instituto, 42.
Ver também: Direito, positivo; Juiz, função criativa do; Legislação.
Nuremberg, leis raciais de, 195 n., 196; *ver também*: Racismo.

O

obediência pensante do juiz (Heck), 166, 285, 306 s., 337.
obrigações, 274, 327; *ver também*: Sistema, aberto; Sistema, móvel.
ontologia e lógica dialética, 224 n.
ordem:
– alfabética como sistema, 40 n.
– e unidade do sistema (Canaris), 315, 317-20, 328 e n., 333-6.
– interno ou externo, *ver*: Estrutura.
ordenamento jurídico:
– concreto, 76 n., 183, 205, 211-8, 224 s., 241; *ver também* no Índice onomástico: Schmitt, Carl.
– e sistema de normas, 45-7, 252.
Ver também: Direito, positivo.
organismo e sistema, 20, 286.

P

pacifismo em Kelsen, 55.

padrão, teoria do, 169 s., 260 n.;
ver também: Movimento do
Direito Livre.
pandectistas, -ística, 52, 163, 172,
174, 177, 180 s., 193, 229, 249,
262, 274, 293, 320, 327, 339:
– e direito livre, 180.
Ver também: Construção;
Sistema, jurídico tradicional.
paradigma, mudança de, XXXV,
168, 249 n.
parte do sistema, 43, 217; *ver
também*: Lógica, como nexo.
partido único, XXXIV, 188:
– nacional-socialista, 193, 198,
201, 204 s.
pena, retroatividade da, 206.
pensamento:
– aporético e sistemático, 262
n., 343 s.; *ver também*: Tópica e
direito.
– linear e reticular, 167 e n.
pirâmide normativa, *ver*:
Construção a graus do
ordenamento.
pluralidade de princípios, *ver*:
Princípio, -s., combinação de.
poder, 80, 107, 120 s., 127:
– e constituição, 67, 70, 187.
– e participação social, 199-203.
– político, *ver*: Política.
política, XXXIII, 157, 193:
– do direito, 82, 207-12.
– e teorias jurídicas, 191, 318.
Ver também: Democracia;
Fascismo, Nacional-
socialismo; Poder;
Totalitarismo.
– e teoria kelseniana, 122-4.
positivismo:
– clássico (sociológico) 28, 35,
138, 244, 250.

– jurídico, XXXII, 25-8, 32 s., 67
s., 70, 76, 82 s., 87-91, 95, 101,
169, 187, 202, 205 s., 209-11,
230 e n., 244, 282, 318, 327:
– – e *Führerpositivismus*, 187,
202.
– – e juízes alemães, 235-41.
– lógico, 28-32, 35, 146.
posse, como problema
sistemático, 7.
povo:
– e comunidade, 202, 209, 214
n., 217, 220-1 e n., 225 s., 230
s., 284;
– e participação no poder: 199-
203
Ver também: Racismo; Sangue,
vínculo de.
premissas extrajurídicas de uma
teoria, 81 s., 84, 93, 99, 101 s.,
126, 254; *ver também*:
Axiomas; Valor.
prescrição, *ver*: Descrição e
prescrição.
pressuposto, -s., *ver*: Premissas
extrajurídicas.
princípio, -s:
– combinação de, 278, 282, 299
s., 304; *ver também*: Sistema,
móvel.
– da identidade, 109 n.
– gerais do direito, XXXIV s., 36,
62 e n., 145, 164, 166-8, 206-9,
220, 226, 231 s., 245, 255, 260
s., 263 s., 266, 273, 282, 292,
306, 312, 325 s., 339; *ver
também*: Cláusula geral;
Legislador; Valor.
– – e "tipo", 275; *ver também*:
Tipo; *ver também* no Índice
onomástico: Larenz, Karl.

– – e tópica, 307-10; *ver também*: Tópica; *ver também* no Índice onomástico: Viehweg, Theodor.
– único do sistema, 7, 17 s., 42, 53, 76, 92 s., 95, 327.
princípio-guia, *ver*: Princípios, gerais do direito
principles e *rules* (Cardozo), 259; *ver também*: Princípios, gerais do direito.
problema e sistema, 262, 264 s., 307-10, 321, 325; *ver também*: Tópica e direito.
procedimento:
– dedutivo, 163 s., 171 s., 181, 209, 247, 262-5, 316, 319, 322, 326, 331, 337, 342 s.
– indutivo, 114, 226, 273, 306, 310, 317, 342.
programa informático e sistema, 8.
proposições descritivas e prescritivas, *ver*: Descrição e prescrição.
pseudosistema e sistema autêntico, 17; *ver também*: Sistema.
psicologia, 59, 114 s., 122, 142 s., 194, 196, 200, 251.
pureza metodológica, 60, 67, 83, 88, 108 s.; *ver também*: Teoria pura do direito.

Q
Querer, *ver*: Vontade.
questão social, 142.

R
racionalidade, -ismo, *ver*: Razão.
racismo, XXXIII, 36, 194-9, 203 s., 217:
– e América do Sul, 195 e n. *Ver também*: Fascismo; Nacional-socialismo; Povo, e comunidade; Sangue, vínculo de.
razão, 141 s., 168, 209, 217, 221 s., 240, 248.
realismo:
– e nominalismo, 13
– jurídico, 144-8, 151, 164, 173, 176, 259; *ver também*: Antiformalismo; Interesses, jurisprudência dos; Movimento do Direito Livre.
"Recht und Wirtschaft", 154
regra e exceção, 294, 305; *ver também*: Sistema, móvel.
relativismo, 26 e n., 30, 38, 230, 298, 332; *ver também*: Democracia; Valor.
"Renovação jurídica popular", 224; *ver também*: Nacional-socialismo.
república de Weimar, XXXIII s., 157, 186, 235-41:
– e homicídios políticos, 236.
responsabilidade civil, 281, 290, 330; *ver também*: Sistema, aberto; Sistema, móvel.
ressarcimento do dano, 273, 280, 284, 289, 309; *ver também*: Sistema, móvel.
reticular e linear, pensamento, 167 e n.
retórica e direito, *ver*: Tópica.
retroatividade da pena, 206.
revistas, *ver*: "Archiv für die civilistische Praxis"; "Die Justiz"; "Recht und Wirtschaft".
revolução, 200, 214:

– bolchevique, 201.
– e constituição, 67-70, 187.
– e norma fundamental, 77 e n.
– e ordenamento jurídico, 65, 123, 130.
– francesa, 201, 240.
Ver também: Fascismo; Marxismo; Nacional-socialismo.
Roma, universidade de, 280 n.
rules e *principles* (Cardozo), 259; *ver também*: Princípios, gerais do direito.

S

sanção e caso concreto, 328.
sangue, vínculo de, 209 s., 214 n., 217, 225; *ver também*: Nacional-socialismo; Povo, e comunidade; Racismo.
Sein, *ver*: Ser.
sentença, -s., judiciária, -s., 65 s., 86, 156 s., 212:
– e norma geral, 142 s.
– previsão das, 145.
Ver também: Direito, jurisprudencial; Direito, positivo; Juiz, função criativa do.
ser (Sein) e dever ser (Sollen), 103-6, 109-20:
– comistão em Engisch, 77.
Ver também: Dever ser; Neokantismo.
"série de tipos" e "série de valores", 297 e n., 303; *ver também*: Sistema, móvel.
silogismo, 181, 265:
– e validade, 89 s., 104 s., 129.
Ver também: Lógica; Procedimento, dedutivo.

sistema:
– aberto, XXXIV s., 178, 180, 222 n., 227, 232, 244, 257, 261, 268, 275, 291, 309, 314, 317-20, 322, 330, 333 s., 336, 343, 347 s.; *ver também*: Sistema, móvel; *ver também* no índice onomástico: Canaris, Claus-Wilhelm; Wilburg, Walter.
– como organismo, 20, 286.
– da classificação e do desenvolvimento, 18.
– didático e científico, 23 s., 176 s., 316.
– dos sistemas, *ver*: Modelo universal.
– e problema, 262, 264 s., 307-10; *ver também*: Tópica e direito.
– externo, XXXI, 1-5, 9, 13, 18 s., 21-5, 127 s., 174:
– – do direito, 2, 7, 39-41, 63, 176, 314 s., 319, 322, 325 n., 331 s.
– em Larenz, 232.
– fechado, 180 s., 257, 261, 330, 344.
– interno, XXXI-XXXIII, 1-5, 8 s., 18, 21-5, 63, 120, 125-8:
– – do direito, 6-10, 18, 41-7, 112, 177, 314 s., 319, 325 n., 331 s.; *ver também*: Teoria pura do direito; Sistema, aberto.
– – e "tipo" em Larenz, 232 s.
– jurídico:
– – estático e dinâmico, 64, 83, 116; *ver também*: Construção, Pandectistas.
– – tradicional, 35 s., 130, 149, 159, 167, 171 s., 192 s., 217, 222, 224, 230, 245-8, 255, 261-5, 267, 272, 277 s., 297, 308,

314, 317 s., 319 s., 329, 344, 348.
– – universal, 176 e n., 317 e n.
– móvel, XXXIV s., 178, 222 n., 227, 232, 244, 262 s., 268, 271-310, 319, 322, 329, 333, 336; *ver também* no Índice onomástico: Wilburg, Walter.
– – *summa* do, 292.
– pseudosistema e sistema autêntico, 17.
– tópico, 264; *ver também*: Tópica e direito.
– unidade do, 38, 225 ; *ver também*: Norma fundamental.
– universal do direito, 176 e n., 317 e n.
Ver também: Axioma; Certeza do direito; Completude.
socialdarwinismo, *ver*: Darwinismo, social.
socialdemocracia, *ver*: República de Weimar; Socialismo.
socialismo, XXXIII s., 124, 214, 237, 240.
sociedade e direito jurisprudencial, 180 s.
sociologia, 29, 81 s., 151 n.:
– do direito, 29, 35, 92, 160, 167, 170-2, 211 n.
Sollen, *ver*: Dever ser.
Stufenbau, *ver*: Construção a graus do ordenamento.
subsunção, 168, 228, 232, 274, 277, 296, 298, 327; *ver também*: Lógica.

T
técnica legislativa, 277 e n., 303:
– dual (Wilburg), 295 s., 305, 335.
Ver também: Legislação.

teocracias e autoritarismo, 202.
teologia, 83, 92, 139, 306:
– sistemática, 4; *ver também*: Sistema, jurídico tradicional.
teoria :
– do direito, 142, 187, 192:
– – sociológica, 147; *ver também*: Sociologia do direito.
– do "tipo", *ver*: Tipo, teoria do.
– geral dos sistemas, XXXI, 138, 248, 293.
– institucionalista, 218 e n.
– pura do direito, XXXI-XXXIII, 10, 25, 35, 37, 44-7, 52-132, 294, 318 n., 321; *ver também* no Índice onomástico: Kelsen, Hans.
– – e fratura intra-sistemática, 81, 91, 103, 109, 128 s., 324, 338 s.
– silêncio sobre a, 279 e n.
Ver também: Ciência, Doutrina.
tipo, -s., teoria dos, 169, 191, 199, 218-27, 275 s.:
– e "série de tipos", 225, 230 s.:
– – e "série de valores" (Wilburg), 297 e n.
– princípios gerais do direito, 273.
Ver também no Índice onomástico: Larenz, Karl.
tópica e direito, XXXV, 229, 248, 261-8, 277 e n., 307-10, 322 s., 325 s., 337, 342-9; *ver também* no Índice onomástico: Viehweg, Theodor.
tópos, tópoi, *ver*: Tópica e direito.
totalitarismo, XXXIII, 25, 55, 132, 140, 158, 192, 200 n.; *ver*

também: Autoritarismo;
Fascismo; Marxismo;
Nacional-socialismo.
transferência de métodos, *ver*:
enxerto metodológico.
tribunal, *ver*: Juiz.
typus, *ver*: Tipo, -s., teoria dos.

U
unicidade do princípio do
sistema, *ver*: Princípio único
do sistema.
unidade:
– da ciência, 31 n., 53, 55.
– e ordem do sistema
(Canaris), 315, 317-20, 327 e
n., 333-6.
– do ordenamento jurídico, 75
s., 78, 159, 175, 181, 246, 325.
– do sistema jurídico interno,
43, 46.
universal, modelo, *ver*: Modelo
universal.
universidade, *ver*: Berkeley;
Bolonha; Graz; Heidelberg;
Marburgo; Munique; Roma;
Viena.
uso alternativo do direito, XXII

V
validade do direito, 72, 79, 97-132, 346:
– das normas, XXXII, 7, 46:
– – e unidade do sistema
jurídico, 46 s.
– e existência do ordenamento,
54, 59.
Ver também: Teoria, pura do
direito.
valor, -es, 10, 26-30, 34, 122,
130, 140 s., 156, 164 s., 192,
194 s., 207, 219, 227, 229-33,
255 s., 261, 275, 290, 292, 305,
315, 319, 321, 326, 335, 339:
– absoluto, 36 s., 249, 332; *ver
também*: Apriorismo; Idéia
absoluta.
– crítica externa fundada em, 74.
–"de base", 297, *ver também*:
Sistema, móvel.
– jurisprudência dos, XXXIV, 34,
165, 170 s., 190 s., 219, 229 s.,
249, 254, 292, 315; *ver também*:
Sistema, jurídico tradicional.
– – e jurisprudência dos
interesses, 248-52.
– sistema como -, 127 s.
Ver também: Irracionalismo;
Metafísica.
verbos modais alemães, 110-2,
ver também: Dever ser.
Viena:
– Círculo de, 30-2; *ver também*:
Positivismo, lógico.
– universidade de, 270.
völkisch, völkische Bewegung,
214 n.; *ver também*:, Povo, e
comunidade.
Volksgesetzbuch, *ver*: Direito e
nacional-socialismo
vontade, 85, 111, 168, 205:
– ato humano de – e norma,
56-61, 86, 251 s.
– jurídica, 44; *ver também*:
Sistema, jurídico interno.
– real e fictícia, 86 s.

W
Weimar, república de, 132, 186,
190.

ÍNDICE ONOMÁSTICO

O número da página é acompanhado de "s" se o nome comparece apenas na página seguinte; de "ss", se comparece em mais páginas seguintes, tanto no texto, quanto nas notas; de "n", se comparece apenas na página indicada; de "[d]", se naquela página se encontram a data de nascimento e eventualmente a de morte da pessoa indicada.

A
Aarnio, Aulis, 316 n.
Abbagnano, Nicola, 119 n.
Achermann, Franz, 118 e n.
Ackermann, Walter, 324 n.
Adickes, Franz (Burchard Ernst Friedrich), 152 n. [d].
Adorno, Theodor Wiesengrund, 196 n.
Ajani, Gianmaria, 143 n.
Albert, Hans, 227 n.
Alexy, Robert, 203 s.
Alff, Wilhelm, 159 n.
Anderbrügge, Klaus, 197 n., 230 n.
Arendt, Hannah, 200 n.
Aristóteles, 1 s., 11 s., 265.
Austin, John, 148 e n. [d].

B
Baldus, Manfred, 159 n.
Barbano, Filippo, 29 n.
Barion, Hans, 212 n.
Bartels-Ishikawa, Anna, 154 n.
Bauernfeind, Winfried, 220 n.
Beck, Christoph, 137 n.
Becker, Peter E., 137 n.
Bekker, Ernst Immanuel, 154.
Bell, David, 30 n.
Bendersky, Joseph W., 212 n.
Bentham, Jeremy, 147-8 e n. [d].
Bergbohm, Karl, 33 n. [d].
Bergfeld, Werner, 225 n.
Bernardini, Jean-Marc, 137 n.
Biederkopf, Karl Hans, 258 s.
Bierling, Friedrich Wilhelm, 76, 279 n.
Binder, Julius, 40-1 [d], 218 [d], 229, 246 n.
Blanke, Bernhard, 206 n.
Blühdorn, Jürgen, 27 n.
Bobbio, Norberto, XIX e n., XXI, 10 e n., 33 n., 55 n., 88 n., 119 n., 159 n., 262 n.
Boberach, Heinz, 227 n.
Boemer, Gustav, 163.
Bognetti, Giovanni, 144 n.
Böhm, Franz, 258.
Bonald, Louis Gabriel Ambroise de, 201 [d].
Bonnecase, Julien, 151 n.
Borges, Jorge Luis, 317, 332.
Bowring, John, 148 n.
Brinz, Alois, 40 [d].

Brunetti, Giovanni, 246 n.
Brunner, Heinrich, 164 n. [d].
Brütt, Lorenz, 154 n.
Brzezinski, Zbigniew K., 200 n.
Bülow, Oskar von, 152 n. [d], 154.
Burckhardt, Walther, 246 s.
Bydlinski, Franz, 168 n., 249 n., 251 s., 252 n., 269 s., 275 s., 279 n., 291-301, 303-6.

C

Campagnolo, Umberto, XVIII e n., 55 n., 88 n.
Campbell, Archibald H., 159 n.
Canaris, Claus-Wilhelm, XXXIV s., 135 s., 167 s., 179 n., 219, 222 n., 227, 229, 233, 244, 246 s., 254, 257, 262-8, 278 n., 291 n., 293, 309 s., 311-49.
Carbonnier, Jean, 160 e n.
Cardozo, Benjamin, 151, 259 s. [d].
Carnap, Rudolf, 31 s. [d].
Carnelutti, Francesco, 10 n.
Carrino, Agostino, 172 n.
Caruso, Paolo, 15 n.
Carvalho, Amilton Bueno de, XXII n, 170 n.
Carvalho, Salo de, XXII n, 170 n.
Castignone, Silvana, 144 n., 146 n.
Cerroni, Umberto, 147 n.
Cesarini-Sforza, Widar, 151 n.
Chomsky, Noam, 13-4 e n.
Clark, Linda L., 137 n.
Claudel, Paul, 139 e n.
Cobo del Rosal, Manuel, 198 n.
Cohen, Hermann, 37 s. [d].
Coing, Helmut, 26 n., 35-6 e n., 143-4 n., 148 n., 159 n., 167 e n., 247 s., 315 s., 327.
Coletti, Lucio, 124 n.
Comte, Auguste, 1, 28 e n. [d].
Cossio, Carlos, XIX
Costamagna, Carlo, XXVI n.
Cozzi, Mario, 280 e n.
Crifò, Giuliano, 263 n., 307 n.
Croce, Benedetto, 128.

D

Dahm, Georg, 208 n.
Danz, Erich, 152 n. [d].
Darwin, Charles, 137 [d].
De Lucas, Javier, XIX-XX nn.
Dickens, Peter, 137 n.
Diederichsen, Uwe, 246 n.
Diemer, Alwin, 265 n.
Donati, Donato, 246 n.
Donoso Cortés, Juan, 201 n. [d].
Dreier, Ralf, 189 n., 216 n., 235-7, 242.

E

Eckert, Jörn, 220 n.
Eckhardt, Karl August, 208 n.
Eco, Umberto, XXXI, 11-7, 72 s., 344.
Ehrenzweig, Armin, 279 e n.
Ehrlich, Eugen, 62 n., 135, 149 [d], 150 n., 153 n. [d], 171-84, 211 n., 212, 215 e n., 246 n.
Eisler, Rudolf, 314 s. [d].
Eliaeson, Sven, 29 n.
Ellscheid, Günter, 112 n.
Elze, Hans, 247 n. [d].
Emmerich, Wolfgang, 189 n.
Engisch, Karl, 75-9, 228 n., 246 s., 340.
Erhard, Ludwig, 258.
Erne, Ruth, 68 n.
Espinosa, Baruch (Benedito), 22.

ÍNDICE ONOMÁSTICO

Esser, Josef, 164 n., 167, 169 e n., 229, 244 s., 254, 258 s., 266-8, 271 n., 275 e n., 283 n., 291 e n., 301 n., 323 s., 330 e n., 336 n., 340 n.
Eucken, Walter, 258.

F
Fallbusch, Erwin, 4 n.
Faralli, Carla, 138 n.
Fassò, Guido, 1, 138 e n.
Fazis, Urs, 29 n.
Febbrajo, Alberto, 172 n., 295 n.
Feigl, Herbert, 30 n.
Ferraz jr., Tércio Sampaio, 139 n.
Fikentscher, Wolfgang, 249 n., 255 n., 257 s.
Filbinger, Hans Karl, 189 n.
Forsthoff, Ernst, 202 n., 212 n.
Foulkes, Albert S., 145 n., 161 s., 171 n.
Fraenkel, Ernst, 206 e n. [d], 241.
Franco Bahamonde, Francisco, 187.
Frege, Gottlob, 32 [d].
Freisler, Roland, 163 n., 197 n.
Freud, Sigmund, 140 [d].
Friedrich, Carl J., 200 n.
Frisch, Max, 268.
Frommel, Monika, 159 n., 230-3, 275 e n.
Frosini, Vittorio, 88 n.
Fuchs, Ernst, 144 s., 150 s., 153 n. [d], 160-3, 171 n.
Fuller, Lon L., 165 n.

G
Gadamer, Hans Georg, 229, 259 n., 274.
Gagnér, Sten, 27 n.

Galgano, Francesco, 280 n.
Galgano, Salvatore, 280 n.
Garraud, Pierre, XXVII n.
Garrn, Heino, 263 n.
Geiger, Theodor, 29 n., 301 n.
Geldsetzer, [Lutz?], 340 n.
Gény, François, 150-3 [d].
Genzmer, Felix, 154 n. [d].
Gerber, Karl Friedrich, XXXII, 52 s. [d], 320 e n.
Gernhuber, Joachim, 197 n.
Geymonat, Ludovico, 141 n.
Ghaleigh, Navraj Singh, XXIII n.
Ghisalberti, Carlo, XXIV n.
Gierke, Otto von, 164 n. [d].
Gnaeus Flavius, pseudônimo de Kantorowicz, Hermann.
Gobineau, Arthur de, 194 e n.
Górgona, personagem mitológico, 67, 121 e n., 127.
Grandi, Dino, XXVI e n.
Gray, Christopher Berry, 169 n.
Grimm, Dieter, 337 n., 340 n.
Grossi, Paolo, 151 n.
Gschnitzer, Franz, 288 n.
Guerrero, Jorge, XVIII n., 53 n.
Gumbel, Emil Julius, 236 n.
Gurski, [Hans?], 340 n.

H
Habermas, Jürgen, 138 n.
Hägerström, Axel, 146 [d].
Hahn, Hans, 31 n.
Haller, Carl Ludwig, 201 [d].
Haller, Rudolf, 30 n.
Harras, Philipp, Ritter von Harrasowsky, 288 n.
Hart, Herbert L. A., 148 [d].
Hartmann, Nikolai, 35 n., 253 e n. [d], 262 e n. [d], 264 n., 343 s.

Hassemer, Heinrich, 249 n., 274 n.
Hattenhauer, Hans, 237 n.
Haukins, Mike, 137 n.
Hauss, Fritz, 256 n.
Heck, Philipp, 75, 136, 149 [d], 150 n., 153 n. [d], 155 e n., 164 s. [d], 210 s., 219 n., 250 e n., 254, 263 n., 266, 280, 285, 288 n., 293, 306 e n., 322, 325 e n., 337.
Hedemann, Justus Wilhelm, 163 n., 277 n.
Heffter, August Wilhelm, 41.
Hegel, Georg Wilhelm Friedrich, 141, 177, 219-23, 255, 332.
Hegler, August, 23 n.
Heimsoeth, Heinz, 253 n.
Heise, Georg Arnold, 39.
Heiß, Robert, 253 n.
Helmholz, Richard, 170 n.
Hempel, Carl, 225 n.
Henkel, Heinrich, 249 n.
Herrfahrdt, Heinrich, 246 n.
Higi, Peter, 124 n.
Hilbert, David, 324 e n.
Hippel, Fritz von, 266 s., 322, 325 e n., 336 s.
Hirsch, Ernst E., 257 n.
Hitler, Adolf, 214 n., 220 n.
Hjelmslev, Louis, 13 e n.
Hobsbawm, Eric J., XVII.
Hochhuth, Rolf, 189 n.
Hofmann, Hasso, 212 n.
Höhn, Reinhard, 197 n., 208 n., 217 n.
Holmes, Oliver Wendell, XXX e n., 144 e n. [d], 151.
Hruschka, Joachim, 274 n.
Huber, Eugen, 152 n. [d].
Hücking, Ewald, 292 n.

I

Immel, Gerhard, 159 n.
Isay, Hermann, 143.

J

Jabloner, Clemens, 46 n.
Jellinek, Georg, XXXII, 37, 115, 153 n. [d], 196, 213.
Jerusalem, Franz W., 4 n.
Jervis, Giovanni, 196 n.
Jesse, Eckhard, 200 n.
Jestaedt, Matthias, XVIII n.
Jhering, Rudolf von, XXI s., XXXII s., 19 s. [d], 39, 52, 61, 135, 146-50, 152, 159 n., 163, 181, 223, 226 n., 266, 286 e n., 323.
Jodel, Friedrich, 148 n.
Joerges, Christian, XXIII n.
Jordan, Sylvester, 152.
Jorgensen, Jorgen, 31 n.
Jori, Mario, 32 n.

K

Kanigs, Hanskarl, 149 n.
Kant, Immanuel, 19 s., 43, 92, 112 s., 141, 314.
Kantorowicz, Hermann, XXXIII e n., 135, 145, 149 e n. [d], 150-3, 157-63.
Kapp, Wolfgang, 236.
Kaufmann, Arthur, 75 n., 78 e n., 162 n., 218 n., 249 n. [d], 274 n.
Kaufmann, Erich, 253 e n. [d], 258.
Kaufmann, Felix, 118 n.
Kelsen, Hans, XVII-XIX, XXI s., XXIX, XXXII s., 1, 10, 26, 28, 35, 37, 44 [d], 45-7, 51-131, 139, 156, 172 n., 185, 196, 230, 241, 269, 294, 321-3, 328 n.

Kempner, Robert M. W., 227 n.
Kempski, Jürgen von, 27 n.
Kinross, Robin, 31 n.
Kirchheimer, Otto, 241.
Kirchmann, Julius Hermann, 152 n.
Kitz, Arnold, 117 s.
Klang, Heinrich, 271 n., 283-5, 288 n., 301 n.
Klein, Franz, 154.
Klein, Josef, 253 n.
Klug, Ulrich, 322.
Knorr, Klaus, 206 n.
Koch, Hannsjoachim Wolfgang, 137 n.
Koellreutter, Otto, 197 n., 220 n.
Kogon, Eugen, 206 n.
Kohler, Josef, 152 n. [d], 163 n.
Kokert, Josef, 220 n., 228 n.
Koller, Arnold, 225 n., 228 n.
Koschacker, Paul, XXIV n.
Kraft, Viktor, 30 n.
Krawietz, Werner, 32 n., 37 n., 52 n., 68 n.
Krejci, Heinz, 270 n., 292 n.
Kriechbaum, Maximiliane, 5 n.
Krieck, Ernst, 197 n.
Kronstein, Heinrich, 258 e n. [d].
Kuhlen, Lothar, 225 n.
Kuhn, Thomas S., 249 n.
Kühnl, Reinhard, 159 n., 193 n., 198 n.

L

La Torre, Massimo, 218 n., 220 n.
Laband, Paul, 52 [d], 196.
Ladavac, Nicoletta Bersier, XIX n.
Lampe, Ernst-Joachim, 33 n.
Lange, Heinrich, 209, 277 n.

Larenz, Karl, XXXIII, 184, 186 [d], 189 n., 193, 199 n., 212-3 e n., 219 [d], 220-33, 243-7, 252 n., 255 s., 275 e n., 277, 312-5, 340
Lask, Emil, 139 e n. [d].
Laski, Harold, 148 n.
Leenen, Detlef, 225 n.
Lehmann Goodhart, Arthur, 159 n.
Lehmann, Heinrich Otto, 40 s.
Lerch, Eugen, 111 e n.
Lévi-Strauss, Claude, 15 s., 72, 268, 344.
Lineu, Carlos (Carl von Linné), 22, 175.
Liszt, Franz von, 23 [d], 41, 153.
Loevinger, Lee, 145.
Loisy, Alfred, 139.
Lombardi Vallauri, Luigi, 144-5 n., 151-2, 154 s., 170 n.
Loos, Fritz, 218 n.
Losano, Mario G., XVIII s., XX n., XXI s., 2 n., 5 s., 9 n., 17 n., 19-20 nn., 39 n., 43 n., 45 n., 52 n., 63 s., 88 n., 103 n., 110 s., 120 n., 147 n., 154 n., 170 n., 174 n., 176 n., 191 n., 313 n., 317 n., 323 n.
Lowenstein, Edith, 206 n.
Luhmann, Niklas, XXVIII, 169, 180, 218 n., 226 n., 253, 260, 294-5.

M

MacCormik, Donald Neil, 37 n., 218 n.
Mach, Ernst, 30 s.
MacMurray, John, 144.
Maihofer, Werner, 239 n.
Maistre, Joseph de, 201 [d].

Majetti, Raffaele, 159 n.
Malicet, Maurice, 139 n.
Manigk, Alfred, 151 n.
Maria Teresa, imperatriz da Áustria, 272.
Martin, Gottfried, 253 n.
Marx, Karl, 141, 142, 147 [d].
Massignon, Louis, 139 e n.
Maurras, Charles, 201 [d].
Mauss, Marcel, 16.
Mayer-Maly, Theo, 52 n., 301 n.
Mazzacane, Aldo, XXIII-XXIV n.
Mendel, Gregor, 137 [d].
Menger, Anton, 178 n.
Meriggi, Lea, XXVI n.
Merkl, Adolf J., 76, 116.
Merz-Benz, Peter-Ulrich, 218 n.
Métall, Rudolf Aladár, XVIII e n., 45 n.
Mezger, Edmund, 197 [d].
Mill, John Stuart, 148 e n. [d].
Moisés, 104.
Mola, Giorgio, 29 n.
Monateri, Pier Giuseppe, 143 n.
Monroe, James, 195 n.
Moore, George Edward, 119 n.
Mortara Garavelli, Bice, 262 n.
Mühlenbruch, Christian Friedrich, 41.
Müller, Friedrich, 229 n., 274 n.
Müller, Ingo, 189 n., 234 n.
Müller-Erzbach, Rudolf, 154 n. [d], 159 n., 165 s. [d], 266, 280.
Muñoz Conde, Francisco, 198 n.
Muscheler, Karlheinz, 159 n., 219 n.

N
Naucke, Wolfgang, 206 n.
Nawiasky, Hans, 196, 323 e n.
Nemeth, Elisabeth, 31 n.

Nett, Jachen C., 29 n.
Neumann, Sigmund, 200 n.
Neuner, Jörg, 155 n.
Neurath, Otto, 31 s. [d], 53.
Nietzsche, Friedrich, 140 e n. [d].
Nußbaum, Arthur, 211 n.

O
Olbrechts-Tyteca, Lucie, 262 n.
Ott, Walter, 33 n.
Otte, Gerhard, 297 n.

P
Pape, Ingetrud, 253 n.
Parson, Talcott, 260.
Pascher, Manfred, 37 s.
Passerin d'Entrèves, Alessandro, 88 e n.
Pattaro, Enrico, 146 n.
Paulson, Stanley L., 37 n., 118 n.
Peces-Barba, Gregório, XIX-XX nn.
Perelman, Chaïm, 262 e n. [d].
Perels, Joachim, 241.
Petersen, Jens, 249 n.
Pfersche, Emil, 183 n.
Pintore, Anna, 32 n.
Piska, Christian M., 46 n.
Pleßner, Helmut, 253 n.
Pomarici, Ulderico, 33 n.
Popper, Karl R., 31 n.
Posch, Willibald, 281 n., 292 n.
Pound, Roscoe, 151, 169 e n., 171.
Puchta, Friedrich Georg, 39-40 e n., 181.
Puschner, Uwe, 214 n.
Pütz, Peter, 140 n.

Q
Quesada, Ernesto, 195 n. [d].
Quintanar Díez, Manuel, 198 n.

ÍNDICE ONOMÁSTICO

R

Rabel, Ernst, 270 [d], 279.
Radbruch, Gustav, 1, 18 [d], 21-5, 153-7 [d], 186, 230, 233-40, 279 e n.
Radin, Max, 144.
Ralf, Dreier, 218 n.
Rasehorn, Theo, 227 n.
Rehbinder, Manfred, 171 n., 301 n.
Reichel, Hans, 143 n., 150 n.
Reinhardt, Richard, 300 n.
Rheinstein, Max, 305 n.
Ricardo, David, 147 n.
Ritschl, Otto, 314 e n.
Ritter, Joachim, 27 n.
Ritterbusch, Paul, 208 n.
Rocco, Alfredo, XXVII e n.
Rochhausen, Rudolf, 40 n.
Roldán, Luis Martínez, XX e n.
Romano, Santi, 34 e n.
Roselli, Federico, 159 n.
Rosin, Heinrich, 196.
Rousseau, Jean-Jacques, 111 n.
Rückert, Joachim, 191 n., 208 n.
Rümelin, Gustav, 165 n.
Rümelin, Max, 149 [d], 153 n. [d], 155 n., 158 n., 165 e n., 280.
Rümelin jr., Gustav, 152 n. [d], 165 n.
Rummel, Peter, 272 n.
Rumpf, Max, 154 n.
Russell, Bertrand, 32 [d].
Russo, Franco, 124 n.
Rüthers, Bernd, 189 n., 202 n., 207 n., 210 s., 215 e n., 218 e n., 223 n., 227 e n., 231 n., 340 s.
Rutte, Heiner, 31 n.
Ryffel, Hans, 318 n., 338 e n., 340 n.

S

Säcker, Franz Jürgen, 189 n., 203 n., 220 n., 275 n.
Salazar, Antonio de Oliveira, 187.
Saleilles, Raymond, 151 n.
Salomon, Max [na verdade: Shellens, Max Salomon], 262 e n. [d], 322, 325 e n., 336 s.
Sander, Fritz, 118 s.
Santos, Boaventura de Sousa, XXII
Sarfatti, Michele, 196 n.
Sarlo, Oscar, XIX e n.
Savigny, Friedrich Carl von, 39, 141, 181 s., 322.
Schelsky, Helmut, 68 n.
Scheuerle, Wilhelm, 341 n.
Schiffer, Eugen, 284 n.
Schilcher, Bernd, 270 n., 276 s., 292 n., 296 s., 301 n., 304 s.
Schlick, Moritz, 31 [d].
Schlossman, Sigmund, 152 n. [d], 182 n.
Schmidt, Joachim, 149 n., 162 n.
Schmidt, Michael, 45 n.
Schmidt, Reimer, 256 n.
Schmidt, Siegfried, 141 n.
Schmitt, Carl, XXXIII, 76 n., 184, 185 [d], 189 n., 193, 196-7 e n., 201 n., 208, 210-4, 220-4, 226, 229, 238-40, 277 n.
Schmitz, Walter, 217 n.
Schneider, Peter, 119 n.
Schoch, M. Magdalena, 165 n.
Schopenhauer, Arthur, 140 [d].
Schoppmeyer, Heinrich, 164 n.
Schöps, Manuela, 206 n.
Schumacher, Björn, 234 n.
Schwarzenberg, Claudio, XXIV n.

Sellert, Wolfgang, 189 n., 216 n., 234-7, 242.
Sermonti, Alfonso, XXVI n.
Shellens, Max Salomon, *ver*: Salomon, Max.
Shils, Edward A[lbert], 206 n.
Siebert, Wolfgang, 208 n.
Simmel, Georg, 112-7.
Sinzheimer, Hugo, 241.
Smend, Rudolf, 253 e n. [d].
Smith, Adam, 147 n.
Snow, Charles P., 141 n.
Solmi, Arrigo, XXVI n.
Somma, Alessandro, XXIII n.
Spengler, Oswald, 288-9 n.
Spiegel, Ludwig, 153 n. [d].
Stadler, Friedrich, 30 n.
Stahl, Friedrich Julius, 201 [d].
Stammler, Rudolf, 36 s. [d], 42 s., 75, 139, 153 n. [d], 160 e n., 229, 323 e n.
Stampe, Erich, 150 n., 153 n. [d], 155 e n., 164.
Stark, Bernhard, 118 n.
Starobinski, Jean, 14 e n., 20.
Steinberg, Jonathan, 196 n.
Steininger, Viktor, 168 n., 270 n., 292 n., 298 ss., 306 e n.
Stengers, Isabelle, 141 n.
Stern, Jacques, 154 n.
Sternberg, Theodor, 153 s.
Stobbe, Otto, 40 n.
Stoll, Heinrich, 165 n., 207 n., 245 e n. [d], 280.
Stolleis, Michael, XXV n., 189 n., 206 n.
Stone, Julius, 171 [d].
Stučka, Pëtr Ivanovič, 147 n. [d].

T
Tanzi, Aristide, 143 n.
Tarello, Giovanni, 144 n.
Tatarin-Tarnheyden, Edgar, 143 n.
Teubner, Gunther, 169 s.
Thieme, Hans, 259 n.
Thill, Hans, 236 n.
Thöl, Heinrich, 181.
Tischler, Wolfgang, 168 n.
Tommaseo, Niccolò, 56 n.
Tommissen, Piet, 212 n.
Topitsch, Ernst, 225 n.
Treitschke, Heinrich, 201 [d].
Trendelenburg, Adolf, 1, 18 [d], 17-20, 42.
Treves, Renato, 151 n.
Tripp, Dietrich, 28 n.

U
Uebel, Thomas, 31 n.
Ulbricht, Justus H., 214 n.
Ulmen, Gary L., 201 n.
Unger, Josef, 154.

V
Valentinis, Eugenio Giorgio, 280 n.
Varejão, Marcela, XVII n., XIX n., XXIV, 88, 195.
Vico, Giambattista, 265 s.
Viehweg, Theodor, XXXIV, 263 [d], 264-8, 277, 307-10, 322, 342-6, 348.
Voltaire, François-Marie Arouet, dito, 139.
Vonlanthen, Albert, 75, 79-81, 94.
Vossenkuhl, Wilhelm, 30 n.
Vossler, Karl, 111.

W
Wagner, Gerhard, 218 n.

Waismann, Friedrich, 30 n.
Walter, Robert, 46 n.
Walther, Manfred, 216 n., 235-7, 241-2 e n.
Waltz, Gustav Adolf, 78 n.
Weber, Max, 26 n.
Weber, Werner, 212 n.
Wedberg, Anders, 62 n., 85 e n.
Weikart, Richard, 138 n.
Wein, Hermann, 264 n.
Weinberger, Ota, 52 n., 218 n.
Weinbrenner, Milli, 196 n.
Westerhoff, Rudolf, 257 n., 291-2 nn.
Westermann, Harry, 243, 253 s. [d], 256.
Wetzell, Georg Wilhelm, 41 e n.
Wieacker, Franz, 19 n., 145 n., 155 n., 249 n., 251 n., 253 n., 261 e n., 285, 323 e n., 325 s., 333 n., 336 e n., 340 n.
Wilburg, Walter, XXXIV s., 135 s., 150 n., 167 s., 179 n., 219, 222 n., 227, 233, 244, 246 s., 254, 257, 262 s., 270 [d], 270-310, 311-4, 316, 319, 322, 325, 330 s., 333-6, 336, 342-3, 348.
Winkler, Günther, 119 n.
Wittgenstein, Ludwig, 32 [d].
Wolf, Ernst, 28 n.
Wolf, juiz, 153 s.
Wolff, Christian, 17 [d], 19.
Wollschläger, Christian, 19 n.
Wright, Georg Henrik von, 37 n.
Wrobel, Hans, 237 n.
Wundt, Wilhelm, 314 n.
Würtenberger, Thomas, 152 n., 159 n. 161 n.

Z

Zippelius, Reinhold, 227 n., 257 e n.
Zitelmann, Ernst, 152 n. [d], 246